职业院校“十四五”规划教材
职业教育课程改革规划创新教材

出纳实务习题集

卓茂荣　张惠琴　主　编
陈贵明　许有琴　副主编

中国石化出版社
HTTP://WWW.SINOPEC-PRESS.COM
中国经济出版社
CHINA ECONOMIC PUBLISHING HOUSE

内 容 提 要

《出纳实务习题集》是与《出纳实务》教材相配套的一本练习册，学生通过练习，可以巩固上课所学，加深对理论知识的理解，提高出纳业务技能，并将所学知识和技能内化为职业素养。本习题集从项目一到项目九是根据《出纳实务》教材的每一个子项目配套编写的，学生可以按教材进度进行练习，针对性强。

本书适合高职院校财经类专业学生及财务人员使用。

图书在版编目(CIP)数据

出纳实务习题集 / 卓茂荣，张惠琴主编 .—北京：中国石化出版社，2021.5（2024.1 重印）
ISBN 978-7-5114-6247-3

Ⅰ.①出… Ⅱ.①卓… ②张… Ⅲ.①出纳-会计实务-习题集 Ⅳ.①F233-44

中国版本图书馆 CIP 数据核字（2021）第 090573 号

中国石化出版社出版发行

地址：北京市东城区安定门外大街 58 号
邮编：100011　电话：(010)57512500
发行部电话：(010)57512575
http://www.sinopec-press.com
E-mail:press@sinopec.com
北京富泰印刷有限责任公司印刷
全国各地新华书店经销

*

710 毫米×1000 毫米 16 开本 8.5 印张 143 千字
2021 年 5 月第 1 版　2024 年 1 月第 3 次印刷
定价：28.00 元

前言

PREFACE

《出纳实务习题集》是与《出纳实务》教材相配套的一本练习册，学生通过练习，可以巩固上课所学，加深对理论知识的理解，提高出纳业务技能，并将所学知识和技能内化为职业素养。

本习题集具有三大亮点。

一、与教材完全配套

本习题集从项目一到项目九是根据《出纳实务》教材的每一个子项目配套编写的，学生可以按教材进度进行练习，针对性强。

二、难易适度、形式多样

本习题集紧紧围绕教材的内容编写理论题，坚持不出偏题和怪题，理论题以单项选择题、多项选择题和判断选择题三种题型呈现；业务题均来自出纳一线的业务实践，涵盖了出纳单据的填制与审核、收付款凭证的编制与审核、日记账的登记、出纳报表的编制以及收银实务等内容，内容丰富、形式多样。

三、将思政教育元素融入理论练习题中

本习题集中的理论习题有相当一部分融入了思政教育元素，本习题集有意识地将国家财经法规以及敬业、诚信、法治等社会主义核心价值观的内容设计成理论练习题，学生通过练习，能进一步强化责任意识、服务意识，担当精神、奉献精神。

本习题集由卓茂荣编写理论题、张惠琴编写业务题。在编写过程中，得到了福建省晋江职业中专学校会计专业建设指导委员会、福建晋江金井民生银行营业部的大力支持，在此表示深深的谢意。

编者

目录

CONTENTS

项目一　出纳概述

子项目 1　出纳工作的意义

岗位知识

一、单项选择题(从 4 个备选答案中，选出 1 个正确的答案，填到括号中)

1. (　　)是严格按照国家有关规定和制度，办理本单位的现金收付、银行结算及有关账务，保管库存现金、有价证券、财务印章及有关票据等工作的总称。

A. 会计　　B. 出纳　　C. 稽核　　D. 统计

2. 出纳岗位是会计工作的窗口岗位，规模较大，出纳工作量较大的单位，出纳工作岗位可以(　　)。

A. 一岗多人　　B. 一人一岗　　C. 一人多岗　　D. 多人多岗

3. 出纳工作有严格的时间要求，多数业务一天都不能延误，少量业务的处理时限略为放宽，但一般都要求在(　　)处理完毕。

A. 当天　　B. 当月　　C. 当季　　D. 当年

4. 出纳工作的(　　)赋予出纳进行会计监督的权限。

A. 专业性　　B. 法制性　　C. 社会性　　D. 及时性

二、多项选择题(从 4 个备选答案中，选出 2 个或 2 个以上正确的答案，填到括号中)

1. 出纳应依法管理(　　)以及相关的重要核算资料，确保其实物安全。

A. 货币资金　　B. 有价证券　　C. 票据　　D. 印章

2. 出纳工作的每一环节都必须依法进行。出纳工作要遵守的法律有(　　)。

A.《现金管理暂行条例》

B.《支付结算办法》

C.《中华人民共和国会计法》

D.《正确填写票据和结算凭证的基本规定》

3. 出纳工作是会计工作的重要组成部分，具有一般会计工作的本质属性。

但出纳岗位又是有别于其他会计工作岗位的一个专门岗位，出纳工作的特点包括(　　)。

A. 专业性　　B. 法制性　　C. 社会性　　D. 及时性

4. 出纳人员不得登记(　　)账目，不可以兼管会计稽核、会计档案。

A. 收入费用　　B. 债权债务

C. 现金日记账　　D. 银行存款总账

三、判断选择题(认为对的在A旁边的方框内打√、认为错的在B旁边的方框内打√)

1. 企业要为专职出纳人员设立专门的工作场所，但不必为兼职的出纳人员设立专门的工作场所。(A□　B□)
2. 无论是其他岗位的工作人员兼任出纳，还是出纳兼任其他岗位的工作，都应当符合内部牵制的原则要求。(A□　B□)
3. 出纳工作不仅事关本单位，还和整个社会的经济运转紧密联系。(A□　B□)
4. 出纳业务属于会计循环中的起始业务。(A□　B□)
5. 出纳是把会计核算与财务管理有机结合在一起的重要岗位。(A□　B□)

子项目2　出纳工作的内容、原则及要求

岗位知识

一、单项选择题(从4个备选答案中，选出1个正确的答案，填到括号中)

1. 出纳应随时掌握银行存款日记账的账面余额，并定期与银行对账单核对相符，如果不符应查明原因，若是因(　　)造成的不符，应编"银行存款余额调节表"进行调节。

A. 企业登账出现差错　　B. 银行登账出现差错

C. 未达账项　　D. 未明原因

2. 单位会计机构负责人、(　　)的直系亲属不得在本单位会计机构中担任出纳工作。

A. 单位负责人　　B. 会计主管　　C. 主办会计　　D. 会计主管人员

3. 出纳工作的外部监督，主要是指(　　)对出纳工作的监督。

A. 企业会计主管人员　　B. 企业审计部门及其工作人员

C. 企业纪检部门及其工作人员　　D. 企业党委、工会等组织

4. 出纳人员因责任心不强，工作疏忽导致所保管的库存现金、有价证券缺

失、被盗的，即使构不成犯罪，也应当承担(　　)。

A. 刑事责任　　B. 经济赔偿责任

C. 违约责任　　D. 刑事责任和经济赔偿责任

二、多项选择题(从4个备选答案中，选出2个或2个以上正确的答案，填到括号中)

1. 根据财政部《会计基础工作规范》的规定，出纳岗位的主要工作包括(　　)。

A. 办理现金收付和银行(含网上银行)结算业务，填制和审核有关原始凭证

B. 登记出纳账，进行账证、账账、账实的核对工作

C. 保管库存现金和各种有价证券

D. 保管有关印章、空白支票和空白收据

2. 出纳必须严格执行国家有关货币资金管理的各项法规，(　　)。

A. 严格遵守库存现金开支范围，保证每一笔涉及收付业务的原始凭证手续完备齐全

B. 依法使用银行结算账户办理结算业务

C. 做到收款有合法的依据，付款有规范的授权，避免错收错付

D. 将企业收入的现金直接用于企业各项开支，优化工作流程，提高工作效率

3. 出纳岗位应坚持的原则包括(　　)。

A. 钱账分管的原则　　B. 内部牵制的原则

C. 外部监督的原则　　D. 双重责任制的原则

三、判断选择题(认为对的在A旁边的方框内打√、认为错的在B旁边的方框内打√)

1. 每日终了，出纳应将库存现金日记账余额与库存现金实际结存数核对相符，如果账实不符，应立即报告单位负责人，及时处理。(A□　B□)

2. 空白支票和印鉴应由一同人同时保管，避免多头管理，以确保安全。(A□　B□)

3. 企业应设立支票、收据领用簿，严格支票的审批、领用、注销手续。(A□　B□)

4. 企业出纳人员应定期换岗，从事出纳稽核的工作人员则不必定期换岗。(A□　B□)

子项目 3　出纳账务处理的基本程序

岗位知识

一、单项选择题(从 4 个备选答案中，选出 1 个你认为正确的答案，填到括号中)

1. 库存现金日记账和银行存款日记账，一般采用(　　)账页。

A. 三栏式　　B. 多栏式　　C. 平行式　　D. 数量金额式

2. 出纳应定期或不定期编制(　　)，提供出纳核算信息。

A. 资产负债表　　B. 利润表　　C. 出纳报表　　D. 现金流量表

二、多项选择题(从 4 个备选答案中，选出 2 个或 2 个以上正确的答案，填到括号中)

1. 出纳账务处理的基本程序，是指在处理出纳账务中，(　　)的有机结合形式。

A. 账簿组织　　B. 记账程序　　C. 出纳报表　　D. 出纳岗位设置

2. 出纳账务处理的基本程序包括(　　)。

A. 办理收付款业务，填制或审核收付款业务的原始凭证

B. 根据收付款业务的原始凭证或原始凭证汇总表编制收款凭证、付款凭证

C. 根据审核无误的原始凭证或原始凭证汇总表编制转账凭证

D. 根据审核无误的转账凭证登记银行存款日记账

三、判断选择题(认为对的在 A 旁边的方框内打√、认为错的在 B 旁边的方框内打√)

1. 涉及出纳业务的记账凭证，企业可以根据自身业务情况及管理需要，选择采用收款凭证、付款凭证，或选择采用通用记账凭证。(A□　B□)

2. 不管企业采用哪种程序进行会计账务处理，其出纳的账务处理的基本步骤和方法都是一样的。(A□　B□)

3. 银行存款日记账定期与银行存款总账进行核对，属于账实核对。(A□　B□)

业务训练

认真观察图 1-1，用文字描述(1)、(2)、(3)、(4)、(5)、(6)、(7)业务的内容。

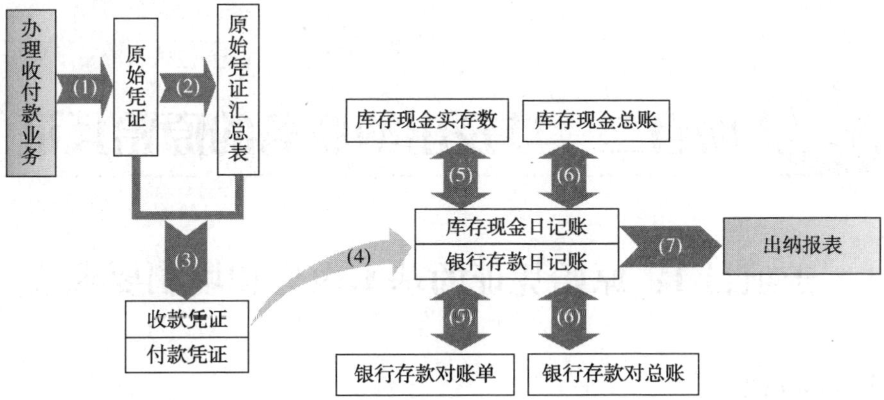
办理收付款业务
(1)
原始凭证
(2)
原始凭证汇总表
(3)
收款凭证
付款凭证
(4)
库存现金实存数
库存现金总账
(5)
(6)
库存现金日记账
银行存款日记账
(7)
出纳报表
(5)
(6)
银行存款对账单
银行存款对总账

图 1-1

(1)____________________

(2)____________________

(3)____________________

(4)____________________

(5)____________________

(6)____________________

(7)____________________

项目二 涉及出纳业务的原始凭证

子项目 1：原始凭证的基本内容和填制要求

岗位知识

一、单项选择题(从 4 个备选答案中，选出 1 个正确的答案，填到括号中)

1. (　　)是会计资料中最能明确经济责任，最具法律效力的一种文件。
   A. 会计凭证　B. 原始凭证　C. 记账凭证　D. 会计账簿
2. 自制原始凭证是指由本单位(　　)自行填制的原始凭证。
   A. 会计人员　B. 出纳人员　C. 购销人员　D. 人员
3. 限额领料单属于(　　)。
   A. 一次凭证　B. 累计凭证　C. 汇总凭证　D. 记账凭证
4. 原始凭证按照(　　)的不同，可以分成一次凭证、累计凭证和汇总凭证。
   A. 填制程序　B. 来源和用途　C. 格式和用途　D. 手续和内容
5. (　　)是指一定时期内多次连续记录若干项同类经济业务的原始凭证。
   A. 累计凭证　B. 一次凭证　C. 汇总凭证　D. 多功能凭证

二、多项选择题(从 4 个备选答案中，选出 2 个或 2 个以上正确的答案，填到括号中)

1. 原始凭证按来源的不同可以分(　　)。
   A. 外来原始凭证　B. 自制原始凭证　C. 专用凭证　D. 通用凭证
2. 原始凭证的填制要求包括(　　)。
   A. 真实可靠　B. 内容完整　C. 填制及时　D. 填写规范
3. 汇总原始凭证包括(　　)。
   A. 差旅费报销单　B. 销售日报
   C. 限额领料单　D. 发出材料汇总表
4. 下列关于原始凭证分类的描述，错误的有(　　)。
   A. 自制原始凭证应有的项目与外来原始凭证应有的项目基本相同
   B. 外来原始凭证大多是一次凭证
   C. 自制原始凭证是本单位会计人员自行填制的原始凭证

D. 专用凭证是由单位自行印制，仅在本单位内部使用的原始凭证

5. 下列属于原始凭证“真实可靠”的填制要求的是(　　)。

A. 原始凭证所有项目都要如实填写

B. 金额写错，开票单位要重开；其他项目写错，可由经办人自行更正

C. 金额写错，开票单位要重开；其他项目写错，可由出纳人员自行更正

D. 金额写错，开票单位要重开；其他项目写错，开票单位可重开也可更正

三、判断选择题(认为对的在A旁边的方框内打√、认为错的在B旁边的方框内打√)

1. 原始凭证也称单据，是经济业务发生或完成情况的记录凭据或书面证明，是填制记账凭证和登记账簿的原始依据。(A□　B□)
2. 增值税专用发票是外来原始凭证。(A□　B□)
3. 增值税专用发票是专用原始凭证。(A□　B□)
4. 原始凭证一般都要连续编号，以备考查。对事先编号的重要单据，作废时要加盖“作废”戳记，连同存根一起保存，不得随意弃毁。(A□　B□)
5. 支付款项的原始凭证必须要有收款单位或收款人的收款证明。(A□　B□)

子项目2　发票和非税收入票据

岗位知识

一、单项选择题(从4个备选答案中，选出1个正确的答案，填到括号中)

1. (　　)是单位和个人在购销商品、提供或接受服务以及从事其他经营活动中所开具或收取的业务凭证，是会计核算的原始依据，也是审计、税务等部门执法检查的重要依据。

A. 发票　　B. 原始凭证　　C. 记账凭证　　D. 会计账簿

2. 增值税专用发票的基本联次包括发票联、抵扣联和记账联，其中(　　)是销售方作为核算销售收入和增值税销项税额的原始凭证。

A. 存根联　　B. 发票联　　C. 抵扣联　　D. 记账联

3. 增值税普通发票为增值税小规模纳税人和非增值税纳税人使用，增值税一般纳税人向小规模纳税人销售商品、提供服务或发生其他经营活动时，只能开具(　　)。

A. 增值税专用发票　　B. 增值税普通发票

C. 非税收入票据　　D. 其他票据

4. 国家对增值税专用发票的开具有严格的规定，下列行为符合规定的有(　　)。

A. 单位和个人在发出商品时开具增值税专用发票

B. 单位和个人本月发现上月开具的增值税专用发票有错，对该错票进行作废处理

C. 单位和个人给他人代开增值税专用发票

D. 单位和个人没有自行扩大增值税专用发票的使用范围

5. 行政事业单位以政府名义接受捐赠时，应向捐赠人开具(　　)。

A. 非税收入票据　　B. 非税收入通用票据

C. 非税收入专用票据　　D. 非税收入一般缴款书

6. (　　)是行政事业单位依法收取政府非税收入时开具的通用凭证。

A. 非税收入票据　　B. 非税收入通用票据

C. 非税收入专用票据　　D. 非税收入一般缴款书

二、多项选择题(从4个备选答案中，选出2个或2个以上正确的答案，填到括号中)

1. 在经济活动中，发票种类众多。在下列选项中，属于企业主常用的发票有(　　)。

A. 增值税专用发票　　B. 增值税普通发票

C. 商业承兑汇票　　D. 现金支票或转账支票

2. 增值税专用发票是兼记(　　)的合法证明，是增值税计算和管理中重要的决定性的合法的专用发票。

A. 销货方纳税义务　　B. 购货方进项税额

C. 销货方应交额　　D. 销货方已交税额

3. 非税收入票据是指(　　)依据有关法律、法规和省人民政府有关规定，征收或者或收取非税收入时，向缴款义务人开具的收(缴)款凭证。

A. 各级国家机关　　B. 增值税普通发票

C. 事业单位　　D. 社会团体以及其他组织

4. 非税收入票据包括(　　)。

A. 非税收入通用票据　　B. 非税收入专用票据

C. 非税收入一般缴款书　　D. 非税收入专用缴款书

5. 非税收入专用票据是特定的行政事业单位依法收取特定的政府非税收入时开具的专用凭证，主要包括(　　)等。

A. 行政事业性收费票据　　B. 政府性基金票据

C. 罚没票据　　D. 国有资源(资产)收入票据

三、判断选择题(认为对的在A旁边的方框内打√、认为错的在B旁边的方框内打√)

1. 发票只能证明经济业务的发生，不能证明款项是否收付。(A□　B□)

2. 增值税专用发票由电脑打印，不得手工开具。（A□　B□）
3. 增值税一般纳税人持有增值税普通发票的，其进项税额也可抵扣。（A□　B□）
4. 增值税普通发票的基本联次为二联，发票联和记账联。（A□　B□）
5. 企业对外发生非税支出时，应取得财政部门开具的非税收入票据。（A□　B□）
6. 非税收入票据应套印全国统一发票监制章，可作为单位财务收支的法定凭证，是财政、审计、监察等部门和非税收入管理机构进行监督检查的重要依据。（A□　B□）

业务训练

2021 年 9 月 8 日，福建著成服饰股份有限公司向厦门跨境电商股份有限公司（纳税人识别号为 915002080513193382；地址、电话：厦门自贸区海西路 8 号 0592-8805888；开户行及账号：中行厦门自贸区支行 6340508842231350）出售男款 T 恤 2 000 件，单价 98.00 元，增值税税率为 13%，请以开票人曾林的身份，在图 2-1 上开具增值税专用发票。

福建省增值税专用发票

开票代码：0520051300520
开票号码：0891328769
开票日期：年月日
校验码：08124 86699 41957 38536

此联不作报销、扣税凭证使用
机器编号：352008215629

购买方	名　　称： 纳税人识别号： 地址、电话： 开户行及账号：	密码区					
货物或应税劳务、服务名称	规格型号	单位	数量	单价	金额	税率	税额
价税合计（大写）	※			（小写）¥			
销售方	名　　称： 纳税人识别号： 地 址、电 话： 开户行及账号：	备注	福建著成服饰有限公司 350582001393 发票专用章				

第一联：记账联　销货方记账凭证

收款人：　　复核：　　开票人：　　销货方：（章）

图 2-1

说明：销售方的材料请同学上教材“图 2-2”去查询，为了方便同学训练，销货方的发票专用章直接印在了发票上，实际工作中不可以这样，必须开票时由印章保管员盖上。

子项目3　现金收付款凭证

岗位知识

一、**单项选择题**(从4个备选答案中，选出1个正确的答案，填到括号中)

1. 收款收据企业自行印制或在商店购买的内部收据，一般用于单位内部职能部门与职工之间的款项往来以及本单位与外部单位和个人之间的(　　)。

A. 资金往来　　B. 经营性资金往来

C. 非经营性资金往来　　D. 款项往来

2. 现金缴款单是单位出纳人员(　　)时填写的原始凭证。

A. 将库存现金存入开户银行　　B. 从开户银行提取现金

C. 收到客户转入企业的货款　　D. 用现金向供应商支付款项

二、**多项选择题**(从4个备选答案中，选出2个或2个以上正确的答案，填到括号中)

1. 差旅费报销单涉及的金额，其中(　　)由审核报销单的会计人员填写。

A. 各种途中补贴金额　　B. 交通费、住宿费

C. 市内交通费　　D. 报销金额合计

2. 企业出借包装物收取押金时开具的收款收据，可以作为核算(　　)入账依据。

A. 库存现金或银行存款　　B. 其他应收款

C. 其他应付款　　D. 其他业务收入

三、**判断选择题**(认为对的在A旁边的方框内打√、认为错的在B旁边的方框内打√)

1. 借款单一式多联的，应使用蓝色圆珠笔复写；借款单为单联的，可用黑色、蓝色、蓝黑色的钢笔或水笔填写。(A□　B□)

2. 收款收据一般不对外使用。如对外使用，只作为现金收据或核算往来款项的依据，不能作为企业收入、成本、费用的单据，否则视为“白条”。(A□　B□)

业务训练

一、福建晋江丰宇股份有限公司副经理刘春树(隶属于行政部门)于2021年10月5日至6日到福州出差，参加“福建省预防职工职业病研讨会”。发生的差

旅费用包括往返福州的两张高铁车票，每张均为 85 元，住宿发票一张，在福州住宿一晚 300 元，市内打车的车票二张，均为 35 元。按企业财务制度规定，到福州出差，每天补贴 60 元。

请以刘春树的身份，于 10 月 7 日在图 2-2 上填制差旅费报销单。

丰宇股份差旅费报销单

部　门：　　　　　　　　　　　　　　　　　　填报日期：　　年　月　日

姓　名			出差地点					出差日期	自年月日			
事　由									至年月日			
日　期		起讫地点		交通费用		住宿费用			出差补贴			杂费
月	日	起	讫	类别	金额	日数	标准	金额	日数	标准	金额	市内交通
以上单据共　张，总计人民币（大写）¥												
部门主管			财务审核			填报			报销		（签　章）	

图 2-2

二、2021 年 10 月 9 日，福建晋江丰宇股份有限公司出纳汪朝析，于下班前将当日收取的废旧物资销售款 1 934 元存入开户银行，开户账号为 6395002484940133。

经清点，1 934 元现金中，面值 100 元的 11 张；面值 50 元的 14 张；面值 20 元的 3 张；面值 10 元的 6 张；面值 5 元的 2 张，面值 2 元的 1 张；面值 1 元的 2 张。

根据清点结果，请以汪朝析的身份，在图 2-3 上填制现金缴款单。

中国农业银行
AGRICULTURAL BANK OF CHINA

现金缴款单（回单）①

年　月　日　　　　　　　　NO. 354091683

收款单位	全称		款项来源	
	账号		解缴部门	

人民币（大写）	百	十	万	千	百	十	元	角	分

面值	张数	十	万	千	百	十	元	种类	张数	千	百	十	元	角	分
壹佰元								贰元							
伍拾元								壹元							
贰拾元								角票							
壹拾元								分币							
伍元								残损币							

中国农业银行
晋江支行
202★.★0.09
现金收讫

收款：　　　　复核：

此联由银行盖章退回单位

图 2-3

子项目 4　涉及银行结算业务的原始凭证

岗位知识

一、单项选择题(从 4 个备选答案中，选出 1 个正确的答案，填到括号中)

1. 普通支票左上角划两条平行线称为(　　)。
A. 现金支票　　B. 转账支票　　C. 划线支票　　D. 普通支票

2. 企业于 2020 年 10 月 15 日开具现金支票，其大写日期正确的是(　　)。
A. 贰零贰零年拾月拾伍日　　B. 贰零贰零年壹拾月壹拾伍日
C. 贰零贰零年零壹拾月壹拾伍日　　D. 贰零贰零年零壹拾月零壹拾伍日

3. 人民币捌佰元，小写的正确写法是(　　)。
A. ￥800.00 元　　B. ￥800.00
C. 800.00 元　　D. 人民币 800.00 元

4. (　　)不得在转账支票背面的“被背书人”栏内盖章。
A. 出票人　　B. 收款人
C. 被背书人　　D. 出票人和收款人

5. 银行本(汇)票一律记名，(　　)的，可以签发现金银行本(汇)票。
A. 申请人为个人　　B. 收款人为个人
C. 保证人为个人　　D. 申请人和收款人均为个人

6. (　　)的商业汇票，无须提示承兑。
A. 定日付款　　B. 出票后定期付款
C. 见票即付　　D. 见票后定期付款

7. 企业对(　　)可以采用托收承付结算方式进行结算。
A. 代销商品　　B. 寄销商品
C. 赊销商品　　D. 订有购销合同的商品销售

8. 采用(　　)结算方式，票款结算时不需要填制银行进账单。
A. 银行本票　　B. 商业汇票　　C. 银行汇票　　D. 转账支票

二、多项选择题(从 4 个备选答案中，选出 2 个或 2 个以上正确的答案，填到括号中)

1. 支票的存根联应填项目有支票用途、单位主管及会计人员的签章、(　　)等。
A. 小写出票金额　　B. 大写出票金额
C. 用途　　D. 收款人全称

2. 银行汇票允许背书转让，但(　　)的银行汇票，不得背书转让。
   A. 未填写实际结算金额　　B. 实际结算金额低于出票金额
   C. 实际结算金额超过出票金额　　D. 实际结算金额等于出票金额
3. (　　)的商业汇票，自票据到期日起十天内向付款人提示付款。
   A. 定日付款　　B. 出票后定期付款
   C. 见票即付　　D. 见票后定期付款
4. 涉及(　　)的经济业务，应通过“其他货币资金”账户进行账务处理。
   A. 商业汇票　　B. 银行汇票　　C. 银行本票　　D. 普通支票
5. (　　)均可采用委托收款结算方式。
   A. 单位或个人凭已承兑的商业汇票、债券、存单等付款人债务证明办理款项结算时
   B. 单位或个人凭尚未承兑的商业汇票、债券、存单等付款人债务证明办理款项结算时
   C. 单位或个人凭商业汇票、债券、存单等付款人债务证明办理款项结算时
   D. 公用事业性单位收取水电费等费用时
6. 采用委托收款或托收承付结算方式，关于拒绝付款的表述，正确的有(　　)。
   A. 采用委托收款结算方式，企业不得拒绝付款
   B. 采用托收承付结算方式，企业可以拒绝付款
   C. 采用委托收款结算方式，企业可以拒绝付款，但银行不审查其拒付理由
   D. 采用托收承付结算方式，企业如果拒绝付款，银行应审查其拒付理由

三、判断选择题(认为对的在A旁边的方框内打√、认为错的在B旁边的方框内打√)

1. 加盖在支票存根与支票正联之间的公司财务专用章，也称骑缝章。(A□　B□)
2. 支票小写金额“9.60元”，中文大写金额应为“玖元陆角零分整”。(A□　B□)
3. 支票的小写金额中间连续几个0，中文大写金额中间也应连续写几个零。(A□　B□)
4. 如果收款人收到同一付款人的数张票据时，可以将数张票据合并，填制同一张“银行进账单”。(A□　B□)
5. 银行本票可以挂失，银行本票丧失后，失票人可以凭借人民法院出具的

享有票据权利的证明，向出票银行请求付款或者退款。（A□ B□）

6. 未填明“现金”字样和代理付款人的银行汇票不得挂失止付。（A□ B□）

7. 汇兑结算是汇款人委托银行将其款项支付给收款人的一种结算方式，汇兑适用于企业和个人各种款项的结算。（A□ B□）

8. 采用托收承付结算方式，付款人在承付期内全部或部分拒付，银行不予受理。（A□ B□）

业务训练

一、2021 年 9 月 1 日福建著成服饰股份有限公司财务科出纳转账支付福建移动公司泉州分公司本月企业的通信费用为 1098.05 元。

请以出纳的身份，在图 2-4、图 2-5 上开具转账支票。

附：福建著成服饰股份有限公司相关资料

单位负责人：庄著成；会计：朱丽真；出纳：黄洋洋

纳税人识别号：91350582 001335 6789

地址、电话：晋江工业园区 0595-8320812

开户行及账号：中国农业银行晋江支行 6381007258440513

图 2-4 请在印鉴的方框内填上姓名，表示盖章；公司章预先盖在支票上面是为了方便同学填制完整的支票，实际工作中绝不可以这样。

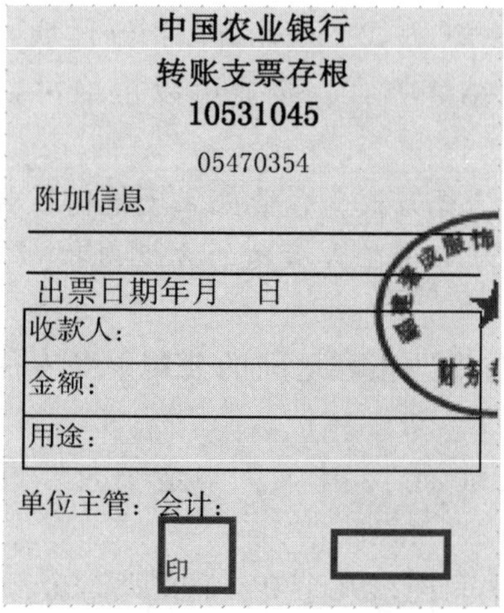

中国农业银行
转账支票存根
10531045
05470354
附加信息
出票日期年月 日
收款人：
金额：
用途：
单位主管：会计：
印

图 2-4

图 2-5 请在印鉴的方框内填上姓名，表示盖章；公司章预先盖在支票上面是为了方便同学填制完整的支票，实际工作中绝不可以这样。

中国农业银行转账支票　（闽）　　10531045

出票日期（大写）　　年　月　日　　　　付款行名称：

收款人：　　　　　　　　　　　　　　　出票人账号：

本支票付款期限十天

人民币（大写）	千	百	十	万	千	百	十	元	角	分

用途：

上列款项请从

我账户内支付

出票人盖章　　（福建苏喜服饰股份有限公司 财务专用章）　　印

复核：　　记账：

图 2-5

二、2021 年 4 月 8 日，福建苏喜公司将于 5 月 8 日到期的不带息票商业承兑汇票提交银行，进行贴现，银行审核后同意贴现。“票据贴凭证(收账通知)4”如图 2-6 所示，请根据图 2-6，进行相应的账务处理。

票据贴现凭证（收账通知）4

填写日期 2020 年 4 月 8 日　　　　第　　号

申请人 全称	福建苏喜服饰有限公司	贴现汇票	种类及号码	商业承兑汇票
申请人 账号	3501259661247567		发票日	2020 年 2 月 8 日
申请人 开户银行	中国工商银行晋江支行		到期日	2020 年 5 月 8 日
汇票承兑人	厦门海西商城	账号 350256912347651	开户银行	厦门翔安工行

		千	百	十	万	千	百	十	元	角	分
汇票金额	人民币（大写）陆万元整			¥	6	0	0	0	0	0	0
年贴现率 6%；贴现利息 300.00	实付金额			¥	5	9	7	0	0	0	0

上述款项已入你单位账户。

此致

银行盖章　（中国工商银行 晋江支行 2020.4.7 讫）

2020 年 4 月 7 日

备注：

19

图 2-6

1. 出纳或会计根据图 2-5 及有关原始凭证编制收款凭证(以会计分录代替)。

答题区

2. 出纳根据记账凭证及所附的图 2-6 登记银行存款日记账(略)。

三、2021年6月1日，福建省晋江电力有限责任公司销售部开具增值税专用发票(略)，财务部出纳以增值税票发票联、抵扣联等原始凭证为依据，采用委托收款结算方式，向福建著成服饰股份有限公司收取2021年5月份的电费18 300元。

附：完成任务所需要的材料：

福建著成服饰股份有限公司开户行：中国农业银行晋江支行(行号：0356)

账号：6381007258440513

晋江电力有限责任公司开户行：中国工商银行晋江支行(行号：0753)

账号：3521056000051933

收款人开户行公章 中国工商银行 晋江支行 2021.6.1 转讫

请在图2-7上开具“委托收款凭证”。

图2-7银行章预先盖在凭证上是为了方便同学填制完整的凭证，实际不可这样。

委电　　委 托 收 款 凭证（回　单）1　　委收号码 第　号

签发日期　年　月　日

<table>
<tr><td rowspan="3">收款人</td><td>全 称</td><td colspan="3"></td><td rowspan="3">付款人</td><td>全 称</td><td colspan="3"></td></tr>
<tr><td>账 号</td><td colspan="3"></td><td>账 号</td><td colspan="3"></td></tr>
<tr><td>开户银行</td><td></td><td>行号</td><td></td><td>开户银行</td><td></td><td>行号</td><td></td></tr>
<tr><td>委收金额</td><td>人民币（大写）</td><td colspan="6">壹万捌仟叁佰元整</td><td colspan="2">千 百 十 万 千 百 十 元 角 分</td></tr>
<tr><td>款项内容</td><td colspan="2"></td><td>委托收款凭证名称</td><td colspan="2"></td><td>附寄单证张数</td><td colspan="3"></td></tr>
<tr><td colspan="3">备注
电　　划</td><td colspan="3">款项收妥日期
年 月 日</td><td colspan="4">中国工商银行 晋江支行 2021.6.1 转讫
收款人开户行盖章　月　日</td></tr>
</table>

收款人开户行给收款人回单联

单位主管　会计　复核　记账

图2-7

四、2021年6月5日，福建省著成服饰股份有限公司按合同约定，向江苏吴江恒宇股份有限公司购进限丝光棉2 000码，含税价11.30元/码，江苏吴江恒宇股份有限公司根据增值税专用发票、发货清单向银行办理托收，托收凭证如图2-8所示。

托收承付结算凭证

邮划☑ 电划□　　托收日期 2021 年 6 月 5 日

收款人	全称	江苏吴江恒宇股份有限公司		付款人	全称	福建著成服饰股份有限公司
	账号	9800 6980 1135 0036			账号	6381 0072 5844 0513
	开户银行	中国农业银行吴江支行	行号 0784		开户银行	中国农业银行晋江支行　行号 0356
托收金额	人民币（大写）	贰万贰仟陆佰元整			千百十万千百十元角分	¥ 2 2 6 0 0 0 0
款项内容	货款	委托收款凭证名称	增值税专用发票 货运清单		附寄单证张数	2
商品发运情况	已发货				合同名称号码	2021 销 02205 号
备注		款项收妥日期 年 月 日			收款人开户行盖章 月 日	

单位主管　　会计　　复核　　记账

图 2-8

2021 年 6 月 6 日，福建省著成服饰股份有限公司收到丝光棉 2 000 码，发现质量没有达到合同规定的标准，经协商，同意合同继续执行，但价格(含税)下降百分十。

2021 年 6 月 7 日，福建省著成服饰股份有限公司收到银行付款通知，请在图 2-9 上开具“托收承付结算部分拒绝付款理由书”。

托收承付 / 委托收款 结算（全部 / 部分）拒绝付款理由书 1　[回单或付款通知]

拒付日期　　年　月　日　　原托收号码：

收款人	全称			付款人	全称	
	账号				账号	
	开户银行		行号		开户银行	中国农业银行晋江支行　行号
托收金额		拒付金额			部份付款金额	千百十万千百十元角分
附寄单证		部分付款金额（大写）				
拒付理由： 付款人签章						

图 2-9

子项目 5　原始凭证审核

岗位知识

一、单项选择题(从 4 个备选答案中，选出 1 个正确的答案，填到括号中)

1. (　　)是会计核算工作的起点。

A. 设置账户　　B. 会计凭证的审核

C. 原始凭证的审核　　D. 记账凭证的审核

2. 审查购买实务的原始凭证，是否有验收证明，属于原始凭证(　　)的审核。

A. 合法性　　B. 真实性　　C. 完整性　　D. 正确性

3. 下列对原始凭证的审核属于合法性的审核(　　)。

A. 自制原始凭证是否有经办单位领导人或其指定人员的签名或盖章

B. 发生销售退回时，退货发票是否附有退货验收证明

C. 作废的原始凭证是否加盖“作废”戳记，并同存根联一并保存

D. 收回职工所借款项时，是否另开收据或退还收据副本(不得退还原借款收据)

4. 只能使用(　　)填写支票。

A. 纯蓝　　B. 蓝黑

C. 碳素墨水　　D. 蓝黑或碳素墨水

5. 下列对原始凭证的审核，(　　)属于真实性的审核。

A. 自制原始凭证是否有经办单位领导人或其指定人员的签名或盖章

B. 发生销售退回时，退货发票是否附有退货验收证明

C. 发票呈现的业务是否以合同为依据

D. 上级部门批准的经济业务是否有上级部门的批准文件

6. 审核银行汇票时，允许更改的项目有(　　)，且原记载人应在更改处签章证明。

A. 日期　　B. 金额

C. 收款人名称　　D. 其他记载事项

7. 对不真实不合法的原始凭证，财务部门不予受理，并向(　　)报告。

A. 会计机构负责人　　B. 审计机构负责人

C. 单位负责人　　D. 纪检部门负责人

8. 收款单位收受银行汇票时应审查(　　)是否为本单位，多次背书的银行汇票背书是否连续。

A. 收款人和背书人　　B. 收款人和最后的背书人

C. 收款人和被背书人　　D. 收款人和最后的被背书人

二、多项选择题(从4个备选答案中，选出2个或2个以上正确的答案，填到括号中)

1. (　　)应当审核原始凭证，这是法定职责。

A. 会计机构　　B. 会计人员　　C. 税务机构　　D. 税务人员

2. 原始凭证的审核包括了(　　)的审核。

A. 合法性　　B. 真实性　　C. 完整性　　D. 正确性

3. 下列对原始凭证的审核属于正确性的审核(　　)。

A. 原始凭证的签字或盖章是否签在或盖在正确的位置

B. 原始凭证的属地、职能是否与加盖的印章相吻合

C. 原始凭证的内容描述是否准确

D. 原始凭证的数量是否正确，单价是否正确，金额有无算错，大小写金额是否相符

4. 银行审核企业送来的支票，不给予受理的情形有(　　)。

A. 空头支票、印章与预留银行印鉴不符的支票、支付密码错误的支票

B. 出票日期(大写)书写不够规范的支票

C. 出票日期小写的支票

D. 支票的日期、金额、收款人更改的支票

5. 在审核“购货发票”时，应审查(　　)是否在“货物入库单”上签字或盖章。

A. 发票的开票人　　B. 会计主管人员或一般会计

C. 货物购买人　　D. 货物验收人

三、判断选择题(认为对的在A旁边的方框内打√、认为错的在B旁边的方框内打√)

1. 会计机构、会计人员审核原始凭证应按国家统一的会计制度的规定进行。(A□　B□)

2. 费用报销专管员对原始凭证的审核属于财务管理的范畴，是出纳工作的一个重要步骤，是保证会计核算质量的必要手段。(A□　B□)

3. 一式几联的发票，应注明各联的用途，各联均可作为报销凭证。(A□　B□)

4. 支票签发时未记收款人名称，未记载出票金额的，可由出票人授权补记。（A□　B□）
5. 现金支票若有背书转让，应当审查背书的连续性。（A□　B□）
6. 银行汇票的审核要点与银行本票的审核要点基本相同。（A□　B□）
7. 规范的购货发票，应套印购货单位所在地税务部门的“发票监制章”。（A□　B□）
8. 对于有错误的原始凭证，财务人员应要求经办人进行更正或者重开。（A□　B□）

业务训练

一、2019年5月8日，著成服饰销售部职员刘三枫因公出差，预借差旅费2 400元，出出纳审核了借款单（如图2-10所示）后，以现金付讫，并将借款单转交给稽核员江理。

著成服饰借款单

日期：2019年5月8日　　　　NO：019051344

借款单位或部门：销售部	借款人：刘枫
借款理由：预借差旅费	
借款数额：人民币（大写）贰仟肆佰元　￥2 400.00	
本单位负责人：同意预借	会计主管：
出　纳：黄洋洋	借款人签章：刘枫

图2-10

请以江理的身份审核图2-10，指出该“借款单”存在的问题：

（1）______

（2）______

（3）______

（4）______

二、2021年11月30日，著成服饰出纳开出一张转账支票，支付福建移动通信公司泉州分公司当月通信费，支票正联如图2-11所示。

请以江理的身份审核图2-11，指出该“转账支票正联”存在的问题：

（1）______

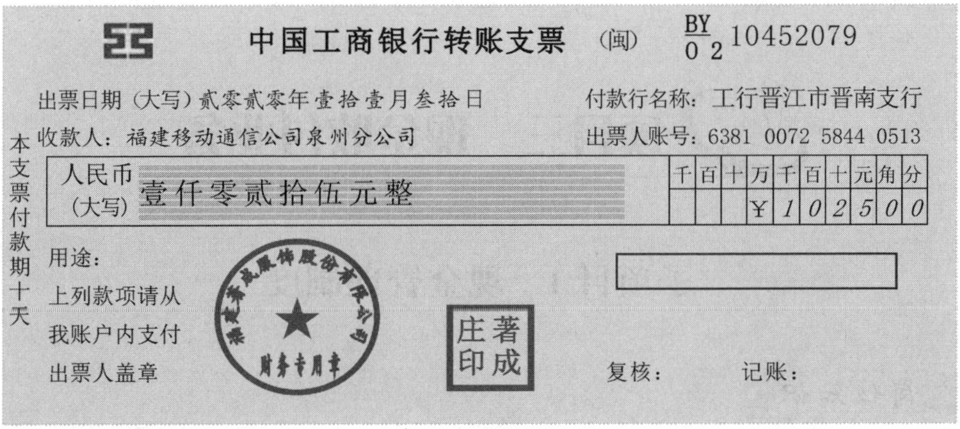

中国工商银行转账支票　（闽）　$\frac{BY}{0\ 2}$ 10452079

出票日期（大写）贰零贰零年壹拾壹月叁拾日　　付款行名称：工行晋江市晋南支行

收款人：福建移动通信公司泉州分公司　　出票人账号：6381 0072 5844 0513

本支票付款期十天

人民币（大写）	千	百	十	万	千	百	十	元	角	分
壹仟零贰拾伍元整				¥	1	0	2	5	0	0

用途：

上列款项请从

我账户内支付

出票人盖章

复核：　　记账：

图 2-11

（2）________________

（3）________________

项目三　现金收付业务

子项目 1　现金管理制度

岗位知识

一、单项选择题(从 4 个备选答案中，选出 1 个正确的答案，填到括号中)

1. 有价证券有着与(　　)类似的性质。

A. 库存现金　　B. 银行存款　　C. 其他货币资金　D. 长期股权投资

2. 库存现金限额一般(　　)，单位因生产和业务发展、变化需要增加或减少库存限额时，可向开户银行提出申请，经批准后，方可进行调整。

A. 每月核定一次　　B. 每季核定一次

C. 每半年核定一次　　D. 每年核定一次

3. 边远或交通不便地区，单位库存现金限额可适当放宽，但最多也不得超过企业(　　)。

A. 企业 3~5 天的日常零星开支额　　B. 企业 3~5 天的开支额

C. 企业 15 天的日常零星开支额　　D. 企业 15 天的开支额

4. 企业如果遇到特殊情况需要坐支现金，应该在(　　)上如实反映坐支情况，并同时报告开户银行，便于银行对坐支金额进行监督和管理。

A. 库存现金日记账　　B. 库存现金总分类账

C. 银行存款日记账　　D. 银行存款总分类账

5. 企业从现金收入中直接支付现金的行为称为(　　)。

A. 收支　　B. 支付　　C. 坐支　　D. 现金收付

6. 开户单位如果违反《现金管理暂行条例》的规定，(　　)有权责令其停上违法行动，并根据情节的轻重给予警告或罚款。

A. 财政部门　　B. 税务部门　　C. 开户银行　　D. 审计部门

7. 开户单位有(　　)以及公款私存、编造用途套取现金、利用账户代替其他单位或个人套取现金等行为的，一律按规定给予相应的罚款。

A. 保留账外公款　　B. 超出规定范围和限额使用现金

C. 白条顶库　　D. 超出核定库存现金限额留存现金

8. 开户单位不采取转账结算方式购置国家规定的专项控制商品的，按(　　)。

A. 购买金额的50%至全额对买方进行处罚

B. 购买金额的50%至全额对卖方进行处罚

C. 购买金额的50%至80%对买卖双方进行处罚

D. 购买金额的50%至全额对买卖双方进行处罚

二、多项选择题(从4个备选答案中，选出2个或2个以上正确的答案，填到括号中)

1. 企业必须按照(　　)的规定，加强对库存现金的管理。

A.《现金管理暂行条例》　　B.《现金管理条例》

C.《现金管理暂行条例实施细则》　　D.《现金管理条例实施细则》

2. 企业使用现金可以从(　　)。

A. 开户银行提取　　B. 库存现金限额中支付

C. 其他单位借入　　D. 企业的现金收入中直接支付

3. 企业在下列开支中，可以使用现金支付的有(　　)。

A. 收购农副产品及其他物资的价款

B. 各种劳保、福利费用以及国家规定的对个人的其他支出

C. 根据国家规定发给个人的科技、文艺、体育等各种奖金

D. 出差人员必须随身携带的差旅费

4. 在计算"库存现金限额计划数"时，可以用(　　)为基数进行计算。

A. 上月现金支出合计数　　B. 本月现金支出合计数

C. 本月现金支出计划数　　D. 下月现金支出计划数

5. 对开户单位(　　)的行为，则按交易额的10%至50%进行处罚。

A. 给予现金结算比转账结算优惠待遇

B. 只收现金拒收支票

C. 只收现金拒收银行本票

D. 只收现金拒收银行汇票

三、判断选择题(认为对的在A旁边的方框内打√、认为错的在B旁边的方框内打√)

1. 库存现金限额是企业按照银行现金管理的有关规定，与开户银行协商核定的库存现金最低额度。(A□　B□)

2. 库存现金限额一般为企业3~5天的日常零星开支额。(A□　B□)

3. 结算起点(1 000元)以下的零星开支可以使用现金。(A□　B□)

4. 商业企业的零售门市部需要保留找零备用金，其限额可根据业务经营需要核定，并包括在单位库存现金限额之内。（A□　B□）
5. 独立核算的附属单位，由于没有在银行开户，但需要保留现金，也要核定库存现金限额，但其限额不包括在其上级单位库存限额内。（A□　B□）
6. 开户单位保留账外公款的，开户银行应给予给予警告或罚款。（A□　B□）
7. 开户单位对开户银行做出的处罚决定不服的，必须先按处罚决定执行，然后在十日内向当地人民银行申请复议。（A□　B□）
8. 开户单位对人民银行做出的复议决定不服的，可自收到复议决定之日起三十日内向人民法院起诉。（A□　B□）

业务训练

一、某企业为交通不便、边远地区的乡村企业，该企业上月现金支出合计936 000元，上月以现金支付差旅费27 200元，以现金支付职工工资680 000元，请计算该企业库存现金限额的最低计算数和最高计划数。

经计算：

该企业库存现金限额的最低计划数＝

该企业库存现金限额的最高计划数＝

二、2021年12月25日，某银行在年终检查中，有下列违规行为。

1. 保留账外公款30万元。

2. 客户举报该公司有拒收银行汇票行为，目前查到一起，涉及金额10万元。

3. 银行发现该公司有通过编制现金支票用途来套取现金的行为，涉及金额20万元。

请问，银行给予该企业处以罚款20万元，是否符合相关规定。

1. ____

____

2. ____

____

3. ____

____

合计：________________________________

因此，________________________________

子项目 2　现金收付业务的处理程序

岗位知识

一、单项选择题(从 4 个备选答案中，选出 1 个你认为正确的答案，填到括号中)

1. 一般现金收入业务是指出纳人员(　　)。
   A. 从开户银行提取现金业务
   B. 将现金存入开户银行业务
   C. 从其他单位借入现金业务
   D. 直接收取其他单位、部门或个人交来的现金业务
2. 一般现金收入业务的处理程序不包括(　　)步骤。
   A. 确定收款业务是否符合国家的有关制度和规定，决定是否受理收款业务
   B. 决定受理收款业务后，当面清点，收款现金
   C. 根据收款收据及相关原始凭证直接登记库存现金日记账
   D. 根据收款收据及相关原始凭证直接填制现金收款凭证
3. 企业向银行送存现金，应填制的原始凭证是(　　)。
   A. 现金支票　　B. 进账单　　C. 现金缴款单　　D. 现金付款凭证

二、多项选择题(从 4 个备选答案中，选出 2 个或 2 个以上正确的答案，填到括号中)

1. 出纳人员直接收取其他单位、部门或个人交来的现金，若由付款方提供收款的原始凭证，应审查该原始凭证的(　　)。
   A. 合法性　　B. 合理性　　C. 正确性　　D. 相关性
2. 一般现金支出业务的处理程序包括(　　)步骤。
   A. 确定现金支付是否符合国家的有关制度和规定，决定是否受理现金支付业务
   B. 决定受理后，检查有关原始凭证是否齐备
   C. 支付现金，要求收款人当面清点
   D. 在审核无误的付款凭证上加盖“现金付讫”的戳记

三、判断选择题(认为对的在 A 旁边的方框内打√、认为错的在 B 旁边的方框内打√)

1. 企业现金收入业务包括一般现金收入业务和从银行提取现金业务。(A□ B□)

2. 企业一般现金收入业务，只能由收款方开具收款的原始凭证。(A□　B□)

3. 企业从银行提取现金，到银行取款的人员只能是出纳人员。(A□　B□)

业务训练

出纳对于日常收取的现金以及超过库存现金限额的现金，应及时送存开户银行。请在图 3-1 的序号后面空白处填上文字，描述出纳向银行送存现金的业务处理流程。

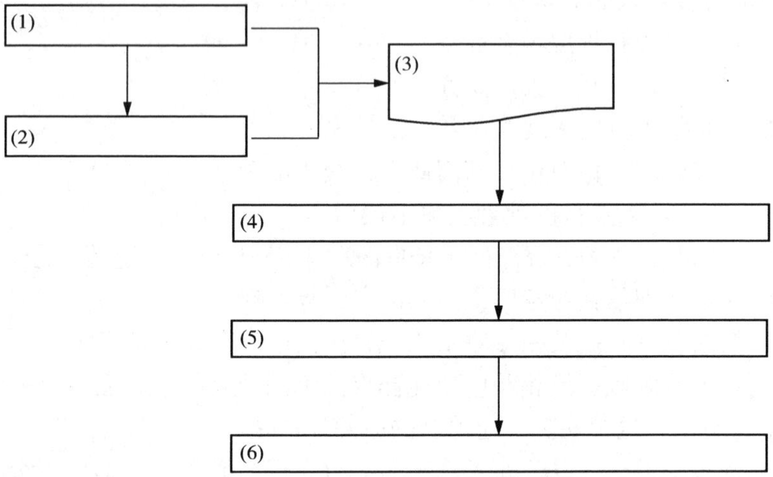

图 3-1

子项目 3　编制现金收付款记账凭证

岗位知识

一、单项选择题(从 4 个备选答案中，选出 1 个正确的答案，填到括号中)

1. 如果企业采用通用记账凭证，则现金收款业务应编制(　　)。

　A. 库存现金收款凭证　　B. 银行存款付款凭证

　C. 通用记账凭证　　D. 转账凭证

2. 在现金收款凭证“年 月 日”栏应填写(　　)的日期。

　A. 填制现金收款凭证　　B. 办理现金收款业务

　C. 月末　　D. 审核现金收款凭证

3. (　　)是指所有记账凭证不分业务内容按顺序编号。

　A. 总字编号法　B. 分数编号法　C. 三类编号法　D. 五类编号法

4. 某企业如果采用五类编号法，如某项业务在全部现金收款业务中属于第5笔业务，在全部经济业务中属于第12笔业务，则编号应为(　　)。

A. 总第5号　　B. 收第5号　　C. 现收第5号　　D. 收第12号

二、多项选择题(从4个备选答案中，选出2个或2个以上正确的答案，填到括号中)

1. 记账凭证按用途的不同可以分成(　　)。

A. 通用记账凭证　　B. 收款凭证和付款凭证

C. 专用记账凭证　　D. 转账凭证

2. 关于记账凭证附件张数的计算，如果有汇总类原始凭证，附件张数(　　)。

A. 可以按原始凭证(含汇总和被汇总)的实际张数填写

B. 只计算原始凭证汇总表的张数，不计算被汇总原始凭证的张数

C. 只计算被汇总原始凭证的张数，不计算原始凭证汇总表的张数

D. 按原始凭证汇总表的张数填写，被汇总的原始凭证作汇总表的附件张数

3. 当一张或几张的原始凭证涉及几笔经济业务时，可(　　)。

A. 将其附在主要经济业务的记账凭证后面，并在摘要栏注明“本记账凭证的附件包括××号记账凭证的经济业务”

B. 将其附在次要经济业务的记账凭证后面，并在摘要栏注明“本记账凭证的附件包括××号记账凭证的经济业务”

C. 在主要经济业务的记账凭证上注明“本业务的单据附在××号记账凭证后面”

D. 在次要经济业务的记账凭证上注明“本业务的单据附在××号记账凭证后面”

4. 涉及(　　)的记账凭证，出纳员要在上面签章。

A. 收款业务　　B. 付款业务　　C. 转账业务　　D. 全部业务

三、判断选择题(认为对的在A旁边的方框内打√、认为错的在B旁边的方框内打√)

1. 一笔经济业务若要填制一张以上的记账凭证，只需采用顺序编号法编号。(A□　B□)

2. 如果企业采用专用记账凭证，则现金收款业务应编制现金收款凭证。(A□　B□)

3. 一般而言，特殊业务的摘要应简明扼要；常规业务的摘要应详细全面。(A□　B□)

4. 涉及库存现金与银行存款的划转业务，只编付款凭证。(A□　B□)

业务训练

一、图 3-2 所呈现的经济业务为著成服饰本月第 21 笔经济业务，第 11 笔现金收款业务，第 5 笔银行存款付款业务，请根据原始凭证图 3-2，在图 3-3 或图 3-4 上编制一张记账凭证。

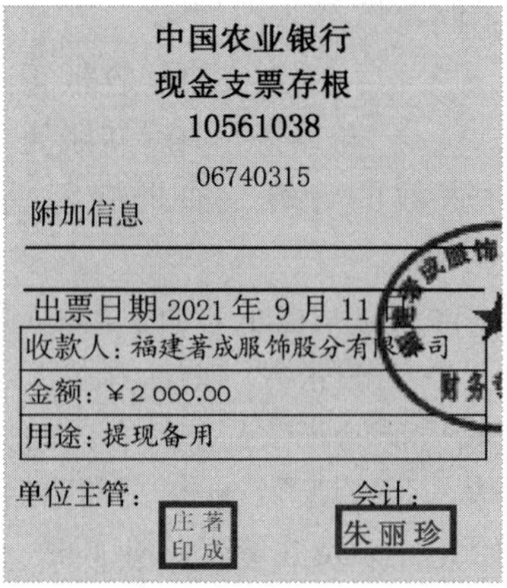
中国农业银行
现金支票存根
10561038
06740315
附加信息
出票日期 2021 年 9 月 11 日
收款人：福建著成服饰股份有限公司
金额：¥2 000.00
用途：提现备用
单位主管： 庄著印成 会计： 朱丽珍

图 3-2

收款凭证

借方科目：　　　　年　月　日　　　　总第　号　现收第　号

摘　要	贷方科目		过账	金　额									
	总账科目	明细科目		千	百	十	万	千	百	十	元	角	分
附件张	合　计												

会计　主管　记账　出纳　审核　制单

图 3-3

收款凭证

贷方科目：　　　　年　月　日　　　　总第　号　银付第　号

摘　要	借方科目		过账	金　额									
	总账科目	明细科目		千	百	十	万	千	百	十	元	角	分
附件张	合　计												

会计　主管　记账　出纳　审核　制单

图 3-4

二、图 3-5 所呈现的经济业务为著成服饰 2021 年 9 月 17 日发生的经济业务，是企业当月第 35 笔经济业务，第 13 笔收款业务，第 4 笔现金收款业务，请根据原始凭证图 3-6 上编制一张记账凭证。

收 款 收 据

日期：2021 年 9 月 17 日　　　　NO：2181034

付款单位或个人：习德果	收据联
收款事由：收回预借差旅费余款 330 元。（预借 2000.00 元，报销 1670 元）	
金额（大写）：人民币叁佰叁拾元整　现金收讫　￥ 330.00	

收款单位：（章）　　出　纳：　黄洋洋

图 3-5

收款凭证

总第　号

收第　号

借方科目：　　　　年　月　日

摘　要	贷方科目		过账	金额									
	总账科目	明细科目		千	百	十	万	千	百	十	元	角	分
附件张	合　计												

会计　　主管　　记账　　出纳　　审核　　制单

图 3-6

子项目 4　审核现金收付款记账凭证

岗位知识

一、单项选择题(从 4 个备选答案中，选出 1 个正确的答案，填到括号中)

1. 为了确保库存现金日记账的真实可靠，(　　)对现金收付款凭证进行严格的审核。

A. 在登账之前必须指定专人　　B. 在登账之后必须指定专人

C. 在登账之前必须由出纳人员　　D. 在登账之前必须由会计人员

二、多项选择题(从4个备选答案中，选出2个或2个以上正确的答案，填到括号中)

1. 如果审核结果发现记账凭证编制有误，应进行如下处理(　　)。

A. 该记账凭证还没登账，应将其作废，重新编制一张正确的记账凭证

B. 该记账凭证已经登账，则不能将其直接作废，应按错账的类型进行处理

C. 该记账凭证还没登账，先登记入账，再按照错账的类型进行处理

D. 该记账凭证已经登账，也应将其作废，重新编制一张正确的记账凭证

三、判断选择题(认为对的在A旁边的方框内打√、认为错的在B旁边的方框内打√)

1. 现金收付款业务的记账凭证是出纳登记库存现金日记账的间接依据。(A□　B□)

业务训练

福建著成服饰股份有限公司出纳黄洋洋根据审核医院收费用据(见图3-8)编制库存现金付款凭证(见图3-7)，请审核所编的“库存现金付款凭证”，并提出处理意见。

付款凭证

总第35号

贷方科目：库存现金　　2021年9月20日　　现付第3号

摘要	借方科目		过账	金额									
	总账科目	明细科目		千	百	十	万	千	百	十	元	角	分
职工报销医药费	应付职工薪酬		✓					3	2	8	5	0	0
附件张	合计							3	2	8	5	0	0

会计　　主管　　记账　　出纳 刘成　　审核 黄洋洋　　制单：黄洋洋

图3-7

经审核，发现该收款凭证存在下列问题：

(1) ____________________

(2) ____________________

(3) ____________________

福建省医疗机构门诊收费票据 No. 0215309

注册号码：闽财（2021）票字第 35 号

姓名：秦少阳　　门诊号：

流水号：　　保险号：　　2021 年 9 月 20 日

项目	金额	项目	金额	备注
化验费	108.00			个人医疗账户支付：
挂号费	1.50			统筹基金支付：
诊查费	5.00			自付：
西药费	214.00			付款方式：现金：√
同意全部报销				转账：
合计人民币（大写）：叁佰贰拾捌元伍角整 ￥328.50				

晋江市金井中心卫生院（4）收费专用章　成庄印　现金付讫

医疗单位收费：　　开票卡号：　　复核：　　经办：陈金婵

（收费单位未盖章无效）

图 3-8

对审核结果的处理意见：

子项目 5　登记库存现金日记账

岗位知识

一、单项选择题（从 4 个备选答案中，选出 1 个正确的答案，填到括号中）

1. 库存现金日记账的记账人员是(　　)。

A. 普通会计人员　B. 出纳人员　C. 主管会计　D. 会计主管人员

2. 库存现金日记账的外表形式，一般采用(　　)。

A. 活页式　B. 横线登记式　C. 订本式　D. 卡片式

二、多项选择题（从 4 个备选答案中，选出 2 个或 2 个以上正确的答案，填到括号中）

1. 库存现金日记账的记账依据是(　　)及其所附的原始凭证。

A. 现金收款凭证　B. 现金付款凭证

C. 提取现金时的银行付款凭证　D. 向银行存入现金时的银行收款凭证

2. 库存现金日记账的账页格式，可以选用(　　)。

A. 三栏式　B. 多栏式　C. 数量金额式　D. 横线登记式

3. 现金日记账能够逐日反映企业(　　)情况，有利于确保企业库存现金的账实相符。

A. 现金的收入　B. 现金的付出　C. 现金的结存　D. 现金的核对

三、判断选择题（认为对的在 A 旁边的方框内打√、认为错的在 B 旁边的方框内打√）

1. 库存现金日记账是普通日记账的一种，它是以单笔现金收、付业务为记录单位，按时间的先后顺序逐日逐笔登记的账簿。（A□　B□）
2. 库存现金日记账的记账方法：出纳人员按单笔经济业务发生的先后顺序，逐日逐笔进行登记。（A□　B□）

业务训练

操作步骤：

1. 出纳根据审核无误的原始凭证或记账凭证登记"库存现金日记账。
2. 登完账，出纳在记账凭证的出纳处盖章，在"库存现金"科目对应的过账处打"√"。
3. 稽核人员审核完毕，在"库存现金日记账"核对处"√"。

业务呈现：

业务 1：原始凭证如图 3-9 所示，记账凭证如图 3-10 所示。

福建省增值税普通发票

机器编号：352006015370

开票代码：043005100215
开票号码：02192358
开票日期：2021 年 1 月 11 日
校验码：91825 99658 14958 83543

购买方　名称：福建天步鞋业有限公司
纳税人识别号：350988003136
地址、电话：晋江金井开发区 0595—88205832
开户行及账号：晋江工行金井分理处 350125256138898

密码区

货物或应税劳务、服务名称	规格型号	单位	数量	单价	金额	税率	税额
万能表	50 型	个	1	230.10	230.10	3%	6.90
合计					¥230.10		¥6.90
价税合计（大写）	※贰佰叁拾柒元整				（小写）¥237.00		

直接交付车间使用：庄尔良

现金清讫

销售方　名称：福建晋江先海百货公司
纳税人识别号：350582080339
地址、电话：晋江金井滨海新城
开户行及账号：晋江工行金井分理处 350125926127765

备注

收款人：　复核：　开票人：蔡琳　销货方：（章）

第二联：发票联　购货方记账凭证

图 3-9

记账凭证

2021年1月11日 第015号

摘要	会计科目		过账	借方金额									贷方金额								
	总账	明细账		百	十	万	千	百	十	元	角	分	百	十	万	千	百	十	元	角	分
购车间用品	制造费用	物料消耗						2	3	7	0	0									
以现金支付	库存现金																2	3	7	0	0
附件1张	合计						¥	2	3	7	0	0				¥	2	3	7	0	0

会计 主管 记账 出纳 张莉 审核 张春安 制单 郭少雄

图 3-10

业务2：原始凭证如图3-11所示，记账凭证如图3-12所示。

天步鞋业借款单

日期：2021 年1月12日 NO：02101130

借款部门：**行政部门**借款人：**李建国**借款理由：**预借差旅费**

借款数额：人民币（大写）**壹仟伍佰元整**￥***1500.00***

本单位负责人：**同意预借** 聪庄印晓 主管： 郭少雄

出 纳： 张莉 付款方式：**付现**

现金清讫

图 3-11

记账凭证

2021年1月12日 第017号

摘要	会计科目		过账	借方金额									贷方金额								
	总账	明细账		百	十	万	千	百	十	元	角	分	百	十	万	千	百	十	元	角	分
预借差旅费	其他应收款	李建国					1	5	0	0	0	0									
以现金支付	库存现金															1	5	0	0	0	0
附件1张	合计					¥	1	5	0	0	0	0			¥	1	5	0	0	0	0

会计 主管 记账 出纳 张莉 审核 张春安 制单 郭少雄

图 3-12

业务 3：原始凭证如图 3-13 所示，记账凭证如图 3-14 所示。

中国工商银行

现金支票存根

支票号码 N0100353

附加信息

出票日期 *2021* 年 *1* 月 *13* 日

收款人：福建天步鞋业有限公司	
金额：*2000.00* 元	
用途：备用	

单位主管：聪庄印小　会计：张春安

图 3-13

记账凭证

2021 年 *1* 月 *13* 日　　　　第 *018* 号

摘要	会计科目		过账	借方金额									贷方金额								
	总账	明细账	账	百	十	万	千	百	十	元	角	分	百	十	万	千	百	十	元	角	分
提现备用	库存现金						2	0	0	0	0	0									
	银行存款															2	0	0	0	0	0
附件 1 张	合计					¥	2	0	0	0	0	0			¥	2	0	0	0	0	0

会计　主管　记账　出纳 张莉　审核 张春安　制单 郭少雄

图 3-14

业务 4：原始凭证如图 3-15、图 3-16 所示，记账凭证如图 3-17 所示。

收款收据	
日期：2021年1月14日	NO：02101058
付款单位或个人：李建国	
收款事由：收回预借差旅费余款860元。（原先预借1500.00元，报销640元。）	
金额（大写）人民币捌佰陆拾元整 现金收讫	￥ 860.00
收款单位（章）：	出 纳：张莉

第二联收据

图 3-15

天步鞋业有限公司**差旅费报销单**

部 门：行政　　　填报日期：2021 年 1月 14 日

姓名	李建国		出差地点	福州				出差日期	自 2021年1月12日		
事由	福建制鞋行业职业病防治研讨会								至 2021年1月13日		
日期		起讫地点		交通费用		住宿费用			出差补贴		杂费
月	日	起	讫	类别	金额	日数	标准	金额	日数	标准	金额	市内交通
1	12	晋江	福州	大巴	100.00	1	300.00	300.00	2	40.00	80.00	60.00
1	13	福州	晋江	大巴	100.00							
以上单据共6张，总计人民币（大写）陆佰肆拾元整￥640.00												
主管	聪庄印小	审核	张春安	填报	李建国	报销	李建国（签名）					

图 3-16

记账凭证

2021年1月14日　　　第019号

摘要	会计科目		过账	借方金额									贷方金额								
	总账	明细账		百	十	万	千	百	十	元	角	分	百	十	万	千	百	十	元	角	分
出差报销	管理费用	差旅费						6	4	0	0	0									
收回余款	库存现金							8	6	0	0	0									
结清借款	其他应收款	李建国													￥	1	5	0	0	0	0
附件2张	合计					￥	1	5	0	0	0	0			￥	1	5	0	0	0	0

会计　　主管　　记账　　出纳 张莉　　审核 张春安　　制单 郭少雄

图 3-17

业务 5：原始凭证如图 3-18 所示，记账凭证如图 3-19 所示。

收　款　收　据

日期：*2021* 年 *1* 月 15 日　　　　NO：0820901

付款单位或个人：*浪潮百货*
收款事由：违反合同规定，罚 1800 元。
金额（大写）人民币壹仟捌佰元整　　　　¥ *1800.00*

收款单位（章）：　　　　出　纳：张　莉

图 3-18

记账凭证

2021 年 *1* 月 *15* 日　　　　第 *020* 号

摘　要	会计科目		过账	借方金额									贷方金额								
	总　账	明细账		百	十	万	千	百	十	元	角	分	百	十	万	千	百	十	元	角	分
收到罚款	库存现金						*1*	*8*	*0*	*0*	*0*	*0*									
	营业外收入	罚没收入														*1*	*8*	*0*	*0*	*0*	*0*
附件 1 张	合计					¥	*1*	*8*	*0*	*0*	*0*	*0*			¥	*1*	*8*	*0*	*0*	*0*	*0*

会计　　主管　　记账　　出纳 张莉　　审核 张春安　　制单 郭少雄

图 3-19

业务 6：原始凭证如图 3-20 所示，记账凭证如图 3-21 所示。

收　款　收　据

日期：*2021* 年 *1* 月 15 日　　　　NO：0820902

付款单位或个人：华隆公司
收款事由：暂收包装物押金 1000 元。
金额（大写）人民币壹仟元整　　　　¥ *1000.00*

收款单位（章）：　　　　出　纳：张　莉

图 3-20

记账凭证

2021年1月15日　　　　第021号

摘要	会计科目		过账	借方金额									贷方金额								
	总账	明细账		百	十	万	千	百	十	元	角	分	百	十	万	千	百	十	元	角	分
收取押金	库存现金						1	0	0	0	0	0									
	其他应付款	押金														1	0	0	0	0	0
附件1张	合计					¥	1	0	0	0	0	0			¥	1	0	0	0	0	0

会计　　主管　　记账　　出纳 张莉　　审核 张春安　　制单 郭少雄

图 3-21

业务7：原始凭证如图3-22所示，记账凭证如图3-23所示。

中国工商银行 INDUSTRIAL AND COMMERCIAL BANK OF CHINA

现金缴款单（回单）

2021年1月15日　　　　NO. 002048

款项来源	罚款及押金	收款单位	全称	福建天步鞋业有限公司
解款部门	张莉		账号	350125896412765

人民币（大写）	百	十	万	千	百	十	元	角	分
贰仟捌佰元整			¥	2	8	0	0	0	0

种类	张数	种类	张数	种类	张数	种类	张数
一百元	18	五元	0	五角	0	五分	0
五十元	20	二元	0	二角	0	二分	0
十元	0	一元	0	一角	0	一分	0

中国工商银行 晋江市支行 2021.1.15 现金收讫

收款　复核

此联由银行盖章退回单位

图 3-22

记账凭证

2021年1月15日　　　　第022号

摘要	会计科目		过账	借方金额									贷方金额								
	总账	明细账		百	十	万	千	百	十	元	角	分	百	十	万	千	百	十	元	角	分
存入现金	银行存款						2	8	0	0	0	0									
	库存现金															2	8	0	0	0	0
附件1张	合计					¥	2	8	0	0	0	0			¥	2	8	0	0	0	0

会计　　主管　　记账　　出纳 张莉　　审核 张春安　　制单 郭少雄

图 3-23

业务 8：原始凭证如图 3-24、图 3-25 所示，记账凭证如图 3-26 所示。

福建省高速公路车辆通行费

注册号码：闽财(2021)票字01号

报销凭证

入口：TSCS-4 售票员：125

车型：1 金额￥：40

日期：2021.01.16

时间：14：00

№：11527776

图 3-24

福建省高速公路车辆通行费

注册号码：闽财(2021)票字01号

报销凭证

入口：TSCS-2 售票员：347

车型：1 金额￥：40

日期：2021.01.16

时间：12：36

№：11059072

图 3-25

记账凭证

2021 年 1 月 16 日　　第 023 号

摘要	会计科目		过账	借方金额									贷方金额								
	总账	明细账		百	十	万	千	百	十	元	角	分	百	十	万	千	百	十	元	角	分
付车辆通行费	管理费用	其他							8	0	0	0									
	库存现金																	8	0	0	0
附件 2 张	合计							￥	8	0	0	0					￥	8	0	0	0

会计　主管　记账　出纳 张莉　审核 张春安　制单 郭少雄

图 3-26

业务 9：原始凭证如图 3-27、图 3-28 所示，记账凭证如图 3-29 所示。

福建泉州地方税务局服务业有奖定额发票

发票联 年 月 日

代码：35050470600

号码：00212386

客户：项目：

金额：伍佰元整

企业发票专用章：填票人：杜丽美

（注：发票由纳税人填写，加盖发票专用章后生效）

图 3-27

福建泉州地方税务局服务业有奖定额发票

发票联 年 月 日

代码：35050470600

号码：00212386

客户：项目：

金额：伍拾元整

企业发票专用章：填票人：杜丽美

（注：发票由纳税人填写，加盖发票专用章后生效）

图 3-28

记账凭证

2021 年 1 月 18 日　　　　第 024 号

摘要	会计科目		过账	借方金额									贷方金额								
	总账	明细账		百	十	万	千	百	十	元	角	分	百	十	万	千	百	十	元	角	分
业务招待	管理费用	业务招待费					¥	5	5	0	0	0									
	库存现金																5	5	0	0	0
附件 2 张	合计						¥	5	5	0	0	0				¥	5	5	0	0	0

会计　　主管　　记账　　出纳 张莉　　审核 张春安　　制单 郭少雄

图 3-29

业务 10：原始凭证如图 3-30 所示，记账凭证如图 3-31 所示。

现 金 支 出 凭 证　　NO 0096741

2021 年 1 月 20 日

领款人	东湖公司	付出性质	暂收款
款项内容	退回包装物押金		
人民币（大写）	肆佰元整		万 千 百 十 元 角 分：¥ 4 0 0 0 0
审批人 聪庄印小	会计:（盖章） 张春安	出纳:（盖章） 张莉	备注：

第三联 财务

（印章：现金清讫）

图 3-30

记账凭证

2021 年 1 月 20 日　　　　第 025 号

摘要	会计科目		过账	借方金额									贷方金额								
	总账	明细账		百	十	万	千	百	十	元	角	分	百	十	万	千	百	十	元	角	分
退还押金	其他应付款	押金						4	0	0	0	0									
退还押金	库存现金																4	0	0	0	0
附件 2 张	合计						¥	4	0	0	0	0				¥	4	0	0	0	0

会计　　主管　　记账　　出纳 张莉　　审核 张春安　　制单 郭少雄

图 3-31

根据业务 1 至业务 10 的记账凭证及所附原始凭证，在图 3-32 上登记福建天步鞋业有限公司 2021 年 1 月 11 日至 20 日的“库存现金日记账”，并逐日结出账面当日余额。

库存现金日记账

会计主管人员盖章	张春安

月	日	凭证号数	票据号数	摘要	借方金额	核对	贷方金额	核对	余额	核对
1	1			上年结转					210000	✓
1	2	003	借款单 1020911	预借差旅费			130000	✓	80000	✓
1	3	004	现金支票 100348	向银行提现	200000	✓			280000	✓
1	7	009	收款收据 820901	差旅费余款	18000	✓			298000	✓
1	10	012	现金支票 100349	提取现金	40898800	✓			41196800	✓
1	10	013	工资结算单	发放工资			40898800	✓	298000	✓

（金额栏分为百、十、万、千、百、十、元、角、分各位。）

图 3-32

项目四　银行存款收付业务

子项目 1　银行存款管理制度

岗位知识

一、单项选择题(从 4 个备选答案中，选出 1 个正确的答案，填到括号中)

1. 单位只能选择一家银行的一个营业机构开设立一个(　　)。

A. 基本存款账户　　B. 一般存款账户

C. 临时存款账户　　D. 专用存款账户

2. 单位工资、奖金等现金的支取只能通过(　　)办理。

A. 基本存款账户　　B. 一般存款账户

C. 临时存款账户　　D. 专用存款账户

3. 一般存款账户是存款人因借款或其他结算需要，在(　　)的开户银行以外的银行营业机构开立的银行结算账户。

A. 基本存款账户　　B. 一般存款账户

C. 临时存款账户　　D. 专用存款账户

4. 单位银行卡账户的资金必须由其(　　)转账存入，该账户不得办理现金收付。

A. 基本存款账户　　B. 一般存款账户

C. 临时存款账户　　D. 专用存款账户

5. 单位应定期与银行核对账目，但(　　)不得编制“银行存款余额调节表”。

A. 一般会计　　B. 出纳人员　　C. 主办会计　　D. 会计主管人员

二、多项选择题(从 4 个备选答案中，选出 2 个或 2 个以上正确的答案，填到括号中)

1. 企业使用银行账户时，要严格执行国家的法律、法规，遵守银行信贷、结算、现金管理的有关规定，企业账户不得(　　)。

A. 代其他单位或个人存取现金　　B. 外借或出租

C. 签发空头支票　　D. 领用空白支票

2. 银行存款账户可以分为(　　)。

A. 基本存款账户　B. 一般存款账户

C. 临时存款账户　D. 专用存款账户

3. 一般存款账户可以办理(　　)。

A. 转账结算　B. 现金缴存

C. 现金支取　D. 工资、奖金的发放

4. 财政预算外资金(　　)等专用存款账户，不得支取现金。

A. 社保基金　B. 信托基金

C. 证券交易结算资金　D. 期货交易保证金

5. 单位、个人和银行办理支付结算时，必须遵守的原则有(　　)。

A. 恪守信用，履约付款　B. 谁的钱进谁的账，由谁支配

C. 银行不垫款　D. 银行在一定条件下可以垫款

三、判断选择题(认为对的在 A 旁边的方框内打√、认为错的在 B 旁边的方框内打√)

1. 单位的基本存款账户用于办理日常转账结算和现金收付。(A□　B□)
2. 开立一般存款账户，实行备案制，需中国人民银行核准，且有数量限制。(A□　B□)
3. 临时存款账户可以办理转账结算和根据国家现金管理的规定办理现金收付，但注册验资的临时存款账户，在验资期间只收不付。(A□　B□)
4. 单位的收入汇缴账户只收不付，不得支取现金；单位的业务支出账户只付不收，可以支出现金。(A□　B□)
5. 企业月末开出的支票必须当月支取；年终开出支票必须当年支取。(A□　B□)

业务训练

某企业出纳开出一张现金支票，拟从企业的基本存款账户提取现金 10 万元，用于向一家股份有限公司采购材料。请问银行会同意吗？无论是否同意，请阐明理由。

答题区

子项目 2　银行存款收付业务的处理程序

岗位知识

一、**单项选择题**(从 4 个备选答案中，选出 1 个正确的答案，填到括号中)

1. 支票自出票之日起算，提示付款期为(　　)，超过提示付款期的，持票人开户行不予受理，付款人不予付款。

A. 十天　　B. 半个月　　C. 一个月　　D. 三个月

2. 在(　　)中，有反映“承兑人及单位名称、背书人及单位名称”等项目的内容。

A. 应收票据总分类账　　B. 应收票据明细分类账

C. 应收票据备查账簿

D. 应收票据的总账、明细账、备查账均有反映

3. 商业汇票的付款期最长不得超过 6 个月，而提示付款期则为(　　)。

A. 签发日起 10 日内　　B. 承兑日起 10 日内

C. 背书日起 10 日内　　D. 到期日起 10 日内

4. (　　)的商业票据无须提示承兑。

A. 见票即付　　B. 定日付款

C. 背书日起 10 日内　　D. 见票后定期付款

5. 商业汇票适用于在银行开立账户的(　　)根据购销合同进行商品交易的款项结算。

A. 法人与非法人　　B. 非法人企业之间

C. 法人之间　　D. 法人与个体工商户

6. (　　)是由银行签发的并用压数机压印出票金额。

A. 现金支票　　B. 银行本票　　C. 银行承兑汇票　　D. 商业承兑汇票

7. 凡在中国境内开立(　　)的单位均可申领单位信用卡。

A. 基本存款账户　　B. 一般存款账户　　C. 临时存款账户　　D. 专用存款账户

二、**多项选择题**(从 4 个备选答案中，选出 2 个或 2 个以上正确的答案，填到括号中)

1. 采用银行汇票结算方式时，收款方收款时应向银行提供的单据有(　　)。

A. 银行汇票　　B. 解讫通知

C. 出票后定期付款　　D. 银行汇票申请书

2. 商业汇票收款方对未承兑的商业汇票，可依法对汇票的(　　)行使追索权。

A. 背书人　　B. 被背书人　　C. 出票人　　D. 其他债务人

3. 关于托收承付结算方式的起点金额，表述正确的有(　　)。

A. 新华书店系统为壹仟元　　B. 其他单位为壹万元
C. 新华书店系统为壹万元　　D. 其他单位为壹仟元

4. 企业签发转账支票时，可能出现两种情况，即(　　)待定的情况。
A. 收款人　　B. 用途　　C. 日期　　D. 金额

5. (　　)以及三资企业之间根据购销合同进行的商品交易，可以使用银行承兑汇票，其他法人不得使用银行承兑汇票。
A. 国有企业　　B. 股份制企业
C. 集体所有制工业企业　　D. 供销合作社

6. 单位和个人凭(　　)等付款人债务证明办理款项结算的，均可以使用委托收款结算方式进行结算。
A. 债券、存单　　B. 商业汇票
C. 已承兑的商业汇票　　D. 尚未承兑的商业汇票

7. 在托收承付结算方式中，有关承付期的规定，正确的有(　　)。
A. 验单承付为 3 天　　B. 验货承付为 10 天
C. 验货承付为 3 天　　D. 验单承付为 10 天

三、判断选择题(认为对的在 A 旁边的方框内打√、认为错的在 B 旁边的方框内打√)

1. 自出票之日起算，银行汇票提示付款期为一个月；银行本票提示付款期最长不得超过二个月。(A□　B□)
2. 单位和个人各种款项的结算均可使用汇兑结算。(A□　B□)
3. 单位卡不得用于 10 万元以下的商品交易以及劳务供应的款项结算。(A□　B□)
4. “银行承兑协议”是由商业汇票的收款人与承兑银行签订协议。(A□　B□)
5. 委托收款的承付期限为自接到付款通知的次日起 3 天内，3 天内未通知银行付款的，银行视为同意付款。(A□　B□)
6. 采用托收承付结算方式的，付款方全部或部分拒绝付款的，应当在规定的时间内填写“拒付理由书”。(A□　B□)
7. 单位卡的资金一律从其基本存款账户转入，不得交存现金，不得将销售收入的款项存入信用卡。(A□　B□)

业务训练

某企业销售产品给 A 企业，收到 A 企业开来的一张转账支票，请描述该企业出纳收到转账支票后的业务处理程序。

出纳收到转账支票后，应当：

(1)________________________________

(2)________________________________

(3)________________________________

(4)________________________________

(5)________________________________

(6)________________________________

子项目 3　编制银行存款收付款记账凭证

岗位知识

一、单项选择题(从 4 个备选答案中，选出 1 个正确的答案，填到括号中)

1. 如果企业采用专用记账凭证，则银行存款收款业务应编制(　　)。

A. 银行存款收款凭证　　B. 通用记账凭证

C. 库存现金付款凭证　　D. 转账凭证

2. 某企业采用三类编号法，如果某项“银行存款付款业务”属于该企业本月第 8 笔银行存款付款业务，第 11 笔付款业务，则编号应为(　　)。

A. 银付第 8 号　B. 付第 11 号　C. 银付第 11 号　D. 付第 8 号

3. 企业会计如果采用五类编号法，根据银行存款收款业务编制的专用记账凭证，不可能使用到的编号是(　　)。

A. 总第×号　B. 银收第×号　C. 现付第×号　D. 收第×号

二、多项选择题(从 4 个备选答案中，选出 2 个或 2 个以上正确的答案，填到括号中)

1. 在银行存款收款凭证“年 月 日”栏可以根据具体情况决定填写(　　)。

A. 收到银行进账单的日期

B. 收到银行回执戳记的日期

C. 若收到进账单的日期与银行戳记的日期相隔较远，则填写实际转账日期

D. 若次月初收到上月末银行存款收款凭证的，则填写实际转账日期

2. 银行存款收款凭证的贷方科目可能是(　　)。

A. 库存现金　　B. 主营业务收入

C. 应收账款　　D. 应交税费—应交增值税(销项税额)

三、判断选择题(认为对的在 A 旁边的方框内打√、认为错的在 B 旁边的方框内打√)

1. 一笔经济业务如果要填制一张以上的记账凭证时，可采用分数编号法。

（A□　B□）

2. 银行存款收款凭证的编制依据是审核无误的银行存款收款业务凭单。

（A□　B□）

业务训练

一、图 4-5 所呈现的经济业务为晋江著成服饰股份有限公司 2021 年 3 月 23 日发生的第 50 笔经济业务，第 9 笔银行存款收款业务，请根据原始凭证图 4-1，在图 4-2 上编制一张专用记账凭证(采用五类编号法)。

委托收款 结 算 凭 证（收账通知）**4**

邮划☑电划□　　签发日期 2021 年 3 月 21 日

收款人	全 称	晋江著成服饰股份有限公司	付款人	全 称	北京新时代购物股份有限公司	
	账 号	6381 0072 5844 0513		账 号	0100 6803 0069 3168	
	开户银行	农行晋江市晋南支行　行号		开户银行	工行北京地安门支行	行号
委收金额	人民币（大写）	肆万伍仟贰佰元整		千百十万千百十元角分	¥ 4 5 2 0 0 0 0	
款项内容	货款	委托收款凭证名称	增值税专用发票 发货单	附寄单证张数	2	
商品发运情况	已发货		合同名称号码	商品采购合		
备注 电 划		款项收妥日期 2021 年 1 月 23 日		收款人开户行盖章　月　日		

（印章：中国农业银行 晋江市晋南支行 2021.3.23 转讫）

单位　　主管　　会计　　复核　　记账

图 4-1

收款凭证

总第　号

银收第　号

借方科目：　　　　年　月　日

摘 要	贷方科目		过账	金 额									
	总账科目	明细科目		千	百	十	万	千	百	十	元	角	分
附件张	合　　计												

会计　　主管　　记账　　出纳：　　审核　　制单：

图 4-2

二、图 4-3、图 4-4 呈现的经济业务为北京新时代购物股份有限公司 3 月份的第 12 笔银行存款付款业务，第 15 笔付款业务，第 31 笔经济业务。请根据图 4-3、图 4-4 提供的会计信息，在图 4-5 上编制一张通用记账凭证。

委托收款 结 算 凭证（付款通知）5

邮划☑电划☐　　签发日期 2021 年 3 月 21 日

收款人	全 称	晋江著成服饰股份有限公司	付款人	全 称	北京新时代购物股份有限公司
	账 号	6381 0072 5844 0513		账 号	0100 6803 0069 3168
	开户银行	农行晋江市晋南支行　行号		开户银行	工行北京地安门支行　行号
委收金额	人民币（大写）	贰拾贰万陆仟元整		千百十万千百十元角分	¥ 2 2 6 0 0 0 0 0
款项内容	货款	委托收款凭证名称	增值税专用发票 发货单	附寄单证张数	2
商品发运情况	已发货		合同名称号码	商品采购合同 20550913	
备注 电划	款项收妥日期 2021 年 1 月 23 日		根据付款人的委托付款授权，上列款项已在付款人账户内支付。（中国工商银行北京市地安门支行 2021.3.23 章）付款人开户行签章 年 月 日		

单位　　主管　　会计　　复核　　记账

图 4-3

福建省增值税专用发票

此联不作报销、扣税凭证使用

机器编号：0101390758

开票代码：1105005100225
开票号码：2109019809
开票日期：2021 年 3 月 21 日
校验码：18029 60007 75088 53099

购买方	名 称：北京新时代购物股份有限公司 纳税人识别号：01290882 000315 4817 地 址、电 话：北京市地安门 88 号 010-92580888 开户行及账号：工行北京地安门支行01006803 00693168				密码区		
货物或应税劳务、服务名称	规格型号	单位	数量	单价	金额	税率	税额
瑜伽练功服		套	500	80.00	40 000.00	13%	5 200.00
合计					¥40 000.00		¥5 200.00
价税合计（大写）	※肆万伍仟贰佰元整				（小写）¥45 200.00		
销售方	名 称：晋江著成服饰股份有限公司 纳税人识别号：92250882 002345 6789 地 址、电 话：金井新街 85381234 开户行及账号：农行晋江市晋南支行 638100725844 0513				备注	（晋江著成服饰股份有限公司 发票专用章）	

发票联 购货方记账凭证

收款人：　　复核：　　开票人：肖春美　　销货方：（章）

图 4-4

通用记账凭证

年 月 日　　　　　　　　　　　　记第 号

摘要	会计科目		过账	借方金额									贷方金额								
	总账科目	明细科目		百	十	万	千	百	十	元	角	分	百	十	万	千	百	十	元	角	分
附件张	合计																				

会计　　主管　　记账　　出纳　　审核　　制单

图 4-5

子项目 4　审核银行存款收付款记账凭证

岗位知识

一、单项选择题(从 4 个备选答案中，选出 1 个正确的答案，填到括号中)

1. (　　)不是登记“银行存款日记账”的直接依据。

A. 银行存款收款凭证　　B. 银行存款付款凭证

C. 现金存入银行的现金付款凭证　　D. 银行收付款业务的原始凭证

二、多项选择题(从 4 个备选答案中，选出 2 个或 2 个以上正确的答案，填到括号中)

1. 审核银行存款收付款业务的记账凭证时，应当审查的内容包括(　　)等。

A. 银行存款收付款业务的记账凭证上的附件张数与所附原始凭证的实际张数是否一致

B. 记账凭证上的摘要与原始凭证所反映的内容是否一致

C. 记账凭证上的会计分录(包括科目、方向、金额)是否正确

D. 记账凭证上的项目是否填列齐全，有关人员是否已按规定进行签名或盖章

三、判断选择题(认为对的在 A 旁边的方框内打√、认为错的在 B 旁边的方框内打√)

1. 编制银行存款收付款业务的记账凭证，只能选择专用记账凭证。(A□　B□)

2. 银行存款记账凭证如果有错，无论是否登账，都不得直接作废。（A□ B□）

业务训练

2021 年 3 月 9 日，政和原生态茶叶有限公司出纳拟从银行提取现金 98 0000 元，以备发工资，这是该公司本月第 12 笔业务，第 3 笔现金收款业务，第 8 笔银行存款付款业务，出纳开出一张现金支票如图 4-6 所示。

中国工商银行
现金支票存根
10429083
03601219
附加信息

出票日期 2021 年 3月 9日

收款人：政和原生态茶叶有限公司	
金额：￥89 000.00	
用途：备发工资	

单位主管：郑兴印旺　会计：夏温洋

图 4-6

出纳从银行提取现金后，根据支票存根编制记账凭证如图 4-7 所示。

通用记账凭证

2021 年 3 月 9 日记　　第 12 号

摘要	会计科目		过账	借方金额									贷方金额								
	总账科目	明细科目		百	十	万	千	百	十	元	角	分	百	十	万	千	百	十	元	角	分
	库存现金					8	9	0	0	0	0	0									
	银行存款														8	9	0	0	0	0	0
附件 1 张	合计					8	9	0	0	0	0	0			8	9	0	0	0	0	0

会计　主管　记账　出纳　审核　制单 夏温洋

图 4-7

请同学对该支票存根及记账凭证进行审核，指出存在的问题：

(1)______________________________

(2)______________________________

(3)______________________________

(4)______________________________

(5)______________________________

处理意见：

(1)______________________________

(2)______________________________

子项目5　登记银行存款日记账

岗位知识

一、单项选择题(从4个备选答案中，选出1个你认为正确的答案，填到括号中)

1. 银行存款日记账的记账人员是(　　)。

   A. 普通会计人员　B. 出纳人员　C. 主管会计　D. 会计主管人员

2. 银行存款日记账的账页格式，一般采用(　　)。

   A. 三栏式　B. 多栏式　C. 订本式　D. 横线登记式

二、多项选择题(从4个备选答案中，选出2个或2个以上正确的答案，填到括号中)

1. 银行存款日记账的记账依据是(　　)及其所附的原始凭证。

   A. 银行存款收款凭证

   B. 银行存款付款凭证

   C. 从银行提取现金时编制的库存现金收款凭证

   D. 向银行存入现金时编制的库存现金付款凭证

三、判断选择题(认为对的在A旁边的方框内打√、认为错的在B旁边的方框内打√)

1. 银行存款日记账是特种日记账的一种，它是以单笔银行存款收、付业务为记录单位，按时间的先后顺序逐日逐笔登记的账簿。(A□　B□)

2. 中国人民银行将发行数字货币，数字货币就是银行存款。(A□　B□)

业务训练

业务操作步骤提示：

(1) 出纳根据审核无误的原始凭证或记账凭证登记“银行存款日记账”。

(2) 出纳登账完毕，在记账凭证的出纳处盖章，在过账处打√。

(3) 稽核人员核对完毕在“银行存款日记账”核对处打√。

业务呈现：

业务 1：原始凭证如图 4-8 所示，记账凭证如图 4-9 所示。

中国工商银行

转账支票存根

支票号码 N0210347

附加信息

出票日期 *2021* 年 *2* 月 *21* 日

收款人：	石狮伟明贸易业有限公司
金额：	88140.00 元
用途：	偿还货款

单位主管： 聪庄印小　**会计：** 张春安

图 4-8

记账凭证

2021 年 *2* 月 *21* 日　　　　第 *42* 号

摘　要	会计科目		过账	借方金额									贷方金额								
	总　账	明细账		百	十	万	千	百	十	元	角	分	百	十	万	千	百	十	元	角	分
还款	应付账款	伟明贸易				8	8	1	4	0	0	0									
支付	银行存款														8	8	1	4	0	0	0
附件 1 张	合计				¥	8	8	1	4	0	0	0		¥	8	8	1	4	0	0	0

会计　　主管　　记账　　出纳 张 莉　　审核 张春安　　制单 郭少雄

图 4-9

业务 2：原始凭证如图 4-10 所示，记账凭证如图 4-11 所示。

中国工商银行
现金支票存根
支票号码 N0209344
附加信息

出票日期 2021 年 2 月 23 日

收款人：福建天步鞋业有限公司
金额：2000.00 元
用途：备用

单位主管：聪庄印小 会计：张春安

图 4-10

记账凭证

2021 年 2 月 23 日 第 43 号

摘要	会计科目		过账	借方金额									贷方金额								
	总账	明细账		百	十	万	千	百	十	元	角	分	百	十	万	千	百	十	元	角	分
提现备用	库存现金						2	0	0	0	0	0									
	银行存款															2	0	0	0	0	0
附件 1 张	合计				55	￥	2	0	0	0	0	0			￥	2	0	0	0	0	0

会计 主管 记账 出纳 张莉 审核 张春安 制单 郭少雄

图 4-11

业务 3：原始凭证如图 4-12、图 4-13 所示，记账凭证如图 4-14 所示。

中国农业银行 电汇凭证 （回 单） 1

委托日期 2021 年 2 月 24 日 NO：0257856

汇款人	全称	福建天步鞋业有限公司	收款人	全称	石狮伟明贸易有限公司
	账号或住址	350125896412765		账号或住址	350658108640352
	汇出地点	福建省 晋江市		汇出地点	福建省 石狮市
汇出行名称		中国工商银行晋江支行	汇入行名称		中国建设银行石狮支行

金额	人民币（大写）	玖万陆仟零拾伍元整	千	百	十	万	千	百	十	元	角	分
					￥	9	6	0	5	0	0	0

汇款用途：购 PU 革、人造革

上列款项已根据委托办理，如需查询，请持此回单来行面洽。

汇出行盖章 中国工商银行晋江支行 2021.2.24

单位主管 兴蔡印家 会计 出纳 记账 年 月 日

图 4-12

福建省增值税专用发票

此联不作报销、扣税凭证使用
机器编号：050475480093

开票代码：0075001800218
开票号码：0109019097
开票日期：2021 年 2 月 14 日
校验码：80123 00176 50818 30949

购买方
名　　称：福建天步鞋业有限公司
纳税人识别号：036058 200114 399488
地 址、电 话：晋江工业园区 0595-853812
开户行及账号：工行晋江支行 3501258964127659

密码区

货物或应税劳务、服务名称	规格型号	单位	数量	单价	金额	税率	税额
PU 革		米	1 000	25.00	25 000.00	13%	3 250.00
人造革		米	4 000	15.00	60 000.00		7 800.00
合　　计					￥85 000.00		￥11 050.00
价税合计（大写）	※玖万陆仟零伍拾元整				（小写）￥96 050.00		

销售方
名　　称：石狮伟明贸易有限公司
纳税人识别号：350681756375108
地 址、电 话：石狮市南洋路南 12 幢 6 号
开户行及账号：建行石狮支行 350658108640352

备注

石狮伟明贸易有限公司 350681756375108 发票专用章

收款人：　　复核：　　开票人：叶子瑜　　销货方：（章）

发票联　购货方记账凭证

图 4-13

记账凭证

2021 年 2 月 24 日　　第 44 号

摘要	会计科目		过账	借方金额									贷方金额								
	总账	明细账		百	十	万	千	百	十	元	角	分	百	十	万	千	百	十	元	角	分
购买材料	在途物资	PU 革				2	5	0	0	0	0	0									
购买材料	在途物资	人造革				2	5	0	0	0	0	0									
进项税额	应交税费	增值税(进项)				1	1	0	5	0	0	0									
付价税款	银行存款														9	6	0	5	0	0	0
附件 2 张	合计				￥	9	6	0	5	0	0	0		￥	9	6	0	5	0	0	0

会计　　主管　　记账　　出纳 张莉　　审核 张春安　　制单 郭少雄

图 4-14

业务 4：原始凭证如图 4-15 所示，记账凭证如图 4-16 所示。

业务 5：原始凭证如图 4-17 所示，记账凭证如图 4-18 所示。

中国工商银行 INDUSTRIAL AND COMMERCIAL BANK OF CHINA

现金缴款单（回单）

2021 年 2 月 25 日　　　　NO. 002048

款项来源	生产废料销售款			收款单位	全称	福建天步鞋业有限公司		
解款部门	张莉				账号	350125896412765		
人民币（大写）	叁仟元整					百十万千百十元角分：¥300000		
种类	张数	种类	张数	种类	张数	种类	张数	中国工商银行 晋江支行 2021.2.25 现金收讫
一百元	19	五元	0	五角	0	五分	0	
五十元	22	二元	0	二角	0	二分	0	
十元	0	一元	0	一角	0	一分	0	收款　复核

此联由银行盖章退回单位

图 4-15

记账凭证

2021年2月25日　　　　第45号

摘要	会计科目 总账	明细账	过账	借方金额	贷方金额
存入现金	银行存款			300000	
	库存现金				300000
附件 1 张	合计			¥300000	¥300000

会计　主管　记账　出纳 张莉　审核 张春安　制单 郭少雄

图 4-16

委托收款凭证（付款通知）　5　　委托号码：0238916

委托日期：贰零贰壹年零贰月贰拾陆日

付款人	全称	福建天步鞋业有限公司	收款人	全称	福建省精英鞋材公司
	账号	3501258964127659		账号	121022100051805
	开户银行	中国工商银行晋江支行		开户银行	中国工商银行石狮支行
委托金额	人民币（大写）	叁万壹仟陆佰肆拾元整		千百十万千百十元角分	¥3164000
款项内容	购买鞋材	委托收款凭据名称	增值税专用发票	附寄单证张数	
备注：		上列委托收款随附有关单证请予以办理收款。 中国工商银行 石狮支行 2021.2.26 收款人盖章		科目（收） 对方科目（收） 转账　年　月　日 复核　记账	芳王印传

收款人开户行收到日期　2021 年 1 月 16 日

图 4-17

记账凭证

2021年2月26日　　第46号

摘要	会计科目		过账	借方金额									贷方金额								
	总账	明细账		百	十	万	千	百	十	元	角	分	百	十	万	千	百	十	元	角	分
货款未付	应付账款	精英公司				3	1	6	4	0	0	0									
存款支付	银行存款														3	1	6	4	0	0	0
附件1张	合计				¥	3	1	6	4	0	0	0		¥	3	1	6	4	0	0	0

会计　　主管　　记账　　出纳 张莉　　审核 张春安　　制单 郭少雄

图 4-18

业务6：原始凭证如图4-19所示，记账凭证如图4-20所示。

中国工商银行电子汇兑贷方凭证（收款通知）

发报行	行号 08732	编制日期 2021.02.27	收报行	行号 27759	号码	6825
	行名	中国建设银行福州支行		行名	中国工商银行	
收款单位	账号	3501258964127659		收款行名称		
	名称	福建天步鞋业有限公司		晋江支行		
金额（大写）：陆万伍仟零捌拾捌元整　　¥65088.00						
付款单位名称：福建东方集团股份有限公司 （账号）、事由：归还货款				业务种类	汇兑	
上列款项已代转账、如有错误，请持此联来行面洽，此致。 （银行盖章） 2021年1月18日		上列款项已照收无误 证件名称 证件号码 （收款单位章）2021年1月18日		科目（贷） 对方科目 记账 复核 核押 出纳		

此联代收款通知

（报告表号）　　（业务编号）　　转账日期：

图 4-19

记账凭证

2021年2月27日　　第47号

摘要	会计科目		过账	借方金额									贷方金额								
	总账	明细账		百	十	万	千	百	十	元	角	分	百	十	万	千	百	十	元	角	分
收到货款	银行存款					6	5	0	8	8	0	0									
	应收账款	东方集团													6	5	0	8	8	0	0
附件1张	合计				¥	6	5	0	8	8	0	0		¥	6	5	0	8	8	0	0

会计　　主管　　记账　　出纳 张莉　　审核 张春安　　制单 郭少雄

图 4-20

业务 7：原始凭证如图 4-21、图 4-22 所示，记账凭证如图 4-23 所示。

委托收款 凭证（回 单）1

委电 委收号码 第 号

签发日期 2021 年 2 月 28 日

收款人	全 称	福建晋江电力有限责任公司		付款人	全 称	晋江天步鞋业有限公司	
	账 号	3521056000051933			账 号	3501258964127659	
	开户银行	中国招商银行晋江支行	行号 0952		开户银行	中国工商银行晋江支行	行号 0371
委收金额	人民币（大写）	壹万叁仟伍佰陆拾元整				千百十万千百十元角	¥ 1 3 5 6 0 0
款项内容	电费及增值税	委托收款凭证名称	增值税专用发票发票联、抵扣联		附寄单证张数	2	
备注	电 划	款项收妥日期 2021 年 2 月 28 日			中国招商银行晋江支行 2021.2.28 转讫 收款人开户行盖章 2 月 28 日		

单位主管 会计 复核 记账

收款人开户行给收款人回单联

图 4-21

福建省增值税专用发票

此联不作报销、扣税凭证使用

机器编号：004144800933

开票代码：0068008900173

开票号码：0029190083

开票日期： 2021 年 2 月 28 日

校验码：00135 10039 08183 00955

购买方	名 称：福建天步鞋业有限公司 纳税人识别号：036058 200114 399488 地 址、电 话：晋江工业园区 0595-853812 开户行及账号：工行晋江支行 3501258964127659					密码区	
货物或应税劳务、服务名称	规格型号	单位	数量	单价	金额	税率	税额
PU 革		度	24 000	0.50	12 000.00	13%	1 560.00
合 计					¥12 000.00		¥1 560.00
价税合计（大写）	※壹万叁仟伍佰陆拾元整				（小写）¥13 560.00		
销售方	名 称：福建晋江电力有限责任公司 纳税人识别号：930663755008193 地 址、电 话：晋江市青阳梅花路 52 号 开户行及账号：中国招商银行晋江支行 510658108640352					备注	福建晋江电力有限责任公司 930663755008193 发票专用章

收款人： 复核： 开票人： 陈英林 销货方：（章）

发票联 购货方记账凭证

图 4-22

记账凭证

2021 年 2 月 28 日　　　　第 48 号

摘要	会计科目		过账	借方金额									贷方金额								
	总账	明细账		百	十	万	千	百	十	元	角	分	百	十	万	千	百	十	元	角	分
电费	应付账款	电力公司				1	2	0	0	0	0	0									
税率 13%	应交税费	增值税（进项）					1	5	6	0	0	0									
支付电费	银行存款														1	3	5	6	0	0	0
附件 2 张	合计				¥	1	3	5	6	0	0	0		¥	1	3	5	6	0	0	0

会计　　主管　　记账　　出纳 张莉　　审核 张春安　　制单 郭少雅

图 4-23

根据业务 1 至业务 7 的记账凭证及所附原始凭证，在图 4-24 上登记福建天步鞋业有限公司 2021 年 2 月 21 日至 28 日的“银行存款日记账”，并逐日结出账面当日余额。

银行存款日记账

21年		凭证号数	结算方式	摘要	借方金额									贷方金额									结存								
月	日				百	十	万	千	百	十	元	角	分	百	十	万	千	百	十	元	角	分	百	十	万	千	百	十	元	角	分
2	20			承前页	1	2	8	0	0	0	0	0	0		9	4	0	0	0	0	0	0		6	3	8	0	0	0	0	0
2	21	040	现金支票 209343	归还押金													5	0	0	0	0	0		6	3	3	0	0	0	0	0

图 4-24

子项目6　网上银行业务

岗位知识

一、单项选择题(从4个备选答案中，选出1个正确的答案，填到括号中)

1. 网上银行也称在线银行。它是以(　　)作为基础的交易平台和服务渠道，利用互联网数字通信技术，在线为社会公众提供金融信息、银行产品、金融服务的新型银行。

A. 银行网点　　B. 银行交易软件

C. 银行间市场　　D. 互联网

2. 网上银行结算必须遵守的规定，不包括(　　)。

A. 坚持岗位分设制度，不得由一个人单独完成网上银行付款的全过程

B. 严禁一个人保管支付款项所需要的全部印章和密码器

C. 应不定期修改网上银行的操作密码

D. 应定期修改网上银行的操作密码

二、多项选择题(从4个备选答案中，选出2个或2个以上正确的答案，填到括号中)

1. 网上银行结算具有(　　)的特点。

A. 成本低　　B. 成本高　　C. 时间快　　D. 地域广

2. 网上银行开户时，经办人要携带公司(　　)的原件及复印件、公司公章、公司财务专用章，公司法人章到银行柜台办理。

A. 营业执照副本　　B. 组织机构代码证

C. 法人身份证　　D. 经办人身份证

三、判断选择题(认为对的在A旁边的方框内打√、认为错的在B旁边的方框内打√)

1. 网上银行也称在线银行，还可以理解为互联网上的虚拟银行柜台，它可以向客户提供开户、销户、查询、对账、行内转账、跨行转账、信贷、网上证券、投资理财等所有的银行业务。(A□　B□)

2. 银行预留印鉴章、网上银行上网U盾及支付密码器应由企业的银行出纳员和会计机构负责人分别保管。(A□　B□)

子项目 7　第三方支付平台结算业务

岗位知识

一、单项选择题(从 4 个备选答案中，选出 1 个正确的答案，填到括号中)

1. 所谓第三方支付平台是指由(　　)建立的独立于银行的第三方交易支付机构，是在银行直接支付环节中增加的一个中介平台。
   A. 信誉度高、实力强的第三方企业
   B. 非银金融机构
   C. 银行监管部门
   D. 政府有关部门
2. 企业将存放在第三方支付平台上的账户余额转回银行基本存款账户，并编制相应的记账凭证时，应当贷记(　　)。
   A. 银行存款—第三方支付平台　　B. 应付账款
   C. 预付账款　　D. 其他货币资金

二、多项选择题(从 4 个备选答案中，选出 2 个或 2 个以上正确的答案，填到括号中)

1. 企业通过电商进行商品采购，当确认收货时，应根据收货单、增值税普通发票以及电商平台打印的支付凭证(　　)。
   A. 借记“库存商品”(或“原材料”)
   B. 借记“应交税费—应交增值税(进项税额)”
   C. 贷记“其他货币资金—第三方支付平台账户存款”
   D. 贷记“银行存款”

三、判断选择题(认为对的在 A 旁边的方框内打√、认为错的在 B 旁边的方框内打√)

1. 第三方支付平台为买卖双方设立中间过渡账户，充当中介角色，通过支付托管实现支付保证，让买卖双方的支付结算活动更安全更有效。(A□　B□)
2. 客户选择第三方支付平台进行商品交易，首先要在第三方支付平台开通账户，才能进行日常的交易结算。(A□　B□)

业务训练

一、2021 年 3 月 9 日，福建著成服饰股份有限公司广东深光电子厂销售男九分裤 340 条，单条不含税价 25 元。广东深光电子厂通过支付宝平台进行货款结算。

请根据增值税专用发票(见图 4-25)和电商平台打印的交易记录(略)，编制记账凭证(用会计分录代替)。

福建省增值税专用发票

此联不作报销、扣税凭证使用
机器编号：352088016345

开票代码：0433004302183
开票号码：0808248190
开票日期：2021 年 3 月 9 日
校验码：11825 93968 46988 33533

购买方	名称：广东深光电子厂 纳税人识别号：44030 3225812679 255 地址、电话：深圳市香港路 97 号 0755—7015812 开户行及账号：建行深圳宝安支行 1052 3333 6666 8888
密码区	

货物或应税劳务、服务名称	规格型号	单位	数量	单价	金额	税率	税额
*服装*男九分裤		条	340	25.00	8 500.00	13%	1 105.00
合计					¥8 500.00		¥1 105.00
价税合计（大写）	※玖仟陆佰零伍元整				（小写）¥9 605.00		

销售方	名　　称：福建著成服饰股份有限公司 纳税人识别号：91350 58200 13356789 地 址、电 话：晋江工业园区 0595—8320812 开户行及账号：中国农业银行晋江支行 6381 0072 5844 0513	备注	福建著成服饰有限公司 350582001393 发票专用章

第一联：记账联 销售方记账凭证

收款人：　　复核：　　开票人：曾 林　　销货方：（章）

图 4-25

答题区

二、2021 年 3 月 10 日，广东深光电子厂确认收货，支付宝账户平台将货款转到公司银行存款基本账户。

著成服饰财务会计人员，根据“中国农业银行网上银行电子回单”(见图 4-26)编制记账凭证(用会计分录代替)。

电子回单详情

中国农业银行 AGRICULTURAL BANK OF CHINA

网上银行电子回单

回单编号：0519603081500080412553					第 1 次打印
付款方	账号	支付宝（中国）网络技术有限公司	收款方	账号	福建著成服饰股份有限公司
	户名	326152938		户名	63810072 58440513
	开户行			开户行	中国农业银行晋江支行
金额（小写）		9605.00	金额（大写）		玖仟陆佰零伍元整
币种		人民币	交易渠道		EBNK
摘要		转账取款	凭证号		56000113450038417
交易时间		2021-3-10 16.30.18	会计日期		20210310
附言		淘宝网店销售款			中国农业银行股份有限公司 回单专用章

打印日期：2021-03-10

图 4-26

答题区

子项目 8 常用国际结算方式

岗位知识

一、单项选择题（从 4 个备选答案中，选出 1 个正确的答案，填到括号中）

1.（ ）是国际贸易中最简单的结汇方式。

A. 汇付 B. 光票托收 C. 跟单托收 D. 信用证

2.（ ）的特点是由汇款人（而不是银行）发送结算工具，收款人如有需要可以将汇票背书转让。

A. 信汇（M/T） B. 电汇（T/T）

C. 汇付结算（Remittance） D. 票汇（D/D）

3. 在汇付结算程序中，汇入行应向汇出行传递（ ）。

A. 电汇或信汇申请书 B. 电汇或信汇通知书

C. 收款收据 D. 付讫通知

4. 托收就是出口商向国外买方收取货款和劳务价款，开具以(　　)为抬头人的汇票，委托银行持以向买方代收款项的结算方式。

A. 买方　B. 卖方　C. 汇入行　D. 汇出行

5. (　　)是一种银行信用。

A. 托收结算方式　B. 汇付结算方式

C. 信用证结算方式　D. 其他结算方式

6. 光票托收是指委托人仅以(　　)委托银行代为收款，而不附带任何商业单据。

A. 发票　B. 金融单据　C. 保险单　D. 提货单

7. 信用证是一种银行信用，它是银行的一种担保文件。(　　)负首要付款责任。

A. 通知行　B. 开证银行　C. 议付银行　D. 付款银行

8. 我国企业一般使用(　　)。

A. 可撤销信用证　B. 不可撤销信用证

C. 远期信用证　D. 可转让信用证

9. (　　)有双重的银行保证。

A. 保兑信用证具　B. 不可撤销信用证

C. 可使用可循环信用证　D. 可转让信用证

10. (　　)对受益人风险极大，故在国际贸易中极少使用。

A. 可撤销信用证　B. 远期信用证

C. 可使用可循环信用证　D. 可转让信用证

二、多项选择题(从4个备选答案中，选出2个或2个以上正确的答案，填到括号中)

1. 国际结算的主要方式有(　　)。

A. 汇付结算　B. 托收结算　C. 信用证结算　D. 信用卡结算

2. 汇付结算方式适用于(　　)等业务的款项结算，以及进出口双方高度信任基础上的货款结算。

A. 货款尾差、支付佣金　B. 出售大批大额物资

C. 归还垫款　D. 索赔理赔

3. 托收结算方式中的非基本当事人包括(　　)。

A. 汇出行(Remitting Bank)

B. 汇入行(Receiving Bank)

C. 提示行(Presenting Bank)

D. “代理-委托人”代表(Principal's Representative in Case of Need)

4. 汇付结算方式的种类有(　　)。

A. 信汇(M/T)　　B. 电汇(T/T)

C. 付款交单(简称 D/P)　　D. 票汇(D/D)

5. 托收可分为(　　)。

A. 光票托收　B. 跟单托收　C. 付款交单托收　D. 承兑交单托收

6. 信用证的基本当事人有开证申请人(进口商)、受益人(即出口商)和(　　)等。

A. 通知行(一般出口商所在地银行，只证明信用证的真实性，不承担其他义务)

B. 开证行(进口商所在地银行)

C. 议付银行(愿意买入或贴现受益人交来的跟单汇票的银行)

D. 付款银行(即信用证上指定的付款银行)

7. 下列表述正确的有(　　)。

A. 信用证是一种商业信用，它是由商业向银行提供的一种担保文件

B. 承兑交单结算方式有利于买方加速资金周转，但对卖方而言，风险比付款交单大

C. 托收结算方式对进口商极为有利

D. 托收结算方式对出口商极为有利

8. 汇付结算的付款方式为(　　)。

A. 预付货款　　B. 货到付款

C. 单到付款　　D. 交货与付款同时进行

9. 从银行信用这一基本特性出发，信用证可分成(　　)。

A. 可撤销信用证　　B. 不可撤销信用证

C. 保兑信用证　　D. 不保兑信用证

10. 采用可循环信用证可以节省逐笔开证的手续和费用，如果买卖双方(　　)则可使用可循环信用证。

A. 订有长期外贸合同　　B. 不定期分批交货和分批结汇

C. 定期分批交货和分批结汇　　D. 订的是一次性外贸合同

三、判断选择题(认为对的在 A 旁边的方框内打√、认为错的在 B 旁边的方框内打√)

1. 国际结算是指国际间的债权债务关系引起的货币收付或结算业务。(A□　B□)

2. 汇付结算是完全建立在商业信用基础上的结算方式，风险较小。(A□　B□)

3. 在汇付结算中，汇出行(Receiving Bank)，又称解付行(Paying Bank)是接受汇入行的委托解付款项的银行，汇入行通常是汇出行在收款人所在地

的代理行。（A□　B□）

4. 电汇的优点是交款迅速且安全，缺点是付款人要承担较高的电汇费用。（A□　B□）
5. 在托收业务中，银行只提供服务，既没有保证付款人必然付款的责任，也没有检查审核货运单据、买卖合同的义务。（A□　B□）
6. 托收结算方式对出口商极为有利，能调动进口商的经营积极性，从而提高交易商品在国际市场上的竞争力。（A□　B□）
7. 付款交单按支付时间的不同分成即期付款交单和远期付款交单两种，多数情况下的付款交单是指即期付款交单。（A□　B□）
8. 信用证是依附于贸易合同的一项独立文件，必须与贸易合同相符，所以要求出口商要严格地审单审证，保证单证相符。（A□　B□）
9. 信用证是纯单据业务，银行在审单时强调的是信用证与基础贸易相分离的书面形式上的认证，只要单据相符，开证行就应无条件付款。（A□　B□）
10. 如果卖方只可以将信用证的一部分转让给另一受益人，则该信用证一般称为可转让信用证。（A□　B□）

业务训练

一、图 4-27 是信汇\电汇的结算程序图，请用文字描述每一个阿拉伯数字所表达的含义。

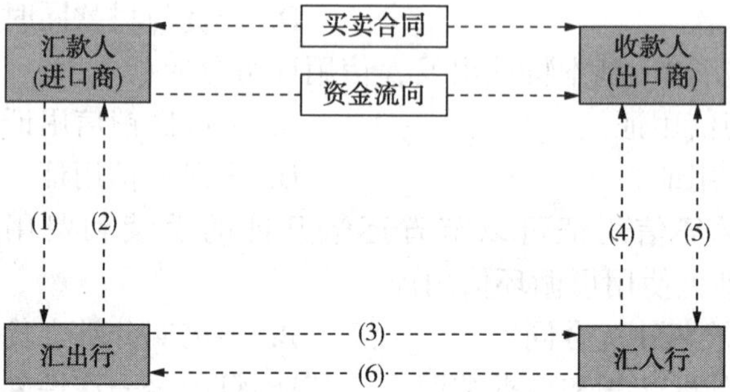

图 4-27

（1）＿＿＿＿＿＿＿＿＿＿＿＿＿＿＿＿＿＿＿＿

（2）＿＿＿＿＿＿＿＿＿＿＿＿＿＿＿＿＿＿＿＿

（3）＿＿＿＿＿＿＿＿＿＿＿＿＿＿＿＿＿＿＿＿

（4）＿＿＿＿＿＿＿＿＿＿＿＿＿＿＿＿＿＿＿＿

（5）＿＿＿＿＿＿＿＿＿＿＿＿＿＿＿＿＿＿＿＿

（6）＿＿＿＿＿＿＿＿＿＿＿＿＿＿＿＿＿＿＿＿

二、图 4-28 为完整的信用证结算流程图，请用文字描述每一个阿拉伯数字所表达的含义。

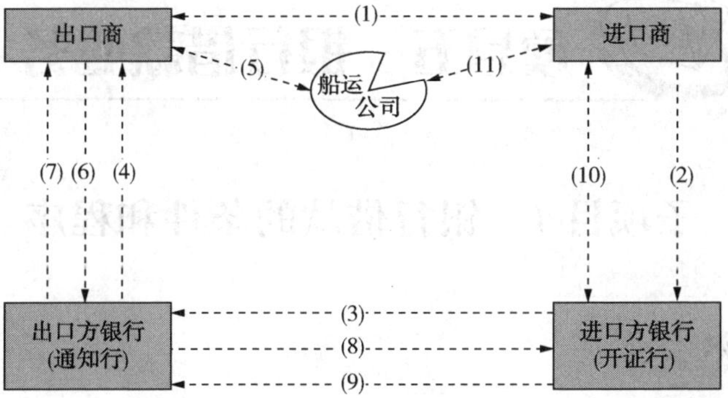

图 4-28

(1) ____________________

(2) ____________________

(3) ____________________

(4) ____________________

(5) ____________________

(6) ____________________

(7) ____________________

(8) ____________________

(9) ____________________

(10) ____________________

(11) ____________________

项目五　银行借款业务

子项目 1　银行借款的条件和程序

岗位知识

一、单项选择题(从 4 个备选答案中，选出 1 个你认为正确的答案，填到括号中)

1. 银行借款按金融机构对借款有无(　　)可分成信用借款、抵押借款和贴现借款。

A. 担保要求　　B. 附加条件　　C. 期限要求　　D. 抵押要求

2. 中期借款是指偿还期(　　)的各种借款。

A. 在 1 年以上(不含 1 年)

B. 在 1 年以上(不含 1 年)3 年以下(含 3 年)

C. 在 1 年以上(不含 1 年)5 年以下(含 5 年)

D. 在 3 年以上(不含 1 年)5 年以下(含 5 年)

3. 抵押借款是指借款企业以提供抵押产品为条件向银行取得的借款，银行一般按抵押品价值的(　　)提供借款金额。

A. 20%至 70%　　B. 20%至 80%　　C. 20%至 90%　　D. 20%至 100%

4. 目前国内商业银行众多，下列银行中不属于商业银行的是(　　)。

A. 中国建设银行　B. 中国工商银行　C. 中国农业银行　D. 中国人民银行

二、多项选择题(从 4 个备选答案中，选出 2 个或 2 个以上正确的答案，填到括号中)

1. 银行按提供贷款的机构可分成(　　)。

A. 政策性银行借款　　B. 商业银行借款

C. 其他金融机构借款　　D. 中长期银行借款

2. 政策性银行借款是企业从执行政策性银行借入的款项。目前执行国家政策性贷款业务的银行主要有(　　)等。

A. 国家开发银行　　B. 中国人民银行

C. 中国进出口信贷银行　　D. 中国农业发展银行

3. 各类依法设立的其他金融机构有(　　)等。

A. 信托投资公司　　B. 财务公司

C. 支付宝(中国)网络技术有限公司　　D. 保险公司

4. 企业如果要向银行借款，也应当满足一定的条件，否则银行也不会同意贷款。这些条件包括企业(　　)等。

A. 依法成立，能提供营业执照、组织机构代码证、银行开户许可证、税务登记证等

B. 管理规范，有规范的组织机构、经营制度和财务制度

C. 经营合法，各类财务数据完整真实，无重大不良记录

D. 有正常经营所需的一定数量的自有资金，有经济收入和还款能力

三、判断选择题(认为对的在 A 旁边的方框内打√、认为错的在 B 旁边的方框内打√)

1. 银行借款仅指企业向银行借入的，需要在规定的期限内还本付息的款项。(A□　B□)

2. 信用借款是指借款企业凭证自身信誉或担保人的信誉而取得的借款。(A□　B□)

3. 贴现借款是企业利用银行承兑汇票或者商业承兑汇票向银行申请办理贴现的一种借款，贴现借款期限最长不得超过 6 个月。(A□　B□)

4. 企业向银行贷款时提供的抵押品可以是不动产、实物资产、有价证券，也可以是专利权、土地使用权等无形资产。(A□　B□)

5. 企业不能按期足额归还借款，应在期满日申请展期，如果企业没有申请展期或者申请展期未获批准，借款从到期次日起按逾期借款处理。(A□　B□)

业务训练

图 5-1 为不完整的企业借款流程图，请在没有文字描述的阿拉伯数字后面填写文字，使图 5-1 变得完整、准确。

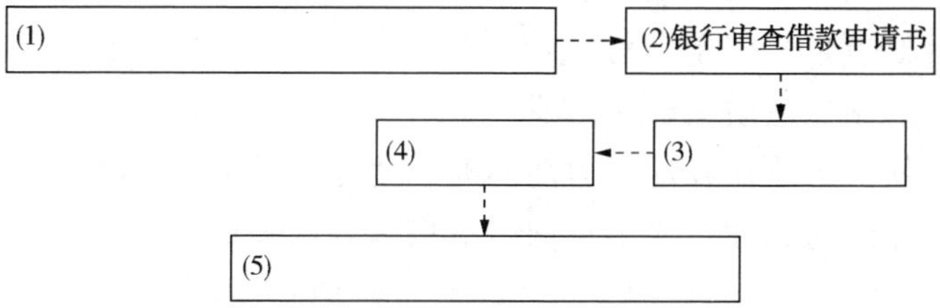

图 5-1

子项目 2　短期借款业务

岗位知识

一、**单项选择题**(从 4 个备选答案中，选出 1 个正确的答案，填到括号中)

1. (　　)是指企业因流动资金不能满足正常的生产经营需要，而向银行或其他金融机构借入的款项。

A. 经营周转借款　B. 临时借款　C. 结算借款　D. 长期借款

2. 临时借款的期限一般为(　　)。

A. 1 至 2 个月　B. 1 至 3 个月　C. 3 至 5 个月　D. 3 至 6 个月

3. 应付利息一般(　　)明细分类账。

A. 按借款用途设置　B. 按提供贷款的机构设置

C. 按借款期限设置　D. 不设置

4. 企业向银行贷款，直接归还所欠货款，应借记(　　)账户。

A. 银行存款　B. 应付账款　C. 短期借款　D. 应收账款

二、**多项选择题**(从 4 个备选答案中，选出 2 个或 2 个以上正确的答案，填到括号中)

1. 短期借款按用途可以分成(　　)。

A. 经营周转借款　B. 临时借款　C. 结算借款　D. 清算借款

2. 企业应设置并通过(　　)等账户，对企业短期借款的借入与归还、利息的提取与支付等业务进行会计核算。

A. 短期借款　B. 管理费用　C. 应付利息　D. 财务费用

三、**判断选择题**(认为对的在 A 旁边的方框内打√、认为错的在 B 旁边的方框内打√)

1. 短期借款是指企业向银行或者其他非银行金融机构借入的，偿还期在一年以内(包含一年)的各类借款。(A□　B□)

2. 临时借款指企业因季节性或临时客观原因，向银行借入的不超过正常生产经营款额的短期借款。(A□　B□)

3. 结算借款指企业在异地销售商品时，为了解决在途结算资金的占用问题，以托收凭证为保证，向银行取得的借款。(A□　B□)

4. 企业支付短期借款利息时，出纳不需要填写支票，银行可直接将企业存款账号中与利息等额的存款金额划入贷款账号。(A□　B□)

业务训练

一、请根据图 5-2 编制记账凭证(用会计分录代替)。

中国工商银行（流动资金贷款）借款凭证（回单）③

编号　　**日期**贰零贰零**年**陆**月**叁拾**日**　　银行编号 98418

<table>
<tr><td rowspan="3">收款单位</td><td>全称</td><td colspan="3">福建著成服饰有限公司</td><td rowspan="3">借款单位</td><td>全称</td><td colspan="2">福建著成服饰有限公司</td></tr>
<tr><td>存款户账户</td><td colspan="3">5263086353</td><td>贷款户账户</td><td colspan="2">6013230759</td></tr>
<tr><td>开户银行</td><td colspan="3">中国工商银行晋江支行</td><td>开户银行</td><td colspan="2">中国工商银行晋江支行</td></tr>
<tr><td colspan="2">借款期限
（最后还款日）</td><td>2020.12.30</td><td>利率</td><td>8%</td><td colspan="2">起息日期</td><td colspan="2">2020.6.30</td></tr>
<tr><td colspan="2">借款申请额</td><td colspan="5">人民币（大写）贰拾肆万元整</td><td colspan="2">千 百 十 万 千 百 十 元 角 分
¥ 2 4 0 0 0 0 0 0</td></tr>
<tr><td colspan="2">借款原因及用途</td><td>流动周转资金</td><td colspan="4">银行核定金额</td><td colspan="2">千 百 十 万 千 百 十 元 角 分
¥ 2 4 0 0 0 0 0 0</td></tr>
<tr><td colspan="3" rowspan="3">备注：</td><td>期限</td><td colspan="3">计划还款日期</td><td colspan="2">计划还款金额</td></tr>
<tr><td>6 个月</td><td colspan="3">2020.12.30</td><td colspan="2">¥240 000.00</td></tr>
<tr><td colspan="6">上述借款业已同意贷给并转入你单位往来账户，借款到期应按期归还。
此致
借款单位：福建著成服饰有限公司
（银行盖章）2020 年 6 月 30 日
中国工商银行福建省分行 晋江支行 2020.6.30 转讫</td></tr>
</table>

此联系核定放款回单代借款单位往来户收款通知

图 5-2

答题区

二、2020 年 7 月 30 日，根据图 5-2 提供的资料，按月提取短期借款利息。

答题区

每月借款利息(列出计算过程)=

三、2020年9月30日，归还三个月的短期借款利息(9月份的利息尚未提取)。

答题区

子项目3　长期借款业务

岗位知识

一、单项选择题(从4个备选答案中，选出1个正确的答案，填到括号中)

1. 企业取得长期借款，应根据(　　)编记账凭证。
   A. 银行借款转存凭证　　B. 支票存根联
   C. 进账单(回单联)　　D. 企业与银行签订的借款合同
2. 企业设置并通过(　　)账户，对长期借款利息进行账务处理。
   A. 应付利息　　B. 长期借款—应计利息
   C. 财务费用—应计利息　　D. 银行存款

二、多项选择题(从4个备选答案中，选出2个或2个以上正确的答案，填到括号中)

1. 单位的长期借款可以按照(　　)设置明细分类账。
   A. 贷款的机构　　B. 借款种类　　C. 币种　　D. 借款的期限
2. 长期借款利息，符合资本化条件的，可能或应当计入(　　)账户。
   A. 财务费用　　B. 在建工程或固定资产
   C. 无形资产　　D. 存货

三、判断选择题(认为对的在A旁边的方框内打√、认为错的在B旁边的方框内打√)

1. 长期借款是指企业向银行或者其他非银行金融机构借入的，偿还期在一年以上(包含一年)的各类借款。(A□　B□)
2. 单位一般在年末，也可能在季末或者月末提取长期借款利息。(A□　B□)

业务训练

一、福建海利股份有限公司于2020年1月1日从中国建设银行金海岸支行借入人民币50万元，用于建设智能化生产线一条。借款期限二年，年利率6%，利息按年支付。

借款转存凭证如图 5-3 所示。

请根据审核无误的图 5-3 编制记账凭证(以会计分录代替)。

中国建设银行借款借据　(回单)

2021 年 1 月 1 日

借款单位	福建海利股份有限公司			存款户账号	3526 6804 5500 7323
贷款种类	生产线建设	利率	年（率）6%	贷款户账号	3501 7705 1919 0044
贷款金额（大写）	人民币伍拾万元整				千 百 十 万 千 百 十 元 角 分 ¥ 5 0 0 0 0 0 0 0
贷款原因或用途	生产线建设			约定还款日期	2023 年 1 月 1 日
系统合同号	借字第 0183 号			上列款项转入你单位的存款账户 中国建设银行股份有限公司 金海岸支行 2021.01.1 办讫章 (1)	

图 5-3

答题区

二、福建海利股份有限公司于 2021 年 1 月 1 日支付“智能化生产线”工程建设款 50 万元，银行转账支票存根和工程款的专用发票分别如图 5-4 和图 5-5 所示。

请根据图 5-4 和图 5-5 提供的资料编制记账凭证(用分录代替)。

中国建设银行
转账支票存根
50318073
08903228

附加信息

出票日期 2021 年 1 月 1 日

收款人：晋江紫华建设股份有限公司	
金额：¥500 000.00	
用途：预付工程款	

单位主管：林紫印财　　会计：陈意先

图 5-4

福建省增值税专用发票

此联不作报销、扣税凭证使用

机器编号：329000435217

开票代码：0530001800334

开票号码：9018134337

开票日期：2021 年 1 月 1 日

校验码：00215 66951 15988 64373

购买方	名称：福建海利股份有限公司 纳税人识别号：32050 3251823719 539 地址、电话：晋江市向海路 77 号 0595—4008832 开户行及账号：中国建设银行晋江支行 3526 6804 5500 7323				密码区	电脑自动生成		
货物或应税劳务、服务名称	规格型号	单位	数量	单价	金额	税率	税额	
智能化生产线		条	1	442477.88	442477.88	13%	57 522.12	
合计					¥442477.88		¥57 522.12	
价税合计（大写）	※伍拾万元整				（小写）¥500 000.00			
销售方	名　　称：晋江紫华建设股份有限公司 纳税人识别号：91350 58219 73360 836 地 址、电 话：晋江工业园区 18 幢 0595—8350892 开户行及账号：中国建设银行晋江支行 3561 0094 5001 3737				备注	晋江紫华建设股份有限公司 913505821973360836 发票专用章		

第三联：发票联购买方记账凭证

收款人：　　复核：　　开票人：曾 林　　销货方：（章）

图 5-5

答题区

三、福建海利股份有限公司于 2021 年 12 月 31 日，计提“智能化生产线建设工程款”借款 50 万元的年度借款利息(年利率详见图 5-3)，请计算该公司本年度应计提的借款利息并编制相应的记账凭证。

会计根据自制的“利息计提清单”(略)编制记账凭证(用分录代替)。

答题区

四、中国建设银行金海岸支行于 2022 年 1 月 1 日，从福建海利股份有限公司的存款账号上划走了人民币 30 000 元。有关原始凭证如图 5-6 所示。

会计根据图 5-6 编制记账凭证(用分录代替)。

答题区

中国建设银行 China Construction Bank

（计算）利息清单

币种：人民币　　　　2022 年 1 月 1 日　　　　流水号：

户名：福建海利股份有限公司			账号：3501 7705 1919 0044		
计息项目	起息日	结息日	本金	利率	利息
	2021.01.01	2021.12.31	400 000.00	7.2%	28 800.00
合计（大写）	人民币贰万捌仟捌佰元整				¥28 800.00
上述贷款利息，已从你单位 3526 6804 5500 7323 存款账户中支付。			银行盖章		

（印章：中国建设银行股份有限公司 金海岸支行 2021.01.01 办讫章 (4)）

图 5-6

五、2022 年 12 月 31 日提取借款 500 000 元的年度借款利息（年利率详见图 5-3），请计算本年应提利息并编制相应的记账凭证。

特别提示：2022 年 1 月 1 日，"智能化生产线建设工程"已经完工且决算。

会计根据自制的"利息计提清单"（略）编制记账凭证（用分录代替）。

答题区

六、2023 年 1 月 1 日借款到期，归还借款本金以及第二年的利息，有关单据详见图 5-7、图 5-8 和图 5-9。

中国建设银行
支票存根
50456039
09002236

附加信息

出票日期 2023 年 1 月 1 日

收款人：福建海利股份有限公司
金额：¥500 000.00
用途：还借款本金

单位主管：林紫印财　　会计：陈意先

图 5-7

请根据审核无误的原始凭证编制相应的记账凭证(以会计分录代替记账凭证)。

中国建设银行 China Construction Bank

中国建设银行进账单（回单） 1

2023年1月1日

出票人	全称	福建海利股份有限公司	收款人	全称	福建海利股份有限公司
	账号	3526 6804 5500 7323		账号	3501 7705 1919 0044
	开户银行	中国建设银行金海岸支行		开户银行	
金额	人民币伍拾万元整			千百十万千百十元角分	¥ 5 0 0 0 0 0 0 0
票据种类	支票	票据张数	1		
票据号码	09002236				
复核记账				开户银行盖章	中国建设银行股份有限公司 金海岸支行 2023.01.0 票据受理专用公章（4）（收妥抵用）

图 5-8

中国建设银行 China Construction Bank

（计算）利息清单

币种：人民币　　2023年1月1日　　流水号：

户名：福建海利股份有限公司			账号：3501 7705 1919 0044		
计息项目	起息日	结息日	本金	利率	利息
	2022.01.01	2022.12.31	500 000.00	6%	30 000.00
合计（大写）	人民币贰万捌仟捌佰元整				¥30 000.00
上述贷款利息，已从你单位 3526 6804 5500 7323 存款账户中支付。			银行盖章	中国建设银行股份有限公司 金海岸支行 2023.01.0 办讫章（4）	

图 5-9

答题区

项目六　库存现金与银行存款的对账及结账

子项目 1　库存现金的对账业务

岗位知识

一、单项选择题(从 4 个备选答案中，选出 1 个你认为正确的答案，填到括号中)

1. 对账一般在月末进行，具体时间为(　　)。

A. 记账之前　　B. 结账之后

C. 记账之后结账之前　　D. 由企业财务人员自行确定

2. 库存现金的账证核对是指企业的“库存现金日记账”与库存现金的记账凭证及其所附原始凭证的核对，其主要内容不包括“库存现金日记账”记录(　　)。

A. 某一业务的时间与反映该业务的记账凭证上标记的时间相核对

B. 某一业务的字号与反映该业务的记账凭证上标记的字号相核对

C. 某一业务的内容与反映该业务的记账凭证及所附原始凭证呈现的业务内容相核对

D. 某日余额与当日反映有关库存现金的记账凭证及所附原始凭证的金额相核对

3. 可以作为编制记账凭证、调整账面记录的原始凭证有(　　)。

A. 库存现金盘点表　　B. 银行存款余额调节表

C. 盘存单　　D. 往来款项核对表

4. 财产清查过程中发现库存现金长款或短款，应通过(　　)账户进行账务处理。

A. 其他应收款　　B. 其他应付款

C. 待处理财产损溢　　D. 营业外收入(或管理费用)

二、多项选择题(从 4 个备选答案中，选出 2 个或 2 个以上正确的答案，填到括号中)

1. 对账业务包括了(　　)。

A. 账证核对　　B. 账账核对　　C. 账表核对　　D. 账实核对

2. 库存现金的账实核对是由(　　)来完成的。

A. 清查领导小组派出的清查人员　　B. 出纳人员

C. 会计机构负责人　　D. 单位负责人

3. 现金清查过程中，应完成的工作包括(　　)。

A. 清点现金，确定现金实有数　　B. 注意库存现金有无超过限额

C. 注意有无坐支现金等违规行为　　D. 编制“库存现金盘点表”

4. 对现金短款进行处理时，根据短款的原因，可能借记(　　)账户。

A. 其他应收款—责任人　　B. 营业外支出—盘亏损失

C. 管理费用　　D. 待处理财产损失

三、判断选择题(认为对的在 A 旁边的方框内打√、认为错的在 B 旁边的方框内打√)

1. 任何一笔库存现金的收付都必须有原始凭证为依据。(A□　B□)

2. “库存现金日记账”记录某一业务的方向(指本期发生额的方向)与反映该业务的记账凭证上标记的方向应当一致。(A□　B□)

3. 库存现金的账账核对，是指将“库存现金总账”与“库存现金日记账”进行核对，包括本期发生额及期末余额的核对。(A□　B□)

4. 盘点人员、出纳人员、会计人员都要在“库存现金盘点表”上面签章。(A□　B□)

业务训练

一、2021 年 12 月 31 日，福建海利股份有限公司“库存现金盘点表”(详见图 6-1)显示：现金日记账年终账面余额比库存现金实存数短少 89 元，原因待查。

库存现金盘点表

币种：人民币　　　　盘点日期： 2021 年 12 月 31 日

核对账目					
实点现金		《现金日记账》账面余额		长款☑短款□	
2189.00		2100.00		89.00	
备注		原因待查			
清点现金					
货币面额	张数	金额	货币面额	张数	金额
壹佰元	15	1 500.00	伍角	5	2.50
伍拾元	4	200.00	贰角	2	0.40
贰拾元	6	120.00	壹角	1	0.10
壹拾元	16	160.00	伍分	0	0
伍元	35	175.00	贰分	0	0
贰元	8	16.00	壹分	0	0
壹元	15	15.00	实点	合计	1460.00

企业负责人：　　会计主管：　　出纳员：　　清点人员：

图 6-1

会计应根据自制的"库存现金盘点表"编制记账凭证(用分录代替)如下：

答题区

二、现金长款89元，无法查明原因，按规定给予处理，编制相应的记账凭证(用分录代替)如下：

答题区

子项目2　银行存款的对账业务

岗位知识

一、单项选择题(从4个备选答案中，选出1个你认为正确的答案，填到括号中)

1. 银行存款的账账核对，是指企业(　　)，包括本期发生额及期末余额的核对。
   A. 将银行存款总账与银行存款日记账进行核对
   B. 将银行存款总账与银行存款对账单进行核对
   C. 将银行存款日记账与银行存款对账单进行核对
   D. 以上三项均为银行存款的账账核对
2. 银行存款的清查方法是(　　)。
   A. 实地盘点法　B. 技术测算法　C. 账项核对法　D. 其他方法
3. 由(　　)造成的账实不符，应通过编制"银行存款余额调节表"进行调节。
   A. 重记　B. 漏记　C. 错记　D. 未达账项
4. (　　)是单位可以使用的银行存款实有数。
   A. 银行存款日记账调节前的账面余额
   B. 银行存款对账单调节前的账面余额
   C. 银行存款调节表调节后相符的存款余额
   D. 银行存款调节表调节后不相符，银行存款日记账调节后的余额

二、多项选择题(从4个备选答案中，选出2个或2个以上正确的答案，填到括号中)

1. 银行存款的账证核对是指将企业的"银行存款日记"与银行存款的记账凭

证及其所附原始凭证进行核对，包括(　　)及方向的核对。

A. 时间　　　B. 字号　　　C. 内容　　　D. 金额

2. 如果企业和开户银行的记账均正确无误，账实不符一般是由未达账项造成。造成银行存款日记账的账面余额大于银行对账单的余额的未达账项有(　　)。

A. 企业已记增加，开户行未收到结算凭证尚未记增加

B. 企业已记减少，开户行未收到结算凭证尚未记减少

C. 开户行已记增加，企业未收到结算凭证尚未记增加

D. 开户行已记减少，企业未收到结算凭证尚未记减少

三、判断选择题(认为对的在A旁边的方框内打√、认为错的在B旁边的方框内打√)

1. 银行存款的账实核对是通过银行存款的财产清查来完成的。(A□　B□)
2. 银行存款账实不符必然是由未达账项形成的。(A□　B□)
3. 未达账项是因结算凭证在企业与银行之间的传递上有先有后，造成一方已登记入账而另一方尚未登记入账的款项。(A□　B□)
4. 银行存款余额调节表不能作为单位调整账面记录的原始凭证，只有在收到未达账项的结算凭证后，才能按规定的核算程序调整账面记录。(A□　B□)

业务训练

2021年10月31日，厦天软件公司出纳与开户银行核对当月账目。银行提供的对账单如图6-2所示；企业银行存款日记账如图6-3所示。

中国建设银行 China Construction Bank　　　对账单 A/C Statement

户名 Name 厦天软件公司

账号：A/C 389 6688 165　　币种 Currency 人民币　　月份 MOnth 9　　页数 page1

日期	凭证种类	凭证号码	摘要	借方发生额	贷方发生额	余额
2021/10/01			收到货款		8 900.00	518 407.60
2021/10/05			提取现金	3 000.00		515 407.60
2021/10/06			支付货款	5 650.00		509 757.60
2021/10/10			支付电费	15 311.50		494 446.10
2021/10/20			存款利息		4 800.00	499 246.10
2021/10/24			支付水费	847.50		498 398.60
2021/10/29			电话费	2 120.00		496 278.60
2021/10/30			收到货款		56 500.00	552 778.60

此对账单如有差错，请于10内通知开户银行，否则视为核对无误。　打印时间 Print Date　2021/10/01

联系电话 Tel　　传真 Fax

图6-2

银行存款日记账

2021年		凭证号数	摘　　要	借方金额								核对	贷方金额								核对	结存								核对
月	日			十	万	千	百	十	元	角	分		十	万	千	百	十	元	角	分		十	万	千	百	十	元	角	分	
10	01	收1	收到前欠货款			8	9	0	0	0	0											5	1	8	4	0	7	6	0	
10	05	付2	提取现金												3	0	0	0	0	0		5	1	5	4	0	7	6	0	
10	05	付3	预付货款												5	6	5	0	0	0		5	0	9	7	5	7	6	0	
10	10	付4	支付电费											1	5	3	1	1	5	0		4	9	4	4	4	6	1	0	
10	20	收2	收到存款利息			4	8	0	0	0	0											4	9	9	2	4	6	1	0	
10	24	付5	支付水费													8	4	7	5	0		4	9	8	3	9	8	6	0	
10	29	付6	预付货款											6	7	8	0	0	0	0		4	3	0	5	9	8	6	0	
10	30	收2	收到订金		1	6	9	5	0	0	0											4	4	7	5	4	8	6	0	

图 6-3

一、假设双方记账均正确无误，账实不符是由未达账项造成的。请逐笔核对，并找出所有的未达账项：

(1) ____________________

(2) ____________________

(3) ____________________

(4) ____________________

二、请在图 6-4 上编制“银行存款余额调节表”。

银行存款余额调节表

银行账号：　　　　2021 年 9 月 30 日　　　　币种：人民币

银行对账单	金额									银行存款日记账	金额								
	百	十	万	千	百	十	元	角	分		百	十	万	千	百	十	元	角	分
调节前的余额										调节前的余额									
加：企业已收、银行未收的金额										加：银行已收、企业未收的金额									
减：企业已付、银行未付的金额										减：银行已付、企业未付的金额									
调节后的余额										调节后的余额									

会 计：　　　　**出 纳：**

图 6-4

子项目 3　库存现金及银行存款的结账业务

岗位知识

一、单项选择题(从4个备选答案中，选出1个正确的答案，填到括号中)

1. (　　)就是在一定时期的经济业务已全部登记入账的基础上，核对无误后，结出各种账簿的本期发生额及期末余额，为编制会计报表提供依据。

A. 过账　　B. 对账　　C. 结账　　D. 转账

2. "库存现金日记账"应当(　　)结账。

A. 按日　　B. 按周　　C. 按旬　　D. 按季

3. 对需要结计"本年累计"的账户，"过次页"的本页合计数应当从(　　)初算起到本页末止。

A. 本页　　B. 本月　　C. 本季　　D. 本年

二、多项选择题(从4个备选答案中，选出2个或2个以上正确的答案，填到括号中)

1. "库存现金日记账"和"银行存款日记账"都需要(　　)。

A. 按日结账　　B. 按月结账　　C. 按季结账　　D. 按年结账

2. "库存现金日记账"和"银行存款日记账"都需要结计本年累计发生额，包括的具体步骤有(　　)。

A. 在每月份的"本月合计"行下一行的"摘要"栏内注明"本年累计"的字样

B. 结出自年初起至本月末止的累计发生额及余额

C. 在1至11月份的"本年累计"行下面划通栏单红线

D. 在12月份的"本年累计"行下面划通栏双红线

3. "库存现金日记账"和"银行存款日记账"年初建新账时，在新账的第一行(　　)。

A. "摘要"栏内注明"上年结转"

B. 将上年的全年累计借方发生额记入第一行的"借方金额"栏

C. 将上年的全年累计贷方发生额记入第一行的"贷方金额"栏

D. 将上年的期末余额记入第一行的"余额(或结存)"栏，作为本年的年初余额

三、判断选择题(认为对的在A旁边的方框内打√、认为错的在B旁边的方框内打√)

1. "银行存款日记账"应当按月、按季、按年进行结账，是否按日结账，各

企业视自身情况，并结合管理的需要自行决定。（A□ B□）

2.“库存现金日记账”进行日结时，必须写明当日余额。（A□ B□）

3. 年末余额结转后的账页有空行的不必划线注销。（A□ B□）

业务训练

一、假设该企业，2021 年 1 月 2 日发生三笔与现金有关的经济业务，并已全部登记到“库存现金日记账”上，请在图 6-5 上，对 1 月 2 日的库存现金进行日结。

库存现金日记账

2021年		凭证编号	摘要	借方金额								核对	贷方金额								核对	结存								核对
月	日			十	万	千	百	十	元	角	分		十	万	千	百	十	元	角	分		十	万	千	百	十	元	角	分	
			上年结转																					3	8	0	0	0	0	√
1	01	付 1	李四报销差旅费												1	0	0	0	0	0				2	8	0	0	0	0	√
1	01	付 2	退还押金												2	0	0	0	0	0					8	0	0	0	0	√
			本日合计												3	0	0	0	0	0										
1	2	付 3	提取现金			3	0	0	0	0	0													3	8	0	0	0	0	√
1	2	收 1	出售废品收入				3	2	0	0	0													4	1	2	0	0	0	√
1	2	付 4	购买办公用品													8	4	3	0	0				3	2	7	7	0	0	√

图 6-5

二、某企业“银行存款日记账”已完成 2021 年 2 月份的“本月合计”业务，如图 6-6 所示，请在图 6-6 上继续完成 2 月份的“本年累计”业务。

银行存款日记账-工商银行

2021年		凭证编号	摘要	借方金额									核对	贷方金额									核对	结存									核对
月	日			百	十	万	千	百	十	元	角	分		百	十	万	千	百	十	元	角	分		百	十	万	千	百	十	元	角	分	
			承上页		2	5	3	0	0	0	0	0			1	8	5	6	0	0	0	0			1	5	9	0	0	0	0	0	
2	1	付 1	付上月电费													1	3	5	6	0	0	0			1	4	5	4	4	0	0	0	
2	5	收 1	收到货款		1	0	7	3	5	0	0	0													2	5	2	7	9	0	0	0	
2	10	付 2	发放工资												1	2	5	4	9	0	0	0			1	2	7	3	0	0	0	0	
2	28	付 3	付设备维修费													3	3	9	0	0	0	0				9	3	4	0	0	0	0	
			本月合计		1	0	7	3	5	0	0	0			1	7	2	9	5	0	0	0				9	3	4	0	0	0	0	

图 6-6

三、某企业“银行存款日记账”已完成 2021 年 12 月份最后一笔业务的过账工作，如图 6-7 所示，请在图 6-7 上继续完成 12 月份的“本月合计”“本年累计”以及“结转下年”的业务。

银行存款日记账-工商银行

2021年 月	日	凭证编号	摘要	借方金额（百十万千百十元角分）	核对	贷方金额（百十万千百十元角分）	核对	结存（百十万千百十元角分）	核对
			承上页	259300000		185430000		121580000	
12	01	付 1	付上月电费			2034000		119546000	
12	10	付 2	发放工资			15950000		103596000	
12	18	付 3	支付广告费			10600000		92996000	
12	18	收 1	收到前欠货款	22600000				115596000	
12	31	付 3	付本季借款利息			900000		114696000	
12	31	付 4	归还流动借款本金			60000000		54696000	

图 6-7（本年最后一笔业务付 4 下面是一条单红线）

四、接业务三，完成某企业“银行存款日记账”2021 年 12 月份“本年累计”以及“结转下年”业务后，在图 6-8 上完成该企业“银行存款日记账”2022 年的“上年结转”业务。

银行存款日记账-工商银行

年 月	日	凭证编号	摘要	借方金额（百十万千百十元角分）	核对	贷方金额（百十万千百十元角分）	核对	结存（百十万千百十元角分）	核对

图 6-8

项目七　出纳报告

岗位知识

一、单项选择题(从4个备选答案中，选出1个正确的答案，填到括号中)

1. (　　)展示了出纳工作的最终成果，也是单位经营决策的重要依据之一。
   A. 现金日记账　　B. 银行存款日记账
   C. 出纳报告　　D. 财务会计报告
2. 如果单位的货币收支业务频繁、金额较大，或者管理上有需要，出纳应当就库存现金和银行存款的情况(　　)出纳报告，并上报单位负责人。
   A. 每天编制一次　B. 每周编制一次　C. 每旬编制一次　D. 每月编制一次
3. 出纳报告的上期结存项目应根据报告期前一期的(　　)填写。
   A. 期初结存数　B. 期末结存数　C. 本期收入数　D. 本期支出数
4. 出纳报告的编制要求不包括(　　)填写。
   A. 定期编制、及时报送　　B. 数字真实、内容完整
   C. 遵守纪律、保守秘密　　D. 页面整洁、书写规范

二、多项选择题(从4个备选答案中，选出2个或2个以上正确的答案，填到括号中)

1. 通过出纳报告，总账会计可以与出纳核对(　　)的期末余额。
   A. 库存现金　B. 银行存款　C. 有价证券　D. 存货
2. 出纳报告的编制依据是审核无误的(　　)等核算资料。
   A. 库存现金日记账　　B. 银行存款日记账
   C. 有价证券明细账　　D. 银行对账单
3. 有关出纳报告纵向项目的填列，表述正确的有(　　)。
   A. 企业现金是由专人单独保管的，库存现金项目不必设置分项
   B. 企业有多种货币存款的，先按币种设置分项，再按不同的开户账号进行分项
   C. 有价证券明细账
   D. 银行对账单
4. 出纳报告的“期末结存项目”应根据(　　)填列。

A. 库存现金日记账、银行存款日记账、有价证券明细账的账面本期结存数

B. 库存现金日记账、银行存款日记账、有价证券明细账的账面本期借方合计数

C. 库存现金日记账、银行存款日记账、有价证券明细账的账面本期贷方合计数

D. “期末结存=上期结存+本期收入—本期支出”公式计算

三、判断选择题（认为对的在 A 旁边的方框内打√、认为错的在 B 旁边的方框内打√）

1. 所谓出纳报告，就是由出纳提供的，定期报告本单位货币资金、有价证券等的收、支、存等情况的内部报表。（A□　B□）
2. 出纳报告的报告期应与本单位的总账会计汇总记账周期相一致。如本单位总账 10 天汇总一次，则出纳报告单 10 天编制一次。（A□　B□）
3. 出纳报告属于单位对外报告资料。（A□　B□）
4. 出纳报告单的项目内容应当与出纳日记账、有关明细账以及备查簿的内容相符，保证出纳信息的真实、完整和准确。（A□　B□）

业务训练

福建晋工机械股份有限公司 2021 年 1 月份 1～2 日的“库存现金日记账”如图 7-1 所示；“银行存款日记账-工商银行”如图 7-2 所示；“银行存款日记账-中国银行”如图 7-3 所示，企业没有有价证券等业务，请编制 2021 年 1 月 2 日的出纳日报告。

库存现金日记账

2021年		凭证编号	摘要	借方金额								核对	贷方金额								核对	结存								核对
月	日			十	万	千	百	十	元	角	分		十	万	千	百	十	元	角	分		十	万	千	百	十	元	角	分	
			上年结转																					4	8	0	0	0	0	√
1	1	付3	李现预借差旅费												2	0	0	0	0	0	✓			2	8	0	0	0	0	√
1	1	付4	罚款收入				3	0	0	0	0	✓												3	1	0	0	0	0	√
			本日合计				3	0	0	0	0				2	0	0	0	0	0										
1	2	付5	提取现金			2	5	0	0	0	0	✓												5	6	0	0	0	0	√
1	2	收2	出售废品收入				2	0	0	0	0	✓												5	8	0	0	0	0	√
1	2	付6	职工报销医药费												3	2	0	0	0	0	✓			2	6	0	0	0	0	√
			本日合计			2	7	0	0	0	0				3	2	0	0	0	0										

图 7-1

2021年		凭证编号	摘要	借方金额									核对	贷方金额									核对	结存									核对
月	日			百	十	万	千	百	十	元	角	分		百	十	万	千	百	十	元	角	分		百	十	万	千	百	十	元	角	分	
			上年结转																						6	5	8	0	0	0	0	0	✓
1	1	付2	付维修费													2	2	6	0	0	0	0	✓		6	3	5	4	0	0	0	0	✓
1	1	收1	收到客户订金			5	0	0	0	0	0	0	✓												6	8	5	4	0	0	0	0	✓
1	2	付5	提取现金														2	5	0	0	0	0	✓		6	8	2	9	0	0	0	0	✓
1	2	收3	商品销售收入		1	6	9	5	0	0	0	0	✓												8	5	2	4	0	0	0	0	✓

图 7-2

2021年		凭证编号	摘要	借方金额									核对	贷方金额									核对	结存									核对
月	日			百	十	万	千	百	十	元	角	分		百	十	万	千	百	十	元	角	分		百	十	万	千	百	十	元	角	分	
			上年结转																						6	0	0	0	0	0	0	0	✓
1	1	付1	归还长期借款本息												4	8	0	0	0	0	0	0	✓		1	2	0	0	0	0	0	0	✓

图 7-3

请根据图 7-1、图 7-2、图 7-3 所提供的资料，在图 7-4 编制 2021 年 1 月 2 日的“出纳日报告”。

出纳日报告

单位：福建新闽机械股份有限公司　　2021 年 1 月 2 日　　表 018

项目	库存现金	银行存款				有价证券	备注
		工商银行	中国银行				
上期结存							
本期收入							
本期支出							
本期结存							

图 7-4(假设该企业只开设 2 个银行账号)

项目八　出纳工作的交接

岗位知识

一、单项选择题(从 4 个备选答案中，选出 1 个正确的答案，填到括号中)

1.(　　)规定：“出纳人员凡因故不能在原出纳岗位工作时，均应向接管人员办理移交手续，没有办理交接手续的，不得调动或者离职。”

A.《会计基础工作规范》　　B.《中华人民共和国会计法》

C.《企业财务会计报告条例》　　D.《企业会计准则》

2. 做好出纳工作的交接，有利于分清(　　)的责任。

A. 会计人员和出纳人员　　B. 移交人员和接管人员

C. 移交人员和监交人员　　D. 接管人员和监交人员

3. 出纳工作交接后，(　　)应对已移交资料的合法性、真实性承担法律责任。

A. 移交人员　　B. 接管人员

C. 监交人员　　D. 会计机构负责人

4. 接管人员根据现金日记账余额当面清点库存现金，发现“白条抵库”时(　　)应在规定的期限内负责查清。

A. 移交人员　　B. 接管人员

C. 监交人员　　D. 会计机构负责人

5. 交接后，应在现金日记账、银行存款日记账、有价证券备查账的(　　)填写移交日期，并加盖名章。

A. 封面上　　B. 扉页启用表上

C. 移交前最后一笔账所在的账页上　　D. 封底上

6. 出纳账和其他会计资料必须完整无缺，不得遗漏。如有短缺，须查明原因，并在移交清册上注明由(　　)负责。

A. 移交人员　　B. 接管人员

C. 监交人员　　D. 会计机构负责人

7. 出纳人员进行出纳工作交接时，一般应由(　　)监督交接。

A. 单位负责人　　B. 单位审计机构负责人

C. 会计主管人员　　　　　　　D. 上级领导

8. 接交后，接交人员不得(　　)，以保证会计记录前后衔接，内容完整。

A. 继续使用移交前的账簿

B. 另立账簿

C. 继续使用移交过来的已使用过的银行存折

D. 继续使用移交过来的未使用过的支票、发票、收款收据等

二、多项选择题(从4个备选答案中，选出2个或2个以上正确的答案，填到括号中)

1. 出纳工作移交前，移交人员应做好(　　)等准备工作。

A. 已受理的经济业务，尚未填制记账凭证的，应当填制完毕

B. 尚未登记的账目应当登记完毕并结出余额，在最后一笔余额后加盖出纳人员名章

C. 整理应该移交的各种资料，对未了事项和遗留问题要写出书面说明材料

D. 编制移交清册，列清将要移交的货币资金、有价证券、会计资料以及相关物品

2. 出纳工作移交前，出纳人员要进行账证核对、账账核对、账实核对，确保账证相符、账账相符和账实相符，下列可以确保出纳账账相符的核对工作是(　　)。

A. 库存现金日记账与库存现金总账核对一致

B. 库存现金日记账的账面余额与库存现金的结存数核对一致

C. 银行存款日记账要与银行存款总账核对一致

D. 银行存款日记账与银行对账单核对一致

3. 监交过程中，如果移交人交代不清，或者接交人故意刁难，监交人员应及时处理裁决。移交人不作交代或交代不清的，不得离职，否则(　　)均应负连带责任。

A. 主管会计　　　　　　　B. 审计机构负责人

C. 监交人员　　　　　　　D. 单位负责人

4. 出纳人员办理移交时，应移交的账簿有单位的(　　)。

A. 库存现金日记账　　　　B. 银行存款日记账

C. 应收票据备查簿　　　　D. 库存现金总账和银行存款总账

5. 出纳人员办理移交时，应移交的物品有(　　)。

A. 支票簿和支票包括空白支票、已用支票

B. 发票包括空白发票、已用发票

C. 财务印章包括财务专用章、发票专用章、预留银行的印鉴、现金收讫章等
D. 应由出纳保管的证件、合同、协议等

6. 交接后，接管的出纳人员应及时(　　)。
A. 要求单位更换原出纳人员使用过的保险柜等办公设备
B. 向开户银行办理更换出纳印鉴手续
C. 检查保险柜的使用是否正常、妥善
D. 检查现金、有价证券、贵重物品、公章等的保管条件是否齐全，周围环境是否安全

三、判断选择题(认为对的在A旁边的方框内打√、认为错的在B旁边的方框内打√)

1. 通过出纳工作的交接，可以发现和处理出纳工作和资金管理工作中存在的问题，进一步完善企业出纳工作的规章制度，预防经济违规甚至经济犯罪的发生。(A□　B□)
2. 会计实行电算化的单位，出纳移交时，还应在移交清册上列明会计软件及其密码、数据盘磁带等内容。(A□　B□)
3. 出纳交接时，应根据备查账簿的余额当面点收有价证券，若有价证券面额与发行价不一致，要按有价证券盘点金额交接。(A□　B□)
4. 移交清册填制一式三份，移交方、接管方、监交方各持一份。(A□　B□)
5. 实行电算化的单位，交接双方应在电子计算机上对有关数据进行实际操作，确认有关数据无误后，方可交接。(A□　B□)
6. 对于作废支票、作废发票不应列入移交清册，作为移交物品。(A□　B□)
7. 出纳移交前所进行的财产清查属于不定期清查和局部清查。(A□　B□)
8. 出纳工作交接完毕，移交人员、接交人员、监交人员都要在移交清册上签名盖章，移交清册上应注明单位名称、交接日期、交接双方和监交人的姓名、职务、移交清册页数及需要说明的问题等。(A□　B□)

业务训练

2021年3月10日，福建顶新实业股份有限公司原出纳员刘和顺女士提出辞职请求，公司研究决定由冼江河先生接替刘和顺女士的出纳工作，请刘和顺女士做好交接前的准备工作，并于2021年3月15日办理交接，交接监督人为公司会计机构负责人汪兵先生。

请用文字描述交接流程：

(1)____

(2)____

(3)____

(4)____

(5)____

项目九　收银实务

岗位知识

一、单项选择题(从4个备选答案中，选出1个正确的答案，填到括号中)

1.(　　)是指在商场、超市、酒店、宾馆等商业活动场所的收银台上从事收取货币资金业务的工作人员。

A. 收银员　　B. 广义的收银员

C. 狭义的收银员　　D. ABC均为正确选项

2. 每一位收银员都必须明白：(　　)是收银员职业道德规范的重心与核心，是广大收银员的立业根本。

A. 爱岗敬业　　B. 廉洁自律　　C. 提高技能　　D. 强化服务

3. 现代收银是一项专业性和技术性都很强的工作，涉及货款结算、计算机及收银机的操作、发票的开具与管理等，可以说(　　)是收银员的义务。

A. 爱岗敬业、与人为善　　B. 廉洁自律、见财不贪

C. 提高技能、强化服务　　D. 坚持准则、参与管理

4.(　　)是指用一组阿拉伯数字标识商品的过程，是商品信息的数字化，这组数字也称为代码。

A. 商品编码　　B. 商品条形码

C. 条码扫描器　　D. POS工作系统

5. 收银员在营业前应做好的准备工作包括(　　)。

A. 准备好各项打印用的空白收款单据、空白发票等

B. 熟练操作电子收银设备，快速准确结算账款

C. 及时收集并向相关部门反映顾客的意见、建议

D. 按要求规范开具发票，妥善保管现金及转账结算凭证

6. 条码扫描器是POS系统中非常重要的光电识读设备，(　　)是当前仓储式超市中广泛使用的条码扫描器。

A. 光笔条码阅读器　　B. CCD扫描器

C. 激光条码阅读器　　D. 影像型红光条码阅读器

7. 每一种商品第一次进入商超时，都要按规定的格式将该种商品的基本信息输入商超的(　　)，只有这样，收银系统才能正常开展工作。
A. 电子收银机　B. 后台计算机　C. 条码扫描器　D. 消磁系统
8. 人民币是采用手工雕刻方法制版，以凸版和凹版印刷，具有版文深、油层厚、字迹粗、头像逼真等特点。将大拇指放在百元真币的(　　)，会有明显的凹凸感。
A. 文字“中国人民银行”上面　B. 小写面额“100”上面
C. 大写面额“壹佰元”上面　D. 毛主席的衣领处

二、多项选择题(从4个备选答案中，选出2个或2个以上正确的答案，填到括号中)

1. 收银工作是企业财务工作的重要组成部分，具有一般会计工作的属性。会计职业道德规范包括(　　)等内容。
A. 爱岗敬业、诚实守信　B. 廉洁自律、客观公正
C. 坚持准则、提高技能　D. 参与管理、强化服务
2. POS工作系统对全部的商品交易信息进行实时收集、加工处理、实时反馈，促进了收银工作的自动化、信息化，POS工作系统主要构件有(　　)等。
A. 电子收银机、收款软件　B. 条码扫描器
C. 消磁系统　D. 后台计算机
3. 收银员在营业结束时及结束后应认真完成的各项工作有(　　)等。
A. 预备好零钞，方便找数
B. 将收取的货币资金及转账结算凭证交给专职出纳人员，结清当日账务
C. 收好空白凭单及收银用品，关闭电子收银设备，切断电源
D. 妥善保管收款凭证及各种表单，定期装订上缴
4. EAV条形码隐含着商品的名称、生产日期、产地、厂家、价格、类别等诸多信息，EAV条形码又可以分成(　　)两种。
A. EAV-13码(标准版)　B. EAV-13码(加强版)
C. EAV-8码(缩短版)　D. EAV-8码(标准版)
5. 顾客到收银台付款后，收银员就会对顾客所购商品进行消磁。其中(　　)。
A.“软标”商品在收银台的消磁器上进行消磁
B.“硬标”商品在收银台的消磁器上进行消磁
C.“软标”商品则会使用一种专门的工具将商品与“软标”分开
D.“硬标”商品则会使用一种专门的工具将商品与“硬标”分开

6. 收银员在日常的收银工作中会收付大量的现金，对于真假人民币，可以通过观察票币的(　　)加以识别。

A. 印刷特征　　B. 颜色特征　　C. 纸质特征　　D. 对折图案

三、判断选择题(认为对的在A旁边的方框内打√、认为错的在B旁边的方框内打√)

1. 现代收银业务是企业在销售商品或提供服务之后向购买方或服务对象收取货币资金的一种商务活动。(A□　B□)
2. 现代收银业务通常通过ATM机进行操作，既收现金也收电子货币。(A□　B□)
3. 目前现代收银业务还没有完全信息化和智能化，还离不开广大的收银员。(A□　B□)
4. 目前，我国使用的条形码一般是EAV条形码。EAV条形码也称通用商品条形码，由国际物品编码协会制定，是国际上使用最广泛的一种商品条形码。(A□　B□)
5. 商超在门口设置“防损门”，也称报警装置，里面安装了磁性感应器，如果商品消磁了，通过“防损门”则会报警。(A□　B□)
6. 收银员应当熟悉各类突发事件的处理程序，能够正确使用119、110、120等应急处理电话。(A□　B□)
7. 人民币采用特殊的油墨进行印制，颜色鲜亮，纹路清晰，光变油墨面额数字，其颜色会随着视角的变化而变化。(A□　B□)
8. 普通人怀疑手中持有的人民币为假钞，应当送到银行进行鉴定。鉴定结果为假钞的则由银行没收。明知假钞而继续使用属于违法行为，会受到法律的惩罚。(A□　B□)

业务训练

一、请以一位收银员的身份，描述一下你的收银工作流程。

(1) ______________________________

(2) ______________________________

(3) ______________________________

(4) ______________________________

(5) ______________________________

二、图9-1、图9-2是同一张百元钞的纵向对折图和横向对折图。

请根据图9-1、图9-2，判断该百元钞票是否为真币，并辅以文字说明。

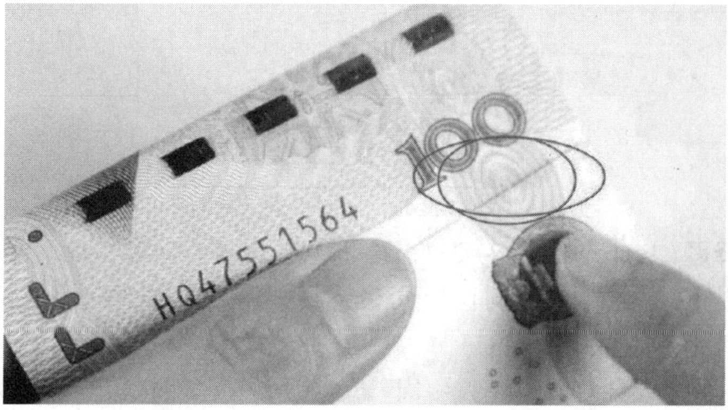

图 9-1

图 9-2

(1)______________________________

(2)______________________________

综合测试

一、单项选择题(从4个备选答案中，选出1个正确的答案，填到括号中)

1. 出纳岗位是会计工作的窗口岗位，规模一般，出纳工作量不大的单位，出纳工作岗位可以(　　)。

   A. 一岗多人　　B. 一人一岗　　C. 一人多岗　　D. 多人多岗

2. 无论是其他岗位工作人员兼任出纳，还是出纳兼任其他岗位的工作，都必须符合(　　)的原则。

   A. 成本效益　　B. 重要性　　C. 内部牵制　　D. 实质重于形式

3. 累计凭证一般是自制原始凭证，主要包括(　　)等。

   A. 收料单　　B. 限额领料单

   C. 发出材料汇总表　　D. 差旅费报销单

4. 下列属于原始凭证“真实可靠”的填制要求的是(　　)。

   A. 金额写错，开票单位要重开；其他项目写错，可由经办人自行更正

   B. 金额写错，开票单位要重开；其他项目写错，可由出纳人员自行更正

   C. 金额写错，开票单位要重开；其他项目写错，可由会计人员自行更正

   D. 金额写错，开票单位要重开；其他项目写错，开票单位可重开也可更正

5. 企业于2021年10月20日开具现金支票，其大写日期正确的是(　　)。

   A. 贰零贰壹年拾月贰拾日　　B. 贰零贰壹年壹拾月贰拾日

   C. 贰零贰壹年零壹拾月贰拾日　　D. 贰零贰壹年零壹拾月零贰拾日

6. ¥8005.40，大写的正确写法是(　　)。

   A. 人民币捌仟零佰零拾伍元肆角整　　B. 人民币捌仟零伍元肆角整

   C. 人民币捌仟零伍元零肆角整　　D. 人民币捌仟零伍元肆角零分

7. 不得使用(　　)墨水填写支票。

   A. 纯蓝　　B. 蓝黑　　C. 碳素　　D. 蓝黑或碳素

8. 下列对原始凭证的审核属于完整性的审核(　　)。

   A. 自制原始凭证是否有经办单位领导人或其指定人员的签名或盖章

   B. 发生销售退回时，退货发票是否附有退货验收证明

   C. 作废的原始凭证是否加盖“作废”戳记，并同存根联一并保存

D. 支付款项的原始凭证，是否有收款单位或收款人的收款证明

9. 边远或交通不便地区，单位库存现金限额可适当放宽，但最多也不得超过(　　)。

A. 企业3~5天的日常零星开支额　B. 企业3~5天的开支额

C. 企业15天的日常零星开支额　D. 企业15天的开支额

10. 企业在下列开支中，不可以使用现金支付的有(　　)。

A. 收购农副产品及其他物资的价款

B. 各种劳保、福利费用以及国家规定的对个人的其他支出

C. 根据国家规定发给个人的科技、文艺、体育等各种奖金

D. 出差人员必须随身携带的差旅费

11. 某企业采用三类编号法，如某项业务在全部经济业务中属于第18笔业务，在全部收款业务中属于第11笔业务，在现金收款业务中属于第3笔业务，则编号应为(　　)。

A. 收第18号　B. 收第11号　C. 收第3号　D. 现收第3号

12. (　　)有可能既是库存现金日记账的记账依据，又是银行存款日记账的记账依据。

A. 库存现金收款凭证　B. 库存现金付款凭证

C. 银行存款收款凭证　D. 转账凭证

13. 单位应定期与银行核对账目，但(　　)不得编制“银行存款余额调节表”。

A. 一般会计　B. 会计主管人员　C. 出纳　D. 主办会计

14. 单位、个人和银行办理支付结算时，必须遵守的原则不包括(　　)。

A. 恪守信用，履约付款　B. 谁的钱进谁的账，由谁支配

C. 银行不垫款　D. 银行在一定条件下垫付款项

15. 商业汇票适用于在银行开立账户的(　　)根据购销合同进行商品交易的款项结算。

A. 法人与非法人　B. 非法人企业之间

C. 法人之间　D. 法人与个体工商户

16. (　　)及其所附的原始凭证不是银行存款日记账的记账依据。

A. 银行存款收款凭证

B. 银行存款付款凭证

C. 从银行提取现金时编制的库存现金收款凭证

D. 向银行存入现金时编制的库存现金付款凭证

17. 在国际结算中，采用(　　)可以节省逐笔开证的手续和费用。

A. 可循环信用证　B. 可撤销信用证
C. 保兑信用证　D. 不可撤销信用证

18. 长期借款是指偿还期在(　　)的各种借款。
A. 一年以上(不含一年)　B. 三年以上(不含三年)
C. 五年以上(不含五年)　D. 十年以上

19. 应付利息一般(　　)设置明细分类账。
A. 借款用途　B. 提供贷款的机构
C. 借款期限　D. 借款性质

20. 银行存款的账账核对，是指企业(　　)，包括本期发生额及期末余额的核对。
A. 将银行存款总账与银行存款日记账进行核对
B. 将银行存款总账与银行存款对账单进行核对
C. 将银行存款日记账与银行存款对账单进行核对
D. 将银行存款日记账与库存现金对账单进行核对

21. 出纳报告的“期末结存项目”应根据(　　)填列。
A. 库存现金日记账、银行存款日记账、有价证券明细账的期初账面结存数
B. 库存现金日记账、银行存款日记账、有价证券明细账的本期实际结存数
C. 库存现金日记账、银行存款日记账、有价证券明细账的账面本期借方或贷方合计数
D. 库存现金日记账、银行存款日记账、有价证券明细账的本期账面结存数

22. 由未达账项造成的账实不符，应通过(　　)进行调节。
A. 重新编制银行存款收、付款凭证
B. 重新登记银行存款日记账
C. 重新登记银行存款总账
D. 编制“银行存款余额调节表”

23. 库存现金日记账、银行存款日记账均对需要结计“本月累计”和“本年累计”，则“过次页”的合计数应当从(　　)到本页末止。
A. 本页初算起　B. 本月初算起到
C. 本年初算起　D. 由各企业出纳自行决定

24. 做好出纳工作的交接，有利于分清(　　)的责任。
A. 会计人员和出纳人员　B. 移交人员和接管人员

C. 移交人员和监交人员　　D. 接管人员和监交人员

25. 出纳人员进行出纳工作交接时，一般应由(　　)监督交接。

A. 单位审计机构负责人　　B. 单位会计机构负责人

C. 单位负责人　　D. 上级领导

26. 出纳工作交接的移交清册，应填制一式三份，(　　)不必持有移交清册。

A. 移交方　　B. 接管方

C. 监交方　　D. 会计档案管理部门

27. (　　)是指各行各业中专职或兼职从事收取货币资金业务的工作人员。

A. 广义的收银员　　B. 狭义的收银员

C. 收银员　　D. 出纳人员

28. 每一位收银员都必须明白：(　　)不但是收银员的职业道德规范，也是国家的法律红线。

A. 爱岗敬业、诚实守信　　B. 廉洁自律、见财不贪

C. 提高技能、强化服务　　D. 与人为善、奉献社会

29. (　　)是将宽度不等的多个黑条和空白，按照一定的编码规则排列，用以表达一组信息的图形标识符。

A. 商品编码　　B. 商品条形码　　C. 条码扫描器　　D. POS 工作系统

30. (　　)属于人民币的印刷特征。

A. 版文深、油层厚、字迹粗、头像逼真

B. 颜色鲜亮，纹路浅晰，光变油墨面额数字，其颜色会随着视角的变化而变化

C. 挺括、耐磨，手感厚实、不易折断

D. 百元人民币横向对折，可以将小鸟的图形完全拼合出来

二、多项选择题(从 4 个备选答案中，选出 2 个或 2 个以上正确的答案，填到括号中)

1. 出纳业务属于会计循环中的起始业务，出纳工作的质量是决定企业会计工作质量的重要基础，出纳工作对企业经济管理也有重大的意义，主要表现在出纳(　　)。

A. 掌握现金流量及现金结存情况，对保护货币资金安全，提高其使用效率有重要意义

B. 企业可以利用出纳工作，实施会计监督

C. 出纳为会计工作提供了基础且重要的资料，直接影响企业整个会计工作的质量

D. 出纳对货币资金的监管属于财务管理的重要组成部分，决定了财务管理工作的质量

2. (　　)的直系亲属不得在本单位会计机构中担任出纳工作。

A. 单位负责人　　B. 单位会计机构负责人

C. 主办会计　　D. 会计主管人员

3. 出纳账务处理的基本程序不包括(　　)。

A. 办理收付款业务，填制或审核收付款业务的原始凭证

B. 根据收付款业务的原始凭证或原始凭证汇总表编制收款凭证、付款凭证

C. 根据审核无误的原始凭证或原始凭证汇总表编制转账凭证

D. 根据审核无误的转账凭证登记银行存款日记账

4. 原始凭证的填制要求包括(　　)。

A. 真实可靠　　B. 内容完整　　C. 填制及时　　D. 填写规范

5. 国家对增值税专用发票的开具有严格的规定，下列行为不符合规定的有(　　)。

A. 单位和个人在发出商品时开具增值税专用发票

B. 单位和个人本月发现上月开具的增值税专用发票有错，对该错票进行作废处理

C. 单位和个人给他人代开增值税专用发票

D. 单位和个人没有自行扩大增值税专用发票的使用范围

6. (　　)均可采用委托收款结算方式。

A. 单位或个人凭尚未承兑的商业汇票、债券、存单等付款人债务证明办理款项结算时

B. 单位或个人凭已承兑的商业汇票、债券、存单等付款人债务证明办理款项结算时

C. 单位或个人凭商业汇票、债券、存单等付款人债务证明办理款项结算时

D. 公用事业性单位收取水电费等费用时

7. 审核银行汇票时，不允许更改的项目包括(　　)等。

A. 日期　　B. 金额　　C. 收款人名称　　D. 其他记载事项

8. 严格控制携带空白支票外出采购，支票签发时(　　)的，可由出票人授权补记。

A. 未记载出票日期　　B. 未记载支票用途

C. 未记载收款人名称　　D. 未记载出票金额

9. 企业需要使用现金，必须从正确渠道获得，不可以(　　)。

A. 从开户银行提取　　B. 从库存现金限额中支付

C. 从其他单位借入　　D. 从企业的现金收入中直接支付

10. 对开户单位(　　)的 30%至 50%进行处罚。

A. 用转账凭证套取现金的，按套取金额

B. 对现金结算给予比转账结算优惠待遇的，按交易额

C. 编造用途套取现金的，按套取金额

D. 只收现金拒收支票、银行本票、银行汇票的，按交易额

11. (　　)的记账人员或编制人员是企业出纳。

A. 库存现金日记账　　B. 银行存款日记账

C. 银行对账单　　D. 银行存款余额调节表

12. 关于单位基本存款账户的表述，正确的有(　　)。

A. 单位只能选择一家银行的一个营业机构开立一个基本存款账户

B. 单位工资、奖金等现金的支取只能通过基本存款账户办理

C. 单位银行卡账户的资金必须由其基本存款账户转账存入

D. 基本存款账户不得办理现金收付

13. (　　)是登记“银行存款日记账”的直接依据。

A. 银行存款收款凭证　　B. 银行存款付款凭证

C. 现金存入银行的现金付款凭证　　D. 银行收付款业务的原始凭证

14. 网上银行结算必须遵守的规定包括(　　)。

A. 坚持岗位分设制度，不得由一个人单独完成网上银行付款的全过程

B. 严禁一个人保管支付款项所需要的全部印章和密码器

C. 应不定期修改网上银行的操作密码

D. 应定期修改网上银行的操作密码

15. 银行借款按金融机构对借款有无担保要求可以分成(　　)。

A. 信用借款　　B. 抵押借款　　C. 贴现借款　　D. 商业借款

16. 不可以作为编制记账凭证、调整账面记录的原始凭证有(　　)。

A. 库存现金盘点表　　B. 银行存款余额调节表

C. 盘存单　　D. 往来款项核对表

17. 银行存款的账实核对是由(　　)来完成的。

A. 清查领导小组派出的清查人员　　B. 出纳人员

C. 会计机构负责人　　D. 单位负责人

18. 现金清查过程中，应完成的工作包括(　　)。

A. 清点现金，确定现金实有数　　B. 注意库存现金有无超过限额
C. 注意有无坐支现金等违规行为　　D. 编制“库存现金盘点表”

19. 造成银行存款日记账的账面余额小于银行对账单的余额的未达账项有(　　)。
A. 企业已记增加，开户行未收到结算凭证尚未记增加
B. 企业已记减少，开户行未收到结算凭证尚未记减少
C. 开户行已记增加，企业未收到结算凭证尚未记增加
D. 开户行已记减少，企业未收到结算凭证尚未记减少

20. 出纳报告的编制要求包括(　　)填写。
A. 定期编制、及时报送　　B. 数字真实、内容完整
C. 遵守纪律、保守秘密　　D. 页面整洁、书写规范

21. 出纳报告的编制依据是审核无误的(　　)等核算资料。
A. 库存现金日记账库存现金总账　　B. 银行存款日记账和银行存款总账
C. 有价证券明细账和相关总账　　D. 银行对账单

22. 出纳移交前所进行的财产清查属于(　　)。
A. 定期清查　　B. 不定期清查　　C. 全面清查　　D. 局部清查

23. 出纳工作接交后，接交人员应当(　　)，以保证会计记录前后衔接，内容完整。
A. 继续使用移交前的账簿
B. 另立账簿
C. 继续使用移交过来的已使用过的银行存折
D. 继续使用移交过来的未使用过的支票、发票、收款收据等

24. 收银员在营业中应认真完成的各项工作有(　　)等。
A. 预备好零钞，方便找数
B. 对顾客要使用礼貌用语，服务热情周到
C. 掌握各种防伪技能，避免收到假币、假票据、假信用卡等
D. 按要求规范开具发票，妥善保管现金及转账结算凭证

25. 收银员的职业道德规范应当包括(　　)等方面的内容。
A. 爱岗敬业、与人为善　　B. 廉洁自律、见财不贪
C. 提高技能、强化服务　　D. 坚持准则、参与管理

三、判断选择题(认为对的在 A 旁边的方框内打√、认为错的在 B 旁边的方框内打√)

1. 出纳要保证每一笔涉及收付业务的原始凭证手续完备齐全，做到收款有合法的依据，付款有规范的授权，避免错收错付。(A□　B□)

2. 增值税专用发票是自制原始凭证。(A□ B□)
3. 增值税一般纳税人持有增值税普通发票的，其进项税额不可以抵扣。(A□ B□)
4. 正规的非税收入票据应套印全国统一式样的财政票据监制章，可作为单位财务收支的法定凭证和会计核算的原始凭证，是财政、审计、监察等部门和非税收入管理机构进行监督检查的重要依据。(A□ B□)
5. 收款收据对外使用时，既可以作为现金收据或者核算往来款项的依据，也可以作为企业收入、成本、费用的核算单据。(A□ B□)
6. 加盖在支票存根与支票正联之间的公司财务专用章，也称骑缝章。(A□ B□)
7. 填明“现金”字样和代理付款人的银行汇票不得挂失止付。(A□ B□)
8. 一式几联的发票，应注明各联的用途，且只能以一联作为报销凭证。(A□ B□)
9. 库存现金限额是企业按照银行现金管理的有关规定，与开户银行协商核定的库存现金最高额度。(A□ B□)
10. 涉及库存现金与银行存款的划转业务，只编收款凭证。(A□ B□)
11. 现金日记账和银行存款日记账均为特种日记账，记账方法都是以单笔收、付业务为记录单位，按时间的先后顺序逐日逐笔登记。(A□ B□)
12. 支票自出票之日起算，提示付款期为10天，超过提示付款期的，持票人开户行不予受理，付款人不予付款。(A□ B□)
13. 自出票之日起算，银行汇票提示付款期为二个月；银行本票提示付款期最长不得超过一个月。(A□ B□)
14. 银行预留印鉴章、网上银行上网U盾及支付密码器应由企业的银行出纳员和资金调度员分别保管。(A□ B□)
15. 所谓第三方支付平台是指由信誉度高、实力强的第三方企业建立的独立于银行的第三方交易支付机构，是在银行直接支付环节中增加的一个中介平台。(A□ B□)
16. 抵押借款是指借款企业以提供抵押产品为条件向银行取得的借款，银行一般按抵押品价值的20%至80%提供借款金额。(A□ B□)
17. 支付短期借款利息时，出纳不需填写支票，银行可直接将企业存款账号中与利息等额的存款金额划入贷款账号。(A□ B□)
18. 出纳一般在月末与有关部门核对账目，具体的时间为记账之后结账之前。(A□ B□)

19. 调节后相符的银行存款余额是单位可以使用的银行存款实有数。(A□ B□)
20. “库存现金日记账”和“银行存款日记账”均应按日结账。(A□ B□)
21. 年末余额结转后的账页有空行的必须划线注销。(A□ B□)
22. 单位的出纳报告展示了单位出纳工作的最终成果，也是单位进行经营决策时的重要依据之一。(A□ B□)
23. 如果单位的货币收支业务频繁、金额较大，或者管理上有需要，出纳应当就库存现金和银行存款的情况每天编制一次出纳报告，并上报单位负责人。(A□ B□)
24. 所谓出纳报告，就是由出纳提供的，定期报告本单位货币资金、有价证券等的收、支、存等情况的内部报表。(A□ B□)
25. 出纳报告属于单位对外报告资料，因此出纳报告的报告期应与本单位的总账会计汇总记账周期相一致。(A□ B□)
26. 通过出纳工作的交接，可以发现和处理出纳工作和资金管理工作中存在的问题，进一步完善企业出纳工作的规章制度，预防经济违规甚至经济犯罪的发生。(A□ B□)
27. 出纳工作交接时，出纳账和其他会计资料必须完整无缺，不得遗漏。如有短缺，须查明原因，并在移交清册上注明由移交人员负责。(A□ B□)
28. 影像型红光条码阅读器影像型红光条码阅读器具有优秀的读码性能，超强的解码能力，必将成为条码扫描器市场的新宠。(A□ B□)
29. 每一种商品第一次进入商超时，都要按规定的格式将该种商品的基本信息输入商超的电子收银机，只有这样，收银系统才能正常开展工作。(A□ B□)
30. 普通人怀疑手中持有的人民币为假钞，应当送到银行进行鉴定。鉴定结果为假钞的不可继续使用，但可以由持有人收藏保管。(A□ B□)

四、业务训练

福建著成服饰股份有限公司基本资料如下：

单位负责人：庄著成；会计：朱丽真；出纳：黄洋洋

纳税人识别号：91350582 001335 6789

地 址、电 话：晋江工业园区 0595-8320812

开户行及账号：中国农业银行晋江支行 6381 0072 5844 0513

(一) 2022 年 2 月 5 日福建著成服饰股份有限公司财务科出纳开出现金支票，

从银行提取现金 3500 元，以备零用。

请同学以出纳的身份，在图 10-1、图 10-2 上开具现金支票。

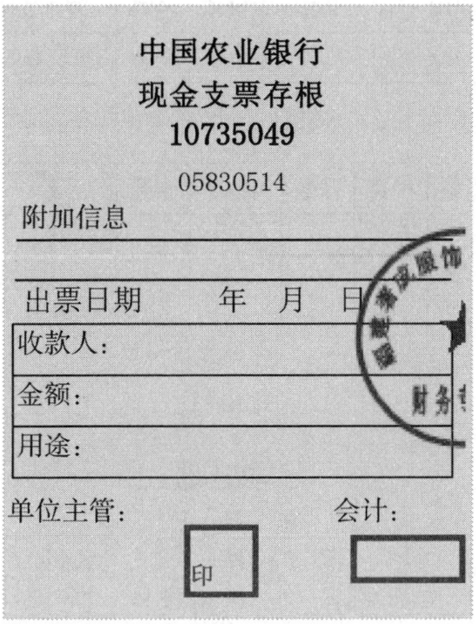

中国农业银行
现金支票存根
10735049
05830514

附加信息

出票日期　　年　月　日

收款人：

金额：

用途：

单位主管：　　会计：

印

图 10-1

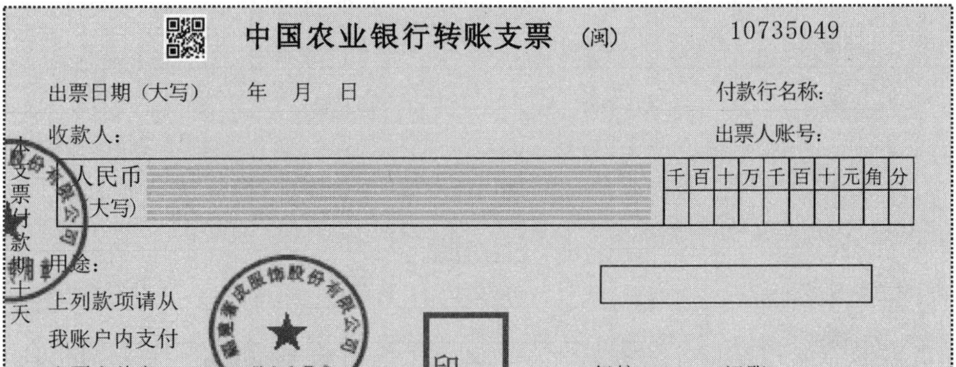

中国农业银行转账支票 （闽）　10735049

出票日期（大写）　年　月　日　　付款行名称：

收款人：　　出票人账号：

本支票付款期限十天

人民币（大写）	千	百	十	万	千	百	十	元	角	分

用途：

上列款项请从
我账户内支付
出票人盖章

印

复核：　　记账：

图 10-2

（二）图 10-3 是该企业 2022 年 2 月第 5 笔库存现金付款业务，第 2 笔银行存款收款业务，第 38 笔经济业务，也是本月最后一笔银行存款业务。

1. 请选择图 10-4 或图 10-5 编制相应的记账凭证。

中国农业银行 AGRICULTURAL BANK OF CHINA

现金缴款单（回单）

2022 年 2 月 28 日　　NO. 0202013

款项来源	张三交来卧室家具押金	收款	全称	福建著成服饰股份有限公司
解款部门	黄洋洋	单位	账号	6381 0072 5844 0513

人民币（大写）	百	十	万	千	百	十	元	角	分
壹仟贰佰元整			¥	1	2	0	0	0	0

种类	张数	种类	张数	种类	张数	种类	张数	
一百元	9	五元	10	五角	0	五分	0	中国农业银行 晋江市支行 2022.2.28 现金收讫
五十元	3	二元	10	二角	0	二分	0	
十元	7	一元	10	一角	0	一分	0	收款　复核

此联由银行盖章退回单位

图 10-3

收款凭证

借方科目：　　年　月　日　　总第号　现收第号

摘要	贷方科目		过账	金额									
	总账科目	明细科目		千	百	十	万	千	百	十	元	角	分
附件张	合计												

会计　主管　记账　出纳　审核　制单

图 10-4

付款凭证

贷方科目：　　年　月　日　　总第号　银付第号

摘要	借方科目		过账	金额									
	总账科目	明细科目		千	百	十	万	千	百	十	元	角	分
附件张	合	计											

会计　主管　记账　出纳　审核　制单

图 10-5

2. 请根据“题1”所编制的记账凭证在图10-6的“银行存款日记账”上登账。

银行存款日记账

2022年 月	日	凭证号数	摘 要	借方金额（十万千百十元角分）	核对	贷方金额（十万千百十元角分）	核对	结存（十万千百十元角分）	核对
1	31		本月合计	3 6 9 8 0 0 0 0		1 8 5 3 0 0 0 0		5 3 8 5 1 3 8 0	
2	01	银付1	支付上月电费			1 6 9 5 0 0 0		5 2 1 5 6 3 8 0	
2	02	银付2	提取现金			3 5 0 0 0 0		5 1 8 0 6 3 8 0	
2	05	银付3	支付购料款			5 6 5 0 0 0 0		4 6 1 5 6 3 8 0	
2	10	银付4	发放工资			1 5 6 8 0 0 0 0		3 0 4 7 6 3 8 0	
2	20	银收1	销售产品收入	1 1 0 7 4 0 0 0				4 1 5 5 0 3 8 0	
2	28	银付5	支付维修费用			1 1 1 8 7 8 0		4 0 4 3 1 6 0 0	

图10-6

3. 2月28日收到银行提供的对账单如图10-7所示。假设双方记账均正确无误，请进行对账，找出所有的未达账项。

对账单 A/C Statement

户名 Name 福建著成服饰股份有限公司

账号：A/C 6381 0072 5844 0513　　币种 Currency 人民币　　月份 m0nth 2　　页数 page1

日期	凭证种类	凭证号码	摘要	借方发生额	贷方发生额	余额
2022/2/01			支付电费	16 950.00		521 563.80
2022/2/02			提取现金	3 500.00		518 063.80
2022/2/05			支付货款	56 500.00		461 563.80
2022/2/10			支付工资	156 800.00		304 763.80
2022/2/20			收到货款		110 740.00	415 503.80
2022/2/28			支付水费	5 000.00		410 503.80
2022/2/28			收到货款		30 000.00	440 503.80

此对账单如有差错，请于10内通知开户银行，否则视为核对无误。　打印时间 Print Date　2022/2/28

联系电话 Tel　　传真 Fax

图10-7

经核对：有以下未达账项

(1) ______________________________

(2) ______________________________

（3）____

（4）____

4. 请在图 10-8 上编制“银行存款余额调节表”。

银行存款余额调节表

银行账号：　　　　　　　　　年　　月　　日　　　　　　　　　币种：人民币

银行对账单	金额									银行存款日记账	金额								
	百	十	万	千	百	十	元	角	分		百	十	万	千	百	十	元	角	分
调节前的余额										调节前的余额									
加：企业已收、银行未收的金额										加：银行已收、企业未收的金额									
减：企业已付、银行未付的金额										减：银行已付、企业未付的金额									
调节后的余额										调节后的余额									

会　计：　　　　　　　　　　　　　　　**出　纳：**

图 10-8

5. 与银行对账，确认无误后，请在图 10-6 上对 2022 年 2 月份的银行存款日记账进行结账。

（三）金工机械股份有限公司 2022 年 2 月份 1~2 日的“现金日记账”如图 10-9 所示。

库存现金日记账

2021年		凭证	摘　要	借方金额								核	贷方金额								核	结存								核
月	日	编号		十	万	千	百	十	元	角	分	对	十	万	千	百	十	元	角	分	对	十	万	千	百	十	元	角	分	对
			承前页		1	9	7	0	0	0	0			1	8	0	0	0	0	0				4	8	0	0	0	0	√
2	1	付 3	肖站预借差旅费												2	0	0	0	0	0	✓			2	8	0	0	0	0	√
2	1	付 4	残料销售收入				5	7	8	0	0	✓												3	3	7	8	0	0	√
			本日合计				5	7	8	0	0				2	0	0	0	0	0										
2	2	付 5	提取现金			3	5	0	0	0	0	✓												6	8	7	8	0	0	√
2	2	收 2	王壹博预借差旅费												3	0	0	0	0	0	✓			3	8	7	8	0	0	√
2	2	付 6	毛容易报销医药费												1	4	0	0	0	0	✓			2	4	7	8	0	0	√
			本日合计			3	5	0	0	0	0				4	4	0	0	0	0										

图 10-9

“银行存款日记账-建设银行”如图 10-10 所示。

银行存款日记账-建设银行

2022年		凭证编号	摘要	借方金额									核对	贷方金额									核对	结存									核对
月	日			百	十	万	千	百	十	元	角	分	对	百	十	万	千	百	十	元	角	分	对	百	十	万	千	百	十	元	角	分	对
			上年结转																						5	2	0	0	0	0	0	0	✓
2	1	付1	归还长期借款本息												5	0	0	0	0	0	0	0	✓			2	0	0	0	0	0	0	✓

图 10-10

“银行存款日记账-工商银行”如图 10-11 所示。

银行存款日记账-工商银行

2022年		凭证编号	摘要	借方金额									核对	贷方金额									核对	结存									核对
月	日			百	十	万	千	百	十	元	角	分	对	百	十	万	千	百	十	元	角	分	对	百	十	万	千	百	十	元	角	分	对
			承前页	2	3	5	0	0	0	0	0	0		2	4	9	0	0	0	0	0	0			6	5	8	0	0	0	0	0	✓
2	1	付2	付购料款												1	4	7	8	0	0	0	0	✓		5	1	0	2	0	0	0	0	✓
2	2	付5	提取现金														3	5	0	0	0	0	✓		5	0	6	7	0	0	0	0	✓
2	2	收1	收到货款		1	8	0	8	0	0	0	0	✓												6	8	7	5	0	0	0	0	✓

图 10-11

假设企业没有有价证券等业务，请根据图 10-9、图 10-10、图 10-11 所提供的资料，在图 10-12 编制 2022 年 2 月 2 日的“出纳日报告”。

出纳日报告

单位：福建新闽机械股份有限公司　　　　年　月　日　　　　表 018

项目	库存现金	银行存款				有价证券	备注
		工商银行	建设银行				
上期结存							
本期收入							
本期支出							
本期结存							

图 10-12（假设该企业只开设 2 个银行账号）

参考答案

项目一　出纳概述

子项目 1

一、单项选择题 1B、2A、3B 、4B

二、多项选择题 1ABCD、2 ABCD、3ABCD、4ABD

三、判断选择题 1B、2A、3A、4A、5A

子项目 2

一、单项选择题 1B、2D、3A、4B

二、多项选择题 1ABCD、2ABC、3ABCD

三、判断选择题 1B、2B、3A、4B

子项目 3

一、单项选择题 1A、2C

二、多项选择题 1ABC、2AB

三、判断选择题 1A、2 A 、3B

业务训练

（1）办理收付款业务，填制或审核收付款业务的原始凭证。

（2）根据收付款业务的原始凭证编制原始凭证汇总表。

（3）根据收付款业务的原始凭证或原始凭证汇总表编制记账凭证。

（4）根据收付款业务的记账凭证登记库存现金日记账和银行存款日记账。

（5）账实核对：库存现金日记账余额每天与库存现金实际结存数核对；银行存款日记账余额定期与开户行提供的银行对账单核对。

（6）账账核对：库存现金日记账定期与库存现金总账核对；银行存款日记账定期与银行存款总账核对。

（7）定期或不定期编制出纳报表，提供出纳核算信息。

项目二　涉及出纳业务的原始凭证

子项目 1

一、单项选择题

1B、2D、3B、4D、5A

二、多项选择题

1AB、2ABCD、3ABD、4BC、5AD

三、判断选择题

1A、2B、3B、4A、5A

子项目 2

一、单项选择题 1A、2D、3B、4D、5D、6B

二、多项选择题 1AB、2AB、3ABCD、4ABC、5ABCD

三、判断选择题 1A、2A；3B、4A、5B、6B

业务训练

福建省增值税专用发票

此联不作报销、扣税凭证使用
机器编号：352008215629

开票代码：0520051300520
开票号码：0891328769
开票日期：2021 年 9 月 8 日
校验码：08124 86699 41957 38536

购买方	名称：厦门自贸区跨境电商股份有限公司 纳税人识别号：915002080513193382 地址、电话：厦门自贸区海西路 8 号 0592—8805888 开户行及账号：中行厦门自贸支行 63405088 4223 1350				密码区		
货物或应税劳务、服务名称	规格型号	单位	数量	单价	金额	税率	税额
*服装*男款 T 恤		件	2 000	98.00	196 000.00	13%	25 480.00
合计					￥196 000.00		￥25 480.00
价税合计（大写）	※贰拾贰万壹仟肆佰捌拾元整				（小写）￥221 480.00		
销售方	名　　称：福建著成服饰股份有限公司 纳税人识别号：91350582 001335 6789 地 址、电 话：晋江工业园区　0595—8320812 开户行及账号：中国农业银行晋江支行 6381 0072 5844 0513				备注	福建著成服饰有限公司 350582001393 发票专用章	

第一联：记账联 销货方记账凭证

收款人：　　复核：　　开票人：　　销货方：（章）

图 2-1

子项目 3

一、单项选择题 1C、2A；

二、多项选择题 1AD、2AC；

三、判断选择题 1A、2A

业务训练

一、图 2-2

丰宇股份**差旅费报销单**

部　门：行政科　　　　填报日期：2021 年 10 月 7 日

姓　名	刘春树	出差地点	上海	出差日期	自 2021 年 10 月 5 日
事　由	参加福建省预防职工职业病研讨会				至 2021 年 10 月 6 日

日期		起讫地点		交通费用		住宿费用			出差补贴			杂费
月	日	起	讫	类别	金额	日数	标准	金额	日数	标准	金额	市内交通
10	5	晋江	福州	高铁	85.00	1	300.00	300.00	2	60.00	120.00	70.00
10	6	福州	晋江	高铁	85.00							

以上单据共 5张，总计人民币（大写）陆佰陆拾元整¥660.00

部门主管		财务审核		填报	刘春树	报销	刘春树（签　章）

图 2-2

二、图 2-3

中国农业银行 AGRICULTURAL BANK OF CHINA

现金缴款单（回单）①

2021 年 10 月 9 日　　　　NO. 354091683

收款单位	全称	福建晋江丰宇股份有限公司	款项来源	废旧物资销售款
	账号	6395　0024　8494　0133	解缴部门	财务科

人民币（大写）	百	十	万	千	百	十	元	角	分
壹仟玖佰叁肆元整			¥	1	9	3	4	0	0

面值	张数	十	万	千	百	十	元	种类	张数	千	百	十	元	角	分
壹佰元	11			1	1	0	0	贰元	1				2	0	0
伍拾元	14				7	0	0	壹元	2				2	0	0
贰拾元	3					6	0	角票	0				0		
壹拾元	6					6	0	分币	0				0		
伍元	2					1	0	残损币	0				0		

中国农业银行 晋江支行 202★.★0.09 现金收讫

收款：　　　　复核：

此联由银行盖章退回单位

图 2-3

子项目 4

一、单项选择题

1C、2D、3B、4A、5D、6C、7D、8B

二、多项选择题

1ACD、2AB、3ABD、4AB、5AD、6BCD

三、判断选择题

1A、2B、3B、4A、5B、6A、7A、8A

业务训练

一、图 2-4

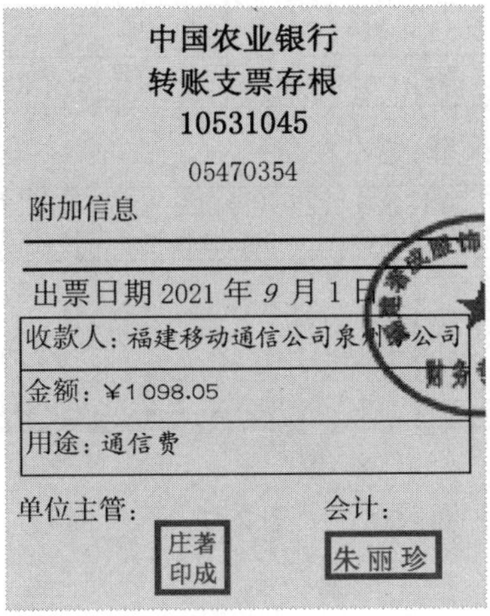

中国农业银行
转账支票存根
10531045
05470354

附加信息

出票日期 2021 年 9 月 1 日

收款人：福建移动通信公司泉州分公司

金额：¥1098.05

用途：通信费

单位主管：庄著印成　会计：朱丽珍

图 2-4

一、图 2-5

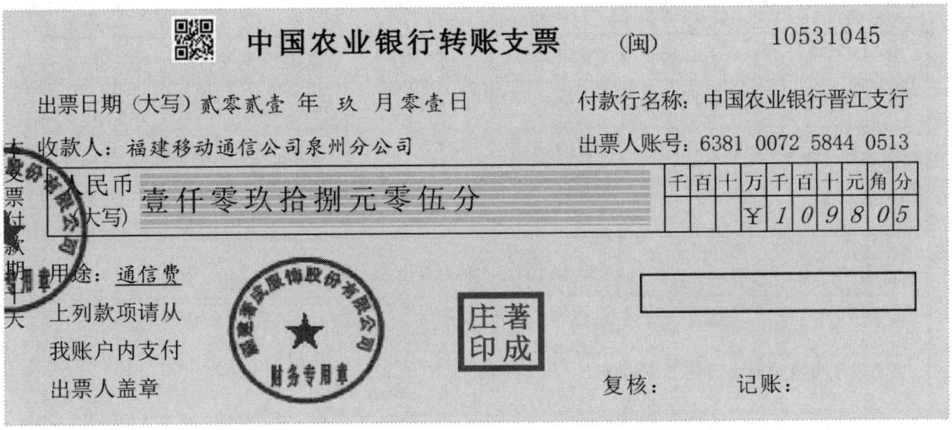

中国农业银行转账支票　（闽）　10531045

出票日期（大写）贰零贰壹 年 玖 月零壹日　付款行名称：中国农业银行晋江支行

收款人：福建移动通信公司泉州分公司　出票人账号：6381 0072 5844 0513

本支票付款期限十天

人民币（大写）	壹仟零玖拾捌元零伍分

千	百	十	万	千	百	十	元	角	分
			¥	1	0	9	8	0	5

用途：通信费

上列款项请从
我账户内支付
出票人盖章　庄著印成

复核：　记账：

图 2-5

二、1. 出纳或会计根据图 2-6 及有关原始凭证编制收款凭证(以会计分录代替):

借:银行存款	59 700.00
财务费用—利息	300.00
贷:短期借款	600.00

三、图 2-7

委电　　委 托 收 款 凭证(回　单)1　　委收号码 第　号

签发日期 2021 年 6 月 1 日

收款人	全 称	福建省晋江电力有限责任公司		付款人	全 称	福建著成服饰股份有限公司		
	账 号	3521056000051933			账 号	6381 0072 5844　0513		
	开户银行	中国工商银行晋江支行	行号 0753		开户银行	中国农业银行晋江支行	行号 0356	
委收金额	人民币(大写)	壹万捌仟叁佰元整				千 百 十 万 千 百 十 元 角 分		
						¥ 1 8 3 0 0 0 0		
款项内容	电费及增值税		委托收款凭证名称	增值税专用发票发票联、抵扣联		附寄单证张数	2	
备注	电　划		款项收妥日期 2021 年 6 月 1 日			中国工商银行晋江支行 2021.6.1 收款人开户行盖章 6 月 1 日		

单位　主管　会计　复核　记账

收款人开户行给收款人回单联

图 2-7

四、图 2-9

托收承付 委托收款　　结算全部部分拒绝付款理由书 1　　[回单或付款通知]

拒付日期 2021 年 6 月 8 日　原托收号码:

收款人	全 称	江苏吴江恒宇股份有限公司		付款人	全 称	福建著成服饰股份有限公司		
	账 号	9800 6980 1135 0036			账 号	6381 0072 5844 0513		
	开户银行	中国农业银行吴江支行	行号 0784		开户银行	中国农业银行晋江支行	行号 0356	
托收金额	¥22600.00		拒付金额	¥2260.00		部份付款金额	千 百 十 万 千 百 十 元 角 分	
							¥ 2 0 3 4 0 0 0	
附寄单证	2	部份付款金额(大写)	人民币贰万零叁佰肆拾元整					
拒付理由: 商品质量没有达到合同规定的标准					付款人签章			

图 2-9

子项目5

一、单项选择题

1C、2B、3A、4D、5B、6D 、7C、8D

二、多项选择题

1AB、2ABCD、3ABCD、4ACD、5CD

三、判断选择题

1A、2B、3B、4A 、5B、6A、7B、8B

业务训练

一、图 2-10 存在的问题如下：

(1) 单位负责人有签署意见，但未盖章；

(2) 会计主管未签章；

(3) 大写人民币“贰仟肆佰元”后面少写一个“整”字；

(4) 出纳没有加盖“现金付讫”章

二、图 2-11 存在的问题如下：

(1) 大写日期书写不规范，30 日应写成“零叁拾日”；

(2) 在正联和存根之间没有加盖骑缝章；

(3) 忘记填写“用途”。

项目三　现金收付业务

子项目1

一、单项选择题 1A、2D、3C、4A、5C、6C、7A、8D

二、多项选择题 1AC、2AB、3BCD、4AB、5ABCD

三、判断选择题 1B、2A、3A、4B、5B、6B、7A、8A

业务训练

一、经计算：

该企业库存现金限额的最低计划数 = (725 000 − 28 300 − 670 000) ÷ 30 × 3 = 2 670(元)

该企业库存现金限额的最高计划数 = (725 000 − 28 300 − 670 000) ÷ 30 × 15 = 13 350(元)

二、经计算：

保留账外公款 30 万元：

最低罚款额 = 30 × 10% = 3(万元)；最高罚款额 = 30 × 30% = 9(万元)

拒收银行汇票 10 万元：

最低罚款额 = 10×10% = 1(万元)；最高罚款额 = 10×50% = 5(万元)

编造用途套取现金 20 万元：

最低罚款额 = 20×30% = 6(万元)；最高罚款额 = 20×50% = 10(万元)

合计：最低罚款额为 10 万元；最高罚款额为 24 万元。

因此，银行给予该企业处以罚款 20 万元，符合相关规定。

子项目 2

一、单项选择题

1D、2C、3C

二、多项选择题

1ABC、2ABCD

三、判断选择题

1A、2B、3B

业务训练

(1) 清点整理票币

(2) 填写"现金缴款单"

(3) 向银行提交票币和"现金缴款单"

(4) 现场检查并取回银行退还的"现金缴款单"

(5) 根据"现金缴款单"编制现金付款凭证

(6) 根据审核无误的现金付款凭证登记现金日记账

子项目 3

一、单项选择题

1C、2B、3A、4C

二、多项选择题

1AC、2AD、3AD、4AB

三、判断选择题

1B、2A、3B、4A

业务训练

一、图 3-4

二、图 3-6

子项目 4

一、单项选择题 1A；

二、多项选择题 1AB；

三、判断选择题 1B

付款凭证

贷方科目：银行存款　　　　2021 年 9 月 11 日　　　　总第 21 号　银付第 5 号

摘要	借方科目		过账	金额									
	总账科目	明细科目		千	百	十	万	千	百	十	元	角	分
提现	库存现金							2	0	0	0	0	0
附件 1 张	合计						¥	2	0	0	0	0	0

会计　主管　记账　出纳　审核 黄洋洋　制单 黄洋洋

图 3-4

收款凭证

借方科目：库存现金　　　　2021 年 9 月 17 日　　　　总第 35 号　收第 13 号

摘要	贷方科目		过账	金额									
	总账科目	明细科目		千	百	十	万	千	百	十	元	角	分
收回差旅费预借款余款	其他应收款	习德果							3	3	0	0	0
附件 1 张	合计							¥	3	3	0	0	0

会计　主管　记账　出纳　审核 黄洋洋　制单 黄洋洋

图 3-6

业务训练

经审核，发现该收款凭证存在下列问题：

（1）记账凭证金额与原始凭证金额不符，多了九倍。

（2）记账凭证的合计金额栏前没有加人民币符号“￥”。

（3）附件张数忘记填写。

对审核结果的处理意见：由于该记账凭证已经入账，所以不能作废。应先将该凭证尚未填全的项目填写完整，即在记账凭证上写明附件张数，在合计金额栏前写上“￥”，然后按规定的错账更正方法进行更正。

子项目 5

一、单项选择题 1B、2C；

二、多项选择题 1ABC、2AB、3ABC；

三、判断选择题 1B、2A

业务训练

库存现金日记账

月	日	凭证号数	票据号数	摘要	借方金额（百十万千百十元角分）	核对	贷方金额（百十万千百十元角分）	核对	余额（百十万千百十元角分）	核对
1	1			上年结转					210000	✓
1	2	003	借款单 1020911	预借差旅费			130000	✓	80000	✓
1	3	004	现金支票 100348	向银行提现	200000	✓			280000	✓
1	7	009	收款收据 820901	差旅费余款	18000	✓			298000	✓
1	10	012	现金支票 100349	提取现金	40898800	✓			41196800	✓
1	10	013	工资结算单	发放工资			40898800	✓	298000	✓
1	11	015	增值税票 02192356	购办公用品			23700		274300	
1	12	017	借款单 02101130	预借差旅费			150000		124300	
1	13	018	现金支 100353	提取现金	200000				324300	
1	14	019	收款收据 02101058	差旅费余款	86000				410300	
1	15	020	收款收据 0820901	违约罚款	180000				590300	
1	15	021	收款收据 0820902	收取押金	100000				690300	
1	15	022	现金缴款单 002048	存入现金			280000		410300	
1	16	023	11527776 11059072	车辆通行费			8000		402300	
1	18	024	定额发票 00212386	业务招待费			55000		347300	
1	20	025	支出凭证 0096741	退还押金			40000		307300	

图 3-32

项目四　银行存款收付业务

子项目 1

一、单项选择题 1A、2A、3A、4A、5B

二、多项选择题 1ABC、2ABCD、3AB、4BCD、5ABC

三、判断选择题 1A、2B 、3A、4A 、5B

业务训练

银行如果认真审查，是不会同意的，因为：

1. 企业向股份有限公司采购材料，必须转账，不能用现金支付。
2. 金额十万元，超过了1000元，也不可以用现金支付。

子项目2

一、单项选择题1A、2C、3D、4A、5C、6B、7A

二、多项选择题1ABC、2ACD、3AB、4CD、5ABCD、6AC、7AB

三、判断选择题1A、2A、3B、4B、5A、6A、7A

业务训练

出纳收到转账支票后，应当：

(1) 依据国家财经法规和企业财务制度审核支票。

(2) 确定支票合法合规后，在支票背面背书。

(3) 填写进账单。

(4) 将支票及进账单送交开户银行。

(5) 根据进账单的回单联填制银行存款的"收款凭证"。

(6) 根据审核无误的银行存款"收款凭证"登记"银行存款日记账"。

子项目3

一、单项选择题1C、2B、3D

二、多项选择题1ABCD、2BCD

三、判断选择题1A 、2B

业务训练

一、图4-2

收款凭证

总第50号
银收第9号

借方科目：银行存款　　2021年3月23日

摘要	贷方科目		过账	金额									
	总账科目	明细科目		千	百	十	万	千	百	十	元	角	分
货款到账	应收账款	北京新时代购物					4	5	2	0	0	0	0
附件1张	合计					¥	4	5	2	0	0	0	0

会计　主管　记账　出纳黄洋洋　审核　制单黄洋洋

图4-2

二、图 4-5

通用记账凭证

2021 年 3 月 23 日　　　　记第 50 号

摘要	会计科目		过账	借方金额									贷方金额								
	总账科目	明细科目		百	十	万	千	百	十	元	角	分	百	十	万	千	百	十	元	角	分
购货	在途物资	瑜珈练功服				4	0	0	0	0	0	0									
税率 13%	应交税费	应交增值税（进项）					5	2	0	0	0	0									
付价税款	银行存款														4	5	2	0	0	0	0
附件 2 张	合计				¥	4	5	2	0	0	0	0		¥	4	5	2	0	0	0	0

会计　　主管　　记账　　出纳黄洋洋　　审核　　制单黄洋洋

图 4-5

子项目 4

一、单项选择题 1D

二、多项选择题 1ABC

三、判断选择题 1B、2 B

业务训练

通过对该支票存根及记账凭证进行审核，发现存在的问题：

(1) 支票提取金额错误，应提 98 000 元，结果提取了 89 000 元，不足以支付职工工资。

(2) 摘要处空白，没有填写摘要。

(3) 记账凭证空白处未划“s”线注销。

(4) 记账凭证合计金额前未加人民币符号“ ¥ ”。

(5) 本记账凭证涉及现金及存款业务，出纳人员未在出纳处盖章。

处理意见：

(1) 原始凭证金额少提，但这张原始凭证本身没有错，而且业务已经完成，无法作废。可以经领导批准，补提现金(98 000-89 000)9 000 元，然后根据补提现金的原始凭证编制记账凭证。

(2) 记账凭证已填写项目没有错误，只是项目填写不全，所以将未填写的项目补全即可，也不必作废。应补的项目有：摘要、人民币小写符号、出纳人员章、s 线。

子项目 5

一、单项选择题 1B、2C

二、多项选择题 1ABD

三、判断选择题 1A、2B

业务训练

银行存款日记账

21年		凭证	结算	摘要	借方金额									贷方金额									结存								
月	日	号数	方式		百	十	万	千	百	十	元	角	分	百	十	万	千	百	十	元	角	分	百	十	万	千	百	十	元	角	分
2	20			承前页	1	2	8	0	0	0	0	0	0		9	4	0	0	0	0	0	0		6	3	8	0	0	0	0	0
2	21	**040**	现金支票 **209343**	归还押金													5	0	0	0	0	0		6	3	3	0	0	0	0	0
2	21	**042**	转账支票 **210347**	偿还货款												8	8	1	4	0	0	0		5	4	4	8	6	0	0	0
2	23	**043**	现金支票 **209344**	提取现金													2	0	0	0	0	0		5	4	2	8	6	0	0	0
2	24	**044**	电汇凭证 0257856	采购价税款												9	6	0	5	0	0	0		4	4	6	8	1	0	0	0
2	25	**045**	现金缴款单 **002048**	存入现款				3	0	0	0	0	0											4	4	9	8	1	0	0	0
2	26	**046**	委托收款 **0231986**	偿还货款												3	1	6	4	0	0	0		4	1	8	1	7	0	0	0
2	27	**047**	汇兑凭证	收到货款			6	5	0	8	8	0	0											4	8	3	2	5	8	0	0
2	28	**048**	委托收款	支付电费												1	3	5	6	0	0	0		4	6	9	6	9	8	0	0

图 4-24

子项目 6

一、单项选择题 1D、2D

二、多项选择题 1ACD、2ABCD

三、判断选择题 1A、2B

子项目 7

一、单项选择题 1A、2D

二、多项选择题 1AC

三、判断选择题 1A、2A

业务训练

一、

借：其他货币资金—支付宝平台账户存款	9 605.00
贷：主营业务收入	8 500.00
应交税费—应交增值税—销项税额	1 105.00

二、

借：银行存款	9 605.00
贷：其他货币资金—支付宝平台账户存款	9 605.00

子项目 8

一、单项选择题 1A、2D、3D、4A、5C、6B、7B8B、9A、10A

二、多项选择题 1ABC、2ACD、3ACD、4ABD、5AB、6ABCD、7BC、8AB、9AB、10AC

三、判断选择题 1A、2B、3B、4A、5A、6B、7A、8B、9A、10B

业务训练

一、

(1) 进口商填写“电汇或信汇申请书”，并向汇出行交纳款项及支付费用。

(2) 进口商从汇出行取得电汇或信汇回执。

(3) 汇出行拍发电报或邮寄信汇委托书。

(4) 汇入行向出口商送达“电汇或信汇通知书”。

(5) 出口商开出“收款收据”，汇入行付款。

(6) 汇入行向汇出行传递“付讫通知”。

二、

(1) 交易双方签订购销合同，规定采用信用证结算方式。

(2) 买方填写“开证申请书”，依照合同填写各项规定和要求，连同押金或其他保证一并提交给开证行，请开证行开证。

(3) 开证行根据申请书的内容，向受益人开出信用证，并寄到出口方银行即通知行。

(4) 通知行核对印鉴无误后，将信用证提交给出口商。

(5) 出口商将信用证与合同核对相符后，按信用证的规定装运货物，并取得货运单据。

(6) 出口商将货运单据交付给通知行。

(7) 通知行按信用证条款审核单据无误后，扣除利息后，把货款垫付给出口商。

(8) 通知行将货运单据寄交开证行索偿。

(9) 开证行核定单据无误后，付款给通知行。

(10) 进口商接开证行通知后，付款赎单。

(11) 进口商凭货运单据向船运公司提货。

项目五　银行借款业务

子项目 1

一、单项选择题 1A、2C、3C、4D

二、多项选择题 1ABC、2ACD、3ABD、4ABD

三、判断选择题 1B、2A、3A、4A、5B

业务训练

(1) 企业填写“借款申请书”，提出借款申请

(3) 签订借款合同

(4) 企业取得借款

(5) 企业按合同规定支付利息、归还借款

子项目 2

一、单项选择题 1A、2D、3B、4B

二、多项选择题 1ABC、2ABD

三、判断选择题 1A、2B、3A、4A

业务训练

一、

借：银行存款	240 000.00
贷：短期借款—工商银行晋江支行	240 000.00

二、

借：财务费用—利息支出	1 600.00
贷：应付利息—工商银行晋江支行	1 600.00

每月借款利息(列出计算过程)= 240 000.00×8%÷12=1600(元)

三、

借：应付利息—工商银行晋江支行	3 200.00
财务费用—利息支出	1 600.00
贷：银行存款	4 800.00

子项目 3

一、单项选择题 1A、2B

二、多项选择题 1ABC、2BCD

三、判断选择题 1B、2A

业务训练

一、

借：银行存款　500 000.00
　贷：长期借款—中国建设银行金海岸支行　500 000.00

二、

借：在建工程—智能化生产线建设工程　442 477.88
　应交税费—应交增值税(进项税额)　57 522.12
　贷：银行存款　500 000.00

三、

借：在建工程—智能化生产线建设工程　30 000.00
　贷：长期借款—应计利息(500 000×6%)　30 000.00

四、

借：长期借款—应计利息　30 000.00
　贷：银行存款　30 000.00

五、

借：财务费用　30 000.00
　贷：长期借款—应计利息(500 000×6%)　30 000.00

六、

借：长期借款—中国建设银行金海岸支行　500 000.00
　长期借款—应计利息　30 000.00
　贷：银行存款　530 000.00

项目六　库存现金与银行存款的对账及结账

子项目 1

一、单项选择题 1C、2D、3A、4B

二、多项选择题 1ABD、2AB、3ABCD、4AB

三、判断选择题 1A、2A、3A、4B

业务训练

一、

借：库存现金　89.00
　贷：待处理财产损溢—待处理流动资产损溢　89.00

二、

借：待处理财产损溢—待处理流动资产损溢	89.00
贷：营业外收入—现金盘盈收入	89.00

子项目 2

一、单项选择题 1A 、2C、3D、4C

二、多项选择题 1ABD、2AD

三、判断选择题 1A、2B、3A、4 A

业务训练

一、

(1) 10 月 29 日银行代缴电话费 2 120 元，银行已登记入账，企业尚未登记入账。

(2) 10 月 30 日货款 56 500 元已汇入企业账户，银行已登记入账，企业尚未登记入账。

(3) 10 月 29 日，企业预付货款 67 800 元已登记入账，银行尚未登记入账。

(4) 10 月 30 日，企业收到订金 16 950 元已登记入账，银行尚未登记入账。

二、图 6-4

银行存款余额调节表

银行账号： 2021 年 9 月 30 日 币种：人民币

银行对账单	金额									银行存款日记账	金额								
	百	十	万	千	百	十	元	角	分		百	十	万	千	百	十	元	角	分
调节前的余额		5	5	2	7	7	8	6	0	调节前的余额		4	4	7	5	4	8	6	0
加：企业已收、银行未收的金额			1	6	9	5	0	0	0	加：银行已收、企业未收的金额			5	6	5	0	0	0	0
减：企业已付、银行未付的金额			6	7	8	0	0	0	0	减：银行已付、企业未付的金额				2	1	2	0	0	0
调节后的余额		5	0	1	9	2	8	6	0	调节后的余额		5	0	1	9	2	8	6	0

会 计： 出 纳：

图 6-4

子项目 3

一、单项选择题 1C、2A、3D

二、多项选择题 1BCD、2ABCD、3AD

三、判断选择题 1A、2B、3A

业务训练

一、图 6-5

库存现金日记账

2021年		凭证编号	摘要	借方金额								核对	贷方金额								核对	结存								核对
月	日			十	万	千	百	十	元	角	分		十	万	千	百	十	元	角	分		十	万	千	百	十	元	角	分	
			……………																						8	0	0	0	0	
1	2	付 3	提取现金			3	0	0	0	0	0													3	8	0	0	0	0	√
1	2	收 1	出售废品收入				3	2	0	0	0													4	1	2	0	0	0	√
1	2	付 4	购买办公用品													8	4	3	0	0				3	2	7	7	0	0	√
			本日合计			3	3	2	0	0	0					8	4	3	0	0										

图 6-5

二、图 6-6

银行存款日记账-工商银行

2021年		凭证编号	摘要	借方金额									核对	贷方金额									核对	结存									核对
月	日			百	十	万	千	百	十	元	角	分		百	十	万	千	百	十	元	角	分		百	十	万	千	百	十	元	角	分	
			承上页		2	5	3	0	0	0	0	0			1	8	5	6	0	0	0	0			1	5	9	0	0	0	0	0	
2	1	付 1	付上月电费													1	3	5	6	0	0	0			1	4	5	4	4	0	0	0	
2	5	收 1	收到货款		1	0	7	3	5	0	0	0													2	5	2	7	9	0	0	0	
2	10	付 2	发放工资												1	2	5	4	9	0	0	0			1	2	7	3	0	0	0	0	
2	28	付 3	付设备维修费													3	3	9	0	0	0	0				9	3	4	0	0	0	0	
			本月合计		1	0	7	3	5	0	0	0			1	7	2	9	5	0	0	0				9	3	4	0	0	0	0	
			本年累计		3	6	0	3	5	0	0	0			3	5	8	5	5	0	0	0											

图 6-6

三、图 6-7

银行存款日记账-工商银行

2021年		凭证编号	摘要	借方金额									核对	贷方金额									核对	结存									核对
月	日			百	十	万	千	百	十	元	角	分		百	十	万	千	百	十	元	角	分		百	十	万	千	百	十	元	角	分	
12	01		承上页	2	5	9	3	0	0	0	0	0		1	8	5	4	3	0	0	0	0		1	2	1	5	8	0	0	0	0	
12	01	付 1	付上月电费													2	0	3	4	0	0	0		1	1	9	5	4	6	0	0	0	
12	10	付 2	发放工资												1	5	9	5	0	0	0	0		1	0	3	5	9	6	0	0	0	
12	18	付 3	支付广告费												1	0	6	0	0	0	0	0			9	2	9	9	6	0	0	0	
12	18	收 1	收到前欠货款		2	2	6	0	0	0	0	0												1	1	5	5	9	6	0	0	0	
12	31	付 3	付本季借款利息														9	0	0	0	0	0		1	1	4	6	9	6	0	0	0	
12	31	付 4	归还流动借款本金												6	0	0	0	0	0	0	0			5	4	6	9	6	0	0	0	
12	31		本月合计		2	2	6	0	0	0	0	0			8	9	4	8	4	0	0	0			5	4	6	9	6	0	0	0	
12	31		本年累计	2	8	1	9	0	0	0	0	0		2	7	4	9	1	4	0	0	0			5	4	6	9	6	0	0	0	
			结转下年																														

图 6-7

四、图 6-8

银行存款日记账-工商银行

2022年		凭证编号	摘要	借方金额									核对	贷方金额									核对	结存									核对
月	日			百	十	万	千	百	十	元	角	分		百	十	万	千	百	十	元	角	分		百	十	万	千	百	十	元	角	分	
1	1		上年结题转																					5	4	6	9	6	0	0	0	5	

图 6-8

项目七　出纳报告

一、单项选择题 1C、2A、3A、4D

二、多项选择题 1ABC、2ABCD、3ABCD、4AD

三、判断选择题 1A、2A、3B、4A

业务训练

出纳日报告

单位：福建新闻机械股份有限公司　　2021 年 1 月 2 日　　表 018

项目	库存现金	银行存款				有价证券	备注
		工商银行	中国银行				
上期结存	3 100.00	685 400.00	12 000.00			0	
本期收入	2 700.00	169 500.00				0	
本期支出	3 200.00	2 500.00				0	
本期结存	2 600.00	852 400.00	12 000.00			0	

图 7-4

项目八　出纳工作的交接

一、单项选择题 1A、2B、3A、4A、5B、6A、7C、8B

二、多项选择题 1ABCD、2AC、3CD、4 ABC、5ABCD、6BCD

三、判断选择题 1A、2A、3B、4B、5A 、6B、7A、8A

业务训练

描述交接流程如下：

(1) 原出纳员刘和顺女士按公司的有关规定，在 2021 年 3 月 15 前认真做好交接前的各项准备工作，并编制《出纳移交清册》。

(2) 刘和顺女士于 3 月 15 日当天，按《出纳移交清册》所列项目，备齐应当移交的相关资料和物品，并逐一交给接管人冼江河先生。

(3) 接管人冼江河先生逐项清点、并一一核对，确认无误后才接收。其中对公司会计电算化的有关数据，还在计算机上进行实际操作确认。

(4) 监交人吕家男认真监督了出纳工作移交的全过程。

(5) 出纳工作交接双方移交完毕后，移交人刘和顺女士、接交人冼江河先生、监交人汪兵先生均在《出纳移交清册》上签名盖章。

项目九　收银实务

一、单项选择题 1C、2B、3C、4A、5A、6B、7B、8B

二、多项选择题 1ABCD、2ABCD、3BCD、4AC、5AD、6ABCD

三、判断选择题 1A、2B、3A、4A、5B、6A、7A 、8A

业务训练

一、

(1) 打开收银机，输入自己的上岗密码；

(2) 扫描商品；

(3) 对商品进行消磁；

(4) 唱收应收顾客的金额；

(5) 商品打包；

二、

该百元人民币仅从图案判断为真币。

(1) 图 9-1 的纵向对折图，在面额 100 的底下，国徽的上面对接出一个完整的椭圆。

(2) 图 9-2 的横向对折图，将小鸟的图形完全拼合出来，而且小鸟图像逼真。

综合测试

一、单项选择题

1B、2C、3B、4D、5D、6B、7A、8C、9C、10A、11B、12B、13C、14D、15C、16C、17A、18C、19B、20A、21D、22A、23C、24B、25B、26C、27A、28B、29B、30A

二、多项选择题

1ABCD、2BD、3CD、4ABCD、5ABC、6BD、7ABC、8CD、9CD、10AC、11AB、12ABC、13ABC、14ABC、15ABC、16BCD、17AB、18ABCD、19BC、20ABC、21ABCD、22BD、23ACD、24BCD、25ABC

三、判断选择题

1A、2B、3A、4A、5B、6A、7B、8A、9A、10B、11A、12A、13B、14A、15A、16B、17A、18A、19A 、20B、21B、22 B、23A、24A、25B、26A、27A、28A、29B、30B

四、业务训练

(一)

中国农业银行
现金支票存根
10735049
05830514
附加信息
出票日期 2022 年 2 月 5 日
收款人：福建著成服饰股份有限公司
金额：￥3500.00
用途：以备零用
单位主管： 庄著印成
会计： 朱丽真

图 10-1

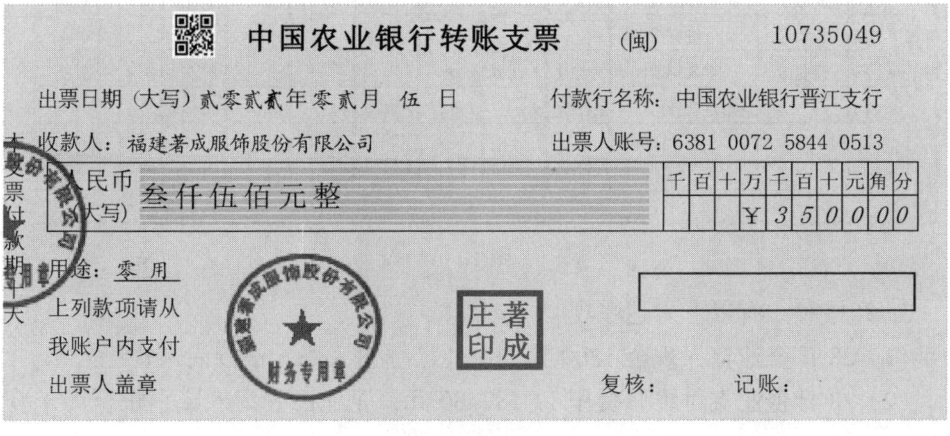
中国农业银行转账支票 (闽) 10735049
出票日期（大写）贰零贰贰年零贰月 伍 日 付款行名称：中国农业银行晋江支行
本支票付款期限十天
收款人：福建著成服饰股份有限公司 出票人账号：6381 0072 5844 0513
人民币（大写）叁仟伍佰元整

千	百	十	万	千	百	十	元	角	分
			￥	3	5	0	0	0	0

用途：零用
上列款项请从
我账户内支付
出票人盖章 庄著印成
复核： 记账：

图 10-4

（二）

1. 图 10-5

付款凭证

总第 38 号
银付第 5 号

贷方科目：库存现金　　2022 年 2 月 28 日

摘要	借方科目		过账	金额									
	总账科目	明细科目		千	百	十	万	千	百	十	元	角	分
存入现款	银行存款	中国农业银行						3	5	0	0	0	0
附件 1张	合计						¥	3	5	0	0	0	0

会计　　主管　　记账　　出纳　　审核　　制单 黄洋洋

图 10-5

2. 图 10-6（见带底色，字体加粗那一行）

银行存款日记账

2022年		凭证号数	摘要	借方金额								核对	贷方金额								核对	结存								核对
月	日			十	万	千	百	十	元	角	分		十	万	千	百	十	元	角	分		十	万	千	百	十	元	角	分	
1	31		本月合计	3	6	9	8	0	0	0	0		1	8	5	3	0	0	0	0		5	3	8	5	1	3	8	0	
2	01	银付 1	支付上月电费											1	6	9	5	0	0	0		5	2	1	5	6	3	8	0	
2	02	银付 2	提取现金												3	5	0	0	0	0		5	1	8	0	6	3	8	0	
2	05	银付 3	支付购料款											5	6	5	0	0	0	0		4	6	1	5	6	3	8	0	
2	10	银付 4	发放工资										1	5	6	8	0	0	0	0		3	0	4	7	6	3	8	0	
2	20	银收 1	销售产品收入	1	1	0	7	4	0	0	0											4	1	5	5	0	3	8	0	
2	28	银付 5	支付维修费用											1	1	1	8	7	8	0		4	0	4	3	1	6	0	0	
2	**28**	**现付 5**	**存入现款**			**1**	**2**	**0**	**0**	**0**	**0**											**4**	**0**	**5**	**5**	**1**	**6**	**0**	**0**	
2	28		本月合计	1	1	1	9	4	0	0	0		2	4	4	9	3	7	8	0										

图 10-6

3. 经核对：有以下未达账项

（1）28 日企业存入现金 1200 元，企业已登记入账，银行尚未登记入账。

（2）28 日企业支付维修费用 11 187. 80 元，企业已登记入账，银行尚未登记入账。

(3) 28 日银行代付水费 5 000 元，银行已登记入账，企业尚未登记入账。

(4) 28 日企业货款 30 000 元到账，银行已登记入账，企业尚未登记入账。

4. 图 10-8

银行存款余额调节表

银行账号：　　　　2021 年 9 月 30 日　　　　币种：人民币

银行对账单	金额									银行存款日记账	金额								
	百	十	万	千	百	十	元	角	分		百	十	万	千	百	十	元	角	分
调节前的余额		4	4	0	5	0	3	8	0	调节前的余额		4	0	5	5	1	6	0	0
加：企业已收、银行未收的金额				1	2	0	0	0	0	加：银行已收、企业未收的金额			3	0	0	0	0	0	0
减：企业已付、银行未付的金额			1	1	1	8	7	8	0	减：银行已付、企业未付的金额				5	0	0	0	0	0
调节后的余额		4	3	0	5	1	6	0	0	调节后的余额		4	3	0	5	1	6	0	0

会　计：　　　　**出　纳：**

图 10-8

5. 见图 10-6 的本月合计

(三) 图 10-12(假设该企业只开设 2 个银行账号)

出纳日报告

单位：福建新闽机械股份有限公司　　2022 年 2 月 2 日　　表 018

项目	库存现金	银行存款				有价证券	备注
		工商银行	建设银行				
上期结存	3 100.00	510 200.00	2 000.00			0	
本期收入	2 700.00	180 800.00				0	
本期支出	3 200.00	3 500.00				0	
本期结存	2 600.00	687 500.00	2 000.00			0	

图 10-12

多功能金属配合物的构筑及应用

夏力 汪力 著

中国石化出版社
·北京·

图书在版编目(CIP)数据

多功能金属配合物的构筑及应用 / 夏力，汪力著.
北京：中国石化出版社，2025. 3. — ISBN 978-7-5114-7796-5

Ⅰ. TB34

中国国家版本馆 CIP 数据核字第 2025F76V55 号

中国石化出版社出版发行

地址：北京市东城区安定门外大街 58 号
邮编：100011　电话：(010)57512500
发行部电话：(010)57512575
http://www.sinopec-press.com
E-mail：press@sinopec.com
北京艾普海德印刷有限公司印刷
全国各地新华书店经销
*
710 毫米×1000 毫米 16 开本 12 印张 281 千字
2025 年 3 月第 1 版　2025 年 3 月第 1 次印刷
定价：68.00 元

前言

PREFACE

配位化学是无机化学的重要分支学科，其主要研究对象是内容十分丰富的配位化合物。通过配位自组装构筑的多功能金属配合物，已成为配位化学研究中应用前景广阔，与材料、生命等学科联系极为紧密的领域之一。配合物的种类丰富，从中心金属出发，可划分为主族金属配合物、过渡金属配合物、稀土金属配合物及杂金属配合物；从配体出发，可以划分为无机配体配合物、有机配体配合物以及无机和有机混配配合物；依据配合物的性能可划分为光功能配合物、电功能配合物、磁功能配合物以及生物功能配合物等。近年来，多功能金属配合物在光、电、磁、催化、药物缓释、光电转换、气体存储和分离等应用领域表现出优良的性能，对新型功能材料的开发与利用有着至关重要的意义。

本书在概述多功能金属配合物及应用的基础上，介绍了有机配体及多功能金属配合物的设计及合成，并着重介绍了不同构筑基元制备新颖结构的过渡金属配合物、稀土配合物、稀土杂多核金属配合物在手性、磁性及催化 CO_2 转化方面的应用。

本书共分为 7 章。第 1 章介绍了酰腙希夫碱配体及其金属配合物研究现状，第 2 章介绍了基于酰腙希夫碱用于生物成像的新型 Zn(Ⅱ)荧光传感器 H_4L^1的合成及配合物晶体结构研究，第 3 章介绍了基于酰腙希夫碱用于生物成像的新型 Zn(Ⅱ)荧光传感器 H_2L^2的合成及配合物晶体结构研究，第 4 章介绍了基于酰腙希夫碱配体 H_4L^1的 Ni(Ⅱ)配合物制备、单晶结构及性能研究，第 5 章介绍了稀土环状及多重螺旋体的构筑及应用研究，第 6 章介绍了离子半径控制的手性稀土配合物的自组装及其单分子磁体性质研究，第 7 章介绍了 3d-4f 杂金属环状配合物在温和条件下催化 CO_2转化的研究。

感谢西安石油大学优秀学术著作出版基金资助出版，感谢陕西省自然科学基础研究计划项目(项目编号 2024JC-YBQN-0103，2024JC-YBMS-127)、陕西省教育厅科研计划项目(项目编号 24JK0591)及国家自然科学基金项目(项目编号 52073228)资助，感谢西安石油大学博士助推计划的大力支持与资助。西安石油大学教师夏力参与本书第 1~4 章及第 6 章部分内容约 161 千字的整理与撰写工作；教师汪力参与本书第 5~7 章大部分内容约 120 千字的整理与撰写工作，研究生武晋娣、李智、杨欢等参与了本书部分章节的实验优化、数据采集/整理及撰写工作。

特别感谢西安石油大学王文珍教授及兰州大学刘伟生教授对本书出版的大力支持。由于作者水平有限，加之时间仓促，书中的疏漏和不妥之处在所难免，敬请同行及各界读者批评指正。

目录

CONTENTS

第1章 概 述

1.1 引言

金属离子在食品、制药、水处理、电子和生物学等领域扮演着不可或缺的角色。近年来，对食品加工过程中有害金属物质的检测越来越受重视。同时，在蛋白质合成、免疫发育和细胞生长等生物过程中，金属离子发挥着举足轻重的作用。因此，对这些金属离子的快速检测装置有更大的需求。基于此，通过开发高灵敏性荧光探针检测金属离子引起科研工作者的广泛兴趣。目前，荧光测量通常用途广泛、灵敏度高、检测限低，并可对客体进行亚微摩尔估计，为来自生物学、材料科学和生物医学等多学科专家所使用。自 20 世纪 60 年代以来，荧光技术在细胞和分子成像中的利用率有了显著增长。荧光成像可揭示细胞或组织内的分子结构，被广泛用作疾病识别和治疗过程中的生物标识物。生物成像技术的进步以安全无创的方式为各种疾病患者提供更好的健康诊断和治疗。此外，金属离子在催化剂的构筑中也起到关键性的作用。开发高性能聚合催化剂是促进聚烯烃工业发展的关键技术。

目前，聚合催化剂已由最初的 Z-N 型发展为金属茂、后过渡金属型等催化剂。其中，后过渡金属型催化剂可用于极性单体的均聚反应。聚甲基丙烯酸甲酯(PMMA)可通过聚合催化剂对单体 MMA 催化聚合获得，是聚烯烃工业中的一类高分子聚合物，因其优良的性能和用途为人们所熟知。PMMA 具有透明、表观光泽和耐电弧性等优点，是合成透明材料中性能较好、价格合理的原料。PMMA 主要应用于汽车内饰等汽车行业、血液储存容器等医药行业以及文具家具等日用消费品行业中。随着我国汽车、电子等行业的快速发展和人民消费水平的提高，为合成树脂市场提供了广阔的发展前景。基于 Web of Science 核心馆藏生成的文献计量学地图(图 1-1)可发现，出现频率最高的关键词为 PMMA，其次为 MMA。这说明，PMMA 和 MMA 引起了研究者极大的兴趣。因此，开发具有高性能 PMMA 材料成为目前研究的重点。

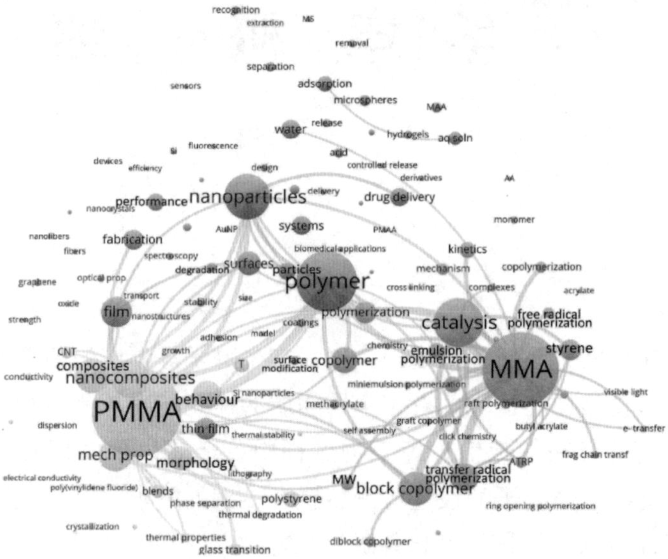

图 1-1　文献计量学地图

希夫碱是一类含有甲胺或亚胺性质基团的化合物，具有广泛的应用范围。酰腙是一类特殊的希夫碱，由于本身具有的生物学特性和抗癌作用，在医学研究领域是一种具有广泛用途的化合物。酰腙希夫碱结合了希夫碱—RC ═N—基团和酰腙—C ═O—NH—N ═C—基团的独特优势，并保留各自优点，在很多领域极具应用潜力。首先，在配合物的构筑过程中，酰腙希夫碱配体中含氮氧原子，可形成多配位空腔，与金属离子发生配位反应形成稳定的配合物，其结构多样。其次，酰腙希夫碱型荧光传感器是一种有效的荧光检测手段，其具有的明显颜色变化为荧光传感提供了一个强大的平台。目前，基于酰腙希夫碱的荧光传感器在金属离子检测方面已引起研究者的重视。最后，在酰腙希夫碱催化剂的制备中，由于酰腙希夫碱的精准可控合成，可与金属配位合成高活性的金属催化剂，为烯烃聚合、CO_2 转化等提供良好的催化条件。为此，笔者将重点介绍酰腙希夫碱作为荧光探针在生物成像中的应用以及酰腙希夫碱多核金属配合物催化剂对烯烃聚合的催化。

1.2 酰腙希夫碱化合物简介

1864年，化学家希夫·雨果(Schiff Hugo)首次合成了一种名为“希夫碱”的含有亚胺或甲亚胺(—RC ═N—)基团的化合物，由此引发了希夫碱的“化学革命”。希夫碱化合物通过活性羰基与胺缩合反应而成，其结构由胺、醛、酮及反应条件等因素确定。由于希夫碱是一类可精准控制合成的化合物，从而提供了多种潜在的配体，如图1-2所示，是常见的几种希夫碱配体结构图。

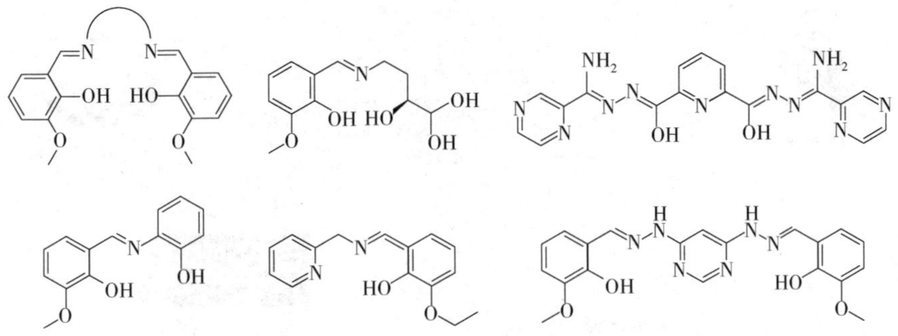

图1-2 常见的希夫碱配体结构图

由于大量酮和氨基前驱体的存在使得亚胺化合物具有多种结构特征，为多样性希夫碱的合成提供了条件，科学家目前仍在积极设计并研究新型希夫碱配体。希夫碱化合物因其特殊的化学结构而被广泛应用于生物医学中。希夫碱配体还可与金属进行配位构筑金属配合物。实际上，希夫碱配体中存在着不同的结构基团，可合成结构多样的配合物，为其多功能性研究奠定了基础。希夫碱及其金属配合物在设计催化剂、研究生物活性以及合成高分子材料中得到了广泛应用，极大地促进了配位化学的发展。

希夫碱在化学中异乎寻常的“流行”可归因于简单的合成技术、低廉的材料以及多样的结构。在日常生活中，希夫碱可用于染料、催化剂、有机合成中间体、聚合物稳定剂、生物活性、分子记忆存储和成像系统等方面。从生物化学角度来看，亚胺或甲亚胺($>$C ═N—)基团是化合物具有生物活性的关键，希夫碱具有优异的生物活性，包括抗疟疾、抗菌、抗增殖、抗真菌、抗炎、抗病毒、镇痛和解热等特性(图1-3)。在分析化学中，大部分希夫碱可用于对金属离子的检测和鉴别，并且可通过仪器对特定离子进行定量分析。希夫碱也可用作不同金属-电解液体系的缓蚀剂，作为生物清洗剂与添加剂。在用于分析非法药物和确定缴获样品的组分中，也会发现与希夫碱有关的化学反应。

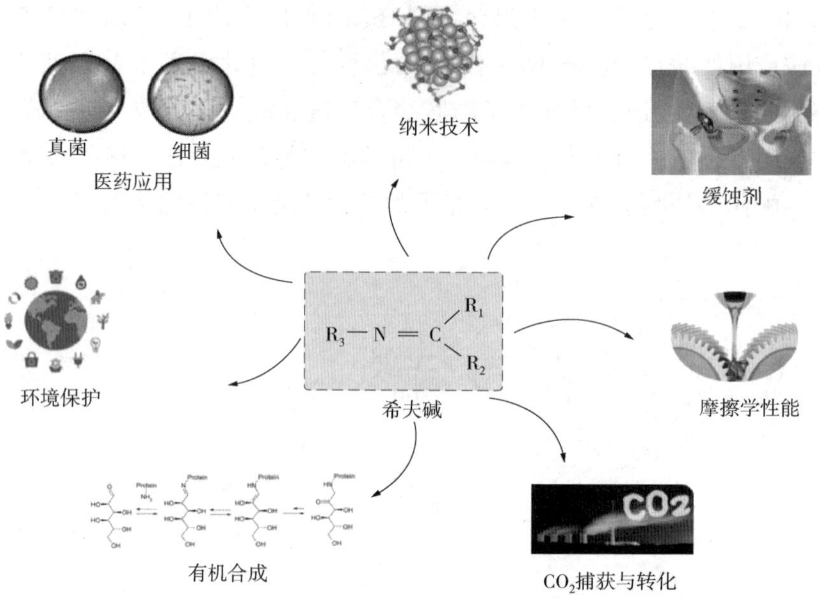

图 1-3　希夫碱化合物的应用研究图

酰腙是一种特殊的希夫碱，具有—C ═O—NH—N ═C—结构，由酰肼与醛或酮发生亲核加成反应脱水缩合而成，在希夫碱体系中有着重要的研究意义。酰腙类化合物比普通的希夫碱化合物更稳定，其原因是次胺基(—NH—)带有孤对电子，可与羰基和亚胺基上的双键发生 p-π 共轭，因而酰腙的稳定性很强，不易发生水解。酰腙希夫碱通常分为两类。按酰腙基团的数目可分为单酰腙希夫碱[图 1-4(a)]、双酰腙希夫碱[图 1-4(b)]及多酰腙希夫碱。单酰腙希夫碱含有一个酰腙基团，其合成通常是由单酰肼与单酮或醛的缩合。双酰腙希夫碱是一类含有两个酰腙基团的希夫碱。目前，对多酰腙希夫碱的研究与讨论较少。此外，还可按对称性分为不对称酰腙希夫碱和对称酰腙希夫碱。其中，单酰腙希夫碱是不对称的，而双酰腙希夫碱大部分是对称的。

近年来，酰腙希夫碱引起了许多学者和生物学家的关注(图 1-5)。酰腙希夫碱能够在众多希夫碱体系中脱颖而出，其主要原因如下：①酰腙希夫碱与希夫碱的合成方法具有类似性。希夫碱合成方法较为简便，一般一步反应即可合成，且收率较高，通过改变前驱体(即希夫碱的合成所需的醛和胺)中的取代基，能够精准可控合成具有结构多样和性能优异的酰腙希夫碱配体；②酰腙希夫碱配体包含氮(N)原子和氧(O)原子，由于过渡金属易与N原子配位，稀土金属易于O原子配位，并且酰腙基团具有酮式和烯醇式两种互变异构体，配位形式多样，因而酰腙希夫碱可与大部分金属离子形成配合物，同时配合物中的酰腙希夫碱配体和金属离子相互作用，金属离子利用酰腙希夫碱可变和灵活的结构特性使其某些性质(如荧光和催化)最大化呈现；③酰腙希夫碱是由酰肼类有机化合物衍生而来的一种希夫碱，这一改进既保留了酰肼类化合物的高化学活性，也减少了酰肼类化合物中亚氨基的存在对生物活性机体的毒性，同时，还具备多个配位中心，这些优势的存在为多核金属配合物的构筑奠定了基础。基于酰腙希夫碱化合物的大共轭体系，制备了具有优异光学性能的新型发光材料。随着时代的发展，酰腙希夫碱多功能材料将成为热点领域，逐渐受到重视。

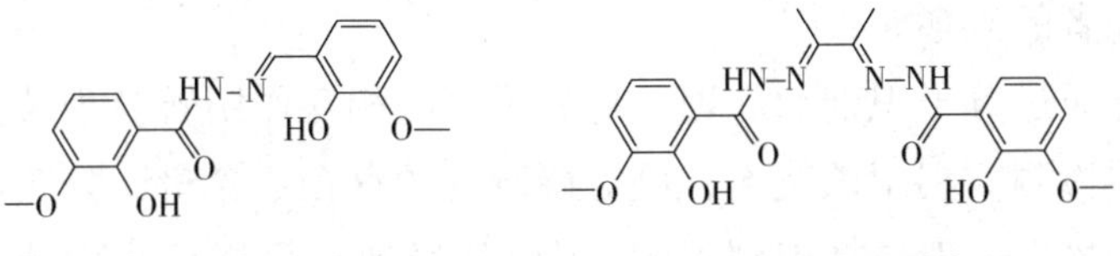

(a)单酰腙希夫碱　(b)双酰腙希夫碱

图 1-4　目前常见的酰腙希夫碱配体

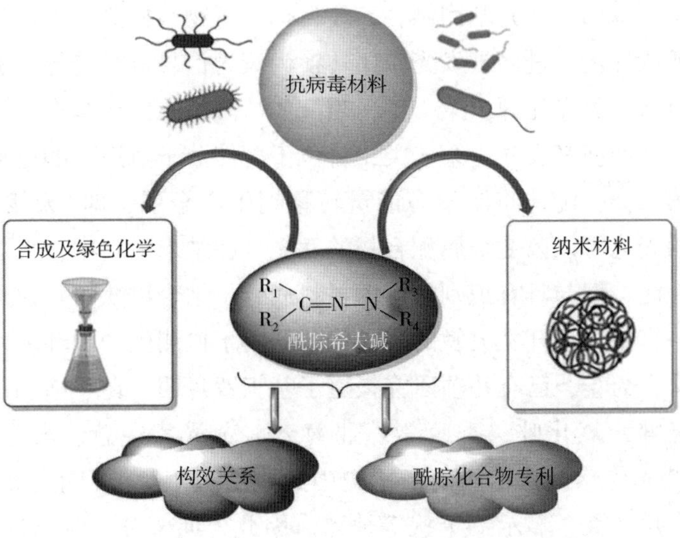

图 1-5　腙类希夫碱化合物的应用研究

1.3 酰腙希夫碱荧光探针研究进展

荧光是以辐射跃迁为基础的一种光致发光现象。荧光分子的基态S能级和激发态S*能级包含很多精细化的振动能级和转动能级。处在基态的分子吸收一个(单光子)或多个光子，进而被激发到分子的激发态。在激发态下，分子以非辐射跃迁的方式消耗了一定的能量，使其达到了激发态的最低振动能级。当分子回到基态这一过程中产生的辐射跃迁称为荧光。分子识别，是指利用非共价键在分子水平上的特定相互作用。自1894年E Fisher提出酶和底物像锁和钥匙一样结合在一起以有形的方式检测识别以来，引起了相当大的关注。分子识别是在一定的条件下分子间通过非共价键的特定作用实现选择性结合的过程，在传感应用中占有重要地位。而在传感系统中，荧光探针因其仪器简易和操作方便等优势激发了该领域研究者的兴趣。

荧光探针通过分子识别的原理，将分子间的相互作用转换为荧光信号，从而更易于被仪器检测。利用该技术，可对待测物的存在、含量、分布和变化进行分析检测。荧光探针一般包括识别基团(可以特异地与目标检测物结合或发生相互作用)和发光基团(可将识别信号变换成如强度、波长和寿命的荧光信号)。荧光探针的选择性取决于识别基团，而荧光探针的敏感度取决于发光基团。通常需要用连接臂将识别基团和发光基团结合，使目标分析物与检测基团产生特殊作用改变分子结构或微环境，进而被发光基团转换为荧光信号进行传导。对于金属发光配合物，有以下三类发光源：第一类，当配体从激发态回到基态时，将能量转移到中心金属，从而使其发光；第二类，将位于配体分子轨道上的电荷转移到中心金属轨道；第三类，配体将激发态能量转移到中心金属，即“天线效应”。这三类作用机制的变化可以改变金属配合物的发光。在纳米材料中，大多数材料自身并没有识别性能，但与具有识别作用的材料或分子结合可赋予其识别性能。

研究者一直致力于开发灵敏的荧光传感器用于检测生物和环境系统中的微量金属离子。迄今为止，已有几项研究报道了基于罗丹明、芘、喹诺酮类、萘、萘酚、卟啉、噻唑、氧化唑、香豆素、偶氮苯、荧光素、蒽、大环和希夫碱等“关—开”型荧光传感器在金属离子检测中的成功应用。但目前，许多探针存在合成路线多、尺寸大、显示镉干扰等缺点。因此，期望开发制备简单、易合成、具有高选择性和灵敏度的荧光传感器。而酰腙希夫碱化合物作为金属离子的荧光传感器备受关注。

酰腙希夫碱具有荧光识别基团，是一种能够特异性识别金属离子的有机发光化合物。但是酰腙希夫碱的自身荧光强度较弱，是C ═N 双键的异构化以及亚氨基氢的转移所致。然而酰腙希夫碱的结构具有 N、O 原子，在识别金属离子时这两种原子可与金属配位，抑制 C ═N 的异构化和亚氨基氢的转移，从而提高了荧光强度。因此，将不同的识别基团引入酰腙希夫碱化合物中，可得到不同识别性能的荧光探针。这些结构特点可使其作为荧光探针检测和识别金属离子。

荧光探针在检测金属离子时，对特定金属离子表现出强烈的识别作用。2016年，唐瑜课题组设计合成并评价了一种基于酰腙希夫碱的高效荧光传感器 H_2L 测定 Al^{3+}。如图 1-6 所示，相比其他金属离子，高效荧光传感器 H_2L 对 Al^{3+} 具有更强的亲和力。其他金属离子，如 Na^+、K^+、Mg^{2+}、Ca^{2+}、Cu^{2+}、Ga^{3+}、Zn^{2+}、Cr^{3+}、Cd^{2+}、Ag^+、Fe^{3+}、In^{3+}、Mn^{2+}、Pb^{2+}、Co^{2+} 和 Ni^{2+} 对荧光几乎没有影响。结果表明，Al^{3+} 能选择性地参与配合物形成，导致荧光增强。在乙醇和水的混合溶液中 H_2L 对 Al^{3+} 的检测限为 3.60×10^{-6}mol。这种新的选择性荧光传感器用于检测 Al^{3+} 可能具有潜在的生物医学应用。

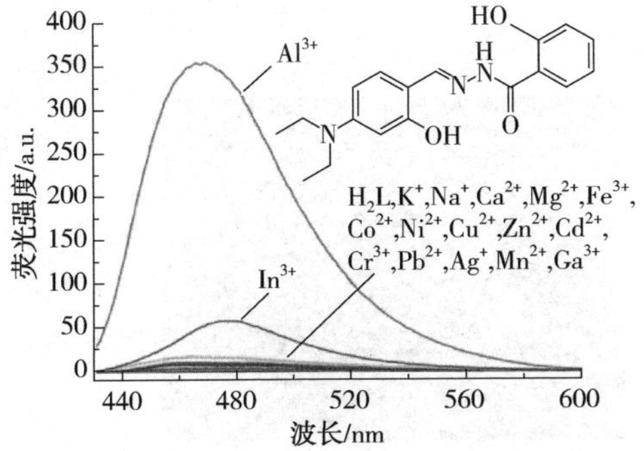

(a)高效荧光传感器 H_2L 识别 Al^{3+}

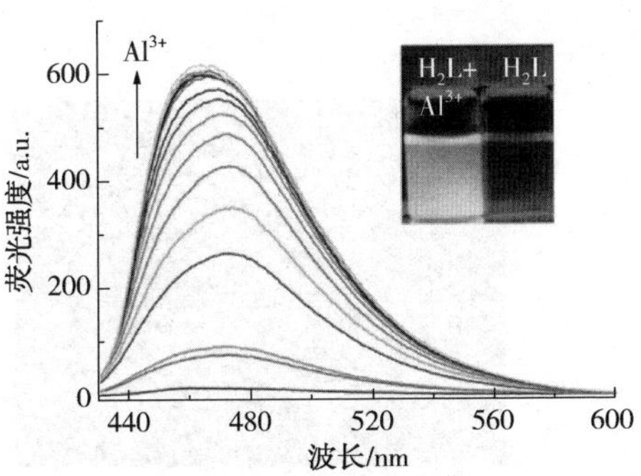

(b)Al^{3+} 浓度对荧光强度的影响

图 1-6　高效荧光传感器 H_2L 测定 Al^{3+}

刘伟生课题组合成了一种新型酰腙希夫碱 Zn^{2+} 荧光传感器 2-羟基苯甲酰肼（H_3L^1）。H_3L^1 在 Tris-HCl 缓冲溶液（pH 值为 7.13，乙醇：水 = 8：2）中显示出对 Zn^{2+} 的高选择性。为了深入了解结构和选择性之间的关系，合成了另一种类似的配体 3,5-二叔丁基水杨酸苯甲酰肼（H_2L^2）。与 H_3L^1 相比，H_2L^2 少一个羟基。实验发现 H_3L^1 对 Zn^{2+} 有更高的选择性，说明羟基取代基对荧光传感器的光谱性质和选择性有影响。随后，该课题组合成了两种酰腙希夫碱荧光探针，水杨醛水杨酰腙（1）和水杨醛苯甲酰腙（2），实验表明，探针 1 在乙醇-水溶剂中对 Zn^{2+} 具有高选择性[图 1-7(a)]。后续将溶剂换为 DMF-水混合物时，探针 1 的离子选择性转换为 Mg^{2+}[图 1-7(b)]。可见溶剂的性质对金属离子的选择性从 Zn^{2+} 到 Mg^{2+} 的转换起着关键作用。探针 2 在溶剂中对 Zn^{2+} 具有选择性，是乙醇-水介质中 Zn^{2+} 的良好荧光探针。这一结果说明通过荧光强度的变化可检测水样中的金属离子。接着，利用荧光显微镜探索了探针 1 追踪活细胞中 Zn^{2+} 水平的能力。发现只加入探针 1 时，荧光弱，继续加入 Zn^{2+} 时，荧光明显增强[图 1-7(b)(右)]。探针 1 可用于活体细胞内 Zn^{2+} 的成像。说明酰腙希夫碱荧光传感器可有效识别细胞中的金属离子。

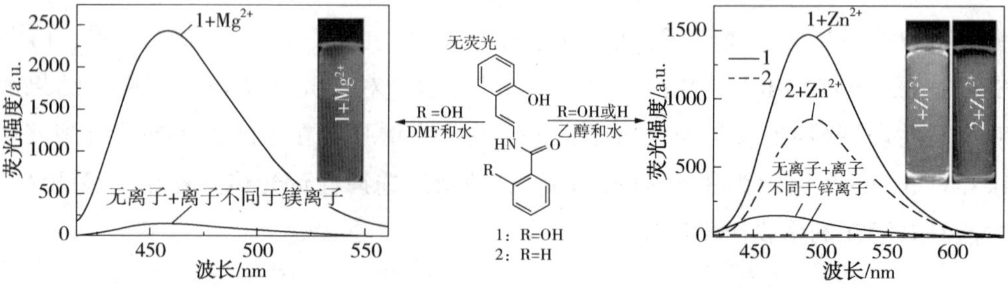

(a)荧光探针1对金属离子的识别

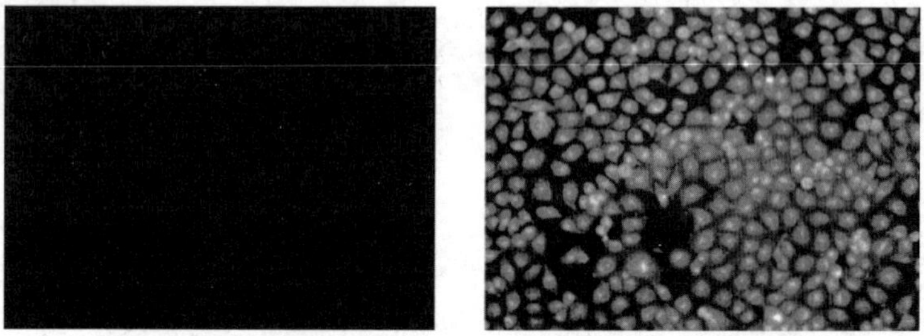
(左)探针1-EJ细胞在20℃条件下30min的荧光图像

(右)探针1-EJ细胞-Zn^{2+}在20℃条件下30min的荧光图像

(b)活体细胞的荧光显微镜图像

图 1-7　荧光探针 1 在乙醇水溶剂中对 Zn^{2+} 的选择性实验

Diganta Kumar 课题组使用简单的希夫碱 **L** 通过“关—开”模式作为 Al^{3+} 的有效荧光传感器。观察到 **L** 对 Al^{3+} 的检测限为 5×10^{-5}M(M 为 mol 的缩写，下同)，**L** 可用于活体生物细胞中 Al^{3+} 的成像和牛血清白蛋白中 Al^{3+} 的测定。10μL(5μmol)**L** 与细胞溶液在 25℃下于培养基中孵育 3h。随后添加 10μL 的 Al^{3+} 溶液，并在 25℃下继续培养 3h。培养完成后，用磷酸盐缓冲盐水(PBS)溶液清洗去除

多余的 Al^{3+}。记录 HEK 细胞溶液(上)和 **L**+HEK 细胞溶液+Al^{3+}溶液(下)的荧光显微镜图像[图 1-8(a)]。从图 1-8(a)可以清楚地看出，**L** 可以很好地识别活细胞中的 Al^{3+}。另一种新的基于酰腙希夫碱的荧光探针 3 是 Manohar 等合成的。探针 3 可用于检测溶液(乙腈：水=50：50)中的 Zn^{2+}与干扰金属离子。由于—C═N—双键异构化后的构象灵活性以及光诱导电子转移机制，探针 3 单独显示出微弱的发射强度。在添加 Zn^{2+}后表现出螯合增强荧光效应(抑制—C═N—异构化)，荧光强度在 517nm(λ_{ex}=293nm)处增强。计算 3-Zn^{2+}的检测限为 4.35nM。在 A549 活细胞中检测探针 3 对 Zn^{2+}的荧光行为。带有探针 3 的孵育细胞显示微弱荧光。但是，在孵育的 3-A549 细胞中存在 Zn^{2+}时，荧光显微镜显示有明亮的荧光[图 1-8(b)]。酰腙希夫碱荧光传感器表现出的强烈荧光识别和细胞成像应用将为生物学领域带来重要的研究意义。此外，酰腙希夫碱金属配合物还具有良好的生物学性能和磁性，在多功能材料和生物医学等领域具有广阔的发展前景。近年来，国内外研究者对酰腙希夫碱金属配合物也进行了大量研究。

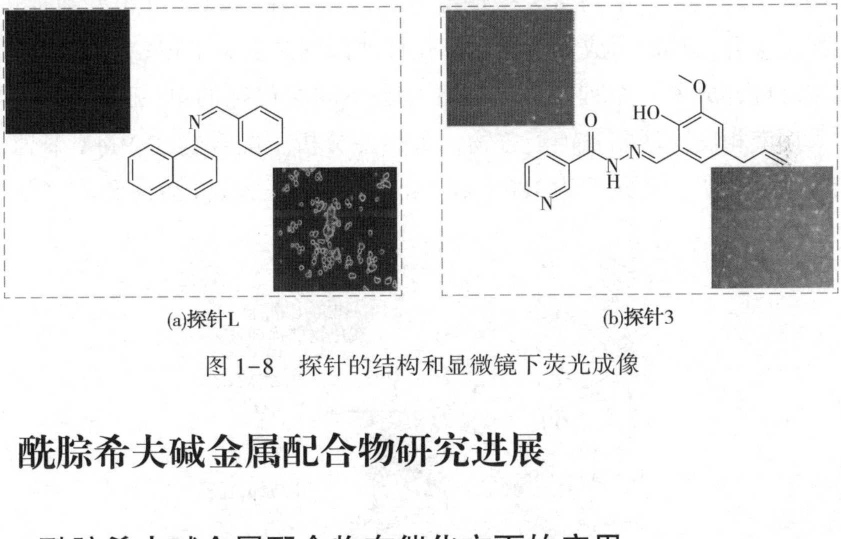

(a)探针L　　(b)探针3

图 1-8　探针的结构和显微镜下荧光成像

1.4　酰腙希夫碱金属配合物研究进展

1.4.1　酰腙希夫碱金属配合物在催化方面的应用

酰腙希夫碱配体合成简便，不仅在荧光识别领域展现良好的性能，还可与多种金属离子形成配合物。酰腙希夫碱配合物具有良好的耐高温性，在许多领域得到了广泛的应用，尤其在催化方面。大多数酰腙希夫碱金属配合物在催化反应中具有良好的催化活性，可催化 MMA 聚合、烯烃环氧化和二氧化碳固定等多种反应，吸引研究者的持续关注。

由于酰腙希夫碱配合物在合成具有重要商业意义的 PMMA 时具有良好的催化活性，因此发掘一些有潜力的配合物对烯烃聚合有重要的研究价值。酰腙希夫碱金属配合物在低温、短时间下催化的烯烃聚合可得到较大分子量的聚合物，且无任何副反应发生。因此金属配合物在烯烃聚合方面的应用成为国内外学者和产业界关注的热点。聚烯烃作为一种可持续、轻质以及应用范围广的高分子材料，已成为目前产量最大的高分子聚合物，已成为日常生活中的一个重要组成部分，能够满足日益增长的全球人口对低成本和高资源利用的需求。同时，具有多功能性和可循环利用等特点，有利于环保和可持续发展。聚烯烃有多种用途，包括食品和药品的包装、轻质工程塑料、纺织品、橡胶和绝缘材料以及安全地输送水和气的抗震管道等。其中，PMMA 是一种用途广泛的聚合物材料。由于其优异的耐候性及光学性能，被广泛地用于汽车(窗户)、航天(飞机机盖)、光学(计算机屏幕)和医疗(骨水泥)等领域。而 PMMA 合成工艺至今仍受到众多学者的重视。近年来，利用过渡金属催化剂催化 MMA 聚合的方法得到了广泛的研究(图 1-9)。吕兴强课题组合成了一系列希夫碱铜配合物。这些配合物能够很好地促进 MMA 的金属配位聚合，从而形成具有优异催化性能的间规富集 PMMA。苏碧云课题组利用微波反应合成了一系列在同一位置具有不同取代基的单(亚胺)吡咯希夫碱配体。采用液相反应法制备镍配合物，考察并分析了配合物在 MMA 聚合中的催化性能。结果表明，在条件为 100℃ 和 10h 时，得到了较高活性和较窄分子量分布的 PMMA。

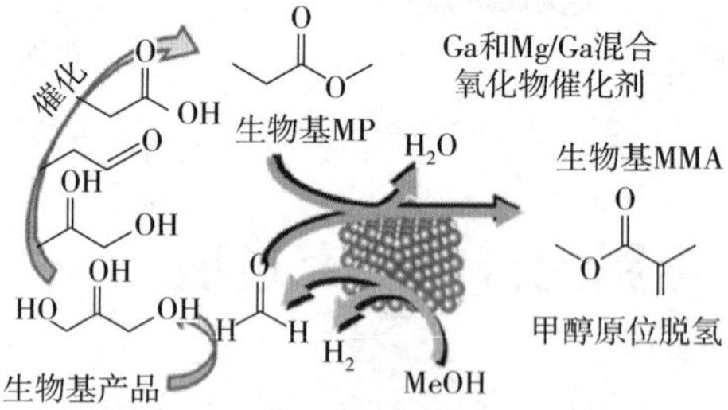

图 1-9 金属配合物在催化聚合 MMA 方面的应用研究

烯烃环氧化反应是一种重要的生产化工原料的工业反应，其中大部分化合物是生产聚醚和香料的珍贵中间体。但其直接合成方法存在许多缺点，如产率较低、副产物较多等。因此，催化烯烃合成环氧化合物是目前的研究热点。选择适宜的催化剂对催化烯烃环氧化具有很大的意义。酰腙希夫碱配合物是一种新型的非均相催化剂，具有很好的回收和分离产物能力，已受到重视。蒋平平课题组利用 MoO_2 与介孔 SBA-15 进行反应，制备了 $MoO_2(Acac)_2$ 修饰的介孔希夫碱催化剂。实验表明，该催化剂催化环已烯的转化率和选择性较高，分别可达到 97.78%和 93.99%，证明了该催化剂的催化活性高，并且循环效果好。钟霞等合成了酰腙希夫碱过渡金属配合物，并对其催化活性进行研究。结果表明，催化剂性能受反应时间的影响。环已烯的转化率随反应时间的延长而增大。Abdolreza 课题组研究了钴-希夫碱配合物与纳米 TiO_2(CoL_2@ TiO_2)复合催化剂对烯烃的催化作用(图 1-10)。实验证明，该催化剂具有较好的催化活性和选择性，且催化剂在氧化反应后仍能保持完整的结构，可重复使用 5 次以上。

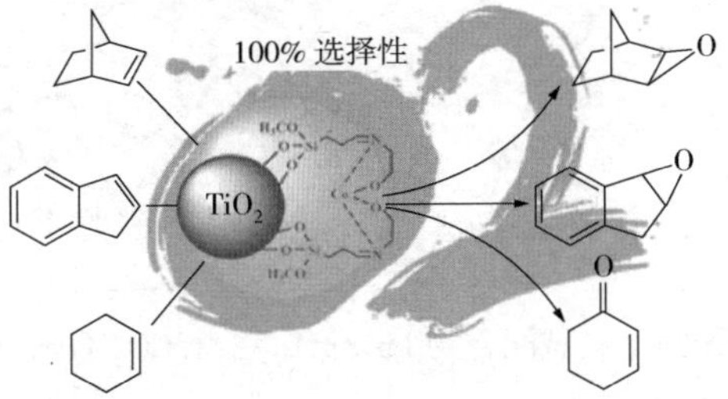

图 1-10 金属配合物复合催化剂 CoL_2@ TiO_2 催化烯烃环氧化

二氧化碳是一种取之不尽、用之不竭、低廉无毒的 C1 能源，不仅被认为是导致全球变暖的主要温室气体，而且可作为化石燃料的替代原料。特别是，由于其环境和经济方面的原因，CO_2 和环氧化物环加成反应生产环状碳酸酯已成为工业界和化学家的研究热点。虽然目前已建立了多种催化剂体系用于环氧化物和 CO_2 的合成，但为了降低生产成本和能源消耗，在温和的环境中仍需开发出更高效的催化体系。模仿自然似乎是设计新型催化剂最明智的方法。酶催化的一个共同特征是通过多个金属中心进行协同作用。在很多酶中，活性中心附近的两个或多个金属原子可以激活多种反应物，使其具有极高的效率和选择性。受自然系统的启发，对调控多核配合物中金属原子间的协同作用以改善催化性质产生了浓厚的兴趣。其中，含有过渡金属和稀土金属的复合体系可以成为制备多核协同催化剂的重要原料。

2019 年，刘伟生课题组合成并表征了一系列新型六核 3d-4f 配合物：[$Ln_2Zn_4L_4$，$Ln^{Ⅲ}=Dy^{3+}$(1)，Nd^{3+}(2)，Tb^{3+}(3)]，如图 1-11 所示。在温和条件下，这些配合物 1-3 对二氧化碳和环氧化物的环加成反应表现出良好的催化性能。该催化体系底物范围广，TON 高达 9700，TOF 为 $808h^{-1}$，可获得具有广泛底物的环状碳酸酯。实验结果表明，不同金属间存在的密切关系可导致潜在的协同性，可能会提高催化剂的反应活性和选择性。同时通过对超分子结构的精确控制可调节催化剂的催化活性，扩大其应用领域。迄今为止，许多异多核体系已在一系列有机转化中得到广泛应用，尤其在催化 CO_2 转化中表现出高的热稳定性和极高的催化活性以及对小环氧化合物的尺寸依赖性，即使在温和环境条件下也能获得环状碳酸酯。此外，催化剂可大规模制备和回收利用。这些结果为设计高效的异金属催化剂提供了新的思路。

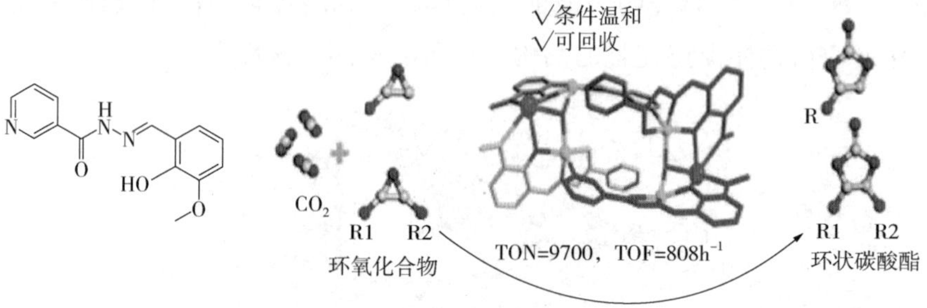

图 1-11 酰腙希夫碱配合物 $Ln_2Zn_4L_4$ 催化 CO_2 合成环状碳酸酯

1.4.2 酰腙希夫碱金属配合物在磁性方面的应用

希夫碱化合物易合成并且具有多功能性，因此经常被用来构建多核金属配合物。鉴于其螯合能力和结构灵活性，含有酰腙基团的希夫碱为合成多核配合物提供了良好的配体。酰腙希夫碱金属配合物的设计合成，除了其结构的丰富多样外，更重要的是对其特性的研究。由于酰腙希夫碱配合物具有的良好配位能力和单个未配对电子，使此类配合物在磁性领域极具吸引力。因此，开发新颖多核配合物及探究其在分子磁学中的应用成为一个新的课题。然而，合成此类配合物的最大挑战在于其成核性的控制，这不仅与金属离子和配体的特性有关，而且还取决于金属离子与配体的比例、反应条件以及合成所用的溶剂等。其中部分配合物对于理解磁耦合的基本原理以及单分子磁体行为都是极其重要的。

单分子磁体(SMMs)是一种离散的分子化合物，在没有外加磁场的情况下表现出磁化能力，这可能导致分子起源的磁滞效应。在过去的 28 年里，SMMs 的发现丰富了磁学研究领域，不仅因为其迷人而有趣的分子结构，而且在信息存储、分子自旋电子学和信息处理等领域有很大的发展空间。在单核单分子磁体系统中，磁化强度的量子隧道效应(QTM)会导致零场磁化强度的恶化和相应的矫顽力的下降甚至消失。解决这一问题的最好方法是引入多核稀土单分子磁体体系，在该体系中分子间的磁交换相互作用正向影响 QTM 的消除，从而延长零场弛豫时间。因此，双核稀土化合物体系是研究自旋载流子之间磁交换作用的起源和强度以及了解磁弛豫机理的很有前途的候选者。单分子磁体的形成必须具备两个特性：一是具有较高的基态自旋；二是具有显著的负各向异性。而 3d 金属离子具有较高基态自旋，4f 离子具有较强磁各向异性，通过将两者结合，可以获得具有 3d 金属离子和 4f 离子的 3d-4f 单分子磁体，其表现出慢磁弛豫行为，被广泛应用于功能材料中。因此，大多数研究人员通过高能垒的酰腙希夫碱 3d-4f 金属配合物来研究磁性。由于大多数 Ln(Ⅲ)离子固有的大单离子各向异性，以及一些 Dy(Ⅲ)系统表现为单分子磁体的事实，多金属镧系配合物也一直是近期关注的焦点，包括双核、三核和多核配合物。

李帑等合成了一对 3-甲氧基水杨酰肼类手性酰腙希夫碱配体(S)-H_3L 和(R)-H_3L。如图 1-12 所示，配体与 La^{3+}形成两个对映体三核配合物，而 Dy^{3+}在相同的实验条件下形成了一对对映体五核配合物，表明稀土离子的大小控制了所得的超分子结构。随后，研究了手性 Dy_5 配合物的磁性，结果表明 Dy_5 配合物表现出典型的单分子磁学行为。Ashutosh 课题组合成了两种新型的希夫碱 Ni(Ⅱ)配合物，$Ni_4(L^2)_2$(1)和 $Ni_6(L^2)_2$(2)。磁性表明，Ni^{2+}在配合物 1 中是铁磁耦合的，而在配合物 2 中是反铁磁耦合。

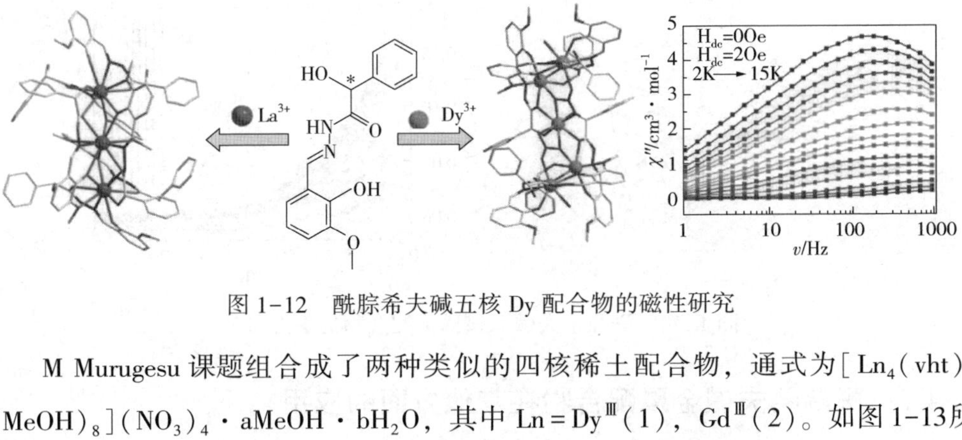

图 1-12 酰腙希夫碱五核 Dy 配合物的磁性研究

M Murugesu 课题组合成了两种类似的四核稀土配合物，通式为[Ln_4(vht)$_4$($MeOH$)$_8$](NO_3)$_4$ · aMeOH · bH_2O，其中 Ln = $Dy^{Ⅲ}$(1)，$Gd^{Ⅲ}$(2)。如图 1-13所示，对配合物的磁性研究表明，1 和 2 都表现出 Ln 离子之间的弱铁磁交换作用，1 表现出单分子磁体行为，磁化反转势垒为 U_{eff} = 158K(τ_0 = 1.06×10^{-7}S)。Walaa H 课题组以 2，6-二氨基吡啶和二苯甲酰甲烷为原料，按 1∶1 的比例缩合，合成了

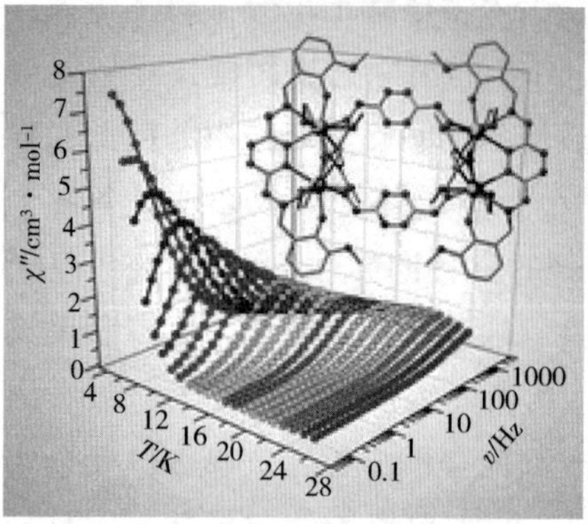

图 1-13 酰腙希夫碱四核稀土配合物的磁性研究

一种新型希夫碱配体 L。该希夫碱配体与氯化铁发生配位反应，生成了铁配合物。在低温区对该配合物进行了交流磁化率测量。配合物表现出顺磁行为，当 $T=244K$ 时，其磁矩略有变化。

王文敏课题组基于酰腙希夫碱配体，成功地合成了两个新型的双核稀土配合物 $Gd_2(L1)_2(1)$ 和 $Dy_2(L2)_2(2)$。如图 1-14 所示，详细研究了其磁性。结果表明，1 中存在相邻 Gd^{3+} 之间的铁磁相互作用，表现出显著的磁制冷性能。配合物 2 在 $\Delta E/k_B\approx2.16K$，$\tau_0\approx1.38\times10^{-5}s$ 时表现出缓慢的磁弛豫行为。

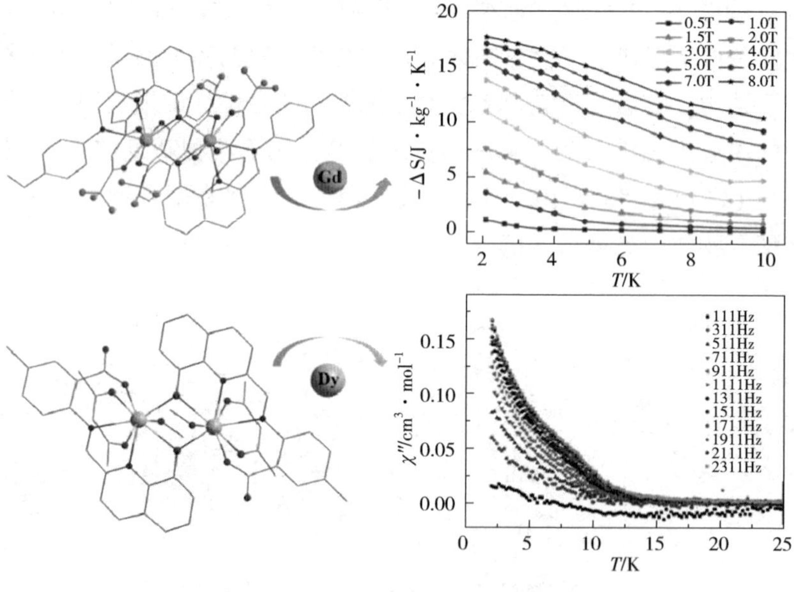

图 1-14 酰腙希夫碱双核稀土配合物的磁性研究

1.4.3 酰腙希夫碱金属配合物在其他方面的应用

酰腙希夫碱金属配合物的研究已有几十年的历史，在催化和磁性等领域的应用已经被证明是当今配位化学领域的一个热点。不仅如此，在生物细胞研究中也观察到了酰腙希夫碱型配合物的潜在价值，这也成为现代配位化学中的亮点之一。值得注意的是，在包含酰腙希夫碱配体的单核、同核或异多核金属配合物的合成和表征方面已取得了杰出的成果。

金属配合物的荧光性质也是研究的热点。董文魁课题组在室温下测量了配体 H_4L 及其 Cu(Ⅱ)、Zn(Ⅱ)和 Cd(Ⅱ)配合物的荧光性质。与相应的配体 H_4L 相比，Cu(Ⅱ)、Zn(Ⅱ)和 Cd(Ⅱ)配合物在以一定能量激发时显示出强的发射强度。自由配体的荧光可能会因孤对 N 原子的存在，发生光诱导电子转移过程而淬火。该过程是通过配体与金属原子的配位阻止的。因此，Cu(Ⅱ)、Zn(Ⅱ)和 Cd(Ⅱ)原子的配位可以有效增强荧光强度，为这些配合物的光化学应用创造了机会。李月琴课题组合成了两种新的酰腙希夫碱 Fe(Ⅲ)配合物。这两种配合物对鲱鱼精脱氧核糖核酸(HS-DNA)具有主要的插层作用，结合常数高达 2.01×10^4 mol^{-1} 和 $2.24\times10^4 mol^{-1}$。此外，这两种配合物与牛血清白蛋白(BSA)具有很高的亲和力，荧光法测定的结合常数为 $5.75\times10^6 mol^{-1}$ 和 $4.39\times10^7 mol^{-1}$。

不仅如此，金属配合物作为一种用于分析生物有关的小分子(如氨基酸、核糖核苷、糖等)的荧光传感器还具有模拟生物酶的能力。通过精准可控的设计方法，构筑具有特定结构的金属配合物，能够对小分子进行有效识别。这些特性使人们能够感知氨基酸。2019 年，刘伟生课题组合成了一对手性单核酰腙希夫碱锌配合物，该配合物被用作仿生模型检测天然氨基酸，可以有效地从纯水溶液中的其他氨基酸中感知到组氨酸和半胱氨酸。此外，手性锌配合物对乙腈中的亮氨酸、蛋氨酸和苯丙氨酸等对映体具有良好的选择性。这些研究为利用金属配合物作为一种新型的荧光传感器进行生物相关的检测奠定了基础(图 1-15)。

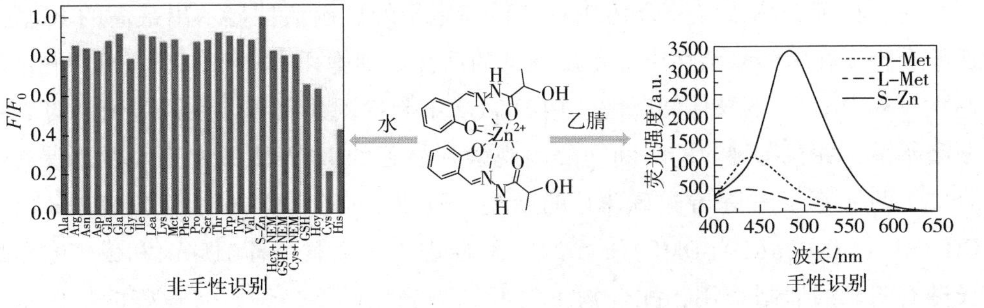

图 1-15 酰腙希夫碱锌配合物的荧光识别研究

同年，该课题组通过引入取代对映体扁桃酸，设计并合成了一对基于 3-甲氧基水杨酰肼的手性酰腙希夫碱配体(S)-H_2L^1 和(R)-H_2L^1。如图 1-16 所示，这些对映体配体可以形成手性碱镧系异核螺旋结构，并通过多价协同效应在自组

装过程中对 Na^+实现选择性。香兰素的甲氧基在与 Na^+的配位过程中起着至关重要的作用，为 Na^+的选择性键合奠定了基础。金属的混合自组装和^{1}H NMR 研究，进一步证明是一种高效的 Na^+识别方法。

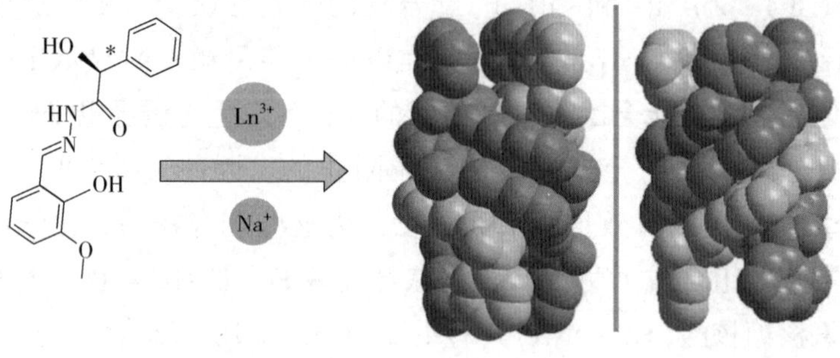

图 1-16 酰腙希夫碱镧系异核配合物的荧光识别研究

近年来，癌症和多重耐药感染的人数急剧增加，促使人们寻找新的治疗方案和策略。开发作为抗癌和抗微生物药物的小分子具有巨大的潜力，一个成功策略是使用金属药物，这一策略有可能被用于更有效地治疗多重耐药感染。酰腙希夫碱是一种具有多种金属螯合性能的分子，其固有的生物活性以及可用于特定生物用途的灵活修饰结构已成为人们研究的热点。Debasis 课题组制备了三种不对称三齿酰腙希夫碱单核 Zn(Ⅱ)配合物[$Zn(L1)Cl_2$]·$2H_2O$(1)、[$Zn(L2)Cl_2$](2)和[$Zn(L3)Cl_2$](3)。考虑到配合物 1-3 的高效水解特性，利用 HCT116(人类结直肠癌)、HepG2(人类肝细胞癌)和 A549(人类非小细胞肺癌)测试了其作为癌症潜在治疗剂的可行性，如图 1-17 所示。

在三种配合物中，配合物 2 对三种细胞系的抗癌活性显示出最高的 IC_{50}值，而配合物 3 在磷酸酶活性中显示出最低的活性。细胞死亡检测 ELISA 可检测细胞凋亡过程中 DNA 的核体间降解。用 HepG2 细胞检测并诱导导致细胞死亡的 DNA 断裂水平，并在有规律的时间间隔内观察到显著的 DNA 断裂水平。贾磊课题组合成了两种基于酰腙希夫碱 HL 的新型 Cu(Ⅱ)配合物[$Cu(L)_2(CH_3OH)$]·CH_3OH(1)和[Cu(L)(DMF)Cl](2)。配合物 2 对金黄色葡萄球菌和鼠伤寒沙门氏菌有明显的抑制作用，配合物 1 对肝细胞癌(HepG2)细胞有良好的抗肿瘤活性。随后，该课题组又合成了三种基于 2-乙酰吡啶异烟碱腙的新型配合物[$Cu_4(L)_4Cl_4$]·H_2O(1)、$Zn(L)_2$(2)和 $Cd(L)_2$(3)，这些配合物对于 A549 和人类胃癌(SGC7901 和 BGC823)细胞具有良好的抗肿瘤活性。

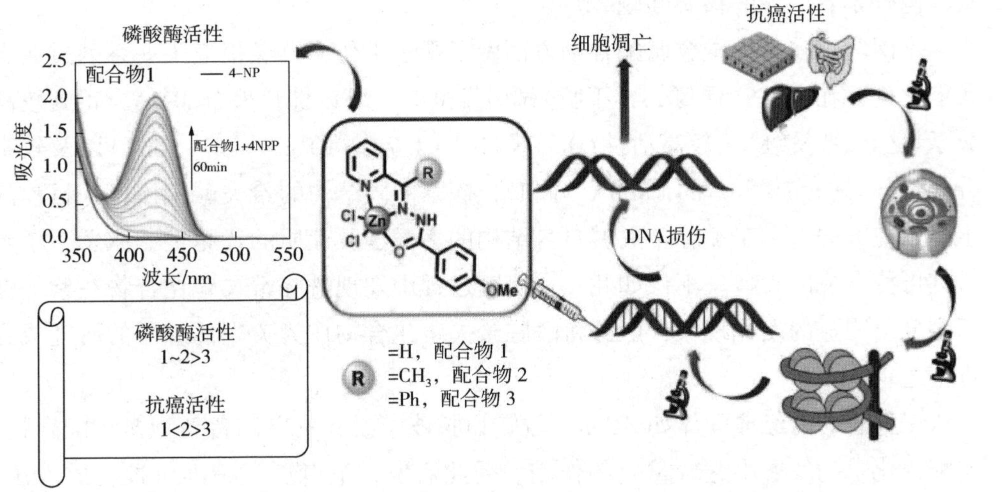

图 1-17 酰腙希夫碱单核锌配合物在生物细胞中的应用研究

1.5 选题目的和意义

酰腙希夫碱是希夫碱体系的一个重要分支，也是该体系的一个重要研究方向。酰腙希夫碱配体的配位方式多样，能与大部分金属进行配位，从而实现对多样化酰腙希夫碱金属配合物的“精准可控”合成。目前，国内外课题组对有关酰腙希夫碱配体及配合物的研究主要集中在对其结构和组成的分析上，使得如何“精准可控”合成具有特定功能的酰腙希夫碱配体及其配合物有一定的挑战性。因此，新型酰腙希夫碱配体的设计合成及其具有不同结构、不同性质(荧光、催化、生物活性)的金属配合物构筑已经成为众多专家和学者关注的焦点。酰腙希夫碱配体及金属配合物慢慢成为功能材料的一颗“新星”，将是一个具有良好应用前景的课题。

在众多有机发光化合物中，酰腙希夫碱化合物以其显著的优势脱颖而出，是一类性能优异的发光化合物。酰腙希夫碱是一种新型的荧光传感器，其在生物成像方面极具应用潜力，丰富了荧光传感器的研究领域。将酰腙希夫碱荧光传感器用于活细胞中，这对医学研究有着重要的意义。此外，研究者还提出在烯烃聚合中应用金属催化剂。聚烯烃是目前最主要的一种高分子材料，其应用领域的研究一直是发展的重点。而对于金属催化剂的研究一直都是聚烯烃催化聚合的发展核心。根据文献报道，酰腙希夫碱金属催化剂通常具有较高的催化活性，目前已成为国内外学者关注的核心问题。

本课题组在希夫碱金属配合物方面做了很多工作，已经报道了一系列过渡金属催化剂，在AIBN(偶氮二异丁腈)做引发剂时，可以催化聚合MMA，得到较高分子量(10^4数量级)、较高活性($3.598\times10^4 \sim 4.791\times10^4 g \cdot mol^{-1} \cdot h^{-1}$)以及较窄分子量分布(1.5~4.0)的PMMA。同时，探索不同结构的希夫碱配体也是目前的主要研究方向，由于酰腙希夫碱自身结构的多样性及性质的优越性，激发了学者对其可控合成的兴趣。不仅如此，在研究过程中发现酰腙希夫碱化合物在紫外灯下表现出明显的发光现象，因此将酰腙希夫碱化合物作为荧光传感器的研究成为重中之重。

三种著名的经典配体如Salen、酰腙和肟被广泛开发以制备新型多核配合物，在配位化学的发展中起着重要的作用。受此启发，笔者通过精准可控合成方法，设计并合成了具有这几种配位基团的新型隔室酰腙希夫碱配体H_4L^1和H_2L^2，与不同金属离子通过自组装，构筑具有新颖结构和特定功能的金属配合物，并对其荧光、催化等性质进行了详细探讨，丰富了配位化学研究。一方面，通过精准可控合成的方法，成功地实现了对多种结构的酰腙希夫碱荧光传感器的设计合成，可有效识别金属离子，将其应用于生物成像研究，并将配体与金属离子配位合成酰腙希夫碱金属配合物，对其晶体结构进行分析。另一方面，设计合成酰腙希夫碱多核金属配合物催化剂，通过元素分析、UV-Vis、FT-IR、TGA分析以及X射线单晶衍射等详细表征，进一步研究了系列金属配合物催化剂对MMA聚合的催化活性，并对影响PMMA分子量及分子量分布的因素进行了研究。期望能够发掘具有更大应用潜力的金属配合物，将理论基础扩展到实际应用中，在荧光及催化功能材料等领域展现最大优势。

第2章 基于酰腙希夫碱用于生物成像的新型Zn(Ⅱ)荧光传感器H_4L^1的合成及配合物晶体结构研究

2.1 引言

近年来，随着过渡金属在基因转录、DNA 结合蛋白、神经信号传递、免疫功能以及金属酶作用等方面的应用，利用荧光传感器追踪过渡金属受到越来越多的关注。Zn^{2+}是一种丰富的过渡金属离子，其浓度从纳米级到毫米级，是生命系统中最重要的过渡金属之一。人体缺乏微量营养素 Zn^{2+}可能导致认知障碍、免疫功能障碍、跌倒和死亡，尤其是 5 岁以下的儿童。因此，摄入一定量的 Zn^{2+}是必要的，也是有益的。但人体内 Zn^{2+}含量超过其最大限值时，就会导致许多严重的疾病，包括弗里德里希病、阿尔茨海默病和帕金森病。基于 Zn^{2+}在不同领域的应用前景，因此，有必要开发一种简便、高效的 Zn^{2+}识别和定量工具，使其在生物体系中的浓度维持在合适的水平上。与其他检测方法相比，荧光检测法具有响应速度快、灵敏度高、选择性好、抗干扰能力强和检测限低等优点。目前，许多用于检测重金属和过渡金属离子的酰腙希夫碱荧光化学传感器已被广泛报道，并且已被用于生命系统检测、细胞微量分析和生物成像中。酰腙希夫碱化合物作为一种新型的荧光传感器，因其合成快速简便、水溶性好和生物毒性小等特点，在生物学方面有广泛的应用前景。

鉴于此，设计并合成了一种新型的酰腙希夫碱荧光传感器 H_4L^1。H_4L^1 与

Zn^{2+}结合后在 575nm 处表现出较强的荧光发射，这可能是由于 Zn^{2+} 与 H_4L^1 配位阻碍了 C ═N 双键的异构化，使荧光增强。通过对紫外滴定、荧光滴定以及 Job's 曲线的研究，初步探索了 H_4L^1 与 Zn^{2+}的化学配位比为 2∶3。同时，测试了 H_4L^1 对于 HeLa 细胞的毒性，并将其成功应用于 HeLa 细胞中，通过共聚焦显微镜实现对 Zn^{2+} 的细胞成像检测。除此之外，得到配合物 H_4L^1-Zn^{2+}(1) 的单晶结构，对单晶结构的分析证实了 H_4L^1 与 Zn^{2+}的配位比为 2∶3(图 2-1)。

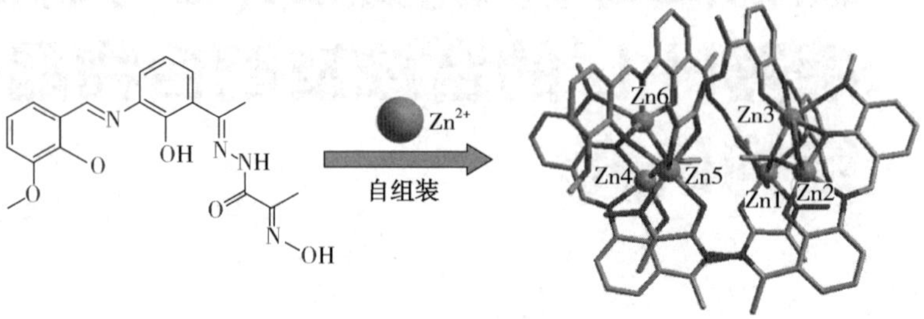

图 2-1 配体 H_4L^1 自组装得到配合物 1

2.2 实验试剂与仪器

具体实验试剂与仪器如表 2-1 和表 2-2 所示。

表 2-1 实验试剂

实验试剂	规格	生产厂家
丙酮酸乙酯	95%	上海易恩化学技术有限公司
盐酸羟胺	AR	天津市大茂化学试剂厂
水合联氨	AR	山西同杰化学试剂有限公司
无水甲醇	AR	天津市大茂化学试剂厂
3-氨基-2-羟基苯乙酮	98%	上海易恩化学技术有限公司
邻香兰素	99%	上海皓鸿生物医药科技有限公司
三乙胺	AR	天津市天力化学试剂有限公司
六水合硝酸锌	AR	上海峰鹤化学试剂有限公司
无水乙醇	AR	天津市大茂化学试剂厂
Na_2EDTA	AR	山东萍聚生物科技有限公司

表 2-2　实验仪器

实验仪器	型号规格	生产厂家
分析天平	ZF75	西安玉辉仪器有限公司
旋转蒸发仪	RE-52A	上海亚荣生化仪器厂
紫外光谱仪	UV-2600	日本岛津制作所
热重分析仪	TGA-DTG/DSC1	梅特勒-托利多公司
循环水式真空泵	SHZ-DⅢ	巩义市予华仪器有限责任公司
微量元素分析仪	Vario Micro	德国艾曼元素分析仪器有限公司
红外光谱仪	VERTEX70	德国布鲁克公司
智能恒温磁力搅拌器	ZNCL	河南爱博特科技发展有限公司
核磁共振波谱 NMR	Bruker AVANCE 400	德国布鲁克公司
荧光分光光度计	Lumina	赛默飞世尔
多功能酶标仪	Tecan Infinite F200/M200	上海艾研生物科技有限公司
共聚焦显微镜	Olympus IX71	赛默飞世尔
X-射线单晶衍射仪	Bruker APEX D8VISE	德国布鲁克仪器有限公司

2.3　酰腙希夫碱荧光传感器 H_4L^1 及其配合物的合成及表征

2.3.1　荧光传感器 H_4L^1 的合成及表征

配体 H_4L^1 的合成：如图 2-2 所示，参考文献中已报道的合成方法。

第一步：将丙酮酸乙酯(23.20g，0.2mol)与盐酸羟胺(8.0g，0.2mol)加入100mL烧杯中，常温边搅拌边加入蒸馏水(50mL)，反应2h后，得到产物a(丙酮酸乙酯肟)21.32g，收率68.33%。第二步：在100mL圆底烧瓶中加入a(13.10g，0.1mol)和过量水合肼(6mL)，以甲醇(50mL)为溶剂，80℃加热搅拌回流3h，冷却静置1h，抽滤后经真空干燥，得到产物b(2-肟基丙酰肼)14.52g，收率76.02%。第三步：将b(1.59g，0.01mol)、3-氨基-2-羟基苯乙酮(1.51g，0.01mol)和甲醇溶剂(40mL)加入100mL圆底烧瓶中，80℃加热搅拌回流24h，溶液由黑色变为棕色沉淀，停止反应，静置1h，抽滤后经真空干燥，得到产物c(2.52g，80.64%)。第四步：在100mL圆底烧瓶中加入c(1.41g，6mmol)和邻香兰素(0.91g，6mmol)，再加入甲醇溶剂，80℃加热搅拌回流12h，冷却静置1h，抽滤后经真空干燥，得到橙红色固体 1.98g，收率 85.34%，即 H_4L^1。计算值,%：C，59.38；H，5.21；N，14.58；理论值,%：C，59.27；H，5.29；N，14.55。IR(KBr，ν，cm^{-1})：3354(w)，1693(s)，1614(m)，1462(s)，1364(m)，1252(s)，1153(w)，970(m)，918(w)，879(m)，737(s)。^1H NMR(400MHz，DMSO-D6)δ(10^{-6})：13.79(s，1H，Ar—OH)，12.14(s，1H，Ar—OH)，10.87(m，1H，NH—C=O)，9.03(s，1H，CN=CH)，6.87~7.59(m，6H，Ar—CH)，4.10(m，1H，=N—OH)，3.82(m，3H，—OCH_3)，3.33(m，3H，—CH_3)，2.01(m，3H，—CH_3)。^{13}C NMR(100MHz，DMSO-D6)δ(10^{-6})：162.82，161.57，158.44，153.11，152.47，150.13，148.71，135.93，127.72，124.44，121.49，120.60，119.66，119.01，118.55，115.97，56.41，14.29，10.38。

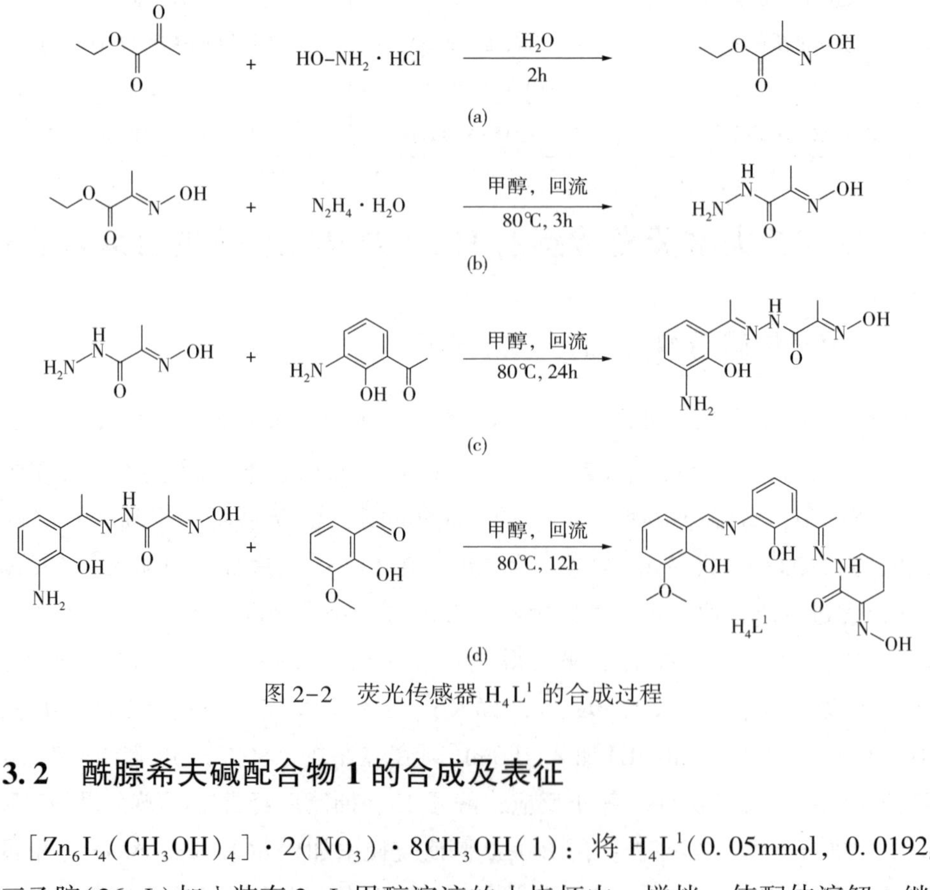

图 2-2 荧光传感器 H_4L^1 的合成过程

2.3.2 酰腙希夫碱配合物 1 的合成及表征

$[Zn_6L_4(CH_3OH)_4]\cdot 2(NO_3)\cdot 8CH_3OH$(1)：将 H_4L^1(0.05mmol，0.0192g)和三乙胺(26μL)加入装有 2mL 甲醇溶液的小烧杯中，搅拌，使配体溶解。继续

加入 $Zn(NO_3)_2 \cdot 6H_2O$(0.1mmol，0.0297g)。将得到的溶液搅拌 10min，溶液逐渐由混浊变澄清，然后过滤。将滤液装入玻璃瓶中，保鲜膜封口并戳孔，静置，缓慢挥发。3d 后，得到无色透明的块状晶体 1。用红外光谱(图 2-3)和元素分析对产物进行表征。配合物 1(收率 71%)。计算值,%：C，42.87；H，4.86；N，10.12；理论值,%：C，42.83；H，4.79；N，11.58。IR(KBr，ν，cm^{-1})：1608(s)，1556(w)，1438(m)，1433(s)，1392(w)，1355(w)，1298(s)，1244(m)，1080(m)，972(m)，734(s)。

为了测定制备的配合物 1 的热稳定性，在 N_2 保护下，得到了配合物 1 在 25~1000℃范围内的热重曲线。根据图 2-4 所示，配合物 1 在 45℃时开始失重，推测这是游离的甲醇分子和参与配位的甲醇分子的损失。随着温度继续升高，配合物骨架开始坍塌，有机配体希夫碱基团和酰腙基团之间的化学键断裂。1000℃时残留物应为氧化锌和少量碳颗粒。总体来看，配合物 1 在 200℃以内具有良好的耐热稳定性。

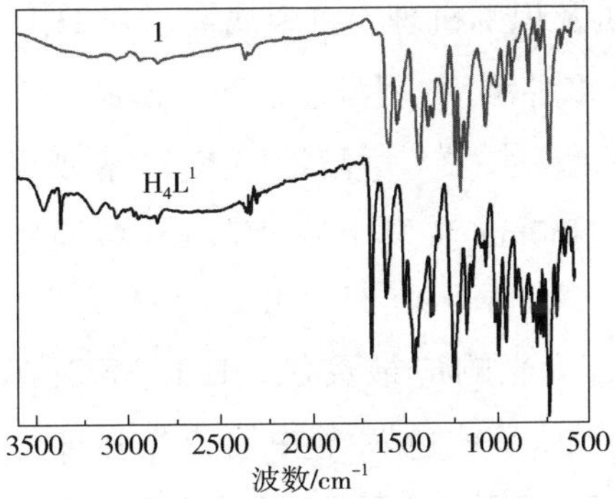

图 2-3 传感器 H_4L^1 和配合物 1 的红外光谱图

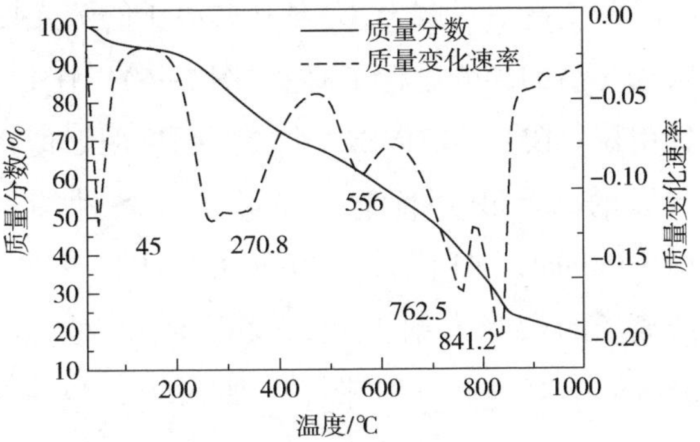

图 2-4 配合物 1 的热重曲线

2.4 酰腙希夫碱荧光传感器 H_4L^1 对 Zn(Ⅱ)的荧光识别研究

2.4.1 酰腙希夫碱荧光传感器 H_4L^1 对 Zn(Ⅱ)的紫外-可见滴定研究

为了初步探索加入 Zn^{2+} 对 H_4L^1 的影响，在乙醇溶液(10^{-4}M)中获得了 H_4L^1 和 Zn^{2+} 在 200~550nm 范围内的 UV-Vis 滴定光谱，如图 2-5 所示。发现在不添加 Zn^{2+} 时，H_4L^1 光谱在 218nm、294nm 和 369nm 的紫外区有三个吸收带。随着 Zn^{2+}

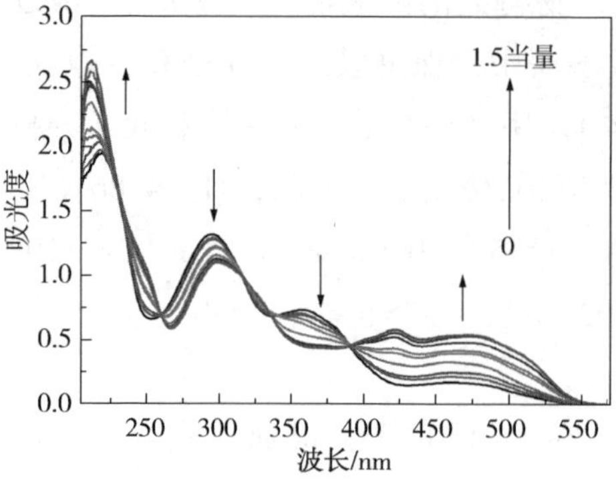

图 2-5 不同当量 Zn^{2+} 下紫外可见吸收光谱图

浓度的不断增加，218nm 处的吸收峰逐渐增强，294nm 处的吸收峰逐渐减弱，369nm 处的吸收峰逐渐消失。同时，在 427nm 和 474nm 处出现了两个新的吸收峰。这可能是由于出现了大的共轭体系即配合物 $H_4L^1-Zn^{2+}$。最后，当加入 1.5 当量 Zn^{2+} 时吸收光谱不再发生变化。根据滴定实验研究结果，初步推测 H_4L^1 与 Zn^{2+} 的配位比为2：3。为了进一步明确识别机理，接下来进行了荧光识别及发射光谱的滴定实验。

2.4.2 酰腙希夫碱荧光传感器 H_4L^1 对金属离子的荧光识别研究

为了深入了解 H_4L^1 对金属离子的荧光性质及识别机理，将金属离子对 H_4L^1 荧光光谱的影响进行了研究(图 2-6)。H_4L^1 在多种溶剂(甲醇、乙醇、乙腈、二氯甲烷、DMF 和 DMSO)中荧光强度弱。但在乙醇-水(9：1)溶液中 H_4L^1 表现出优异的 Zn^{2+} 识别性能。经过实验条件筛选，460nm 激发下在 HEPES 溶液中(10.0mmol，pH 值为 7.4)研究了 H_4L^1 溶液(乙醇：水=9：1，10μmol)对各种金属离子的荧光发射变化，发现 H_4L^1 对 Zn^{2+} 的荧光响应最灵敏。H_4L^1 溶液在 550nm 处有一个发射带，当加入 1.5 当量 Zn^{2+} 时呈黄色荧光并且荧光强度在 575nm 处增强，而其他金属离子的引入并未使荧光强度明显增强，表明这种变化是 Zn^{2+} 所特有的。Zn^{2+} 的加入引起荧光强度的增强可能是由于 Zn^{2+} 与 H_4L^1 分子中 C ═N 配位阻碍了双键的异构化。对于加入 Zn^{2+} 之后的荧光光谱发生斯托克斯位移，原因可能是发生了分子内电荷转移(ICT)。这一过程中电子给体与受体之间以 π 键相连成共轭体系，是一个强的推—拉电子体系。在荧光条

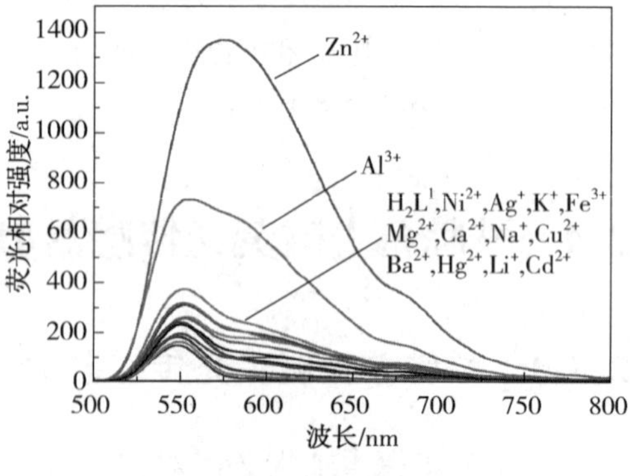

图 2-6 不同的金属离子对 H_4L^1 荧光光谱的影响

件下，分子中电子从供体向受体的转移就成为 ICT 过程。在分子内电荷转移的过程中，给体与供体间可能会发生内部转动导致扭曲的分子内电荷转移态，从而会在一定程度上影响荧光强度。而在传感器 H_4L^1 中底物是推电子基，当识别基团与金属离子结合后拉电子能力增强，导致荧光光谱红移。这些结果表明化学传感器 H_4L^1 对 Zn^{2+}高度敏感，可作为检测水溶液中 Zn^{2+}的有效工具。

2.4.3 酰腙希夫碱荧光传感器 H_4L^1 对 Zn(Ⅱ)的荧光滴定研究

为了更好地了解传感器的传感过程并探索传感器与金属离子的配位比 460nm 激发下，在 HEPES 溶液(10.0mmol，pH 值为 7.4)中，测试了荧光传感器 H_4L^1(乙醇：水=9：1，10.0μmol)在不同浓度 Zn^{2+}(0~1.5 当量)作用下的荧光光谱变化。由图 2-7(a)可知，随着 Zn^{2+}浓度的增大荧光发射强度逐渐增强，当 Zn^{2+}浓度为 1.5 当量时荧光强度达到最大值。继续滴加 Zn^{2+}荧光强度不发生改变，推测 H_4L^1 与 Zn^{2+}的配位比是 2：3。为了探索 H_4L^1-Zn^{2+}体系的真实化学计量比，通过改变 H_4L^1 和 Zn^{2+}的物质的量比使 H_4L^1 和 Zn^{2+}的总浓度保持在 10μmol，进一步测定了 H_4L^1 和 Zn^{2+}的配位比并绘制了 Job's 曲线，如图 2-7(b)所示。结果表明，在 HEPES 溶液中 Zn^{2+}物质的量比为 0.60 时，荧光发射强度在 575nm 处达到最大值，再次证明了之前的推测——H_4L^1 与 Zn^{2+}的配位化学计量比为 2：3。

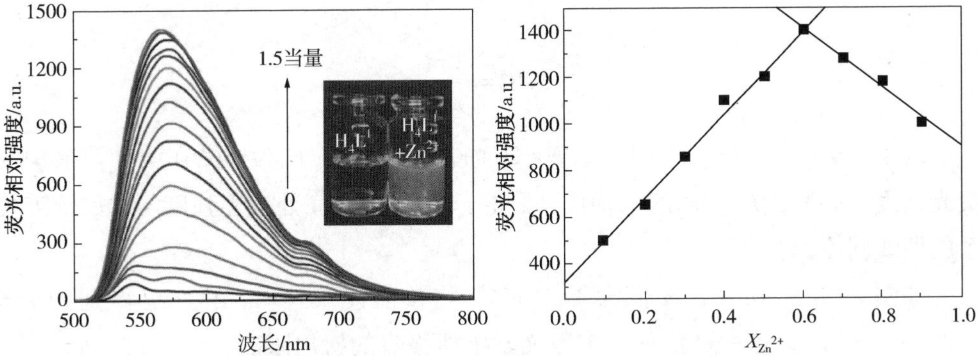

(a)滴定图 (b)Job's曲线

图 2-7 不同浓度 Zn^{2+}的滴定图和 Job's 曲线

继续探讨 H_4L^1 对 Zn^{2+}检测的灵敏度，对 Zn^{2+}与 H_4L^1 的荧光强度之间的相关性进行了分析。如图 2-8 所示，荧光强度随 Zn^{2+}浓度的增大而增强。利用 575nm 的荧光强度与 Zn^{2+}浓度通过方程{$I/I_0=1+K_{sv}[M]$}拟合得到了线性关系[图 2-8(a)]，

其中 I_0和 I 分别表示在 575nm 时 H_4L^1 的起始荧光强度和加入不同浓度 Zn^{2+}后的荧光强度，[M]表示 Zn^{2+}浓度，K_{sv}表示结合常数。结果表明，与其他 Zn^{2+}荧光传感器相比，H_4L^1 对 Zn^{2+}的敏感性较高，相关性为 0.993，K_{sv}为 $1.323\times10^6 mol^{-1}$。结合常数值在文献报道的其他 Zn^{2+}荧光探针范围($10^3 \sim 10^9 mol^{-1}$)内，说明 H_4L^1 对 Zn^{2+}有良好的灵敏度。

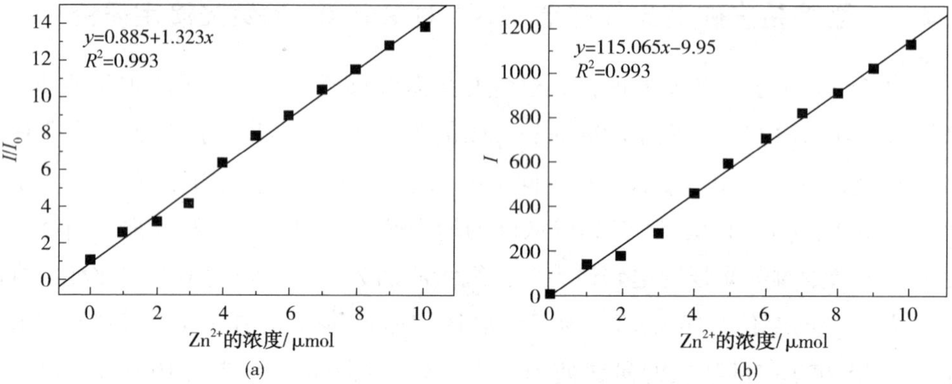

图 2-8　575nm 处荧光强度与 Zn^{2+}浓度线性关系图

另外，根据以下式(2-1)和式(2-2)算出 H_4L^1 对 Zn^{2+}的检测限(*LOD*)：

$$\sigma = \sqrt{\frac{\sum (F - F_0)^2}{N - 1}} \tag{2-1}$$

$$LOD = \frac{3\sigma}{m} \tag{2-2}$$

式中，σ(σ=4.62)为空白组(N=20)的标准偏差；F_0为样品在缓冲溶液中的荧光强度，a.u.；F 是 F_0的平均值，a.u.；m 是 575nm 处荧光强度与 Zn^{2+}浓度关系的曲线斜率。

如图 2-8(b)所示，m 值为 115.065。将数值代入式(2-2)，可得到 $LOD = 1.20\times10^{-7} mol^{-1}$，这一数值低于多数文献中所报告的检出限。

2.4.4　酰腙希夫碱荧光传感器 H_4L^1 对 Zn(Ⅱ)识别的抗干扰研究

为了探索 H_4L^1 在其他金属离子存在的情况下作为 Zn^{2+}荧光传感器的功能，在 Zn^{2+}与等量或过量其他金属离子混合存在的情况下进行了干扰试验，以确定其是否会干扰传感器 H_4L^1 对 Zn^{2+}的检测，如图 2-9 所示。

在 H_4L^1(10.0μmol)的 HEPES 溶液(10.0mmol，pH 值为 7.4)中加入 1.5 当量其他金属离子后继续加入浓度相同或过量的 Zn^{2+}，大多数金属离子对 H_4L^1-Zn^{2+} 的发射响应影响很小或忽略不计。对于 Cu^{2+}、Ni^{2+} 和 Fe^{3+} 这三种具有顺磁性的金属阳离子，由于其光诱导金属阳离子向荧光团传递电子或能量的机制，对荧光团有明显的淬灭作用。这些结果表明，大多数金属离子不影响 H_4L^1 对 Zn^{2+} 的检测，H_4L^1 可作为一种优良的 Zn^{2+}荧光传感器。

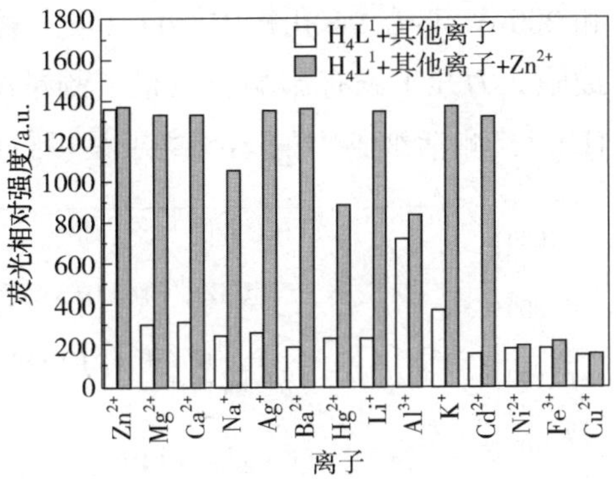

图 2-9 金属离子对 H_4L^1-Zn^{2+}(25μmol)体系的干扰测试

溶剂：H_4L^1(乙醇：水=9：1，10μmol)；HEPES(10.0mmol，pH 值为 7.4)

2.5 酰腙希夫碱荧光传感器 H_4L^1 的细胞毒性及生物成像研究

在之前的研究基础上不仅推测出 H_4L^1 与 Zn^{2+}的化学配位比，而且对传感器的灵敏度和传感器 H_4L^1 对 Zn^{2+}的干扰性进行测试，发现传感器 H_4L^1 对 Zn^{2+}有良好的识别作用。通过在 H_4L^1 与 Zn^{2+}混合溶液中加入过量的 Na_2EDTA，考察该过程的可逆性。460nm 激发下，在 HEPES 缓冲溶液(10mmol，pH 值为 7.4)中向 H_4L^1-Zn^{2+}体系中加入一定量的 Na_2EDTA 时，荧光强度可降低。如图 2-10(a)所示，H_4L^1(10.0μmol)在 HEPES 缓冲液(20.0mmol，pH 值为 7.4)中表现出微弱的荧光强度，而在加入一定量 Zn^{2+}后表现出显著的荧光增强。在上述 H_4L^1-Zn^{2+}溶液中加入一定量的 Na_2EDTA 后，荧光强度有效地恢复到原来的水平。有趣的是，进一步添加 Zn^{2+}又导致了荧光的恢复，化学传感器 H_4L^1 在超过 10 个循环的测试后仍然显示出良好的可恢复性，荧光效率几乎没有损失[图 2-10(b)]。这一分析表明，Zn^{2+}和 Na_2EDTA 存在下的荧光传感器 H_4L^1 是循环可逆的。

通过对荧光传感器 H_4L^1 在缓冲溶液中的循环性测试，表明 H_4L^1 具有良好的可逆性，将其应用于 HeLa 细胞中，通过对 HeLa 细胞的生物成像研究，继续探究荧光传感器 H_4L^1 对 HeLa 细胞中金属离子识别的特异性和灵敏性。首先对 HeLa 细胞进行细胞毒试验(MTT)。用 DMEM 培养液(37℃，5% CO_2)培养 HeLa 正常细胞 24h，再用不同浓度的 H_4L^1(0μmol、12.5μmol、25μmol、50μmol、100μmol

和 200μmol)在 96 孔板中孵育 24h，测定细胞存活率。如图 2-11 所示，H_4L^1 对细胞活力几乎没有影响，在整个测量浓度范围内表现出良好的生物相容性，表明 H_4L^1 检测活细胞中的 Zn^{2+} 离子是可行的。

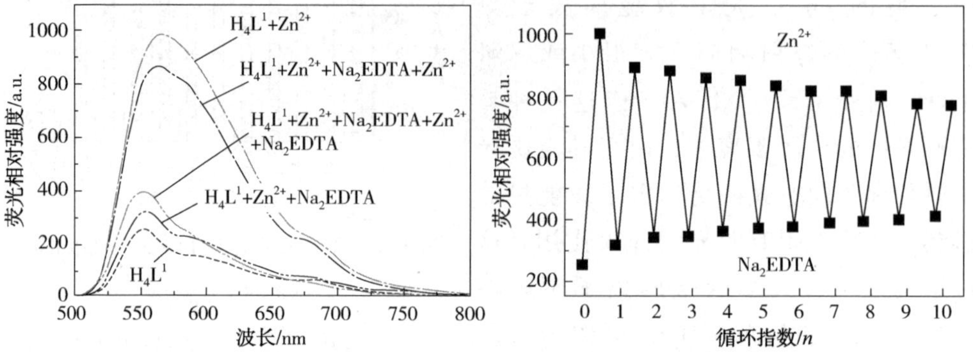

图 2-10 H_4L^1(10.0μmol)与 Zn^{2+} 在 HEPES 缓冲溶液中的循环指数

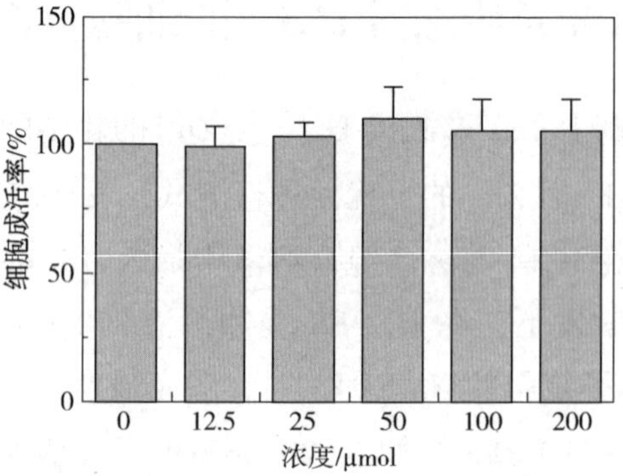

图 2-11 不同浓度的 MRT-Cys 培养后，HeLa 细胞的成活率

注：误差棒为三次平行实验的标准偏差。

进一步探索 H_4L^1 在 HeLa 细胞中检测 Zn^{2+} 和 Na_2EDTA 的能力。用 DMEM 培养液(37℃，5% CO_2)培养 24h 后，用 10.0μmol H_4L^1 在 37℃的 DMEM 中孵育 30min，PBS 清洗 3 次，通过 OLYMPUS IX71 型共聚焦显微镜摄像。如图 2-12(a)所示，细胞显示微弱的细胞内荧光。然而，当 15.0μmol 的 Zn^{2+} 在 37℃的 DMEM 中作用 30min 时，细胞显示出强烈的绿色荧光[图 2-12(b)]。随后用 Na_2EDTA(15.0μmol)在 DMEM 中 37℃处理 30min，取代了 H_4L^1-Zn^{2+} 体系中的 Zn^{2+}，细胞内荧光恢复到游离 H_4L^1 的微弱荧光信号[图 2-12(c)]。因此，这些细胞生物成像研究表明 H_4L^1 能够对活细胞中的 Zn^{2+} 和 Na_2EDTA 进行成像。

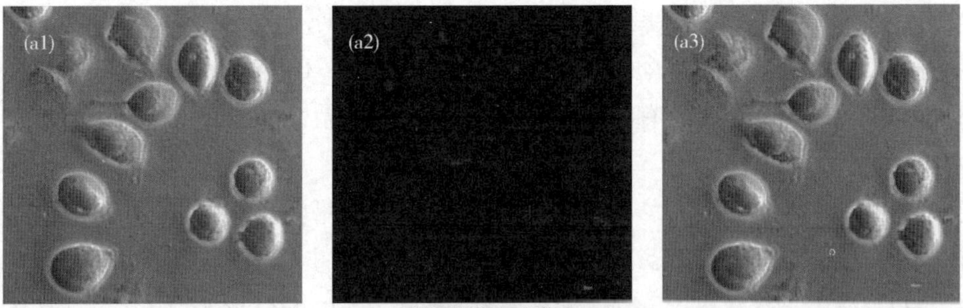

(a)微弱的细胞内荧光

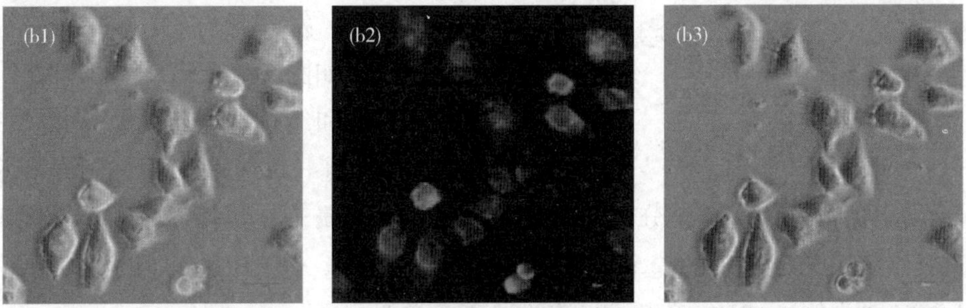

(b)强烈的(绿色)荧光

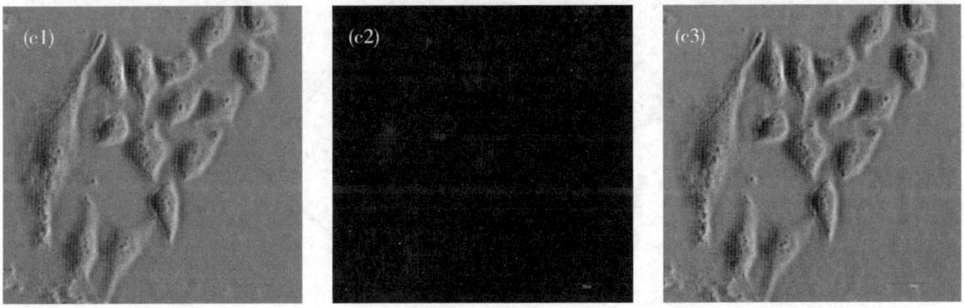

(c)微弱荧光信号

图 2-12　活体 HeLa 细胞的荧光图像

注：叠加场透射图像[（a1）、（b1）、（c1）]，荧光暗场透射图像[（a2）、（b2）、（c2）]，明场透射图像[（a3）、（b3）、（c3）]。

2.6　基于酰腙希夫碱 H_4L^1 的 Zn 配合物 1 晶体结构研究

配合物 1 的单晶衍射实验及其晶胞参数等衍射数据的收集，是通过 Bruker APEX D8VISE 衍射仪进行的。在显微镜下选取尺寸 0.16mm×0.15mm×0.12mm 的单晶 1。使用 SADABS 进行多扫描吸收校正。使用 Olex2 解析结构。用 SHELX-2016 程序包中的 SHELXL 对 F^2进行全矩阵最小二乘法精修，用直接法解析结构。所有非氢原子都位于傅里叶图上，并用各向异性的热参数进行精修。氢原子作为骑行模型进行了计算和精修。水分子的氢原子通过差示图谱进行了定位。采用 ISOR 和 SIMU 指令约束各向异性位移参数，DFIX、DANG 和 SADI 指令约束距离在合理范围内。有关配合物 1 的 X 射线晶体数据，请参阅 CIF 文件（CCDC 编号：2090384）。

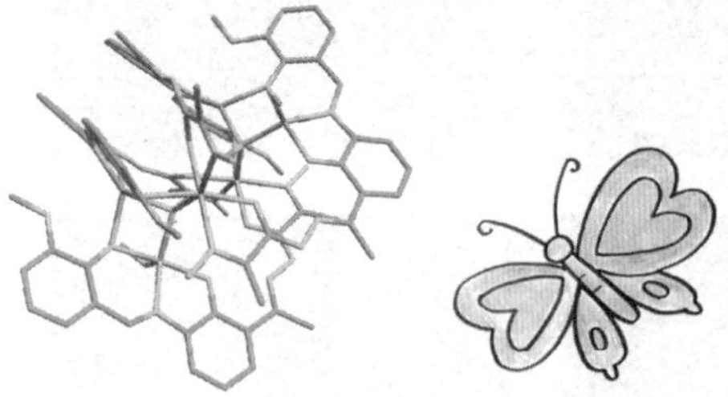

图 2-13 配合物 1 的单晶结构示意图

通过对配合物 1 的单晶培养和结构分析，进一步证实了之前的推测——H_4L^1 与 Zn^{2+}的配位比为 2∶3。对晶体结构进行讨论，发现配合物 1 的单晶结构为“蝶形”，如图 2-13 所示。配合物 1 的晶体学数据和结构优化细节如表 2-3 所示。选择的键长和键角数据如附录所示。单晶结构如图 2-14所示，分析结果表明，配合物 1 属于三斜晶系，P-1 空间群，呈笼状结构。该配合物的 6 个锌离子有两种配位环境，如图 2-14(b) 中所示(以 Zn1 和 Zn2 为例)，其余锌离子与该两种离子类似。

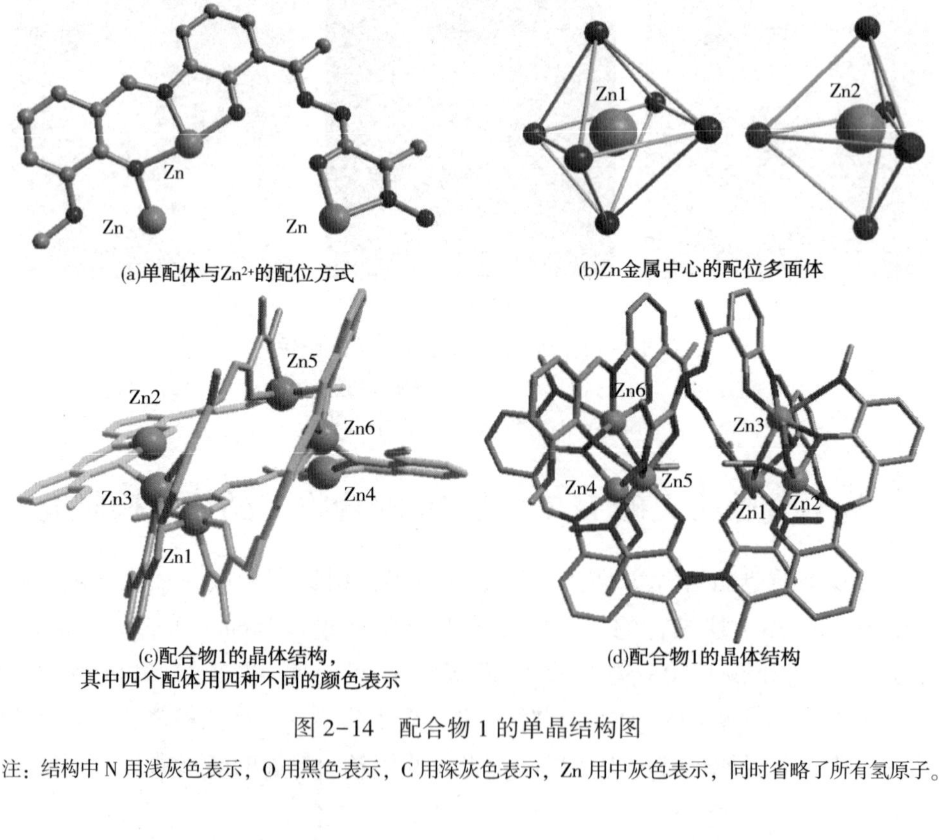

(a)单配体与Zn^{2+}的配位方式

(b)Zn金属中心的配位多面体

(c)配合物1的晶体结构，其中四个配体用四种不同的颜色表示

(d)配合物1的晶体结构

图 2-14 配合物 1 的单晶结构图

注：结构中 N 用浅灰色表示，O 用黑色表示，C 用深灰色表示，Zn 用中灰色表示，同时省略了所有氢原子。

表 2-3 配合物 1 的晶体学参数

参数	数据
分子式	$C_{89}H_{121}N_{18}Zn_6O_{41}$
分子量	2491.25
晶系，空间群	斜晶系，P-1
a/Å	14.5624(4)
b/Å	17.8149(5)
c/Å	24.0890(6)
α/(°)	99.3690(10)
β/(°)	99.1270(10)
γ/(°)	112.2410(10)
体积/$Å^3$，Z	5538.8(3)，2
ρ_{calc}/g·cm^{-3}	1.494
μ/mm^{-1}	1.370
F(000)	2578
R_{int}	0.0650
Independent reflections	17129
晶体尺寸/mm^3	0.16×0.15×0.12
辐射	Mo-Kα(λ=0.71073)
2θ range for data collection/(°)	4.586~51.47
索引范围	$-17 \leq h \leq 17$，$-21 \leq k \leq 21$，$-29 \leq l \leq 27$
Reflections collected	95875
数据/界限值/参数	21116/87/1422
Goodness-of-fit on F^2	1.028
Final R indexes[$I \geq 2\sigma(I)$]	R_1=0.0612，wR_2=0.1870
Final R indexes[all data]	R_1=0.0753，wR_2=0.2029
Largest diff. peak/hole/e $Å^{-3}$	2.141/-1.019

2.7 本章小结

基于对生物体内金属离子的识别，制备了一种新型酰腙希夫碱荧光化学传感器 H_4L^1。该传感器具有四个特定结合部位，其中三个内腔具有优先结合过渡金属离子的倾向。另外，化学传感器 H_4L^1 具有高选择性，对 Zn^{2+}有强的荧光响应，初步探索了 Zn^{2+}与 H_4L^1 的配位比。在 Na_2EDTA 存在下，H_4L^1 检测具有可逆性。更重要的是，由于其低毒和良好的生物相容性，细胞成像研究也表明，H_4L^1 可成功应用于监测活细胞中的 Zn^{2+}，并且构筑具有独特结构特征的螺旋笼状配合物 1，单晶结构证实了 Zn^{2+}与 H_4L^1 的配位模式及配位比(图 2-15)。

(1) 荧光传感器 H_4L^1 及配合物 1 合成工艺相对简单，原料廉价，可大规模制备，使其具有良好的商业应用前景。

(2) 基于对生物体环境的模拟，荧光传感器 H_4L^1 在缓冲溶液 HEPES 中实现了对 HeLa 细胞中金属离子 Zn^{2+}的识别，呈现出绿色荧光，并有较强的抗干扰性能和良好的灵敏度。

(3) H_4L^1 与金属离子 Zn^{2+} 发生配位反应，合成新型螺旋笼状六核结构 Zn(Ⅱ)配合物 1，H_4L^1 与 Zn^{2+}的配位比为 2∶3。

(4) 螺旋笼状六核结构配合物 1 的构筑，使得配合物作为传感器对生物体内金属离子的识别成为可能。

基于以上结果，传感器 H_4L^1 和配合物 1 在检测生物系统和环境中 Zn^{2+}将具有潜在的应用前景。

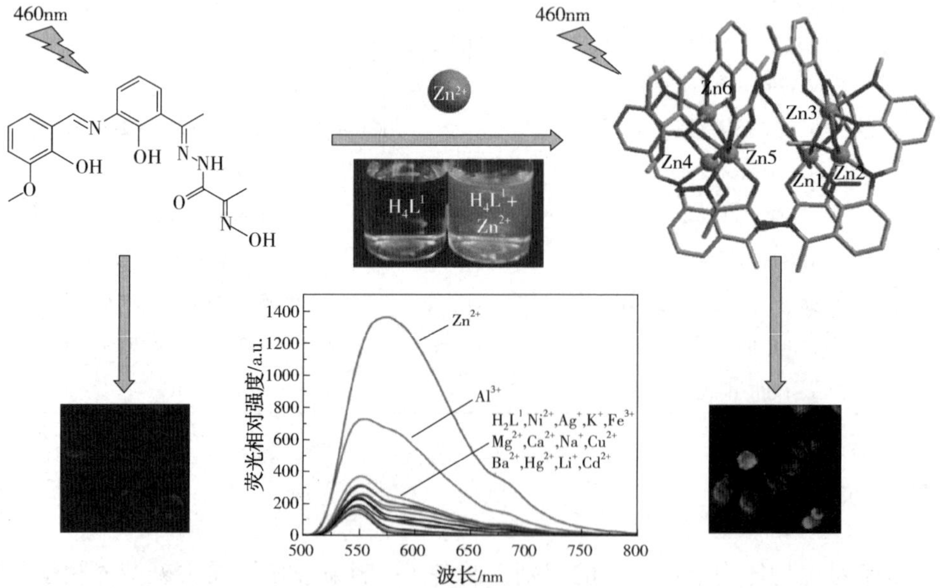

图 2-15 传感器 H_4L^1 对 Zn^{2+}的荧光识别及生物成像研究

附 录

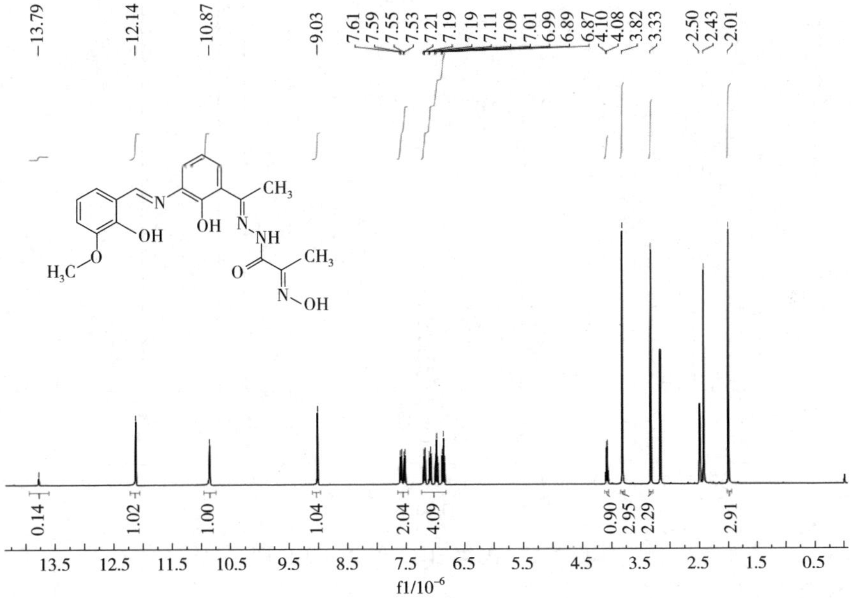

图 S2-1 配体 H_4L^1 的^{1}H NMR 图

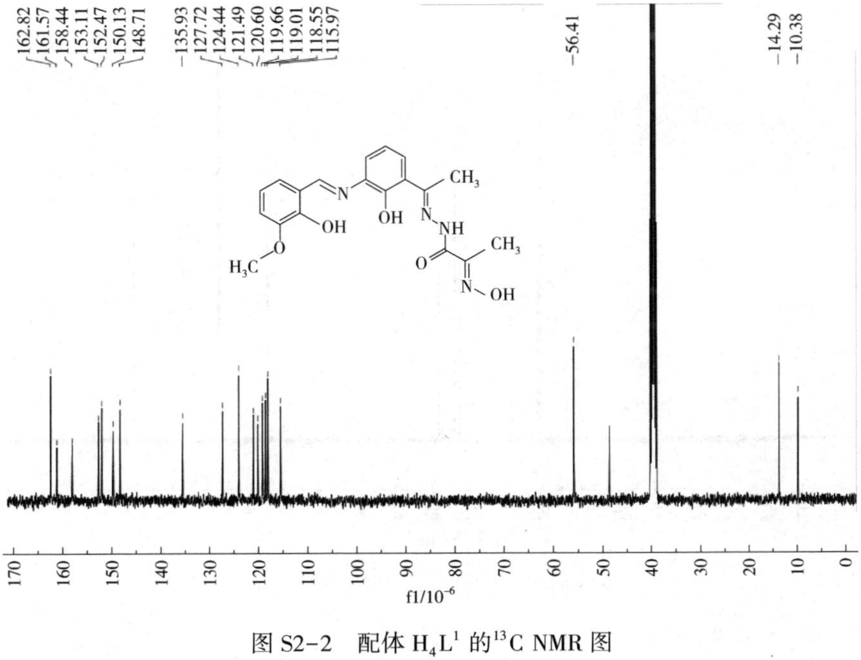

图 S2-2 配体 H_4L^1 的^{13}C NMR 图

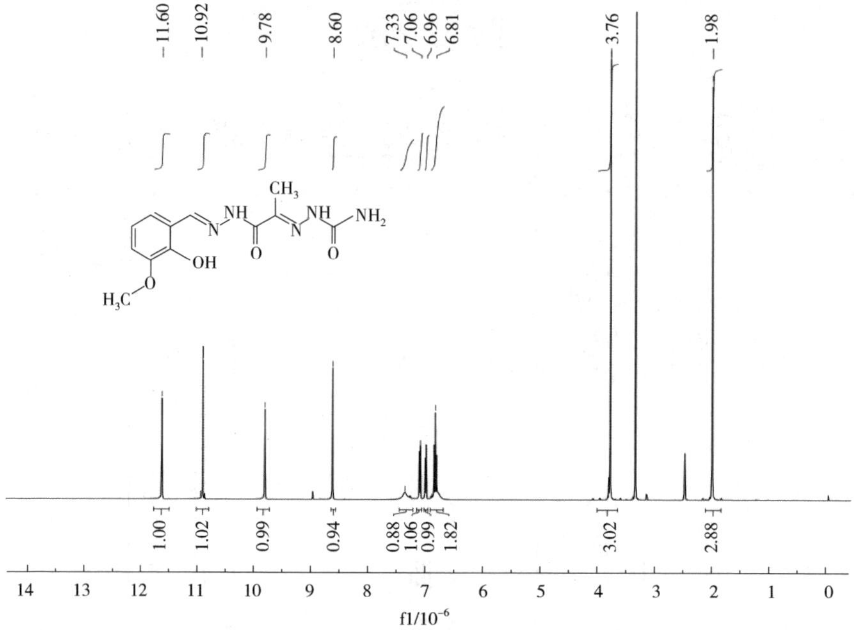

图 S2-3　配体 H_2L^2 的 ^1H NMR 图

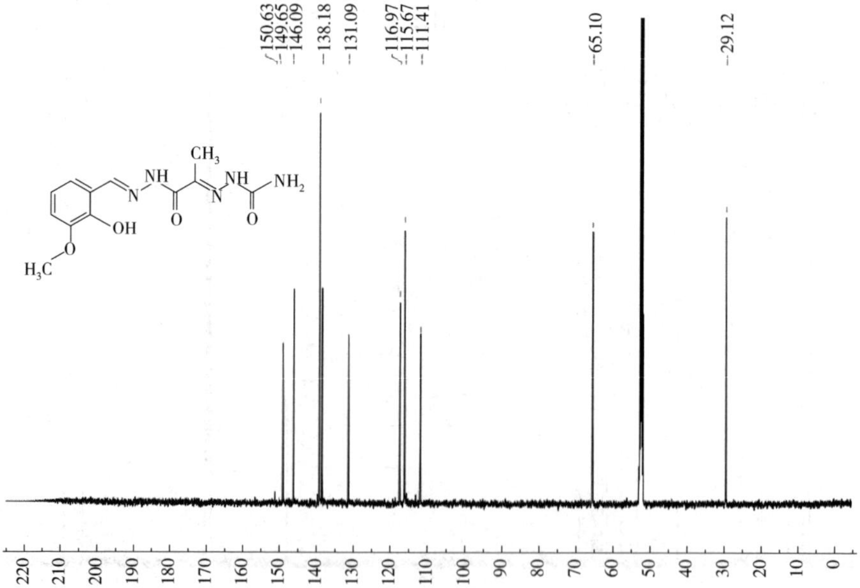

图 S2-4　配体 H_2L^2 的 ^{13}C NMR 图

表 S2-1　配合物 1 的键长　(Å)

类型	键长	类型	键长	类型	键长
Zn1-O2	2.236(3)	Zn1-O9	2.048(4)	Zn1-O19	2.070(4)
Zn1-O22	2.103(3)	Zn1-N8	2.200(5)	Zn1-N16	2.108(5)
Zn2-O12	2.022(3)	Zn2-O13	2.024(3)	Zn2-O22	1.985(3)
Zn2-O23	2.042(3)	Zn2-N9	2.022(4)	Zn3-O2	2.068(3)
Zn3-O3	2.095(3)	Zn3-O12	2.061(3)	Zn3-O22	2.045(3)
Zn3-N1	2.029(4)	Zn4-O17	2.035(4)	Zn4-O18	2.009(4)
Zn4-O21	1.993(3)	Zn4-O24	2.028(4)	Zn4-N13	2.049(4)
Zn5-O4	2.052(3)	Zn5-O7	2.244(3)	Zn5-O14	2.098(3)
Zn5-O21	2.069(3)	Zn5-N4	2.190(4)	Zn5-N12	2.093(4)
Zn6-O7	2.070(3)	Zn6-O8	2.078(3)	Zn6-O17	2.023(3)
Zn6-O21	2.078(3)	Zn6-N5	2.042(4)		

表 S2-2　配合物 1 的键角　(°)

类型	键角	类型	键角	类型	键角
O9-Zn1-O2	88.17(14)	O9-Zn1-O19	102.21(15)	O9-Zn1-O22	84.41(13)
O9-Zn1-N8	75.03(17)	O9-Zn1-N16	179.09(17)	O19-Zn1-O2	168.43(15)
O19-Zn1-O22	97.10(13)	O19-Zn1-N8	97.21(18)	O19-Zn1-N16	76.99(16)
O22-Zn1-O2	78.66(12)	O22-Zn1-N8	157.01(17)	O22-Zn1-N16	95.22(14)
N8-Zn1-O2	90.34(16)	N16-Zn1-O2	92.58(15)	N16-Zn1-N8	105.49(18)
O12-Zn2-O13	172.29(13)	O12-Zn2-O23	96.61(13)	O13-Zn2-O23	89.90(14)
O22-Zn2-O12	83.21(13)	O22-Zn2-O13	98.14(13)	O22-Zn2-O23	112.48(13)
O22-Zn2-N9	138.10(14)	N9-Zn2-O12	91.96(15)	N9-Zn2-O13	81.94(15)
N9-Zn2-O23	109.41(15)	O2-Zn3-O3	157.49(13)	O12-Zn3-O2	93.97(13)
O12-Zn3-O3	107.24(12)	O22-Zn3-O2	83.99(13)	O22-Zn3-O3	91.87(12)
O22-Zn3-O12	80.80(12)	N1-Zn3-O2	90.78(15)	N1-Zn3-O3	79.96(14)
N1-Zn3-O12	134.17(15)	N1-Zn3-O22	145.00(14)	O17-Zn4-N13	88.34(16)
O18-Zn4-O17	167.92(14)	O18-Zn4-O24	95.73(17)	O18-Zn4-N13	81.22(16)
O21-Zn4-O17	82.31(13)	O21-Zn4-O18	101.50(14)	O21-Zn4-O24	106.89(15)
O21-Zn4-N13	138.44(14)	O24-Zn4-O17	94.07(16)	O24-Zn4-N13	114.14(17)

续表

类型	键角	类型	键角	类型	键角
O4-Zn5-O7	89. 99(12)	O4-Zn5-O14	99. 23(12)	O4-Zn5-O21	84. 58(12)
O4-Zn5-N4	75. 56(13)	O4-Zn5-N12	175. 73(14)	O14-Zn5-O7	170. 74(12)
O14-Zn5-N4	95. 66(13)	O21-Zn5-O7	79. 13(12)	O21-Zn5-O14	100. 79(13)
O21-Zn5-N4	156. 00(13)	O21-Zn5-N12	96. 41(14)	N4-Zn5-O7	87. 40(12)
N12-Zn5-O7	94. 27(13)	N12-Zn5-O14	76. 51(14)	N12-Zn5-N4	104. 39(14)
O7-Zn6-O8	155. 22(12)	O7-Zn6-O21	83. 08(12)	O8-Zn6-O21	90. 77(13)
O17-Zn6-O7	96. 92(13)	O17-Zn6-O8	105. 74(13)	O17-Zn6-O21	80. 54(13)
O17-Zn6-N5	138. 10(14)	N5-Zn6-O7	89. 95(14)	O5-Zn6-O8	79. 92(14)
N5-Zn6-O21	141. 35(13)				

第3章 基于酰腙希夫碱用于生物成像的新型Zn(Ⅱ)荧光传感器H_2L^2的合成及配合物晶体结构研究

3.1 引言

众所周知，锌是人体中含量丰富的一种过渡金属元素，在生命系统的各个生理过程中扮演着不可替代的角色。荧光技术因其灵敏度和时空分辨率高等特点，在 Zn^{2+} 分布、吸收和迁移等方面有着重要的应用价值。在过去的二十年里，人们致力于在生物系统中进行 Zn^{2+} 荧光成像，证明 Zn^{2+} 在生理过程中的起伏变化以及不稳定 Zn^{2+} 的时空分布。荧光显微镜、共聚焦荧光显微镜、双光子荧光显微镜、基于寿命的发光技术和发光光学成像系统等技术的发展，为解决 Zn^{2+} 发光成像提供了条件。

迄今为止，高选择性、高灵敏度、实时检测和操作简便的荧光传感器在环境研究和分析化学领域引起了研究者的极大关注。随着荧光传感器的合理设计和正确使用，Zn^{2+} 在各种细胞系、细胞器、组织、器官和活体动物中的成像已经被实现，这对于阐明不稳定 Zn^{2+} 的生物学和生理作用是至关重要的。随着新的荧光发色团标记技术的不断发展，基于良好水溶性和生物相容性的荧光化学传感器被化学家们探究。近年来，已经研究了许多用于检测和识别 Zn^{2+} 的荧光探针，但其中一些只能在有机溶液中使用，这限制了其在环境和生物体系中的潜在应用。因此，设计和合成一种荧光探针来检测细胞和监测水溶液中的高选择性和高灵敏度

的 Zn^{2+} 是一个巨大的挑战。

在之前，设计了具有高选择性的传感器 H_2L^1，可很好地应用于细胞中检测 Zn^{2+}。本章中，在 H_2L^1 基础上改变中间体合成了新型的酰腙希夫碱荧光传感器 H_2L^2。相较于 H_2L^1，H_2L^2 缩短了合成步骤，操作更简便。分析其荧光识别以及在 HeLa 细胞中的成像应用，为荧光领域的研究提供了一种可供选择的材料，并得到了四核配合物 H_2L^2-Zn^{2+}(2) 的单晶结构，证实了识别机理（见图 3-1）。

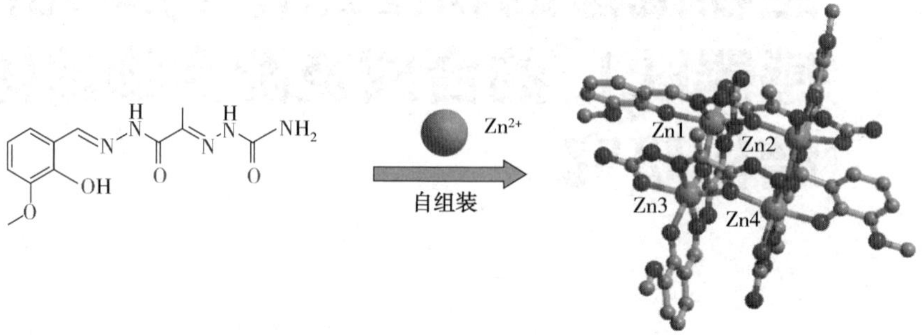

图 3-1　配体 H_2L^2 自组装得到配合物 2

3.2　实验试剂与仪器

具体实验试剂与仪器如表 3-1 和表 3-2 所示。

表 3-1　实验试剂

实验试剂	规格	生产厂家
丙酮酸乙酯	95%	上海易恩化学技术有限公司
氨基脲盐酸盐	98%	上海易恩化学技术有限公司
水合联氨	AR	山西同杰化学试剂有限公司
无水甲醇	AR	天津市大茂化学试剂厂
乙腈	AR	天津市富宇精细化工有限公司
邻香兰素	99%	上海皓鸿生物医药科技有限公司
三乙胺	AR	天津市天力化学试剂有限公司
六水合硝酸锌	AR	上海峰鹤化学试剂有限公司
无水乙醇	AR	天津市大茂化学试剂厂
Na_2EDTA	AR	山东萍聚生物科技有限公司

表 3-2 实验仪器

实验仪器	型号规格	生产厂家
分析天平	ZF75	西安玉辉仪器有限公司
旋转蒸发仪	RE-52A	上海亚荣生化仪器厂
紫外光谱仪	UV-2600	日本岛津制作所
热重分析仪	TGA-DTG/DSC1	梅特勒-托利多公司
循环水式真空泵	SHZ-DⅢ	巩义市予华仪器有限责任公司
微量元素分析仪	Vario Micro	德国艾曼元素分析仪器有限公司
布鲁克红外光谱仪	VERTEX70	德国布鲁克公司
智能恒温磁力搅拌器	ZNCL	河南爱博特科技发展有限公司
核磁共振波谱 NMR	Bruker AVANCE 400	德国布鲁克公司
荧光分光光度计	Lumina	赛默飞世尔
多功能酶标仪	Tecan Infinite F200/M200	上海艾研生物科技有限公司
共聚焦显微镜	Olympus IX71	赛默飞世尔
X-射线单晶衍射仪	Bruker APEX D8VISE	德国布鲁克仪器有限公司

3.3 酰腙希夫碱荧光传感器 H_2L^2 及其配合物的合成及表征

3.3.1 荧光传感器 H_2L^2 的合成及表征

配体 H_2L^2 的合成：如图 3-2 所示，参考文献中已报道的合成方法。

第一步：将丙酮酸乙酯(11.6g，0.1mol)与氨基脲盐酸盐(11.1g，0.1mol)加入 100mL 烧杯中，常温边搅拌边加入蒸馏水(50mL)，反应 2h，得到产物 m 13.22g，收率 58.24%。第二步：在圆底烧瓶中加入 m(12.11g，0.07mol)和过量水合肼(4mL)，以甲醇(50mL)为溶剂，80℃加热搅拌回流 3h，冷却静置 1h，抽滤后经真空干燥，得到产物 n 10.52g，收率 65.30%。第三步：将第二步合成的产物 n(1.59g，0.01mol)和邻香兰素(1.52g，0.01mol)加入 100mL 圆底烧瓶中，继续加入甲醇溶剂 40mL，80℃加热搅拌回流 12h，冷却静置 1h，抽滤后经真空干燥，得到白色固体 2.23g，收率 71.71%。即得到荧光传感器 H_2L^2。通过元素分析发现理论值与实际值误差小于 1%，基本吻合。计算值,%：C，49.32；H，

4.79；N，23.97；理论值,%：C，49.27；H，5.08；N，24.55。IR（KBr，ν，cm^{-1}）：3572(w)，3423(w)，3323(w)，3183(w)，1703(s)，1535(m)，1463(s)，1417(m)，1247(s)，1155(s)，1094(m)，956(m)，905(m)，737(s)，675(m)。^{1}H NMR（400MHz，DMSO－D6）δ（10^{-6}）：11.60(s，1H，CH ═N)，10.92(s，1H，NH—C ═O)，9.78(s，1H，C ═N—NH)，8.60(s，1H，C ═O—NH_2)，7.33(s，1H，Ar—OH)，7.06(s，1H，C ═O—NH_2)，6.81～6.96(m，3H，Ar—CH)，3.76(s，3H，—OCH_3)，1.98(s，3H，—CH_3)。^{13}C NMR（100MHz，$CHCl_3$－D6）δ（10^{-6}）：150.63，149.65，146.09，138.18，131.09，116.97，115.67，111.41，65.10，29.12。

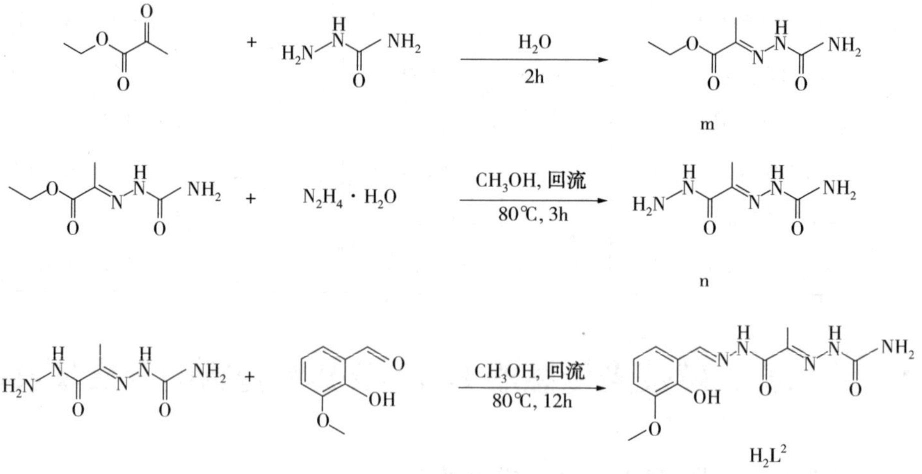

图 3-2　荧光传感器 H_2L^2 的合成过程

3.3.2　酰腙希夫碱配合物 2 的合成及表征

$[Zn_4L_4]\cdot(NO_3)\cdot CH_3OH\cdot H_2O$(2)：将配体 H_2L^2(0.05mmol，0.0146g)和 NaOH(0.05mmol，0.0021g)加入有 8mL 甲醇溶液和 8mL 乙腈溶液的烧杯中，搅拌，使配体溶解，继续加入 $Zn(NO_3)_2\cdot 6H_2O$(0.1mmol，0.0297g)。将溶液搅拌 10min，过滤，将滤液倒入密封玻璃瓶中，保鲜膜封口并戳孔，静置，缓慢挥发。3d 后得到透明块状晶体配合物 2。通过红外光谱(图 3-3)和元素分析对产物进行表征。配合物 2(收率 63%)。计算值,%：C，33.26；H，4.26；N，17.91；理论值：C，32.83；H，4.34；N，18.08。IR（KBr，ν，cm^{-1}）：3569(w)，3421(w)，3311(w)，2985(w)，1698(s)，1604(w)，1529(m)，1459(w)，1157(m)，929 (w)，833(m)，736(s)。

为了确定配合物 2 的热稳定性，在 N_2 保护下得到了配合物 2 的 25～1000℃的热重曲线(图 3-4)。根据配合物 2 的热重曲线发现，在 64℃时配合物开始失重，推测是其游离水分子和甲醇分子的损失。配合物骨架在 251℃时开始坍塌继续失重，在 1000℃之前经历了三次失重，最后的残留物可能为金属氧化物，推测为氧化锌。总体来看，配合物 2 在 250℃以内具有良好的耐热稳定性。

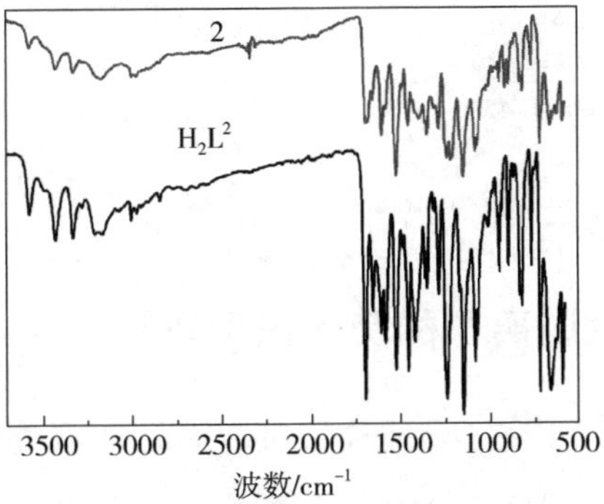

图 3-3　传感器 H_2L^2 和配合物 2 的红外光谱图

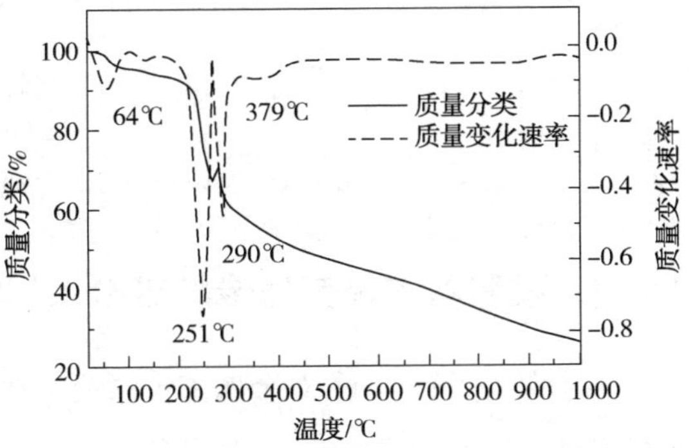

图 3-4　配合物 2 的热重曲线

3.4　酰腙希夫碱荧光传感器 H_2L^2 对 Zn(Ⅱ)的荧光识别研究

3.4.1　酰腙希夫碱荧光传感器 H_2L^2 对 Zn(Ⅱ)的紫外-可见滴定研究

为了更好地理解 Zn^{2+} 加入后 H_2L^2 溶液的紫外吸收光谱的变化以及两者发生的配位关系，在乙醇溶液(10^{-4}mol)中得到了 H_2L^2 和 Zn^{2+} 在 200～500nm 范围内的 UV-Vis 滴定光谱，如图 3-5 所示。H_2L^2 在 211nm、259nm 和 312nm 处有很强的紫外吸收峰。随着 Zn^{2+} 浓度的不断增加，211nm 处的吸收峰逐渐增强，312nm 处的吸收峰逐渐减弱，259nm 处的吸收峰逐渐消失。同时，在 415nm 处出现了一个新的吸收峰，这是加入的 Zn^{2+} 与 H_2L^2 发生作用，出现了大的共轭体系即配合物 H_2L^2-Zn^{2+}。最后，当加入的 Zn^{2+} 浓度与 H_2L^2 浓度相当时，吸收强度几乎不再发生变化。根据滴定实验研究结果，初步推测 Zn^{2+} 与 H_2L^2 的作用形成了 1∶1 的配合物。为了进一步阐明传感器 H_2L^2 的识别机理，对荧光识别及发射光谱的滴定实验进行研究。

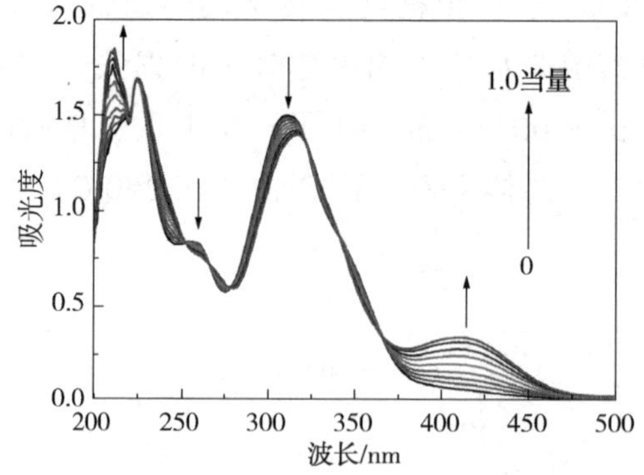

图 3-5 不同当量 Zn^{2+}下紫外可见吸收光谱图

3.4.2 酰腙希夫碱荧光传感器 H_2L^2 对金属离子的荧光识别研究

为了深入了解 H_2L^2 对金属离子的荧光性质，探究了金属离子对传感器 H_2L^2 的荧光光谱的影响(图 3-6)。在多种溶液(乙腈、甲醇、DMF、乙醇、二氯甲烷和 DMSO)中进行了荧光识别实验，发现 H_2L^2 的荧光强度较弱。实验发现，在乙醇-水(9∶1)溶液中 H_2L^2 的荧光强度相对较好。实验模拟生物体环境，选用 HEPES 溶液(10.0mmol，pH 值为 7.4)。在 460nm 激发波长下研究了 H_2L^2 溶液(乙醇∶水=9∶1，10μmol)对各种金属离子的荧光发射变化。在 HEPES 溶液中 H_2L^2 在 548nm 处有一个发射带，当加入 1.0 当量的 Zn^{2+}时，H_2L^2 的荧光强度在 548nm 处增强，而加入其他金属离子几乎没有什么影响，表明这种变化是 Zn^{2+}所特有的，将其识别机理归结为光诱导电子转移(PET)效应。在不添加任何金属离子的情况下，通过光激发使传感器 H_2L^2 中 N 原子上的孤对电子进入激发态下荧光基团芳香环空出的电子轨道中，使被光激发的电子不能跃迁到原始的基态轨道上，引起荧光淬灭。在加入 Zn^{2+} 后，

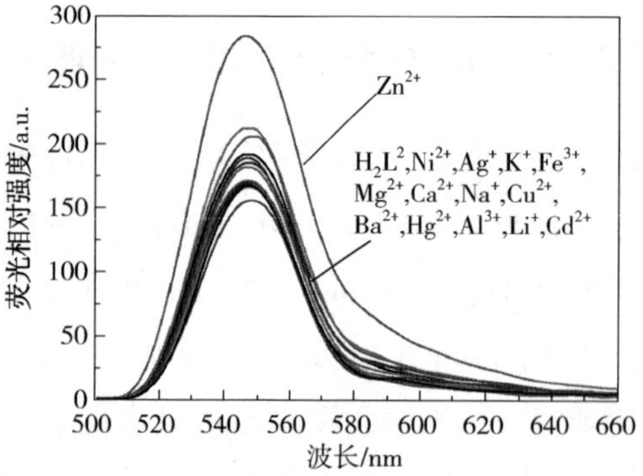

图 3-6 不同的金属离子对 H_2L^2 的荧光光谱的影响

H_2L^2 中 N 原子和 Zn^{2+}之间的配位降低了 N 原子的给电子能力，使反应的 PET 过程受到抑制，被光激发的电子可以直接跃迁到原来的基态轨道从而增强荧光发射强度。这些结果表明，化学传感器 H_2L^2 对 Zn^{2+}有较好的识别作用，可作为检测生物学中 Zn^{2+}的有效工具。

3.4.3 酰腙希夫碱荧光传感器 H_2L^2 对 Zn(Ⅱ)的荧光滴定研究

为了更好地了解传感器的传感过程，研究了荧光传感器 H_2L^2(10.0μmol)在不同 Zn^{2+}浓度(0~1.0 当量)作用下的荧光发射光谱变化，如图 3-7(a)所示。H_2L^2 仅在 548nm 处存在微弱的荧光，随着 Zn^{2+}不断加入荧光强度不断增强，当两者浓度相当时荧光强度不再变化。结合以上实验结果，推测 H_2L^2 和 Zn^{2+}是 1∶1 配位，荧光增强是由 H_2L^2 和 Zn^{2+}配位后产生的阻断 PET 过程。通过改变 H_2L^2 和 Zn^{2+}的物质的量比使总浓度保持在 10μmol，进一步测定了 H_2L^2 和 Zn^{2+}的配位化学计量比，并绘制了 H_2L^2 和 Zn^{2+}的 Job's 曲线，如图 3-7(b)所示。结果表明，当 Zn^{2+}与 H_2L^2 的物质的量比为 0.50 时，在 HEPES 溶液中荧光发射强度在 548nm 处达到最大值，证明了 H_2L^2 与 Zn^{2+}的配位比为 1∶1。

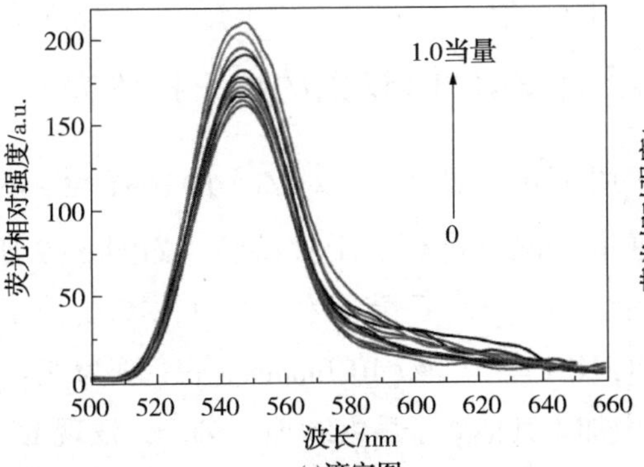

(a)滴定图

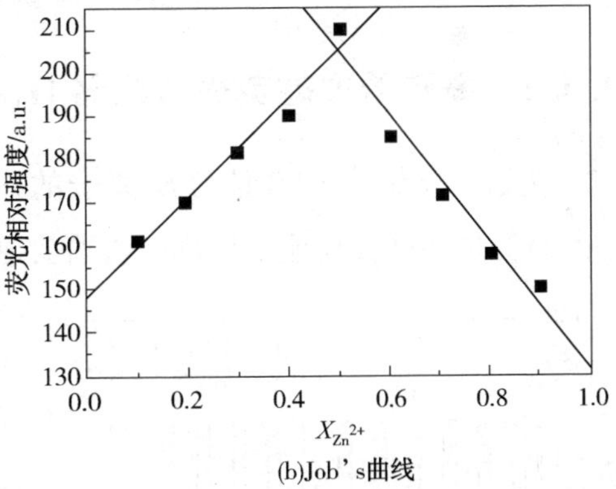

(b)Job's曲线

图 3-7 不同浓度 Zn^{2+}下的滴定图和 Job's 曲线

进一步探索 H_2L^2 对 Zn^{2+}检测的灵敏度，探讨 Zn^{2+}浓度与 H_2L^2 荧光强度之间的相关性。从图 3-8 中可以看出，随着 Zn^{2+}浓度的增加荧光强度逐渐增强。利用 548nm 处的荧光强度与不同的 Zn^{2+}浓度作图得到线性曲线[图 3-8(a)]。通过方程$\{I/I_0=1+K_{sv}[M]\}$对线性关系进行拟合，I_0和 I 分别代表 H_2L^2 在 548nm 处初始的荧光强度和加入不同浓度 Zn^{2+}后的荧光强度，[M]代表 Zn^{2+}浓度，K_{sv}为结合常数。从图中可得出，相关系数为 0.943，K_{sv} 为 $2.60\times10^4 mol^{-1}$，结合常数低于部分文献报道的 Zn^{2+} 荧光探针($10^3\sim10^9 mol^{-1}$)，说明 H_2L^2 对 Zn^{2+} 有良好的灵敏度。

另外，在 1~10μmol 范围根据式(2-1)和式(2-2)计算 H_2L^2 对 Zn^{2+} 的 *LOD*，其中 *m* 是 548nm 处荧光强度与 Zn^{2+} 浓度关系曲线的斜率。如图 3-8(b)所示，*m* 值为 157.54。将数值代入式(2-2)，得到 $LOD=8.80\times10^{-8}$mol，低于大多数文献报道的检测限值。

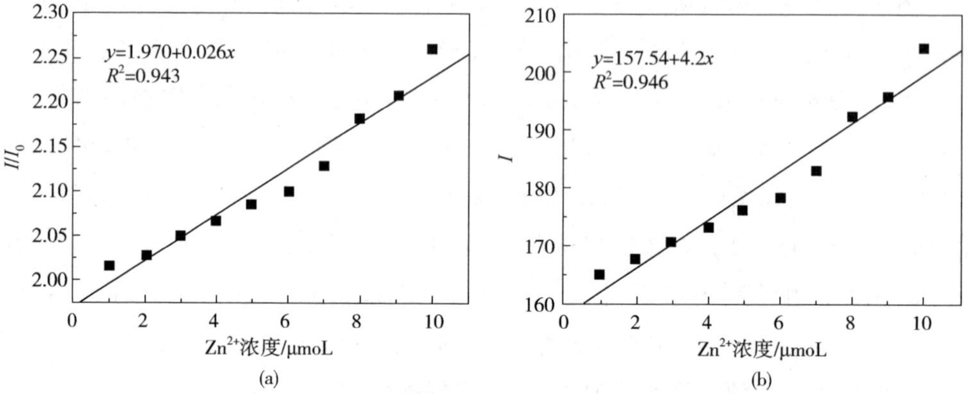

图 3-8 548nm 处荧光强度与 Zn^{2+} 浓度线性关系图

3.4.4 酰腙希夫碱荧光传感器 H_2L^2 对 Zn(Ⅱ)识别的抗干扰研究

为进一步证实在其他金属离子的作用下传感器 H_2L^2 对 Zn^{2+} 的选择性，在 Zn^{2+} 与等量和过量其他金属离子混合存在的情况下进行了干扰试验，如图 3-9 所示。在 H_2L^2(乙醇：水=9：1，10.0μmol)的 HEPES 溶液(10.0mmol，pH 值为 7.4)中加入其他离子后继续加入 Zn^{2+}，发现 K^+、Fe^{3+}、Mg^{2+}、Ca^{2+}、Na^+、Ba^{2+}、Hg^{2+}、Al^{3+}、Li^+ 和 Cd^{2+} 基本上不影响 H_2L^2 对 Zn^{2+} 的检测。Ni^{2+}、Ag^+ 和 Cu^{2+} 对 H_2L^2 检测 Zn^{2+} 干扰较强，这是由其电子构型决定的，相较于 Zn^{2+}，这三种离子的配位能力更强。这些结果表明大多数金属离子不影响 H_2L^2 对 Zn^{2+} 的检测，H_2L^2 传感器可更好地识别 Zn^{2+}。

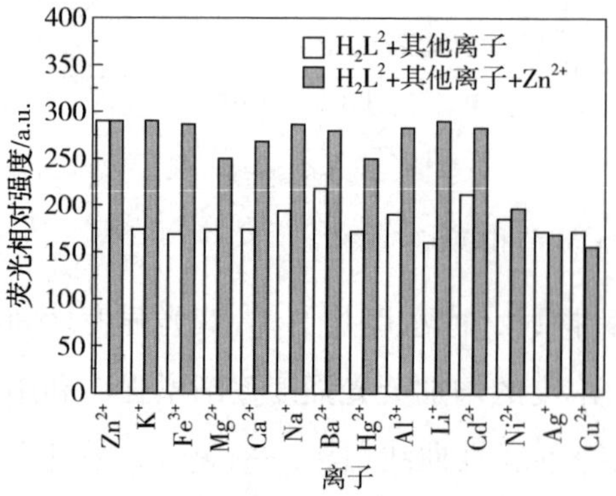

图 3-9 金属离子对 $H_2L^2-Zn^{2+}$(25μmol)体系的干扰测试

3.5　酰腙希夫碱荧光传感器 H_2L^2 的细胞毒性及生物成像研究

可逆性是研制新型实用化学传感器的前提条件。因此，通过加入 Na_2EDTA 证实了荧光传感器 H_2L^2 与 Zn^{2+} 结合过程的可逆性和周期性。当在 H_2L^2 溶液中加入 Zn^{2+} 时荧光强度明显增强，继续加入 Na_2EDTA 时荧光强度减弱[图 3-10(a)]。如图 3-10(b)所示，H_2L^2 在至少 5 个循环后对 Zn^{2+} 和 Na_2EDTA 表现出荧光强度响应。

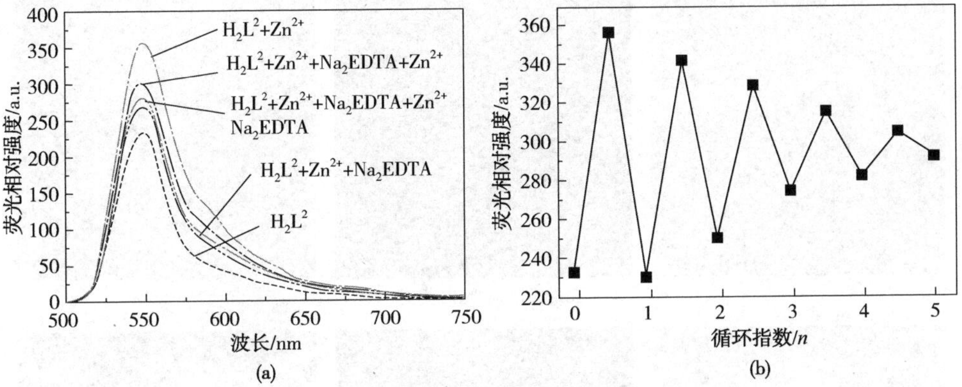

图 3-10　H_2L^2 与 Zn^{2+} 在 HEPES 缓冲溶液(10.0mmol，pH 值为 7.4)中反应的循环指数

同时为了测试 H_2L^2 在活细胞中的毒性大小，在一系列浓度梯度(0μmol、12.5μmol、25μmol、50μmol、100μmol 或 200μmol)下对 H_2L^2 进行 24h 的细胞毒实验，如图 3-11 所示。在测试所需的 25μmol 浓度范围内细胞成活率达到 70%，由此可知，H_2L^2 毒性是很小的。并且在实际检测浓度为 0~10μmol 时的检测限已经很低，因此将 H_2L^2 用于活细胞中检测 Zn^{2+} 是安全的，将其应用于 HeLa 生物细胞中，通过荧光显微镜对其生物成像进行追踪。

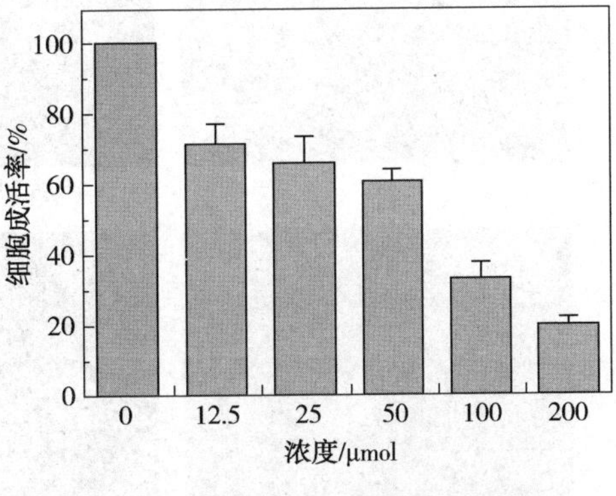

图 3-11　不同浓度的 MRT-Cys 培养后，HeLa 细胞的成活率

注：误差棒为三次平行实验的标准偏差。

将最适宜浓度的 H_2L^2(10.0μmol)在 HeLa 细胞中孵育 30min，用 PBS 清洗 3 次，用 OLYMPUS IX71 型共聚焦显微镜摄像。如图 3-12(a)所示，细胞显示微弱

的细胞内荧光。再加入 10μmol 的 Zn^{2+} 在 HeLa 细胞中孵育 30min，在 OLYMPUS IX71 型共聚焦显微镜上拍摄图像，根据 H_2L^2 对 Zn^{2+} 在 460nm 激发波长下的荧光光谱变化进行成像，细胞显示出强烈的绿色荧光[图 3-12(b)]。随后用 Na_2EDTA(10μmol)在 HeLa 细胞中 37℃处理 30min，取代了 H_2L^2-Zn^{2+} 体系中的 Zn^{2+}，细胞内荧光恢复到游离 H_2L^2 的微弱荧光信号[图 3-12(c)]。这些细胞生物成像数据表明，H_2L^2 可用来检测活细胞内的 Zn^{2+}。

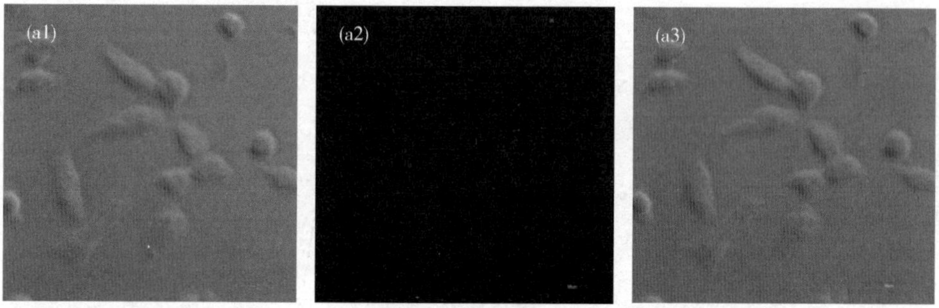

(a)微弱的细胞内荧光

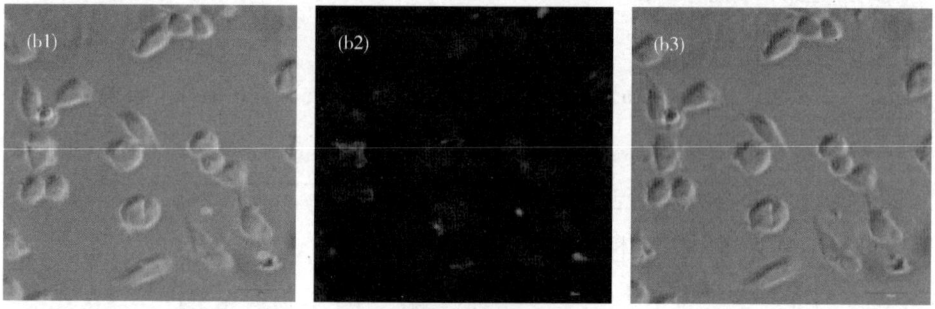

(b)强烈的(绿色)荧光

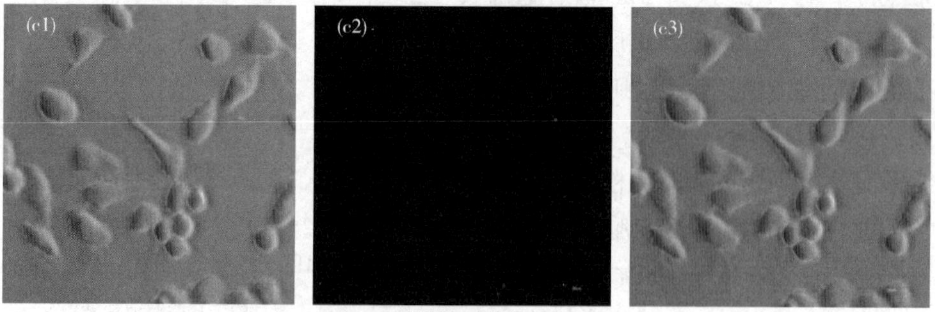

(c)微弱荧光信号

图 3-12 活体 HeLa 细胞的荧光图像

注：叠加场透射图像[(a1)、(b1)、(c1)]，荧光暗场透射图像[(a2)、(b2)、(c2)]，明场透射图像[(a3)、(b3)、(c3)]。

3.6 基于酰腙希夫碱 H_2L^2 的 Zn 配合物 2 晶体结构研究

其方法同配合物 1，CCDC 编号：2159878。

通过分析配合物 2 的单晶结构，进一步证明了 H_2L^2 与 Zn^{2+} 的配位比。金属离子 H_2L^2 与 Zn^{2+} 形成了 1：1（H_2L^2：Zn^{2+}）型配合物。对晶体结构讨论，配合物 2 的单晶结构为[2×2]“风车型”，如图 3-13 所示。配合物 2 的晶体学数据和结构优化细节如表 3-3 所示。选择的键长和键角数据如附录所示。通过单晶解析得到配合物 2 为四核结构，晶体分子式为 $C_{52}H_{80}N_{24}Zn_4O_{36}$，空间群为 I 41/a，属于四方晶系。配合物 2 的不对称单元是由一个去质子的酰腙希夫碱配体（H_2L^2）和两个 Zn^{2+} 构成的[图 3-14(a)]。配合物 2 中的四个 Zn^{2+} 离子结构呈现同构。Zn^{2+} 与配体 H_2L^2 中酚羟基的一个 O 原子、亚胺的两个 N 原子以及羰基的三个 O 原子配位形成了稳定的八面体构型。Zn-N 距离范围为 2.067(5)~2.107(5)，Zn-O 距离范围为 2.104(4)~2.214(5)，最大夹角 O3-Zn1-O2 为 160.90°，最小夹角 N3-Zn1-O3 为 74.85°，均在正常范围内。

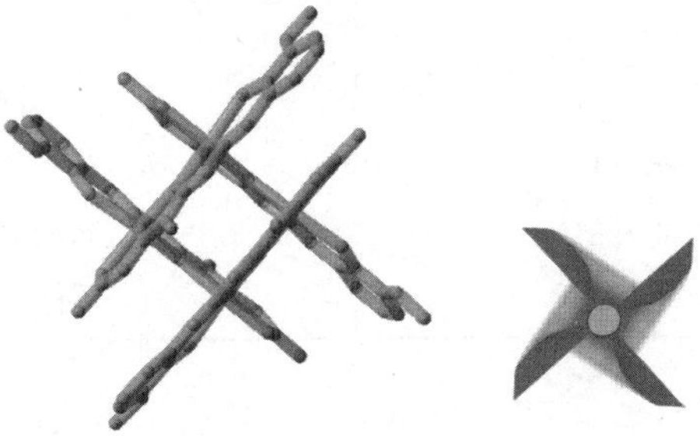

图 3-13 配合物 2 的单晶结构示意图

表 3-3 配合物 2 的晶体学参数

参数	数据
分子式	$C_{52}H_{80}N_{24}Zn_4O_{36}$
分子量	1878.88
晶系，空间群	四方晶系，I 41/a
a/Å	19.027(13)
b/Å	19.027(13)
c/Å	23.412(19)

续表

参数	数据
α/(°)	90(10)
β/(°)	90(10)
γ/(°)	90(10)
体积/$Å^3$, Z	8476(13), 4
ρ_{calc}/g · cm^{-3}	1.472
μ/mm^{-1}	1.214
F(000)	3872
R_{int}	0.1457
Independent reflections	2633
晶体尺寸/mm^3	0.13×0.12×0.1
Radiation	Mo-Kα(λ=0.71073)
2θ range for data collection/(°)	4.612~51.56
Index ranges	$-22 \leqslant h \leqslant 23$, $-23 \leqslant k \leqslant 23$, $-28 \leqslant l \leqslant 28$
Reflections collected	74083
Data/restraints/parameters	4022/6/265
Goodness-of-fit on F^2	1.034
Final R indexes[I≥2σ(I)]	R_1=0.0786, wR_2=0.2297
Final R indexes[all data]	R_1=0.1141, wR_2=0.2772
Largest diff. peak/hole/e $Å^{-3}$	1.337/-0.738

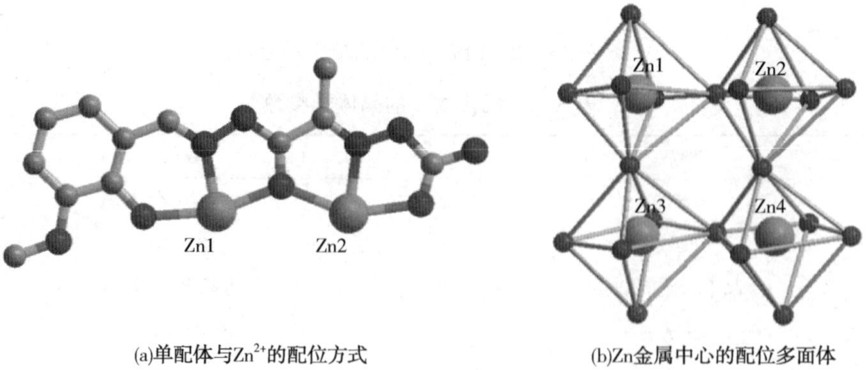

(a)单配体与Zn^{2+}的配位方式　　(b)Zn金属中心的配位多面体

图 3-14　配合物 2 的单晶结构图

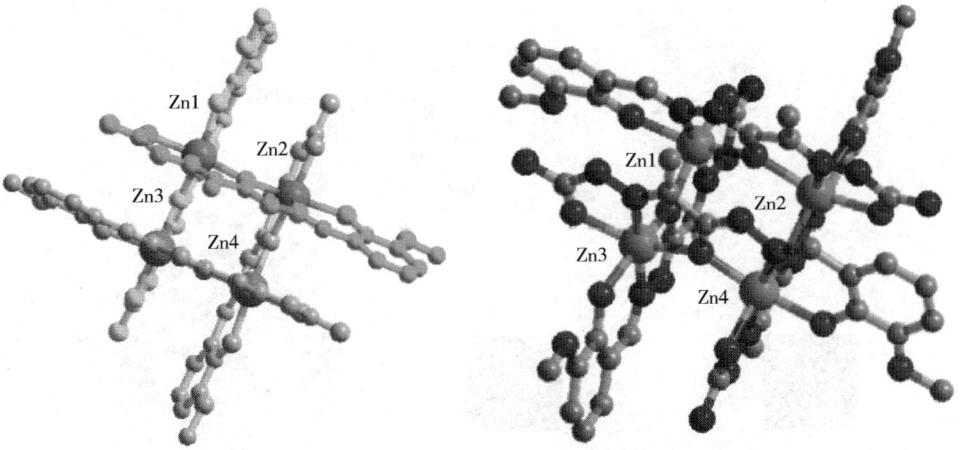

(c)配合物2的晶体结构，其中四个配体用四种不同的颜色表示

(d)配合物2的晶体结构

图 3-14 配合物 2 的单晶结构图(续)

注：结构中 N 用浅灰色表示，O 用黑色表示，C 用深灰色表示，Zn 用中灰色表示，同时省略了所有氢原子。

3.7 本章小结

在本章中，开发了一种新型酰腙希夫碱荧光传感器 H_2L^2 用于选择性地检测具有荧光增强的金属离子。有趣的是，与其他金属离子相比，荧光识别显示 H_2L^2 对 Zn^{2+}具有较高的灵敏度，呈现 PET“关”状态。另外，通过加入 Na_2EDTA 溶液 H_2L^2 具有良好的可逆性和稳定性，这为探索稳定可逆的荧光材料提供了选择。同时，H_2L^2 具有良好的生物相容性和较低的细胞毒性，可用于生物活细胞中 Zn^{2+}的共聚焦荧光成像，这表明其在基础生物学研究方面极具应用潜力。此外，构筑了酰腙希夫碱 Zn(Ⅱ)配合物 2，通过晶体结构证明了 H_2L^2 和 Zn^{2+}(1∶1)的配位比，配位模式为八面体构型，H_2L^2 两两平行，呈现[2×2]“风车形”格子状。如图 3-15 所示。

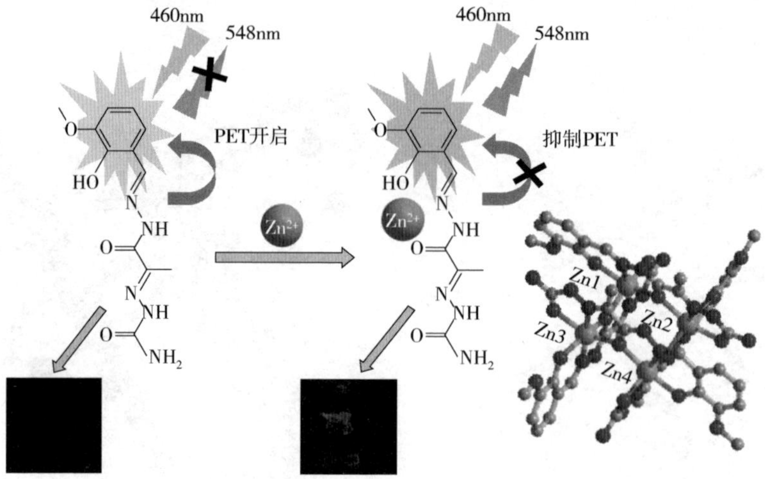

图 3-15　传感器 H_2L^2 荧光识别机理及配合物 2 的晶体图

附　录

表 S3-1　配合物 2 的键长　(Å)

类型	键长	类型	键长	类型	键长
Zn1-O3	2. 104(4)	Zn1-O2	2. 214(5)	Zn1-O4	2. 170(5)
Zn1-N3	2. 107(5)	Zn1-N1	2. 067(5)		

表 S3-2　配合物 2 的键角　(°)

类型	键角	类型	键角	类型	键角
O3-Zn1-O3	95. 7(2)	O3-Zn1-O2	160. 90(14)	O3-Zn1-O4	149. 83(15)
O3-Zn1-N3	105. 57(18)	O4-Zn1-O2	84. 97(18)	N3-Zn1-O3	74. 85(18)
N3-Zn1-O2	92. 69(16)	N3-Zn1-O4	75. 05(19)	N1-Zn1-O3	78. 19(19)
N1-Zn1-O3	104. 22(17)	N1-Zn1-O2	83. 64(18)	N1-Zn1-O4	105. 68(17)
N1-Zn1-N3	176. 2(2)				

第4章　基于酰腙希夫碱配体 H_4L^1 的Ni(Ⅱ)配合物制备、单晶结构及性能研究

4.1　引言

聚烯烃工业作为一个国家石化工业发展水平的标志，是高分子化学和塑料工业发展的研究重点，也是聚合物化工、塑料行业发展和提高技术水平的一个重要领域。目前，作为一种可持续、轻质以及应用范围广的聚合物，聚烯烃已成为世界上产量最大的高分子材料，也已成为人们日常生活的一个重要组成部分，能够满足日益增长的全球人口对低成本和高资源使用的需要。同时，聚烯烃是一种重要的聚合物，在汽车、包装、电子、建筑等方面有着广泛的应用。而聚甲基丙烯酸甲酯(PMMA)是一种被广泛应用的极性单体烯烃聚合，其用途最为广泛，因此受到各领域学者的极大重视。而金属配合物在烯烃聚合，尤其是 MMA 聚合中的应用一直是国内外学者和产业界关注的热点。

酰腙希夫碱配体由于优良的配位多样性，已被广泛用于检测金属离子的荧光传感器，并对 Zn^{2+} 展现出良好的识别性能。通过对毒性的测试发现传感器在较高浓度下对 HeLa 细胞表现出弱毒性，因此可将其用于 HeLa 细胞的生物成像研究，结果在 HeLa 细胞中同样显示出良好的识别效果。此外，许多酰腙希夫碱金属配合物具有较高的热稳定性，可作为催化剂应用于高温反应并表现出高的催化活性。酰腙希夫碱配体精准可控且后过渡金属 Ni 价格低廉，构筑的酰腙希夫碱 Ni 催化剂与稀土催化剂相比，在空气中的稳定性好且亲氧性较差，因此可将酰腙希

夫碱 Ni 催化剂应用于 MMA 极性单体的聚合反应中，得到性能优异的高分子材料 PMMA。

本章以配体 H_4L^1 为基础，构筑了一系列酰腙希夫碱线性四核 Ni 配合物(配合物 3~5)，得到了晶体结构(图 4-1)，并进行一系列表征。催化剂催化 MMA 聚合可制备具有高分子量的聚合物 PMMA，研究了 Ni 配合物对 MAA 聚合的催化活性，探讨了不同反应条件对催化 MMA 聚合的影响。这一研究，为酰腙希夫碱多核金属催化剂在催化材料方面的应用奠定了坚实基础。

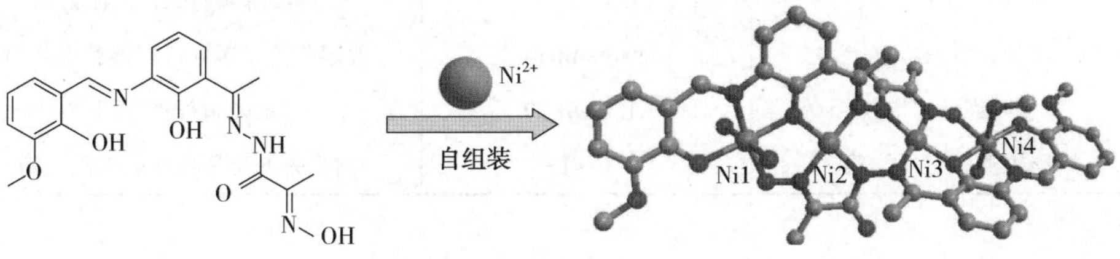

图 4-1 配体 H_4L^1 自组装得到配合物 3

4.2 实验试剂与仪器

具体实验试剂与仪器如表 4-1 和表 4-2 所示。

表 4-1 实验试剂

实验试剂	规格	生产厂家
无水甲醇	AR	天津市大茂化学试剂厂
氢氧化钠	AR	天津市大茂化学试剂厂
无水乙醇	AR	天津市大茂化学试剂厂
乙腈	AR	天津市富宇精细化工有限公司
六水合氯化镍	AR	国药集团化学试剂有限公司
六水合硝酸镍	AR	国药集团化学试剂有限公司
四水合醋酸镍	AR	国药集团化学试剂有限公司
甲苯	99%	天津克米埔化学试剂有限公司
甲基丙烯酸甲酯	AR	成都科隆化学有限公司
偶氮二异丁腈	99%	成都科隆化学有限公司
钠	AR	上海峰鹤化学试剂有限公司

表 4-2 实验仪器

实验仪器	型号规格	生产厂家
分析天平	BSA242S	西安玉辉仪器有限责任公司
旋转蒸发仪	RE-52A	西安玉辉仪器有限责任公司
紫外光谱仪	UV-2600	日本岛津制作所
热重分析仪	TGA-DTG/DSC1	梅特勒-托利多公司
电热恒温鼓风干燥箱	WHL-25AB	上海蓝季科技发展有限公司
一次性无菌注射器	DGG-9053A	上海心森实验仪器有限公司
微量元素分析仪	Vario Micro	德国艾曼元素分析仪器有限公司
傅里叶红外光谱仪	TENSOR 27	德国布鲁克公司
智能恒温磁力搅拌器	ZNCL	河南爱博特科技发展有限公司

4.3 酰腙希夫碱 Ni 配合物 3~5 的合成及表征

$[Ni_4L_2(H_2O)_3CH_3OH]\cdot CH_3OH\cdot 2CH_3CN\cdot 2H_2O$(3)：将配体 H_4L^1(0.019g，0.05mmol)和 NaOH(0.002g，0.05mmol)加入 6mL 的 CH_3CN 溶液中，室温搅拌，直到配体完全溶解。继续加入 $NiCl_2\cdot 6H_2O$(0.012g，0.05mmol)和 CH_3OH 6mL，室温搅拌 15min，过滤，将滤液置于 20mL 小瓶中，密封，置于 65℃真空干燥箱中。2d 后，获得棕色透明块状晶体 3，收率约为 75%。元素分析：$C_{44}H_{56}N_{10}Ni_4O_{17}$。理论值,%：C，42.90；H，4.55；N，11.37；实验值,%：C，42.80；H，4.48；N，11.57。红外光谱，IR(KBr，ν，cm^{-1})：1603(s)，1535(w)，1468(m)，1433(s)，1389(w)，1319(w)，1240(s)，970(m)，731(s)。

$[Ni_4L_2(H_2O)_4]\cdot 3H_2O$(4)：配合物 4 的合成方法与配合物 3 相同，只是将 $NiCl_2\cdot 6H_2O$ 更换为 $Ni(NO_3)_2\cdot 6H_2O$。收率约为 68%。元素分析：$C_{38}H_{50}N_8Ni_4O_{19}$。理论值,%：C，39.39；H，4.32；N，9.67；实验值,%：C，40.13；H，4.21；N，10.79。红外光谱，IR(KBr，ν，cm^{-1})：1594(m)，1524(w)，1433(m)，1243(w)，970(m)，861(w)，792(w)，733(s)，524(m)。

$[Ni_4L_2(H_2O)_4]$(5)：配合物 5 的合成方法与配合物 3 相同，只是将 $NiCl_2\cdot 6H_2O$ 更换为 $Ni(CH_3COO)_2\cdot 4H_2O$。收率约为 62%。元素分析：$C_{38}H_{40}N_8Ni_4O_{14}$，理论值,%：C，42.71；H，3.75；N，10.49；实验值,%：C，42.85；H，3.47；

N，11.21。红外光谱，IR（KBr，ν，cm^{-1}）：1589(s)，1552(m)，1437(s)，1383(w)，1243(m)，1210(s)，1181(m)，1073(m)，978(w)，731(m)，677(w)，524(s)。如图4-2所示。

热稳定性是催化剂极为重要的性能。通过对Ni(Ⅱ)配合物的热稳定性探索，在25~800℃范围内对配合物3~5的对应热重进行测定，得到了相应的热重曲线，如图4-3所示。热重分析表明配合物3~5在200℃以下有很好的热稳定性，为催化反应提供了条件，其稳定性可以与报道的大多数金属配合物相媲美。

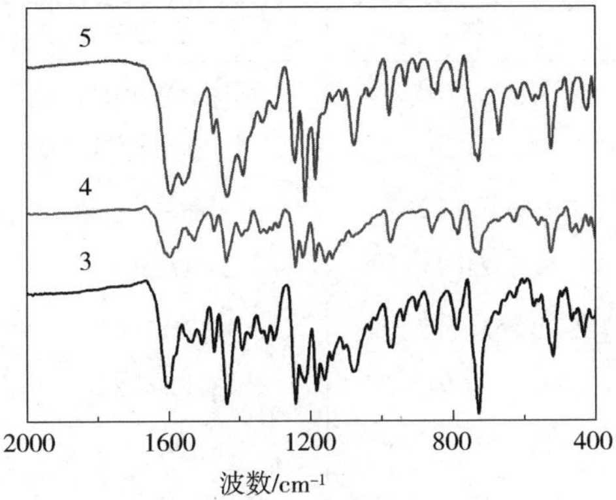

图4-2　配体H_4L^1及配合物3~5的红外光谱图

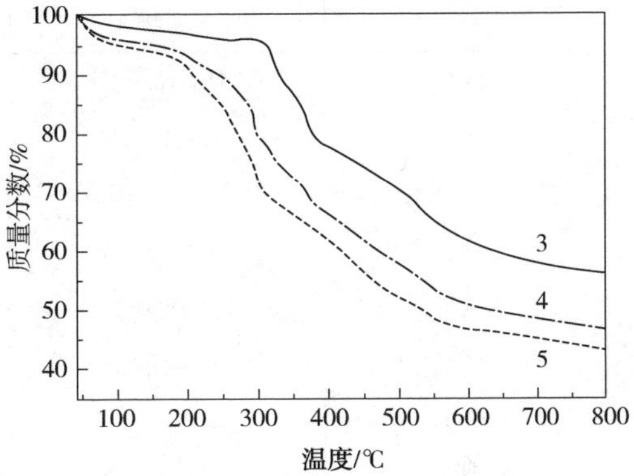

图4-3　配合物3~5的热重曲线

4.4　酰腙希夫碱Ni配合物3~5的晶体结构分析

其方法同配合物1，CCDC编号：2067797(3)；2094391(4)；2159877(5)。

通过对配合物3~5的单晶结构分析表明，在这一系列Ni(Ⅱ)配合物中，配体与Ni^{2+}均为线性四核结构，形成1∶2型配合物。由于在配位过程中金属盐的阴离子对其配合物结构几乎没有影响，因此该系列配合物结构均为同构。以配合物3为例，对其晶体结构进行分析。配合物3~5的晶体学数据和结构优化细节如表4-3所示，选择的键长和键角数据如附录所示。单晶X射线衍射研究表明，由配体H_4L^1与Ni^{2+}配位合成的Ni(Ⅱ)配合物在单斜空间群$P2_1/n$中有四个Ni^{2+}，其中两个Ni^{2+}为四配位，另外两个Ni^{2+}为六配位。Ni2和Ni3被一个O原子和三个N原子以扭曲的正方形几何构型包围，而Ni1和Ni4具有一个N原子和五个O

原子配位环境的八面体几何结构。两个配体表现出相似的配位模式。如图 4-4 所示，Ni(Ⅱ)配合物的不对称单元包含四个 Ni^{2+} 和两个 H_4L^1，其中 Ni^{2+} 的配位球被两个完全去质子化配体 H_4L^1 中的六个羟基 O 原子和八个 N 原子以及三个 H_2O 分子和一个 CH_3OH 分子填满。Ni-N 和 Ni-O 距离分别为 1.859(3)~1.990(3)和 1.847(2)~2.153(3)。O12-Ni1-O11、N2-Ni2-N8、N6-Ni3-N4 和 O7-Ni4-O8 的夹角分别为 176.14°、171.32°、170.96°和 174.66°。根据文献报道，这些键长和键角都在正常范围内，为接下来对性能研究奠定了一个很好的结构基础。

表 4-3 配合物 3~5 的晶体学参数

参数	配合物 3	配合物 4	配合物 5
分子式	$C_{44}H_{56}N_{10}Ni_4O_{17}$	$C_{38}H_{50}N_8Ni_4O_{19}$	$C_{38}H_{40}N_8Ni_4O_{14}$
分子量	1231.82	1157.70	1067.62
晶系，空间群	单斜晶系，$P2_1/n$	单斜晶系，C2/c	单斜晶系，C2/c
a/Å	20.5413(5)	20.5522(9)	20.4722(9)
b/Å	11.6084(3)	11.5533(4)	11.7587(4)
c/Å	23.0914(5)	23.1216(10)	23.1384(8)
α/(°)	90	90	90
β/(°)	111.8860(10)	111.915(2)	111.932(2)
γ/(°)	90	90	90
Volume/$Å^3$，Z	5109.3(2)，4	5093.4(4)，4	5166.9(3)，4
ρ_{calc}/g·cm^{-3}	1.601	1.510	1.372
μ/mm^{-1}	1.532	1.533	1.498
F(000)	2552.0	2392.0	2192.0
R_{int}	0.0565	0.0509	0.0783
Independent reflections	8860	4884	4873
Crystal size/mm^3	0.2×0.12×0.1	0.16×0.15×0.12	0.18×0.14×0.12
Radiation	Mo-Kα(λ=0.71073)	Mo-Kα(λ=0.71073)	Mo-Kα(λ=0.71073)
2θ range for data collection/(°)	4.85~55.07	4.86~52.84	4.54~54.98
Index ranges	$-26\leq h\leq 26$，$-15\leq k\leq 15$，$-29\leq l\leq 30$	$-25\leq h\leq 25$，$-14\leq k\leq 14$，$-28\leq l\leq 28$	$-26\leq h\leq 26$，$-15\leq k\leq 15$，$-30\leq l\leq 29$
Reflections collected	76823	29173	37886

续表

参数	配合物 3	配合物 4	配合物 5
Data/restraints/parameters	11749/76/690	5254/18/320	5944/50/294
Goodness-of-fit on F^2	1.065	1.101	1.039
Final R indexes [I≥2σ(I)]	R_1 = 0.0557, wR_2 = 0.1605	R_1 = 0.0765, wR_2 = 0.2049	R_1 = 0.0804, wR_2 = 0.2495
Final R indexes[all data]	R_1 = 0.0734, wR_2 = 0.1766	R_1 = 0.0797, wR_2 = 0.2069	R_1 = 0.0936, wR_2 = 0.2624
Largest diff. peak/hole/e Å^{-3}	2.156/−1.295	2.262/−0.961	3.60/−0.86

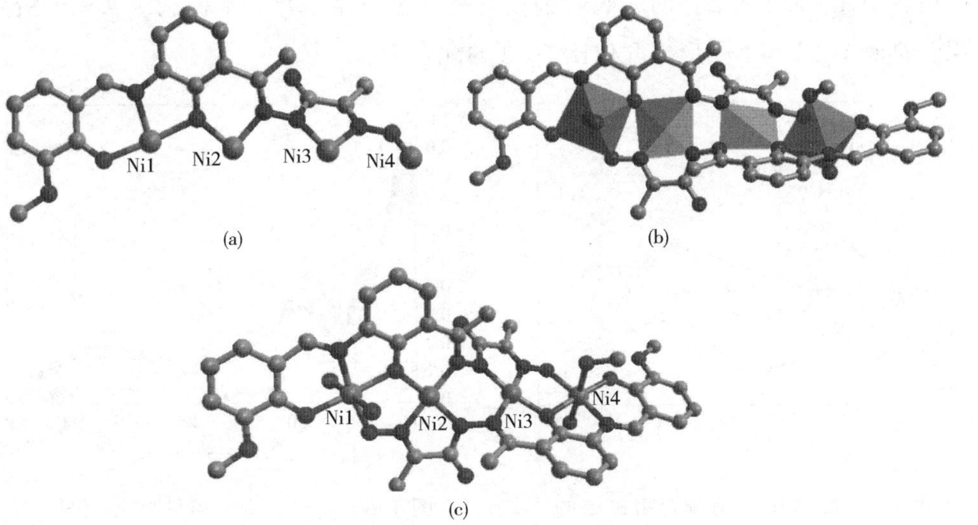

图 4-4　配合物 3 的晶体结构图

4.5　Ni 配合物 3~5 光谱性能研究

4.5.1　Ni 配合物的紫外光谱性能研究

室温下测定了配体 H_4L^1 和配合物 3~5 在 10^{-5}mol 乙醇溶液中的 UV-Vis(紫外)光谱图，如图 4-5 所示。

配体 H_4L^1 的吸收峰分别为 218nm、294nm 和 369nm，对应的配合物 3~5 吸收峰分别为 240nm、327nm 和 465nm。与 H_4L^1 吸收峰相比，配合物吸收峰整体出现红移，并且 369nm 的吸收峰消失，在 465nm 形成了一个新的吸收峰，这是由于 H_4L^1 与 Ni^{2+} 发生了配位反应。通过紫外滴定实验研究，分析了 H_4L^1 与 Ni^{2+} 的配位关系。

为了更好地理解 Ni^{2+} 加入后 H_4L^1 溶液的紫外吸收光谱的变化以及两者发生的配位关系，在乙醇溶液(10^{-5}mol)中，得到了 H_4L^1 和 Ni^{2+} 在 200～600nm 范围内的 UV-Vis 滴定(紫外可见吸收)光谱，如图 4-6 所示。随着 Ni^{2+} 浓度的不断增加，218nm 处的吸收峰逐渐增强，294nm 处的吸收峰逐渐减小，369nm 处的吸收峰逐渐消失。同时，在 465nm 处出现了一个新的吸收峰。这是加入的 Ni^{2+} 与 H_4L^1 发生作用，出现了大的共轭体系即配合物 $H_4L^1-Ni^{2+}$。最后，当加入的 Ni^{2+} 浓度为 H_4L^1 浓度的 2 倍时，吸收强度几乎不再发生变化。根据滴定实验研究结果，推测 H_4L^1 与 Ni^{2+} 形成配位比 1∶2 的配合物。

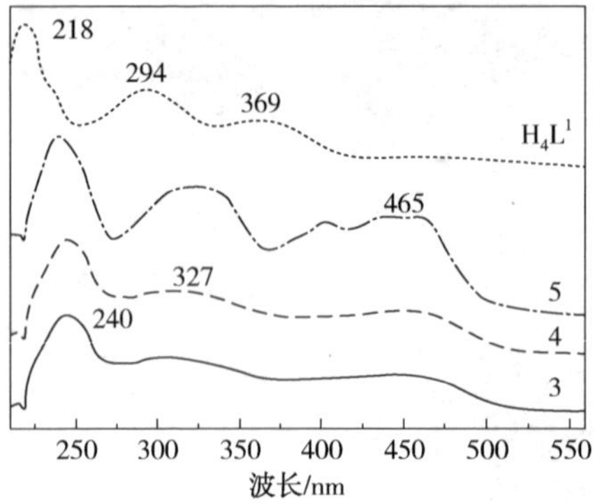

图 4-5　配体 H_4L^1 和配合物 3～5 的 UV-Vis(紫外)光谱图

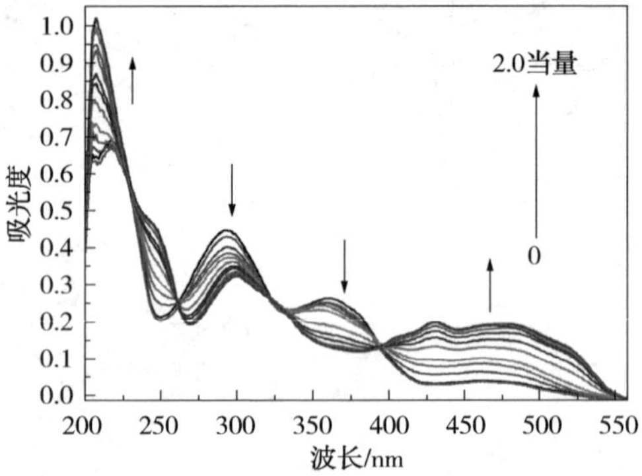

图 4-6　H_4L^1 的紫外可见吸收光谱图

4.5.2　Ni 配合物的荧光光谱性能研究

在第 2 章，研究了 H_4L^1 的荧光性能，发现 H_4L^1 可特异性识别生物细胞中的 Zn^{2+}。本章中，基于配体 H_4L^1 构筑了 Ni 配合物 3～5，研究其荧光及催化性能。

首先将 H_4L^1 与配合物 3～5 分别溶于混合溶液(乙醇∶水＝9∶1，10μmol)，460nm 激发下在 HEPES 溶液(10. 0mmol，pH 值为 7. 4)中测试荧光发射变化，如图 4-7所示。配合物 3～5 相较于 H_4L^1 荧光强度减弱，说明 Ni^{2+} 的加入使 H_4L^1 的荧光淬灭。可能是由于 Ni^{2+} 本身具有顺磁性，并且 Ni^{2+} 与 H_4L^1 中的 N、O 原子配位，能量转移不受影响。相较于笼状结构配合物1，配合物3~5线性结构的配位点裸露，具有潜在的催化位点。因此，接下来重点研究Ni(Ⅱ)配合物3~5的催化性能。

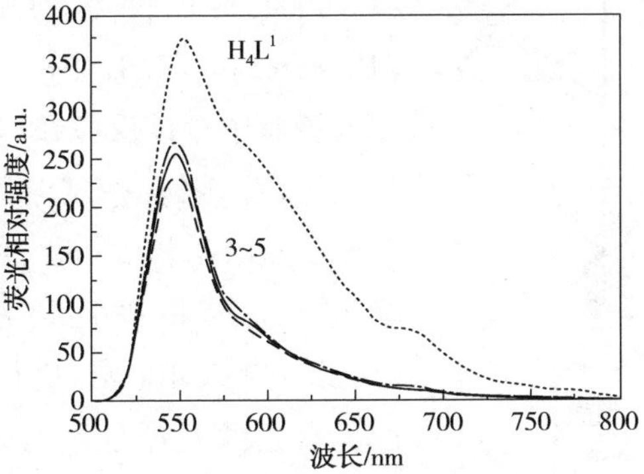

图4-7 H_4L^1及配合物3~5的荧光光谱图

4.6 Ni配合物3~5催化性能研究

聚甲基丙烯酸甲酯以其优异的光学性能、高透光率和优异的耐候性在各个领域得到了广泛的应用。尽管多种催化剂系统已被用于催化MMA聚合，但这些系统仍存在一定局限性，如热稳定性低、反应温度高(>110℃)和反应时间长(>8h)等。近年来，过渡金属催化剂催化MMA聚合得到了广泛的研究。其中，热稳定性高和反应时间短的Ni催化剂催化MMA聚合具有较大的优势。下面详细研究了Ni催化剂催化MMA聚合的活性、PMMA的分子量和分子量分布，并在表4-4中列出。由于配合物3~5中阴离子没有配位，只是配位溶剂分子不同，因此三者结构相似且催化效果相差不大，我们选取配合物3来探究不同催化反应条件对MMA聚合性能的影响。

4.6.1 Ni配合物催化甲基丙烯酸甲酯(MMA)聚合实验方法

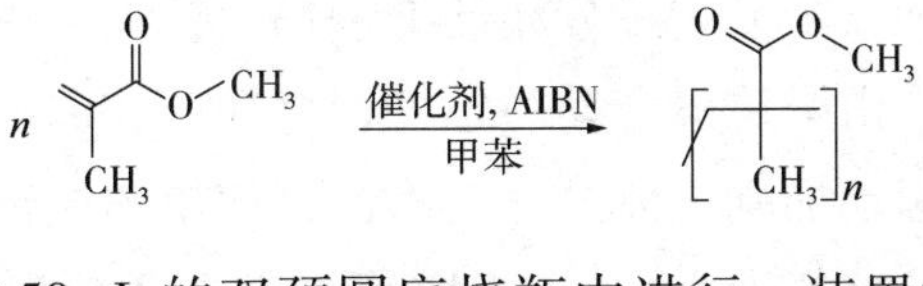

MMA聚合实验在50mL的双颈圆底烧瓶中进行。装置如图4-8所示。具体过程如下：首先将磁子、一定量的催化剂(15.70μmol，19mg)和引发剂AIBN

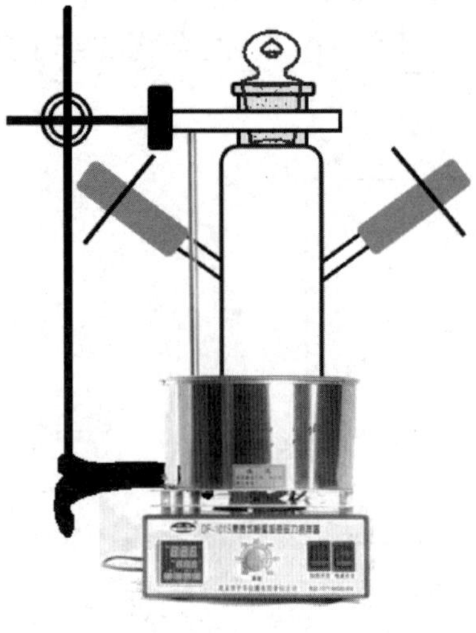

图 4-8　MMA 聚合反应装置简易图

(12. 18μmol，2mg)放入烧瓶中，瓶口塞子塞紧。其次将该烧瓶连接到真空系统，通过三次抽真空/充氮气循环，使烧瓶内为氮气环境。再次将已除水的甲苯(5mL)和 MMA (18. 86mmol，2mL)用一个干燥的 5mL 注射器注入烧瓶中。该反应在 N_2 环境下维持不变的聚合温度。聚合一定时间后，加入酸性乙醇(5%的盐酸溶液，4mL)终止聚合，得到黏性溶液。最后将黏性溶液和大量无水乙醇(50mL)倒入 100mL 烧杯中，室温静置 12h。用无水乙醇对产物进行过滤、洗涤，获得高分子聚合物 PMMA。催化活性是通过 PMMA 产物总量(g)除以催化剂的摩尔含量(mol)和聚合时间(h)计算得到的。采用凝胶渗透色谱法(GPC)，对聚合物的数均分子量(M_n)、重均分子量(M_w)和摩尔质量分布(M_w/M_n)进行测定。

4. 6. 2　Ni 配合物催化反应条件对 MMA 聚合性能的影响

在不同的反应时间和反应温度下研究了配合物 3 催化 MMA 聚合的反应活性、PMMA 的分子量和分子量分布。发现催化活性与温度高度相关，并且聚合时间也显著影响催化性能。当 MMA 聚合在配合物 3 和 AIBN 催化下反应 0. 25h 时，仅形成少量聚合物。随着聚合时间的延长，催化活性从 0. 25h 持续增加到 0. 5h 时达到峰值，随后降低。这可能是因为随着时间的延长，活性中心开始失活，反应体系的黏度不断增大，使单体向活性中心的配位、插入受到抑制，从而降低了催化剂的活性。因此，相较于其他时间，聚合时间为 0. 5h 时，催化剂的活性最高。

保证聚合时间为 0. 5h，研究了反应温度对反应活性、PMMA 分子量及分子量分布的影响。反应温度在 100℃和 110℃时，催化剂都达到较高活性，但 110℃时得到了较大分子量和较窄分子量分布的 PMMA，如图 4-9 所示。可见，低温不利于活性物种的形成。由配位聚合动力学知识可知，在温度逐渐升高时，聚合物分子的能量增加，热运动加剧，体系黏度降低，使单体的传质速度和扩散速度加快，反应速率常数提高，单体插入速度加快，反应活性提高。而在较高的温度下，则会导致活性中心的活化、链的传递速度加快、反应活性及分子量降低。结果表明，该聚合反应的活性与聚合物的相关性符合聚合要求。因此，适当的温度对MMA聚合反应是非常重要的。通过调节不同的温度和时间，在0.5h，110℃时获得了相对较好的催化活性（$4.595\times10^4g\cdot mol^{-1}\cdot h^{-1}$）、较大的分子量（$M_n=4.757\times10^4g\cdot mol^{-1}$）和较窄的分子量分布（PDI=1.982）。

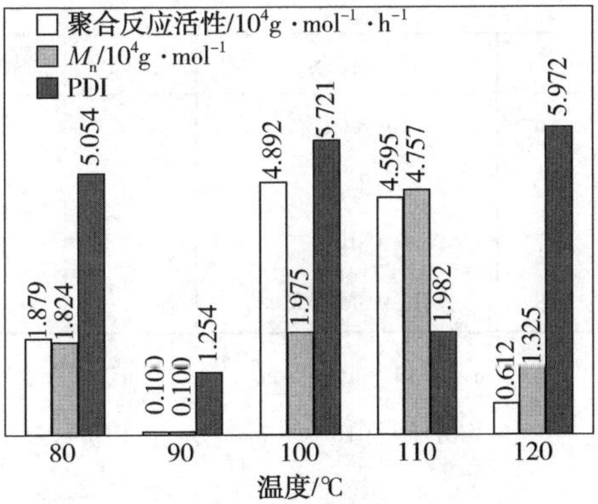

图4-9　0.5h时不同温度的MMA聚合反应活性、分子量和PDI

为进一步评价Ni_4L^1的催化性能，将其与最近报道的几种催化剂进行比较。与Ni(BNCI)催化剂、Ru催化剂、IPr-Y催化剂、NiL_2催化剂和[Al(MBMP)Me]$_2$催化剂相比（表4-4，条目14～18），Ni_4L^1具有较好的催化性能，反应可在短时间内获得相对分子质量较大和PDI较窄的PMMA。

表4-4　催化剂催化聚合MMA

顺序	催化剂	T/h	温度/℃	$n(M):n(C)$[a]	催化活性[b]	M_{nc}[c]	PDI[d]
0	/	0.5	100	/	/	/	/
1	No AIBN	0.5	100	/	/	/	/
2	AIBN	0.5	100	/	0.315	1.754	6.536
3	3	0.5	100	1200∶1	4.892	1.975	5.721
4	4	0.5	100	1200∶1	3.584	1.297	4.862
5	5	0.5	100	1200∶1	3.450	1.190	5.035
6	3	0.25	100	1200∶1	0.578	0.799	5.740
7	3	0.75	100	1200∶1	0.351	5.659	2.504
8	3	1	100	1200∶1	2.692	4.580	2.088
9	3	2	100	1200∶1	1.307	0.872	10.867
10	3	0.5	120	1200∶1	0.612	1.325	5.972
11	3	0.5	110	1200∶1	4.595	4.757	1.982
12	3	0.5	90	1200∶1	0.100	0.100	1.254
13	3	0.5	80	1200∶1	1.879	1.824	5.054
14	Ni催化剂(BNCI)	24	25	1500∶1	/	6.900	/

续表

顺序	催化剂	T/h	温度/℃	n(M)：n(C)[a]	催化活性[b]	M_{nc}[c]	PDI[d]
15	Ru 催化剂	24	100	4000：1	/	0.970	1.160
16	IPr-Y	24	-30	50：1	/	0.780	1.330
17	NiL_2	10	100	1200：1	4.791	6.587	3.988
18	$[Al(MBMP)Me]_2$	2	25	200：1	/	1.450	1.100

注：a. n(M)：n(C)=n(MMA)：n(Catalyst)；b. 催化活性(10^4 g·mol^{-1}·h^{-1})；c. M_{nc}：PMMA 的数均分子量(10^4 g·mol^{-1})；d. PDI=(M_w/M_n)：相对分子质量分布。

4.7 本章小结

本章中，基于第 2 章合成的隔室配体 H_4L^1 构筑了一类新型的线性四核 Ni(Ⅱ)配合物(配合物 3~5)，并对其单晶结构以及性能进行了探究。在光谱性能探究中发现 Ni(Ⅱ)配合物呈荧光淬灭，这可能是 Ni^{2+}本身具有顺磁性，且 Ni^{2+}与 H_4L^1 中的 N、O 原子配位，能量转移不受影响导致的。并且相较于笼状结构配合物 1，配合物 3~5 线性结构的配位点裸露，具有潜在的催化位点。因此，探究了 Ni(Ⅱ)配合物的催化性能。此外，首次报道了用线性四核 Ni(Ⅱ)配合物体系催化聚合甲基丙烯酸甲酯得到聚甲基丙烯酸甲酯(图 4-10)。在温和条件下，3 对甲基丙烯酸甲酯的聚合反应表现出较好的催化活性。

(1) 该系列配合物实现了在温和条件下催化 MMA 生成 PMMA，并在短时间内具有较高催化活性。

(2) 催化活性可与目前报道的催化剂相媲美，其活性值高达 4.595×10^4 g·mol^{-1}·h^{-1}。

(3) 该系列配合物在催化过程中操作简便，催化活性不易受周围空气及水分影响。

(4) 该配合物的合成工艺相对简单，原料廉价，可大规模制备，使其在商业应用方面有着很好的应用前景。

(5) 对其催化机理研究，推测是配位—插入机理，随着反应时间的延长，部分催化剂失活，聚合产物的增多阻碍了单体插入活性中心，从而导致催化活性减小。

以上这些结果为催化领域提供了一种替代材料，为设计新型催化剂催化甲基丙烯酸甲酯聚合提供了新的思路。

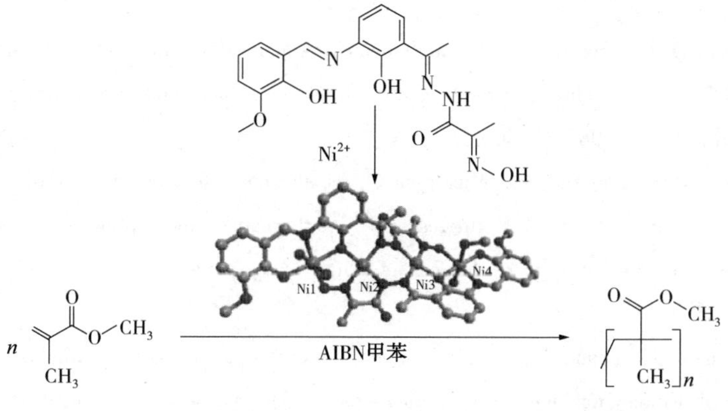

图 4-10　线性四核 Ni(Ⅱ)配合物的自组装及催化制备 PMMA

参 考 文 献

[1] Rurack K, Resch-Genger U. Rigidization, preorientation and electronic decoupling-the "magic triangle"for the design of highly efficient fluorescent sensors and switches[J]. Chemical Society Reviews, 2002, 31(2): 116-127.

[2] Valeur B, Leray I. Design principles of fluorescentmolecular sensors for cation recognition[J]. Coordination Chemistry Reviews, 2000, 205(1): 3-40.

[3] Amendola V, Fabbrizzi L, Foti F, et al. Light-emittingmolecular devices based on transition metals[J]. Coordination Chemistry Reviews, 2006, 250(3): 273-299.

[4] Liu Y, Feng X, Yu Y, et al. A review of bioselenol-specific fluorescent probes: synthesis, properties, and imaging applications[J]. Analytica Chimica Acta, 2020, 1110: 141-150.

[5] Sarma G K, Sen Gupta S, Bhattacharyya K G. Nanomaterials as versatile adsorbents for heavy metal ions in water: a review[J]. Environmental Science and Pollution Research, 2019, 26(7): 6245-6278.

[6] Rong Y, Ali S, Ouyang Q, et al. A turn-on upconversion fluorescence sensor for acrylamide in potato chips based on fluorescence resonance energy transfer and thiolene michael addition[J]. Food Chemistry, 2021, 351: 129215.

[7] Straus M R, Tang T, Lai A L, et al. Ca^{2+} ions promote fusion of Middle East respiratory syndrome coronavirus with host cells and increase infectivity[J]. Journal of Virology, 2020, 94(13): e00426-20.

[8] Thiele N A, Woods J J, Wilson J J. Implementing f-block metal ions in medicine: tuning the size selectivity of expanded macrocycles[J]. Inorganic Chemistry, 2019, 58(16): 10483-

10500.

[9] Wei X, Liu D, Huang W, et al. Simultaneously enhanced Cu bioleaching from E-wastes and recovered Cu ions by direct current electric field in a bioelectrical reactor[J]. Bioresource Technology, 2020, 298: 122566.

[10] De Winter N J, Sinnesael M, Makarona C, et al. Trace element analyses of carbonates using portable and micro-X-ray fluorescence: performance and optimization of measurement parameters and strategies[J]. Journal of Analytical Atomic Spectrometry, 2017, 32(6): 1211-1223.

[11] Li C, Chen G, Zhang Y, et al. Advanced fluorescence imaging technology in the near-infrared-Ⅱ window for biomedical applications[J]. Journal of the American Chemical Society, 2020, 142(35): 14789-14804.

[12] Mahboub M J D, Dubois J L, Cavani F, et al. Catalysis for the synthesis of methacrylic acid and methyl methacrylate[J]. Chemical Society Reviews, 2018, 47(20): 7703-7738.

[13] Chi J, Yu L, Li P, et al. Design, synthesis and antibacterial activity of novel thiochromanone derivatives containing an acylhydrazone moiety[J]. Phosphorus, Sulfur, and Silicon and the Related Elements, 2022, 197(1): 13-17.

[14] Pan X, Jiang J, Li J, et al. Theoretical design of near-infrared Al^{3+} fluorescent probes based on salicylaldehyde acylhydrazoneschiff base derivatives[J]. Inorganic Chemistry, 2019, 58(19): 12618-12627.

[15] Liu Y J, Tian F F, Fan X Y, et al. Fabrication of an acylhydrazone based fluorescence probe for Al^{3+}[J]. Sensors and Actuators B: Chemical, 2017, 240: 916-925.

[16] Hou J, Sun W H, Zhang D, et al. Preparation and characterization of acylhydrazone nickel (Ⅱ) complexes and their catalytic behavior in vinyl polymerization of norbornene and oligomerization of ethylene[J]. Journal of Molecular Catalysis A: Chemical, 2005, 231(1): 221-233.

[17] Chen C, Zhang A. Radii-dependent self-assembly polynuclear lanthanide complexes as catalysts for CO_2 transformation into cyclic carbonates[J]. New Journal of Chemistry, 2021, 45(43): 20155-20163.

[18] O'Donnell M J, Polt R L. A mild and efficient route to Schiff base derivatives of amino acids [J]. The Journal of Organic Chemistry, 1982, 47(13): 2663-2666.

[19] Li X Z, Tian C B, Sun Q F. Coordination-directed self-assembly of functional polynuclear lanthanide supramolecular architectures[J]. Chemical Reviews, 2022, 122(6): 6374-6458.

[20] Muthamma K, Sunil D, Shetty P, et al. Eco-friendly flexographic ink from fluorene-based

Schiff base pigment for anticounterfeiting and printed electronics applications[J]. Progress in Organic Coatings, 2021, 161: 106463.

[21] Gupta K C, Sutar A K. Catalytic activities of Schiff base transition metal complexes[J]. Coordination Chemistry Reviews, 2008, 252(12): 1420-1450.

[22] Segura J L, Mancheño M J, Zamora F. Covalent organic frameworks based on Schiff-base chemistry: synthesis, properties and potential applications[J]. Chemical Society Reviews, 2016, 45(20): 5635-5671.

[23] Wang X, Ding G, Duan Y, et al. A novel triphenylamine-based bis-Schiff bases fluorophores with AIE-Activity as the hydrazine fluorescence turn-off probes and cell imaging in live cells [J]. Talanta, 2020, 217: 121029.

[24] Omidi S, Kakanejadifard A. A review on biological activities of Schiff base, hydrazone, and oxime derivatives of curcumin[J]. RSC Advances, 2020, 10(50): 30186-30202.

[25] Han T, Feng X, Chen D, et al. A diethylaminophenol functionalized Schiff base: crystallization-induced emission-enhancement, switchable fluorescence and application for security printing and data storage[J]. Journal of Materials Chemistry C, 2015, 3(28): 7446-7454.

[26] Udhayakumari D, Inbaraj V. A review on Schiff base fluorescent chemosensors for cell imaging applications[J]. Journal of Fluorescence, 2020, 30(5): 1203-1223.

[27] Ceramella J, Iacopetta D, Catalano A, et al. A review on the antimicrobial activity of Schiff bases: data collection and recent studies[J]. Antibiotics, 2022, 11(2): 191.

[28] Bhat V T, Caniard A M, Luksch T, et al. Nucleophilic catalysis of acylhydrazone equilibration for proteindirected dynamic covalent chemistry[J]. Nature Chemistry, 2010, 2(6): 490-497.

[29] Maia R C, Tesch R, Fraga C A M. Acylhydrazone derivatives: a patent review[J]. Expert Opinion on Therapeutic Patents, 2014, 24(11): 1161-1170.

[30] 邓记华. 酰腙类 Schiff 碱及其金属配合物的研究进展[J]. 宜春学院学报, 2008, 30(2): 80-82.

[31] Zhao L, Xue S, Tang J. A dodecanuclear dysprosium wheel assembled by six vertex-sharing Dy_3 triangles exhibiting slow magnetic relaxation[J]. Inorganic Chemistry, 2012, 51(11): 5994-5996.

[32] Dinda R, Sengupta P, Sutradhar M, et al. Solution study of a structurally characterized monoalkoxo-bound monooxo-vanadium(V) complex: spontaneous generation of the corresponding oxobridged divanadium(V, V) complex and its electroreduction to a mixed valence species in solution[J]. Inorganic Chemistry, 2008, 47(13): 5634-5640.

[33] Zhang L, Xu G C, Yang Y, et al. Syntheses, structure diversity and properties of complexes

with 4-acyl pyrazolonesalicylidene hydrazide derivatives[J]. Dalton Transactions, 2013, 42(12): 4248-4257.

[34] Liu Z, Yang Z, Li T, et al. An effective Cu(Ⅱ) quenching fluorescence sensor in aqueous solution and 1D chain coordination polymer framework[J]. Dalton Transactions, 2011, 40(37): 9370-9373.

[35] Sutradhar M, Kirillova M V, da Silva M F C G, et al. Tautomeric effect of hydrazone Schiff bases in tetranuclear Cu(Ⅱ) complexes: magnetism and catalytic activity towards mild hydrocarboxylation of alkanes[J]. Dalton Transactions, 2013, 42(47): 16578-16587.

[36] Sharma P C, Sharma D, Sharma A, et al. Hydrazone comprising compounds as promising antiinfective agents: chemistry and structure-property relationship[J]. Materials Today Chemistry, 2020, 18: 100349.

[37] Yang Y, Zhao Q, Feng W, et al. Luminescent chemodosimeters for bioimaging[J]. Chemical Reviews, 2013, 113(1): 192-270.

[38] 石兆华. 金属离子荧光传感器和功能稀土配合物的研究[D]. 兰州: 兰州大学, 2014.

[39] Fischer E. Einfluss der configuration auf die Wirkung der Enzyme[J]. Ber Dtsch Chem Ges, 1894, 27: 2985-2993.

[40] 韩庆鑫. 基于双光子荧光和上转换发光的生物小分子荧光探针的研究[D]. 兰州: 兰州大学, 2017.

[41] Sahoo S K, Sharma D, Bera R K, et al. Iron(Ⅲ) selectivemolecular and supramolecular fluorescent probes[J]. Chemical Society Reviews, 2012, 41(21): 7195-7227.

[42] Kim H M, Cho B R. Small-molecule two-photon probes for bioimaging applications[J]. Chemical Reviews, 2015, 115(11): 5014-5055.

[43] Sun X, Liu T, Sun J, et al. Synthesis and application of coumarin fluorescence probes[J]. RSC Advances, 2020, 10(18): 10826-10847.

[44] 刘政, 孙丽宁, 施利毅, 等. 近红外稀土荧光在功能材料领域的研究进展[J]. 化学进展, 2011(1): 153-164.

[45] Pu L M, Akogun S F, Li X L, et al. A salamo-type fluorescent sensor for selective detection of Zn^{2+}/Cu^{2+} and its novel Cd^{2+} complex with triangular prism geometry[J]. Polyhedron, 2017, 134: 356-364.

[46] Simone B C D, Mazzone G, Russo N, et al. Metal atom effect on the photophysical properties of Mg(Ⅱ), Zn(Ⅱ), Cd(Ⅱ), and Pd(Ⅱ) tetraphenylporphyrin complexes proposed as possible drugs in photodynamic therapy[J]. Molecules, 2017, 22(7): 1093.

[47] Gao C, Zang P, Liu W, et al. A highly selective and sensitive fluorescent chemosensor for aluminum ions based on schiff base[J]. Journal of Fluorescence, 2016, 26(6): 2015-

2021.

[48] Wang L, Qin W, Tang X, et al. Development and applications of fluorescent indicators for Mg^{2+} and Zn^{2+}[J]. The Journal of Physical Chemistry A, 2011, 115(9): 1609–1616.

[49] Peng X, Tang X, Qin W, et al. Aroylhydrazone derivative as fluorescent sensor for highly selective recognition of Zn^{2+} ions: syntheses, characterization, crystal structures and spectroscopic properties[J]. Dalton Transactions, 2011, 40(19): 5271–5277.

[50] Kumar J, Sarma M J, Phukan P, et al. A new simple Schiff base fluorescence "on" sensor for Al^{3+} and its living cell imaging[J]. Dalton Transactions, 2015, 44(10): 4576–4581.

[51] Patil M, Bothra S, Sahoo S K, et al. Highly selective nicotinohydrazide based "turn–on" chemosensor for the detection of bioactive zinc (Ⅱ): its biocompitability and bioimaging application in cancer cells[J]. Sensors and Actuators B: Chemical, 2018, 270: 200–206.

[52] Coates G W. Precise control of polyolefin stereochemistry using single–site metal catalysts[J]. Chemical Reviews, 2000, 100(4): 1223–1252.

[53] Mohammad S A, Shingdilwar S, Banerjee S. Recoverable and recyclable nickel–cobalt magnetic alloy nanoparticle catalyzed reversible deactivation radical polymerization of methyl methacrylate at 25℃[J]. Polymer Chemistry, 2020, 11(2): 287–291.

[54] Guo S, Zhou S, Li H, et al. Light diffusing films fabricated by strawberry–like PMMA/SiO_2 composite microspheres for LED application[J]. Journal of Colloid and Interface Science, 2015, 448: 123–129.

[55] Chen Y, Liu Y, Zhang X, et al. Stereo–regulated methyl methacrylate(MMA) polymerization catalyzed by asymmetric Salen–type Schiff–base Cu(Ⅱ) complexes[J]. Inorganic Chemistry Communications, 2015, 53: 1–3.

[56] Su B, Liu Y, Yan T, et al. Nickel (Ⅱ) complexes with mono (imino) pyrrole ligands: preparation, structure, DFT calculation and catalytic behavior[J]. Transition Metal Chemistry, 2021, 46(8): 601–611.

[57] De Maron J, Eberle M, Cavani F, et al. Continuous–flow methyl methacrylate synthesis over gallium–based bifunctional catalysts[J]. ACS Sustainable Chemistry and Engineering, 2021, 9(4): 1790–1803.

[58] Punniyamurthy T, Velusamy S, Iqbal J. Recent advances in transition metal catalyzed oxidation of organic substrates withmolecular oxygen[J]. Chemical Reviews, 2005, 105(6): 2329–2364.

[59] Cavani F, Teles J H. Sustainability in catalytic oxidation: an alternative approach or a structural evolution[J]. ChemSusChem: Chemistry and Sustainability Energy and Materials, 2009, 2(6): 508–534.

[60] Minakata S, Komatsu M. Organic reactions on silica in water[J]. Chemical Reviews, 2009, 109(2): 711-724.

[61] 马雪涛, 沈艳, 詹红菊, 等. Co-ZSM-5 水杨醛苯甲酰腙复合催化剂的制备, 表征及其在催化空气环氧化苯乙烯反应中的应用[J]. 西北师范大学学报(自然科学版), 2016, 52(1): 68-74.

[62] Zhang J, Jiang P, Shen Y, et al. Covalent anchoring of Mo(VI) Schiff base complex into SBA-15 as a novel heterogeneous catalyst for enhanced alkene epoxidation[J]. Journal of Porous Materials, 2016, 23(2): 431-440.

[63] 钟霞, 刘伟生. 双 Schiff 碱过渡金属配合物的合成及对环己烯催化氧化性能的研究[J]. 化学研究与应用, 2005, 17(6): 766-768.

[64] Jafarpour M, Kargar H, Rezaeifard A. A synergistic effect of a cobalt Schiff base complex and TiO_2 nanoparticles on aerobic olefin epoxidation [J]. RSC Advances, 2016, 6 (82): 79085-79089.

[65] Von der Assen N, Voll P, Peters M, et al. Life cycle assessment of CO_2 capture and utilization: a tutorial review[J]. Chemical Society Reviews, 2014, 43(23): 7982-7994.

[66] Albo J, Alvarez-Guerra M, Castaño P, et al. Towards the electrochemical conversion of carbon dioxide into methanol[J]. Green Chemistry, 2015, 17(4): 2304-2324.

[67] Lu X B, Darensbourg D J. Cobalt catalysts for the coupling of CO_2 and epoxides to provide polycarbonates and cyclic carbonates [J]. Chemical Society Reviews, 2012, 41 (4): 1462-1484.

[68] Chen J, Li H, Zhong M, et al. Hierarchical mesoporous organic polymer with an intercalated metalcomplex for the efficient synthesis of cyclic carbonates from flue gas[J]. Green Chemistry, 2016, 18(24): 6493-6500.

[69] Cowan J A. Metal activation of enzymes in nucleic acid biochemistry[J]. Chemical Reviews, 1998, 98(3): 1067-1088.

[70] Gao G, Wang L, Zhang R, et al. Hexanuclear 3d-4f complexes as efficient catalysts for converting CO_2 into cyclic carbonates[J]. Dalton Transactions, 2019, 48(12): 3941-3945.

[71] Jiao Y, Sarwar S, Sanz S, et al. Exploiting complementary ligands for the construction of square antiprismatic monometallic lanthanide SMMs [J]. Dalton Transactions, 2021, 50 (27): 9648-9654.

[72] Piquer L R, Sañudo E C. Heterometallic 3d-4f single-molecule magnets [J]. Dalton Transactions, 2015, 44(19): 8771-8780.

[73] Liu K, Shi W, Cheng P. Toward heterometallic single-molecule magnets: synthetic strategy, structures and properties of 3d-4f discrete complexes[J]. Coordination Chemistry Reviews,

2015，289：74-122.

[74] Li G，Zhao X，Han Q，et al. Radii-dependent self-assembly of chiral lanthanide complexes：synthesis，chirality，and single-molecule magnet behavior[J]. Dalton Transactions，2020，49(29)：10120-10126.

[75] Ghosh T K，Mahapatra P，Jana S，et al. Variation of nuclearity in Ni(Ⅱ) complexes of a Schiff base ligand：crystal structures and magnetic studies[J]. CrystEngComm，2019，21(31)：4620-4631.

[76] Lacelle T，Brunet G，Pialat A，et al. Single-molecule magnet behaviour in a tetranuclear Dy(Ⅲ) complex formed from a novel tetrazine-centered hydrazone Schiff base ligand[J]. Dalton Transactions，2017，46(8)：2471-2478.

[77] Mousa E S，Mahmoud W H. Spectroscopic，textural，electricaland magnetic properties of antimicrobial nano Fe(Ⅲ) Schiff base complex[J]. Applied Organometallic Chemistry，2019，33(6)：e4844.

[78] Wang Y F，Xue C L，Luo S C，et al. Structures and magnetic properties of two dinuclear lanthanide complexes based on 8-hydroxyquinoline Schiff base derivatives[J]. Journal of Molecular Structure，2021，1232：130070.

[79] Zhou Y，Yoon J. Recent progress in fluorescent and colorimetric chemosensors for detection of amino acids[J]. Chemical Society Reviews，2012，41(1)：52-67.

[80] Wang J，Liu H B，Tong Z，et al. Fluorescent/luminescent detection of natural amino acids by organometallic systems[J]. Coordination Chemistry Reviews，2015，303：139-184.

[81] Yin C X，Xiong K M，Huo F J，et al. Fluoreszenzsonden mit mehreren Bindungsstellen unterscheidenzwischen Cys，Hcy and GSH[J]. Angewandte Chemie，2017，129(43)：13368-13379.

[82] Dong W K，Zhang J，Zhang Y，et al. Novel multinuclear transition metal(Ⅱ) complexes based on an asymmetric Salamo-type ligand：syntheses，structure characterizations and fluorescent properties[J]. Inorganica Chimica Acta，2016，444：95-102.

[83] Li Y，Qian C，Li Y，et al. Syntheses，crystal structures of two Fe(Ⅲ) Schiff base complexes with chelating o-vanillin aroylhydrazone and exploration of their biorelevant activities[J]. Journal of Inorganic Biochemistry，2021，218：111405.

[84] Liu Y，Wu X，He C，et al. Metal-organic polyhedra for selective sensing of ribonucleosides through the cooperation of hydrogen-bonding interactions[J]. Dalton Transactions，2010，39(33)：7727-7732.

[85] Li G，Zhao X，Wang L，et al. Chiral zinc complexes used as fluorescent sensor for natural amino acids[J]. Chemistry Select，2019，4(32)：9317-9321.

[86] Li G, Wang L, Han Q, et al. Construction of homochiral alkaline-lanthanide heteronuclear helicates with Na^+-selective bonding in the self-assembly process[J]. Dalton Transactions, 2019, 48(39): 14595-14599.

[87] Dasgupta S, Karim S, Banerjee S, et al. Designing of novel zinc(Ⅱ) Schiff base complexes having acyl hydrazone linkage: study of phosphatase and anti-cancer activities[J]. Dalton Transactions, 2020, 49(4): 1232-1240.

[88] Ye X P, Zhu T F, Wu W N, et al. Syntheses, characterizations and biological activities of two Cu(Ⅱ) complexes with acylhydrazone ligand bearing pyrrole unit[J]. Inorganic Chemistry Communications, 2014, 47: 60-62.

[89] Chang H Q, Jia L, Xu J, et al. Syntheses, characterizations, antitumor activities and cell apoptosis induction of Cu(Ⅱ), Zn(Ⅱ) and Cd(Ⅱ) complexes with hydrazone Schiff base derived from isonicotinohydrazide [J]. Inorganic Chemistry Communications, 2015, 57: 8-10.

[90] Cuenoud B, Schepartz A. Altered specificity of DNA-binding proteins with transition metal dimerization domains[J]. Science, 1993, 259(5094): 510-513.

[91] Chen L, Wang Z, Wang P, et al. Effect of long-term and short-term imbalanced zn manipulation on gut microbiota and screening for microbial markers sensitive to zinc status[J]. Microbiology Spectrum, 2021, 9(3): e00483-21.

[92] Dong W K, Akogun S F, Zhang Y, et al. A reversible "turn-on" fluorescent sensor for selective detection of Zn^{2+}[J]. Sensors and Actuators B: Chemical, 2017, 238: 723-734.

[93] Yu F, Li P, Song P, et al. An ICT-based strategy to a colorimetric and ratiometric fluorescence probe for hydrogen sulfide in living cells[J]. Chemical Communications, 2012, 48(23): 2852-2854.

[94] Sun P, Zhang S, Xiang Z, et al. Photoluminescent sensing vesicle platform self-assembled by polyoxometalate and ionic-liquid-type imidazolium gemini surfactants for the detection of Cr^{3+} and MnO_{4-} ions[J]. Journal of Colloid And Interface Science, 2019, 547: 60-68.

[95] Xia T, Song T, Zhang G, et al. A terbium metal-organic framework for highly selective and sensitive luminescence sensing of Hg^{2+} ions in aqueous solution[J]. Chemistry-A European Journal, 2016, 22(51): 18429-18434.

[96] Yang D, Lu L, Feng S, et al. First Ln-MOF as a trifunctional luminescent probe for the efficient sensing of aspartic acid, Fe^{3+} and DMSO[J]. Dalton Transactions, 2020, 49(22): 7514-7524.

[97] Dolomanov O V, Bourhis L J, Gildea R J, et al. OLEX2: a complete structure solution, refinement and analysis program[J]. J Appl Crystallogr, 2009, 42, 339-341.

[98] Sheldrick G. Crystal structure refinement with SHELXL[J]. Acta Crystallogr, Sect C: Struct Chem, 2015, 71, 3-8.

[99] Chen Y, Bai Y, Han Z, et al. Photoluminescence imaging of Zn^{2+} in living systems[J]. Chemical Society Reviews, 2015, 44(14): 4517-4546.

[100] Stürzel M, Mihan S, Mülhaupt R. From multisite polymerization catalysis to sustainable materials and all-polyolefin composites[J]. Chemical Reviews, 2016, 116(3): 1398-1433.

[101] Gao G, Wang L, Zhang R, et al. Hexanuclear 3d-4f complexes as efficient catalysts for converting CO_2 into cyclic carbonates[J]. Dalton Transactions, 2019, 48(12): 3941-3945.

[102] Zohuri G, Ramezanian N. Microstructural study on MMA/1-hexene copolymers made by mononuclear and dinuclear α-diimine nickel(Ⅱ) catalysts[J]. Applied Organometallic Chemistry, 2020, 35: 1-15.

[103] Fujimura K, Ouchi M, Sawamoto M. A thermoresponsive polymer supporter for concerted catalysis of ferrocene with a ruthenium catalyst in living radical polymerization: high activity and efficient removal of metal residues[J]. Polymer Chemistry, 2015, 6(45): 7821-7826.

[104] Zhou Y, Jiang S, Xu X. Isospecific polymerization of methyl methacrylate by intramolecular rare-earth metal based lewis pairs[J]. Chinese Journal of Chemistry, 2021, 39(1): 149-156.

[105] Su B Y, Pan D D, Yan T Y, et al. Nickel(Ⅱ) complexes with mono(imino)pyrrole ligands: preparation, structure, and mma polymerization behavior[J]. Russian Journal of Coordination Chemistry, 2020, 46(5): 355-364.

[106] Wang Z, Zhang X, Liang H, et al. Binuclear aluminum Lewis acid and its behavior in the polymerization of methyl methacrylate and n-butyl acrylate[J]. Polymer Chemistry, 2020, 11(34): 5526-5533.

附　　录

表 S4-1　配合物 3 的键长　(Å)

类型	键长	类型	键长	类型	键长
Ni4-O7	1.990(3)	Ni4-O8	2.055(2)	Ni4-O13	2.127(3)
Ni4-O5	1.995(2)	Ni4-O14	2.141(3)	Ni4-N5	1.984(3)
Ni3-O8	1.854(2)	Ni3-N6	1.859(3)	Ni3-N4	1.901(3)
Ni3-N3	1.869(3)	Ni2-O3	1.847(2)	Ni2-N8	1.912(3)
Ni2-N2	1.873(3)	Ni2-N7	1.867(3)	Ni1-O3	2.045(2)
Ni1-O10	1.997(3)	Ni1-O2	1.989(3)	Ni1-O12	2.130(3)
Ni1-O11	2.153(3)	Ni1-N1	1.990(3)		

表 S4-2　配合物 3 的键角　(°)

类型	键角	类型	键角	类型	键角
O8-Ni3-N6	92.15(12)	O8-Ni3-N4	91.93(11)	O8-Ni3-N3	169.99(12)
N6-Ni3-N4	170.96(13)	N6-Ni3-N3	94.39(12)	N3-Ni3-N4	82.70(12)
O3-Ni2-N8	91.48(11)	O3-Ni2-N2	92.53(11)	O3-Ni2-N7	170.48(12)
N2-Ni2-N8	171.32(13)	N7-Ni2-N8	82.35(12)	N7-Ni2-N2	94.57(12)
O7-Ni4-O8	174.66(10)	O7-Ni4-O13	87.19(11)	O7-Ni4-O5	95.79(10)
O7-Ni4-O14	90.73(11)	O8-Ni4-O13	95.56(10)	O8-Ni4-O14	86.93(11)
O13-Ni4-O14	174.54(11)	O5-Ni4-O8	88.87(10)	O5-Ni4-O13	88.51(10)
O5-Ni4-O14	86.67(11)	N5-Ni4-O7	93.67(11)	N5-Ni4-O8	81.55(11)
N5-Ni4-O13	94.99(11)	N5-Ni4-O5	170.07(11)	N5-Ni4-O14	90.18(12)
O3-Ni1-O12	96.30(10)	O3-Ni1-O11	87.31(11)	O10-Ni1-O3	89.21(10)
O10-Ni1-O12	88.77(10)	O10-Ni1-O11	89.93(12)	O2-Ni1-O3	174.18(11)
O2-Ni1-O10	95.17(10)	O2-Ni1-O12	87.64(10)	O2-Ni1-O11	88.86(11)
O2-Ni1-N1	93.83(11)	O12-Ni1-O11	176.14(11)	N1-Ni1-O3	81.74(11)
N1-Ni1-O10	170.94(11)	N1-Ni1-O12	92.74(11)	N1-Ni1-O11	89.11(12)

表 S4-3　配合物 4 的键长　(Å)

类型	键长	类型	键长	类型	键长
Ni2-O3	1.852(4)	Ni2-N3	1.868(4)	Ni2-N4	1.904(4)
Ni2-N2	1.863(4)	Ni1-O3	2.052(4)	Ni1-O5	2.006(4)
Ni1-O6	2.123(5)	Ni1-O2	1.984(4)	Ni1-O7	2.148(5)
Ni1-N1	1.982(5)				

表 S4-4　配合物 4 的键角　(°)

类型	键角	类型	键角	类型	键角
O3-Ni2-N3	170.38(19)	O3-Ni2-N4	92.06(17)	O3-Ni2-N2	92.18(18)
N3-Ni2-N4	82.51(19)	N2-Ni2-N3	94.30(18)	N2-Ni2-N4	171.2(2)
O3-Ni1-O6	95.18(16)	O3-Ni1-O7	86.02(18)	O5-Ni1-O3	89.26(15)
O5-Ni1-O6	87.81(17)	O5-Ni1-O7	89.21(18)	O6-Ni1-O7	176.77(17)
O2-Ni1-O3	174.83(17)	O2-Ni1-O5	95.32(16)	O2-Ni1-O6	87.41(19)
O2-Ni1-O7	91.6(2)	N1-Ni1-O3	81.80(17)	N1-Ni1-O5	170.99(17)
N1-Ni1-O6	94.12(19)	N1-Ni1-O2	93.56(18)	N1-Ni1-O7	89.0(2)

表 S4-5　配合物 5 的键长　(Å)

类型	键长	类型	键长	类型	键长
Ni1-O4	1.850(4)	Ni1-N9	1.871(5)	Ni1-N1	1.870(5)
Ni1-N2	1.905(4)	Ni2-O3	2.140(4)	Ni2-O4	2.052(4)
Ni2-O5	1.980(4)	Ni2-O7	1.996(4)	Ni2-O3	2.140(5)
Ni2-N4	1.987(5)				

表 S4-6　配合物 5 的键角　(°)

类型	键角	类型	键角	类型	键角
O4-Ni1-N9	92.36(18)	O4-Ni1-N1	170.2(2)	O4-Ni1-N2	91.55(18)
N9-Ni1-N2	170.8(2)	N1-Ni1-N9	94.46(19)	N1-Ni1-N2	82.77(19)
O4-Ni2-O3	95.82(17)	O4-Ni2-O3	86.98(18)	O5-Ni2-O3	87.02(17)
O5-Ni2-O4	174.64(17)	O5-Ni2-O7	95.95(16)	O5-Ni2-O3	90.45(19)
O5-Ni2-N4	93.67(18)	O7-Ni2-O3	88.37(18)	O7-Ni2-O4	88.69(16)
O7-Ni2-O3	88.4(2)	O3-Ni2-O3	175.71(18)	N4-Ni2-O3	93.70(18)
N4-Ni2-O4	81.63(17)	N4-Ni2-O7	170.25(17)	N4-Ni2-O3	89.9(2)

第5章　稀土环状及多重螺旋体的构筑及应用研究

5.1　引言

螺旋结构作为自然界最迷人的结构，近些年来，被认为是金属超分子化学领域中重要的多功能构建模块。螺旋结构金属配合物，尤其是稀土金属螺旋结构配合物，作为一种仿生模型，由于其独特的结构及在光、电、磁学和生物医药方面的应用而受到广泛关注。在螺旋结构稀土功能配合的构筑方面，Lehn、Bünzli、Piguet、Gunnlaugsson 及我们课题组也都做了大量的工作，并在发光、生物探针等领域的应用取得了重大突破。然而，复杂体系的多核稀土配合物螺旋结构的设计、合成及其在催化、发光等领域的应用仍具有极大的挑战性和广阔的应用前景。

金属配合物螺旋体的自组装过程受到几何构型、中心金属的结合偏好以及配体结构特征等微妙相互作用的控制。其中，影响螺旋结构形成的最主要因素是配体固有的结合位点和间隔单元。此外，影响结构微调的其他因素还包括溶剂体系的性质、抗衡阴离子以及所用组分的浓度。自从 Lehn 引入了术语 helicate，已经报道了大量基于金属离子的螺旋结构和相关具有不同拓扑结构的 helicate 体系，特别是那些具有双链和三链的螺旋金属配合物结构。此外，两个配体“并排”而并非彼此扭曲的非手性组装体被称为“内消旋-螺旋体(meso-helicates)”或“mesocates”。相比之下，环状 helicate、meso-helicate 及多重螺旋被报道的数量相当少(图 5-1)。因此，如何构筑及阐明控制这些复杂的金属超分子体系的自组装过程仍然是一个挑战。

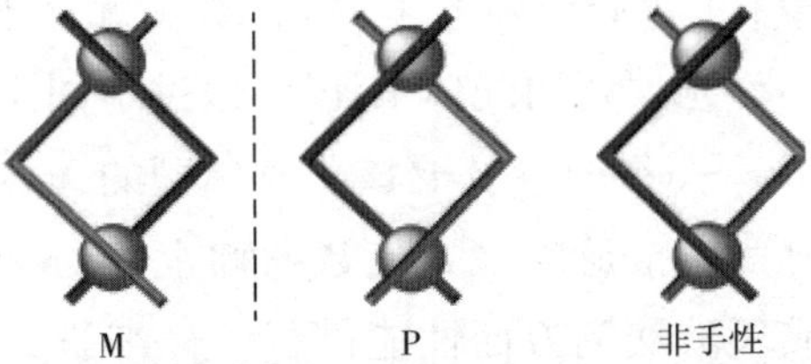

图 5-1　具有镜像 M 和 P 构型的 helicate 及非手性的 meso-helicate(mesocate)示意图

在用于具有过渡金属离子的线性和环状螺旋装配体的配体类型中，多齿吡啶、亚胺和相关的混合配体引起人们极大的兴趣，Lehn 等报道了用 2，2-联吡啶衍生物形成环状 Fe(Ⅱ)、Ni(Ⅱ)和 Cu(Ⅰ)螺旋体 helicate；此外，也有在不同的吡啶环境中选择过渡金属阳离子的报道。值得注意的是，在许多情况下，所得到的结构是金属阳离子配合物，抗衡阴离子通常起到模板化作用。在 meso-helicates 构筑方面，2010 年，Karsten Gloe 课题组首次利用三个双吡啶亚胺配体分别构筑了三个六核环状铜(Ⅱ)的 meso-helicates(图 5-2)，其结构中硫酸根离子起主要的模板作用，当阴离子改变为 ClO_4^-、NO_3^-时，均不能形成这种结构。

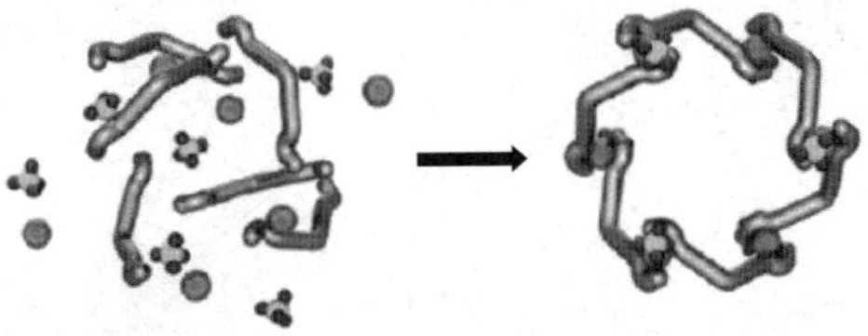

图 5-2　利用硫酸根离子为模板构筑的环状铜(Ⅱ)的 meso-helicates 示意图

稀土金属螺旋结构配合物，作为一种仿生模型，由于其具有迷人的结构及在光、电、磁学及生物医药方面的应用而受到广泛关注。近年来，利用柔性骨架酰腙配体，以阴离子为模板，对多核稀土环状螺旋结构的设计、合成也取得了重大进展。2013 年，兰州大学刘伟生课题组利用阴离子模板作用，得到了罕见的六核稀土环状螺旋超分子结构和首例四核四螺旋结构，同时研究发现，硝酸根能够诱导六核螺旋结构向四核四重螺旋结构的转变(图 5-3)，这对研究阴离子在超分子自组装过程中的作用及螺旋结构之间的诱导转换有着重要的意义。

鉴于此，拟以生物体模拟为最终目标，希望通过配体结构及阴离子的调控为手段，来实现新型仿生环状及多重螺旋结构稀土配合物的构筑。在本章中，我们设计合成了一种柔性骨架的酰腙配体 H_3L^4 和 H_3L^5，配体中的酰腙键配体能够很好地与稀土金属结合。首先，利用配体 H_3L^4，通过不同阴离子的调控，分别得到了罕见的六核环状 meso-helicates 及七核非对称型的 meso-helicates，据我们所知，该系列结构为目前首次报道的最大核数的稀土 meso-helicates。其次，对其近红外发光及催化合成环碳酸酯方面性能进行了详细研究。最后，在配体 H_3L^4 的基础上，对其末端基调控，合成配体 H_3L^5，分别得到了罕见的柱状六核六重螺旋结构，并对其近红外发光性能和催化性能进行了初步研究，如图 5-4 所示。

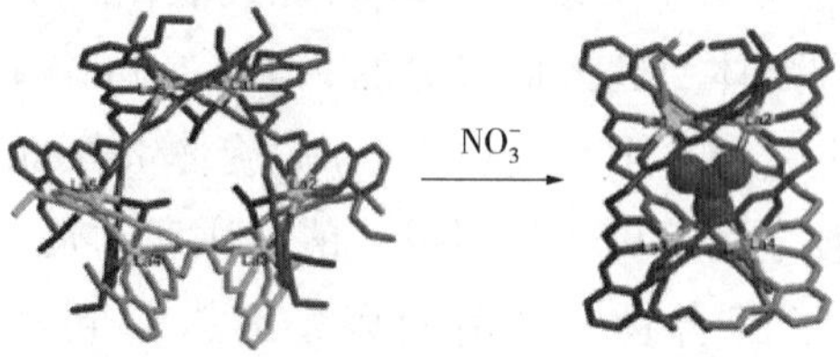

图 5-3　以硝酸根离子为模板实现稀土环状螺旋到多重螺旋体的转化

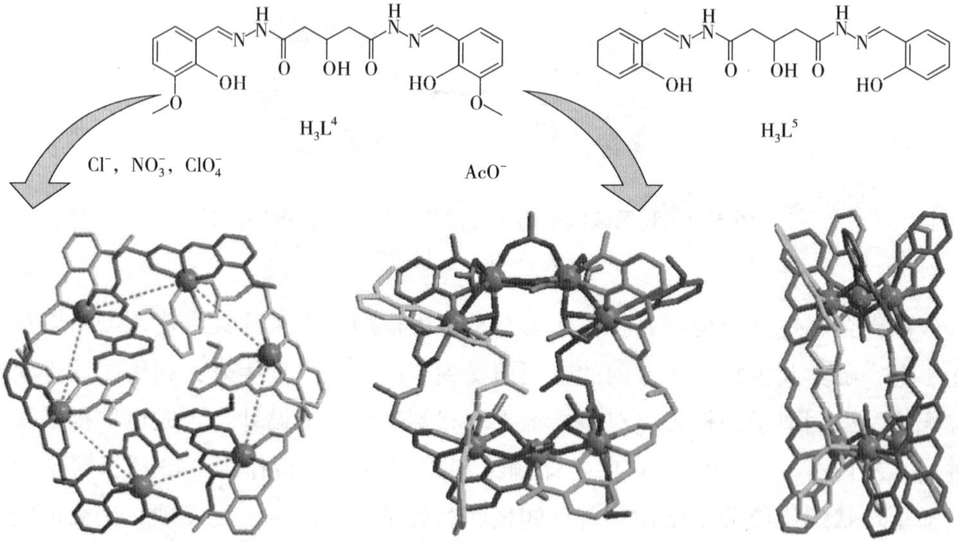

图 5-4　阴离子及配体末端基调控构筑的环状 meso-helicate 和柱状六重螺旋体

5.2 试剂与仪器

5.2.1 试剂

稀土硝酸盐、稀土氯化盐、稀土高氯酸盐、稀土醋酸盐、3-羟基戊二酸二甲酯、水合肼、3-甲氧基水杨醛、三乙胺、环氧化合物及其他试剂均通过商业途径购得，使用前未做进一步的纯化。

5.2.2 仪器

熔点：X-4 数字显示显微熔点测定仪。

红外光谱：由 Nicolet 170SX-FT 型红外光谱仪测定，KBr 压片，在 400~4000cm^{-1}波段摄谱。

单晶结构分析：Brucker Smart CCD 衍射仪。用经石墨单色器单色化了的 Mo Kα 辐射，Multi-scan 扫描方式，所得数据经 Lp 因子校正和吸收校正。晶体结构用 OLEX 2 程序解出。

近红外发光光谱：Edinburg FLS920 荧光光谱仪上测得。

5.3 配体 H_3L^4 和 H_3L^5 及其稀土配合物的合成与表征

5.3.1 配体 H_3L^4 和 H_3L^5 的合成与表征

1. 配体 H_3L^4 的合成(3-羟基戊二酸酰肼参照文献合成)

将 3-羟基戊二酸酰肼(1.76g，10mmol)溶于 50mL 无水甲醇中，室温搅拌，随后加入溶有 3-甲氧基水杨醛(3.04g，20mmol)的 50mL 甲醇溶液，搅拌回流 8h，产生大量白色沉淀，抽滤，甲醇洗涤数次，干燥，得白色固体 3.75g，即配体 H_3L^4，产率为 85%。熔程：209~211℃。IR(KBr，ν，cm^{-1})：3419(s)，1676(s)，1577(s)，1473(s)，1425(s)，1359(s)，1257(s)，1080(m)，966(w)，779(w)，733(s)，472(s)。ESI-MS m/z[$(M+H)^+$]：444.5，ESI-MS m/z[$(M+Na)^+$]：466.5。

2. 配体 H_3L^5 的合成

将 3-羟基戊二酸酰肼(1.76g，10mmol)溶于 50mL 无水甲醇中，室温搅拌，随后加入溶有水杨醛(2.42g，20mmol)的50mL甲醇溶液，搅拌回流8h，产生大量白色沉淀，抽滤，甲醇洗涤数次，干燥，得白色固体3.41g，即配体H_3L^5，产率为90%。熔程：227~229℃。IR(KBr，ν，cm^{-1})：3423(s)，1678(s)，1660(s)，1614(s)，1562(s)，1490(s)，1361(s)，1274(s)，1155(s)，1066(m)，960(w)，785(w)，752(s)，586(s)。ESI-MS m/z[$(M+Na)^+$]：407.2。

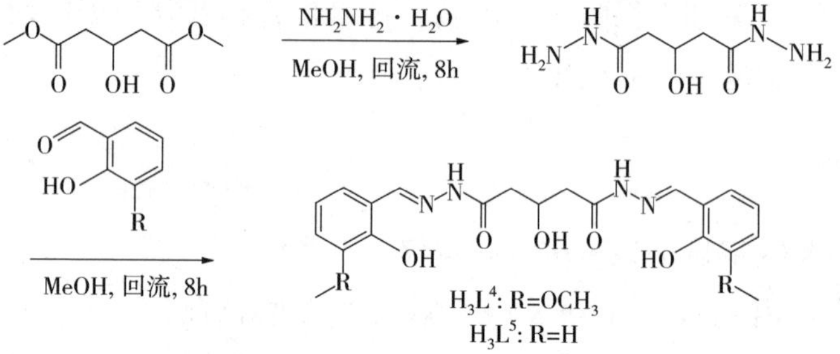

图5-5 配体H_3L^4和H_3L^5的合成路线

5.3.2 配合物12~18的合成与表征

1. 基于配体H_3L^4的不同稀土阴离子盐的配合物12~16的合成与表征

合成的一般步骤：取0.05mmol(0.0222g)配体H_3L^4和0.05mmol不同稀土阴离子盐加入20mL小瓶中，随后加入2mL甲醇和12μL三乙胺，室温搅拌15min，得配合物悬浊液，滴加数滴DMF使其溶解。随后，将该小瓶密封，置于65℃烘箱中，反应3~7d，即得无色透明的块状晶体。其产率为50%~70%。

$ErCl_3$配合物12：IR(KBr，ν，cm^{-1})：3419(s)，1604(s)，1467(s)，1454(s)，1396(s)，1325(s)，1242(s)，1220(s)，1170(m)，1114(m)，1082(w)，956(w)，862(w)，742(s)。

$Er(ClO_4)_3$配合物13：IR(KBr，ν，cm^{-1})：3427(s)，1642(s)，1604(s)，1548(s)，1469(s)，1448(s)，1390(s)，1242(s)，1222(s)，1114(m)，1087(w)，958(w)，856(w)，736(s)。

$Er(NO_3)_3$配合物14：IR(KBr，ν，cm^{-1})：3417(s)，1642(s)，1606(s)，1548(s)，1469(s)，1448(s)，1385(s)，1242(s)，1222(s)，1166(m)，1110(m)，1085(w)，958(w)，860(w)，740(s)。

$Er(AcO)_3$配合物15：IR(KBr，ν，cm^{-1})：3437(s)，1658(s)，1614(s)，

1554(s), 1465(s), 1402(s), 1290(s), 1242(s), 1222(s), 1082(w), 958(w), 856(w), 746(s)。

$Tb(ClO_4)_3$配合物 16：IR(KBr, ν, cm^{-1})：3427(s), 1642(s), 1602(s), 1548(s), 1469(s), 1448(s), 1390(s), 1242(s), 1222(s), 1114(m), 1087(w), 958(w), 856(w), 736(s)。

2. 基于配体 H_3L^5 的不同稀土氯化盐的配合物 17~18 的合成与表征

配合物 17 和配合物 18 合成的一般步骤：取 0.05mmol(0.0192g)配体 H_3L^5 和 0.05mmol 不同稀土氯化盐[$Ln^{3+}=Nd^{3+}$(17), Tb^{3+}(18)]加入 20mL 小瓶中；加入 2mL 甲醇和 12μL 三乙胺，室温搅拌 15min，得配合物悬浊液，滴加数滴 DMF 使其溶解；将该小瓶密封，置于 65℃烘箱中，反应一周，即得无色透明的块状晶体。其产率在 56%~70%。

配合物 17：IR(KBr, ν, cm^{-1})：3428(s), 1654(s), 1610(s), 1541(s), 1471(s), 1440(s), 1388(s), 1288(s), 1247(s), 1201(s), 1153(m), 1101(m), 902(w), 758(w), 588(s)。

配合物 18：IR(KBr, ν, cm^{-1})：3421(s), 1654(s), 1610(s), 1537(s), 1471(s), 1440(s), 1390(s), 1288(s), 1247(s), 1200(s), 1153(m), 1103(m), 904(w), 758(w), 588(s)。

5.3.3 配合物 12~18 的晶体结构分析

通过溶剂热法，分别合成了配体 H_3L^4 的不同阴离子的稀土配合物[$Ln=ErCl_3$(12)、$Er(ClO_4)_3$(13)、$Er(NO_3)_3$(14)、$Er(AcO)_3$(15)、$Tb(ClO_4)_3$(16)]，并得到了配合物 12~16 的单晶结构。单晶结构分析表明：在这些稀土配合物中，配合物 12、13、14、16 均形成了 6∶6(Ln∶H_3L^4)型配合物，为首次报道的六核环状 meso-helicates，配合物 15 则形成了七核环状 meso-helicates，分别以配合物 12 和配合物 15 的晶体结构为例进行讨论。此外，合成了配体 H_3L^5 的稀土氯化盐[Nd^{3+}(17), Tb^{3+}(18)]配合物，并得到了配合物 17~18 的单晶结构。单晶结构分析表明：在这些稀土氯化盐配合物中，稀土与配体均形成了 6∶6(Ln∶H_3L^5)型配合物，为首例的柱状六重稀土螺旋体，由于该系列配合物均为同构，我们以配合物 17 为例，对其晶体结构进行讨论。配合物 12~18 的晶体学数据如表 5-1 所示，选择的键长数据见附录。

表 5-1 配合物 12~18 的主要晶体学数据

参数	配合物 12	配合物 13	配合物 14	配合物 15	配合物 16	配合物 17	配合物 18
分子式	$C_{144}H_{156}Er_6N_{30}O_{54}$	$C_{147}H_{168}Er_6N_{30}O_{54}$	$C_{160}H_{206}Er_6N_{34}O_{66}$	$C_{123}H_{149}Er_7N_{21}O_{57}$	$C_{153}H_{192}N_{33}O_{54}Tb_6$	$Nd_6C_{118}H_{126}Cl_2N_{24}O_{36}$	$Tb_6C_{118}H_{126}Cl_2N_{24}O_{34}$
分子量	4174. 46	4375. 85	4665. 14	3854. 76	4310. 95	3392. 76	3310. 30
T/K	293(2)	173. 00(10)	173. 00(10)	273. 15	273. 15	173. 00(10)	173. 00(10)
晶系	三方晶系	三方晶系	三斜晶系	三斜晶系	三方晶系	单斜晶系	单斜晶系
空间群	R-3	R-3	P-1	P-1	R-3	$P2_1/c$	$P2_1/c$
a/Å	32. 0208(19)	32. 3456(9)	15. 5129(8)	15. 6915(7)	32. 7239(18)	20. 8813(6)	20. 9124(6)
b/Å	32. 0208(19)	32. 3456(9)	19. 7639(10)	22. 8090(11)	32. 7239(18)	26. 448(2)	26. 3798(15)
c/Å	14. 127(2)	54. 221(3)	20. 4023(8)	25. 2596(12)	53. 350(2)	14. 7117(4)	14. 6509(6)
α/(°)	90	90	82. 354(4)	90	90	90	90
β/(°)	90	90	78. 571(4)	97. 5040(10)	90	104. 299(3)	104. 643(4)
γ/(°)	120	120	83. 845(4)	90	120	90	90
V/Å^3	12544(2)	49128(4)	6055. 6(5)	8963. 2(7)	49476(6)	7873. 1(7)	7819. 9(6)
Z	3. 00006	5. 99994	1	2	6	2	2
D_{calc}/Mg m^{-3}	1. 658	0. 887	1. 279	1. 428	0. 868	1. 431	1. 406
F(000)	6210. 0	13068. 0	6210. 0	3635. 0	12978. 0	3368. 0	3133. 0

续表

参数	配合物 12	配合物 13	配合物 14	配合物 15	配合物 16	配合物 17	配合物 18
θ 的取值范围/(°)	6. 95~57. 138	6. 666~52. 04	6. 754~51. 986	1. 626~58. 304	1. 628~49. 498	6. 692~52. 044	6. 748~52. 042
Data/restraints/parameters	6457/0/357	21426/2/751	23777/110/1218	34144/15/1922	18780/3/751	15471/36/347	15365/30/835
Goodness-of-fit onF^2	1. 043	1. 118	1. 035	1. 047	1. 224	1. 059	1. 080
Final$R$ indices [I>2sigma(I)][a]	R_1=0. 1100, wR_2=0. 2835	R_1=0. 1193, wR_2=0. 3240	R_1=0. 1114, wR_2=0. 2706	R_1=0. 0741, wR_2=0. 2195	R_1=0. 0969, wR_2=0. 2976	R_1=0. 1054, wR_2=0. 2637	R_1=0. 1025, wR_2=0. 2566
R indices (all data)[b]	R_1=0. 2150, wR_2=0. 3755	R_1=0. 2060, wR_2=0. 4192	R_1=0. 1942, wR_2=0. 3494	R_1=0. 1167, wR_2=0. 2627	R_1=0. 1384, wR_2=0. 3420	R_1=0. 1660, wR_2=0. 3136	R_1=0. 1526, wR_2=0. 2932
Largest diff. peak/hole/e. $Å^{-3}$	8. 45/-3. 31	6. 61/-2. 46	4. 11/-1. 79	7. 70/-1. 53	7. 80/-1. 71	1. 97/-0. 81	1. 80/-0. 99

注：a. $R_1=\sum||F_o|-|F_c||/\sum|F_o|$；b. $wR_2=\sum[w(F_o^2-F_c^2)^2]/\sum[w(F_o^2)^2]^{1/2}$。

X-射线单晶衍射数据表明，配合物 12 和配合物 13 属于三方晶系，R-3 空间群，配合物 12 是由六个去质子化的配体、六个 Er^{3+}、六个水分子和六个 DMF 分子构成的，与配合物 12 和配合物 13 不同的是，配合物 14 是由六个去质子化的配体、六个 Er^{3+}离子、两个水分子和十个 DMF 分子构成的，晶格中有四个硝酸根离子游离其中，配合物 14 属于三斜晶系，P-1 空间群，但总体上两者晶体结构均呈现环状 meso-helicate 结构，以配合物 12 为例进行描述(图 5-6)。分子结构中，六个 Er^{3+}交替地形成 Λ 和 Δ 构型，使得整体形成中心对称 meso-helicate (内消旋-螺旋体)，配合物分子整体为内消旋结构。在配合物中，相邻 Er^{3+}的距离均为 7.264Å，六个 Er^{3+}围绕成一个类似于苯环的构型。每个 Er^{3+}配位方式相同，均为八配位，分别与来自两个酰腙配体提供的酰腙键的 O、N 原子及苯环的酚羟基配位，而由于 Er 的配位数大，两个去质子化的配体不足以满足稀土离子的配位要求，进一步与溶剂水分子或者 DMF 分子发生配位，其配位多面体为扭曲的三角十二面体。基于配体的柔性骨架，酰腙配体一端与稀土离子配位后，发生近 90°扭曲折叠，另一端与其他稀土离子发生配位，与其配位的另一配体进一步朝同一方向弯曲折叠，最终闭合成环，形成了罕见的六核稀土环状 meso-helicate。

X-射线单晶衍射数据表明，配合物 15 属于三斜晶系，P-1 空间群，配合物 15 是由四个去质子化的配体、7 个 Er^{3+}和 11 个配位的醋酸根离子构成的，晶格中有五个 DMF 分子和一个未配位的醋酸根离子游离其中，总体上可以将其看作中间 Er^{3+}将两个双链 meso-helicate 连接，使得晶体结构整体上呈现出环状不对称的 meso-helicate 结构(图 5-7)。由于环状不对称结构的出现，使得该配合物晶胞中存在了 M 和 P 两种构型的 meso-helicate[图 5-7(a)]，从而对 meso-helicate 的概念有了新的认识。在配合物中，以 Er6 为中心，Er1 和 Er4、Er2 和 Er5、Er3 和 Er7 分列两侧，具有相同的配位方式。其中，Er6 为十配位，分别与来自两个去质子化的配体提供的两个酚羟基的 O 原子、两个甲氧基的 O 原子及来自四个醋酸根离子的六个 O 原子发生配位，配位多面体为双帽十二面体；Er1 和 Er4 为九配位，分别与来自两个去质子化的配体提供的两个羰基的 O 原子、酚羟基的 O 原子、亚胺基的 N 原子及两个醋酸根的三个 O 原子发生配位，配位多面体为三帽三角棱柱体；Er2 和 Er5 为九配位，分别与来自两个去质子化的配体提供的一个酚羟基的 O、一个甲氧基的 O 原子配位及来自五个醋酸根离子的六个 O 原子发生配位，配位多面体为扭曲的三帽三角棱柱体；Er3 和 Er7 为九配位，分别与来自两个去质子化的配体提供的两个羰基 O 原子、酚羟基 O 原子、亚胺基的 N 原子及两个醋酸根的三个 O 原子发生配位，配位多面体为扭曲的双帽三角棱柱体。

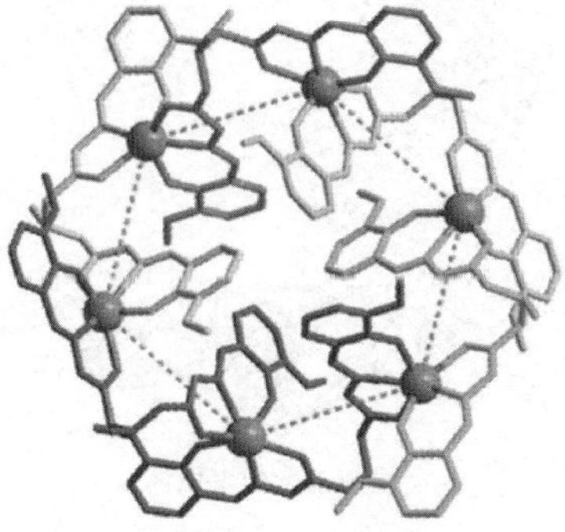

(a)配合物12的分子结构图

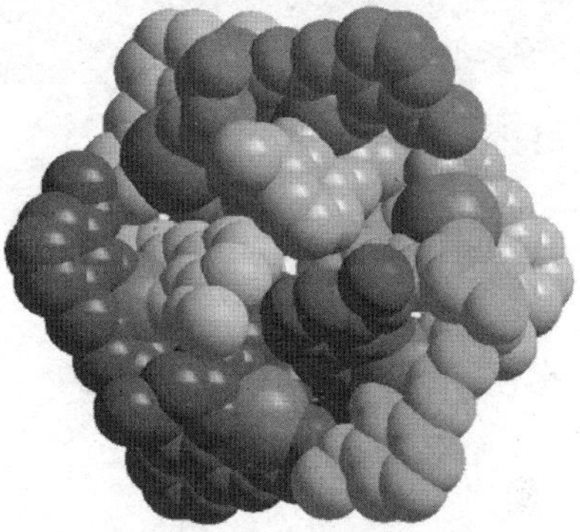

(b)配合物12的分子结构堆积图

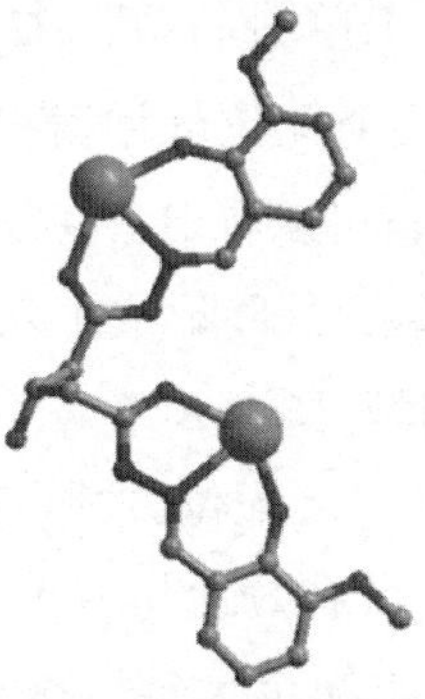

(c)配体与金属离子的配位模式

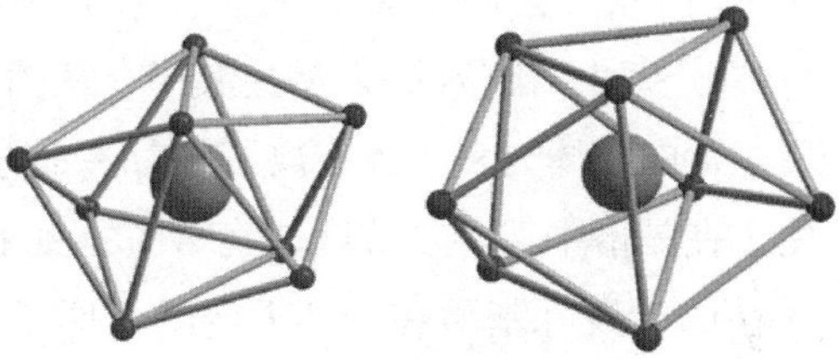

(d)金属的配位多面体

图 5-6　配合物 12 示意图

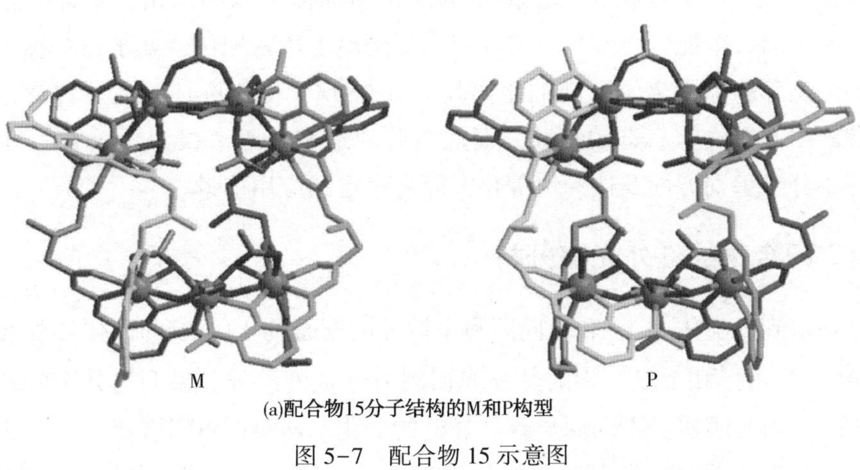

(a)配合物15分子结构的M和P构型

图 5-7　配合物 15 示意图

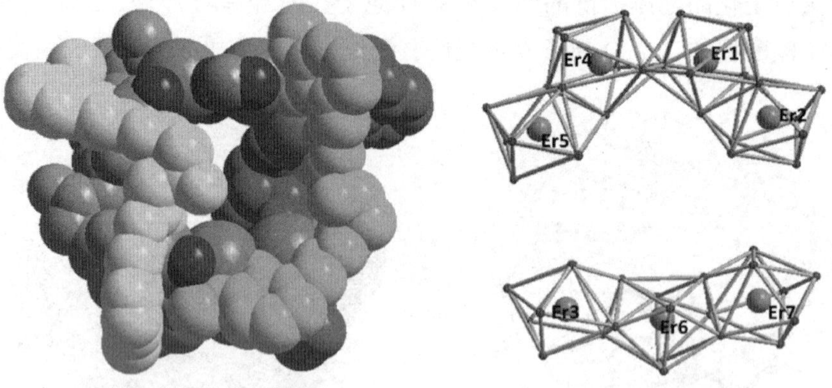

(b)配合物15的晶体结构堆积图　　(c)金属的配位多面体

图 5-7　配合物 15 示意图(续)

通过 X-射线单晶衍射数据表明，配合物 17 属于单斜晶系，$P2_1/c$ 空间群，配合物 17 是由六个去质子化的配体、六个 Nd^{3+} 和两个配位的甲醇分子构成的，晶格中甲醇分子和未配位的 Cl^- 游离其中。从图 5-8(a)可以看出，在配合物 17 中，六个去质子化的配体与六个稀土离子朝着一个方向缠绕，最终形成了六核六重螺旋结构，由于在晶格中，存在着该螺旋结构的 M 和 P 构型[图 5-8(b)]，因此整个分子是非手性的。酰腙基团和苯环上的酚氧原子提供了三齿配位方式，通过晶体结构[图 5-8(d)]可以看出，每个配体提供的三齿配位点有效地与三个 Nd^{3+} 发生配位。在配合物中，六个 Nd^{3+} 的配位方式相同，均为八配位，每一个 Nd^{3+} 同时被两个去质子配体的酰腙部分螯合，更进一步与第三个配体去质子化的苯酚氧原子及一个甲醇分子螯合配位，稀土离子的配位多面体为双帽三角棱柱体。除此之外，分子中的每个配位甲醇分子均与三个稀土离子桥联配位，处于三个稀土离子的中心，相邻的稀土离子之间的距离均为 3.963Å。由于配体具有柔性骨架，配合物螺旋中心形成了一定的空腔，而此空腔的最窄处距离仅为 2.987Å，这可能使其在小分子识别方面及选择性催化方面有一定的应用前景。

5.3.4　配合物的红外光谱分析

制备得到的配体 H_3L^4 和不同阴离子调控的配合物 12~15 的固体红外光谱如图 5-9(a)所示，几个配合物的红外光谱图有一定的差异，说明这几个配合物的配位方式，由于阴离子不同而导致红外谱的变化。从谱图可以看出，配合物 12~15 与配体相比，配体的羰基吸收峰从 $1676cm^{-1}$，均发生位移，分别为 $1604cm^{-1}$、

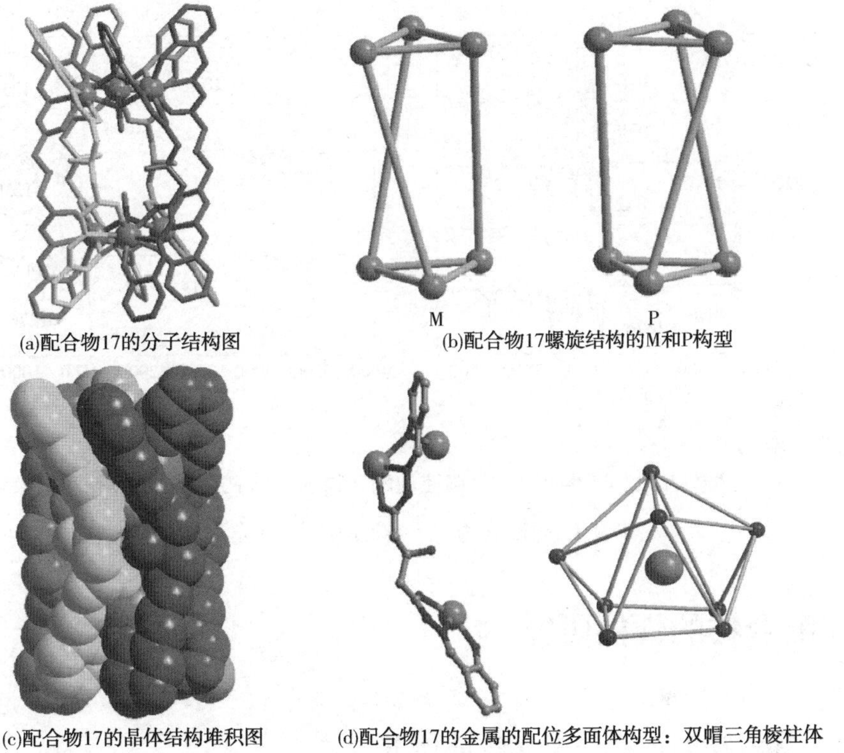

(a)配合物17的分子结构图 (b)配合物17螺旋结构的M和P构型

(c)配合物17的晶体结构堆积图 (d)配合物17的金属的配位多面体构型：双帽三角棱柱体

图 5-8 配合物 17 示意图

1604cm^{-1}、1606cm^{-1}和 1614cm^{-1}，说明配合物中酰腙的羰基参与配位。配合物 12 和 13 的谱图几乎一致，说明配合物的配位方式相同，和单晶测试结果吻合，配合物晶胞中没有阴离子配位或者游离的阴离子存在；配合物 14 和 15 中，分别出现了新的吸收峰，为 1385cm^{-1}和 1554cm^{-1}，说明配合物 14 和 15 中硝酸根和醋酸根的存在，这些结果与单晶测试结果相吻合。

制备得到的配体 H_3L^5 和配合物 17 和 18 的固体红外光谱如图 5-9(b)所示，两个配合物的红外光谱图几乎一致，说明这几个配合物的配位方式相同。配合物与配体 H_3L^5 的红外谱图相比，配合物中配体上强的 v(C═O)振动吸收峰为从 1658cm^{-1}向低波数发生位移，v(Ar—OH)振动吸收峰从 1250cm^{-1}也向低波数发生位移；配合物 17、18 中配体 H_3L^5 上强的 v(C═O)振动吸收峰均为从 1658cm^{-1}向低波数移至 1608cm^{-1}，v(Ar—OH)振动吸收峰为从 1276cm^{-1}向低波数移至 1250cm^{-1}，分别向低波数移动了 50cm^{-1}和 26cm^{-1}，说明配合物中，配体的羰基氧、酚羟基均参与配位，与晶体结构测试结果吻合。

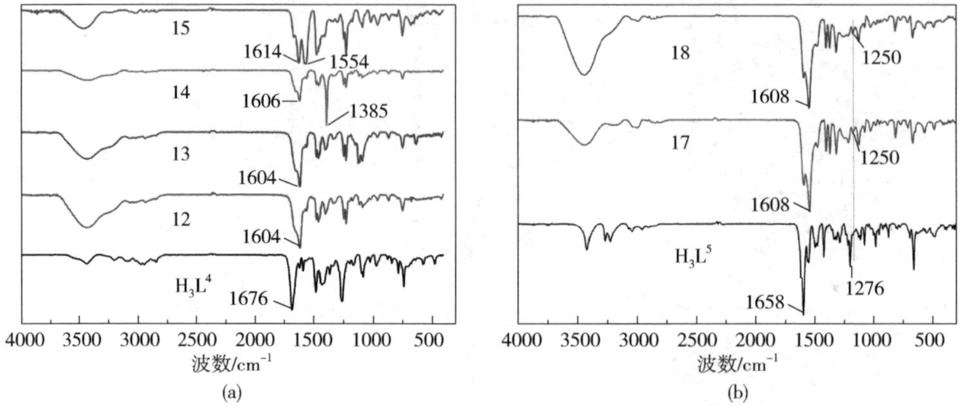

图 5-9 配体 H_3L^4 与不同阴离子调控的配合物 12~15 的固体红外光谱(a)及配体 H_3L^5 与配合物 17~18 的固体红外光谱(b)

5.4 配合物的性能研究

5.4.1 配合物的近红外发光性能研究

对配合物 12~15 的固体近红外发光光谱进行分析发现(图 5-10~图 5-13)，在固体配合物 12~15 的激发光谱图中均出现了一个强的宽峰，最大吸收峰均位于 433nm 附近，归属于配体间的 $\pi \to \pi^*$ 跃迁。对固体配合物 12~15 的发射光谱进行分析，谱图中显示出 Er^{III} 的特征发射谱带位于 1528~1531nm 附近，均源于 $^2I_{13/2} \to {}^2F_{15/2}$ 跃迁，说明配合物 12~15 中配体能够作为“天线”，将能量传递给稀土离子，敏化稀土离子发光。由于配合物 12~14 结构为同构的，这些配合物均具有相似的激发和发射光谱，配合物 14 中虽然有游离的硝酸根，但由于其没有参与配位，并不能影响其激发和发射光谱，而配合物 15 由于醋酸根参与配位，导致结构从六核转变为七核，其近红外光谱也发生了变化，从 1533nm、1570nm 变为 1528nm、1547nm。进一步对其荧光寿命进行了测定，分别为 5.7μs、6.02μs、7.7μs 和 12.1μs。以上结果均表明，酰腙配体能够作为“天线”敏化稀土 Er，是 Er^{3+} 的敏化剂，不同阴离子的配合物结构相同时，仍具有相同的光谱性质，阴离子参与配位导致结构发生变化时，其光谱也随之变化。

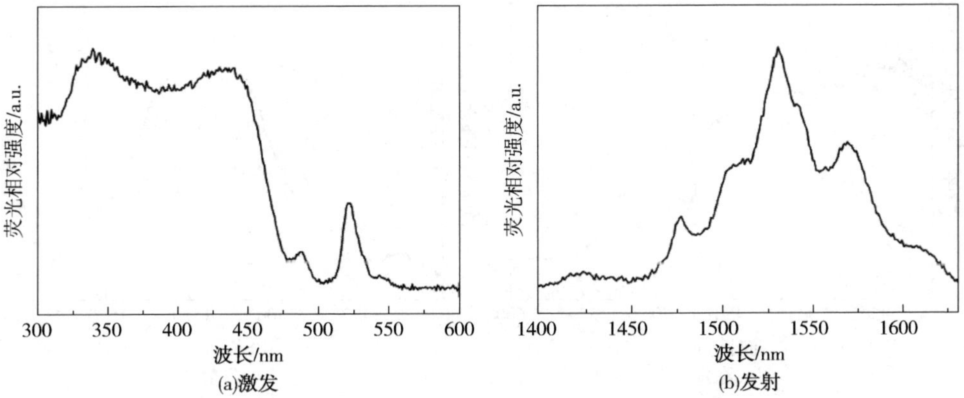

图 5-10　配合物 12 的激发和发射光谱

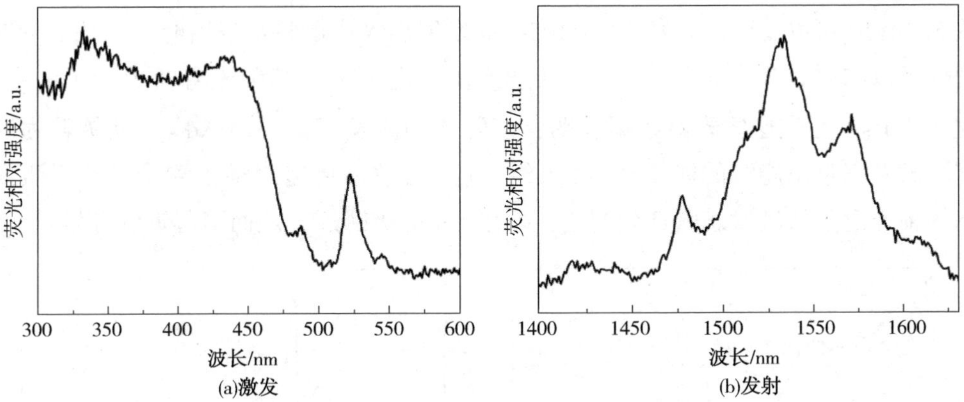

图 5-11　配合物 13 的激发和发射光谱

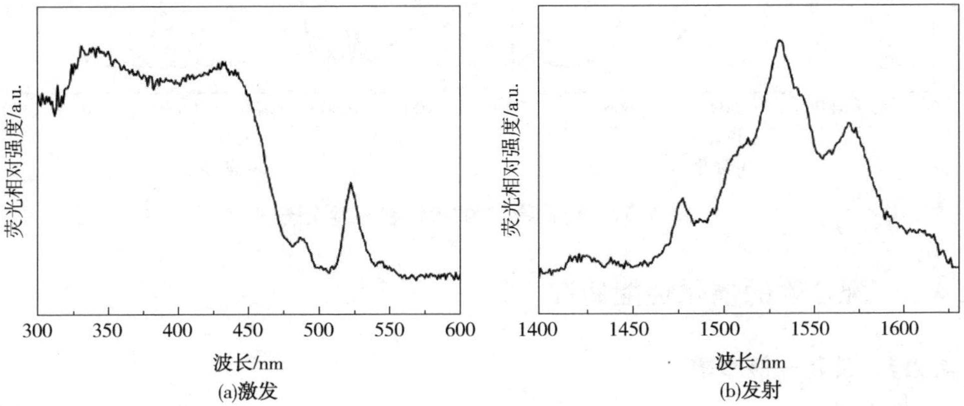

图 5-12　配合物 14 的激发和发射光谱

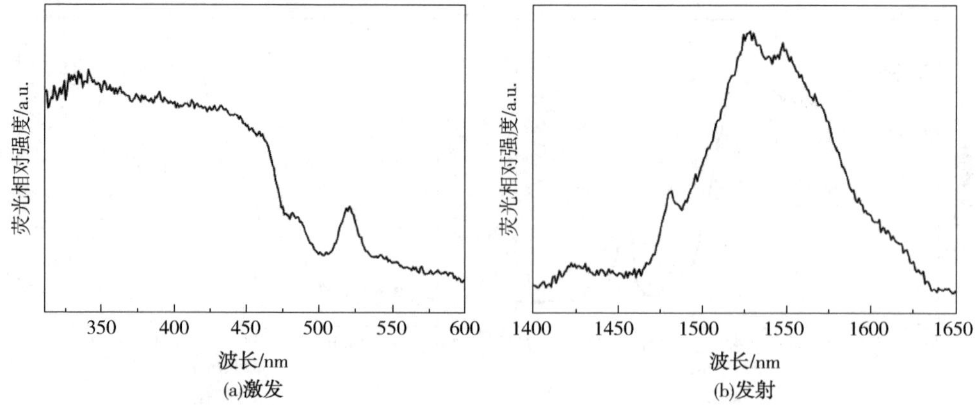

图 5-13 配合物 15 的激发和发射光谱

图 5-14 为配合物 17 在近红外区域 870~1400nm 范围内的激发和发射光谱，从 5-14(b) 可以看到配合物 17 在 1058nm 发射出 Nd^{3+} 的特征发射峰，该特征发射谱峰可以归属为 Nd^{3+} 的 $^2F_{2/3}-^2I_{11/2}$ 跃迁产生，进一步对其荧光寿命进行了测定，为 3.43μs。通过这些光谱数据表明，该配体的激发三重态与 Nd^{3+} 的能级较为匹配，激发三重态能级的能量通过“天线效应”有效地传递给稀土离子，处于激发态的稀土离子从激发态跃迁到基态，发生 f-f 能级跃迁，从而引起近红外发射。

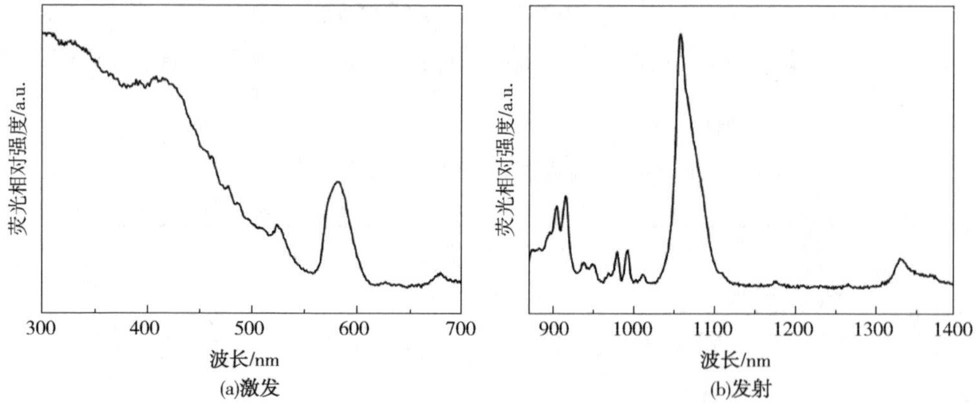

图 5-14 配合物 17 的激发和发射光谱

5.4.2 配合物的催化性能研究

5.4.2.1 催化一般步骤

在不加任何有机溶剂的条件下，将新制备的催化剂和环氧化合物按照一定比例依次加入带有聚四氟乙烯内衬的50mL带有磁子的不锈钢高压釜中。将高压釜拧紧，并与CO_2钢瓶连接。先用CO_2气体将釜内的空气置换，重复三次，随后充入所需压力的CO_2，放到设定好温度的油浴锅中，平衡3min，开动搅拌。反应一定时间后，停止搅拌，将釜迅速放入冰水浴中冷却，约30min后缓慢打开阀门，释放出剩余的CO_2。开釜，取适量样品做^1H NMR，确定反应的产率及选择性。纯净产物通过柱层析分离得到，所有纯净产物都和文献中标准产物谱图进行对比确认。

5.4.2.2　不同稀土盐及配体对反应的影响

首先，我们在无溶剂下，在120℃，1MPa反应1h的条件下，使用0.01mol%催化剂12~16与0.8mol%四丁基溴化铵(TBAB)作为助催化剂催化CO_2与环氧苯乙烯(SO)环加成反应生成环状碳酸酯。如表5-2所示，催化剂12和13分别得到了较高的转化率(分别为91%、90%)，其相应的*TOF*值分别高达$9100h^{-1}$、$9000h^{-1}$，不同阴离子的稀土配合物催化效率也接近，说明配合物中阴离子对催化剂的活性影响不大，显示出了很好的催化潜力。此外，配体与TBAB共催化条件下，反应也有一定的转化率，为54%，说明配体自身结构对催化过程也有一定的贡献。因此，以催化剂12为例，对催化剂的催化性能进行系统性的研究。

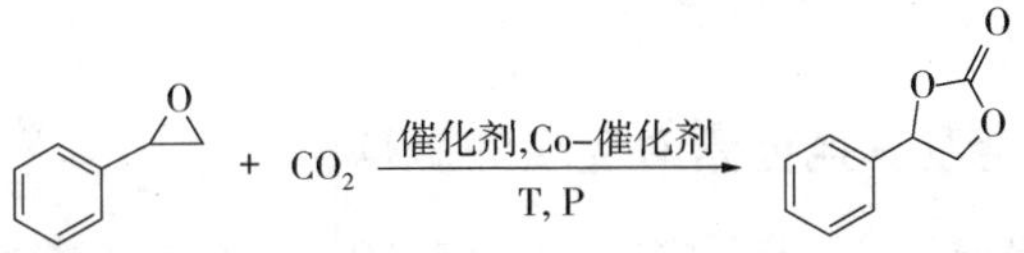

表5-2　配合物12~16催化CO_2与氧化苯乙烯转化为环碳酸酯[a]

顺序	催化剂/%	Co–催化剂/%	*T*/℃	*P*/MPa	*t*/h	转化率[b]/%	*TOF*/h^{-1}
1	12	TBAB	120	1	1	91	9100
2	13	TBAB	120	1	1	90	9000
3	14	TBAB	120	1	1	88	8800
4	15	TBAB	120	1	1	85	8500
5	16	TBAB	120	1	1	81	8100
6	H_3L^4	—	120	1	1	—	—
7	H_3L^4	TBAB	120	1	1	54	540

注：a. 反应条件：10mmol SO，0.01mol%催化剂，0.8mol% TBAB，120℃；b. 转化率通过^1H NMR分析得出；环碳酸酯的选择性>99%。

5.4.2.3 不同助催化剂对反应的影响

测试了以不同的阴离子的季铵盐为助催化剂条件下催化 CO_2 与环氧苯乙烯(SO)环加成反应生成环状碳酸酯，其中 TBAB>TBAI>TBAC(分别为 91%、81%、54%)(表 5-3)，这一结果与文献中报道的一致。在单独使用催化剂 12(0.01mol%)或 TBAB(0.8mol%)时，均不能得到满意的催化效果(0，26%)，而当催化剂 11 与 TBAB(0.8mol%)共同用于催化反应时，显示出了较高的催化转化率，可达 91%，说明该催化体系为二元催化体系。当助催化剂的用量减少到 0.5mol%时，反应的转化率仍能达到 77%。

表 5-3 不同助催化剂下，配合物 12 催化 CO_2 与氧化苯乙烯转化为环碳酸酯[a]

顺序	催化剂/%	Co-催化剂/%	T/℃	P/MPa	t/h	转化率[b]/%	TOF/h^{-1}
1	—	TBAB(0.8)	120	1	1	26	—
2	12	TBAB(0.5)	120	1	1	77	7700
3	12	TBAB(0.8)	120	1	1	91	9100
4	12	TBAI(0.8)	120	1	1	81	8100
5	12	TBAC(0.8)	120	1	1	54	5400

注：a. 反应条件：10mmol SO，0.01mol%催化剂，0.8mol% TBAB，120℃，1 h；b. 转化率通过^1H NMR 分析得到；环碳酸酯的选择性>99%。

5.4.2.4 压强、温度及其他因素对反应的影响

考虑到压强的影响，尝试了将压强从 1MPa 降到 0.6MPa，发现其催化效率几乎保持不变(表 5-4 Entry 1-2)，说明压强对该催化体系影响不大。值得注意的是，许多催化剂体系因受氧气和水的影响而失活，在催化过程中，环氧底物无须无水无氧处理，在后续催化反应中，测试了空气及水对该反应的影响(表 5-4 Entry 3-4)，发现空气及水的存在下，该反应生成环碳酸酯的转化率基本不变，说明空气及水对该催化反应体系也没有影响，也说明催化剂体系有很好的耐受力。温度对催化体系相当重要，如何能在温和条件下，实现 CO_2 的催化转化为有用的化学品一直是研究的目标。为此，初步测试了不同温度条件下，催化剂的催化反应活性，发现该催化剂对温度的依赖性较大，120℃时，活性最好，转化率为 91%，当温度下降到 100℃时，催化活性急剧下降，转化率为 33%，在相对温和条件(80℃和 60℃)下，该催化剂转化率仅为 16%和 5%。但相对而言，其始终具有较高的初始 *TOF*，分别为 $9100h^{-1}$、$3300h^{-1}$、$1600h^{-1}$、$500h^{-1}$，这个结果说

明了该催化剂在温和条件下也存在着很好的催化应用潜力。

表 5-4 配合物 12 催化 CO_2 与环氧苯乙烯合成环碳酸酯[a]

顺序	催化剂/%	Co-催化剂/%	T/℃	P/MPa	t/h	转化率[b]/%	TOF/h^{-1}
1	12	TBAB	120	10	1	91	9100
2	12	TBAB	120	6	1	90	9000
3	12[c]	TBAB	120	10	1	84	8400
4	12[d]	TBAB	120	10	1	78	7800
5	12	TBAB	100	10	1	33	3300
6	12	TBAB	80	10	1	16	1600
7	12	TBAB	60	10	1	5	500

注：a. 反应条件：10mmol 环氧苯乙烯，0. 001mol 催化剂，0. 08mmol Co-催化剂，1h；b. 通过 ^1H NMR 分析，环碳酸酯的选择性>99%；c. 未排除反应系统内的空气；d. 向反应体系中加入 50μL H_2O。

5. 4. 2. 5 催化体系的普适性

为了探究催化剂体系的普适性，使用催化剂 12 及助催化剂 TBAB 考察了 9 种不同环氧化合物与 CO_2 在相同条件下的环加成生成相应环碳酸酯。如表 5-5所示，在 120℃，1MPa 反应 1h，单取代基为脂肪族、芳香族、卤素原子、醚类、烯烃的环氧化合物都能以较高转化率生成相应的环碳酸酯(转化率>90%)，而且选择性接近于 100%。而对于活性较差的双取代环氧环己烷活性最低(19%)，这归因于其大的位阻，阻碍了催化剂对环氧的亲和进攻，进而导致环氧开环速率的降低。以上实验证明，该催化剂体系对不同的取代环氧底物有较高的催化活性及选择性，显示出了其较宽的底物范围。

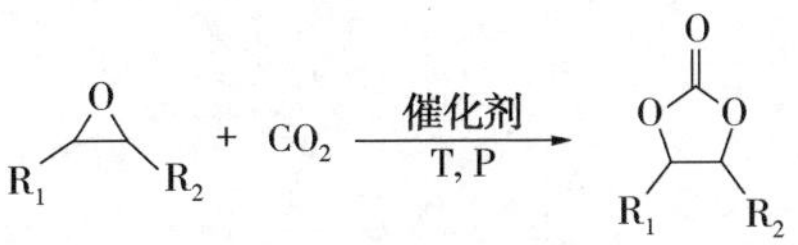

表 5-5 配合物 12 催化不同环氧化合物与 CO_2 环加成反应[a]

顺序	底物	产物	转化率[b]/%
1		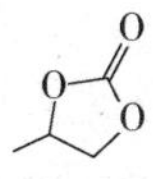	95

续表

顺序	底物	产物	转化率[b]/%
2	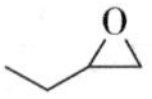	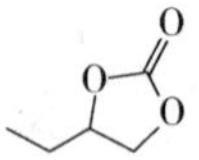	90
3		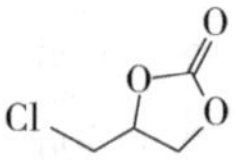	97
4	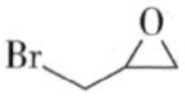	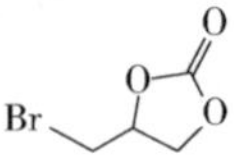	98
5	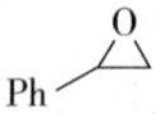	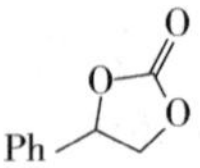	91
6	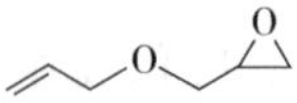	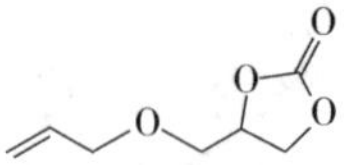	94
7	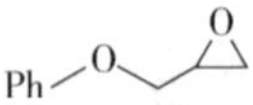	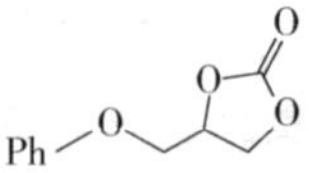	91
8	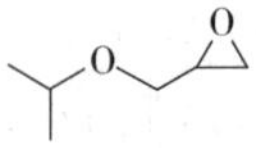	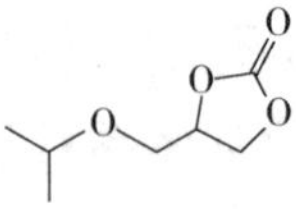	90
9		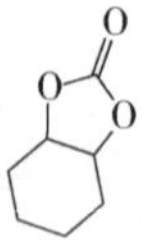	19

注：a. 反应条件：10mmol 环氧苯乙烯，0.001mol 催化剂，0.08mmol Co-催化剂，1h；b. 通过^{1}H NMR 分析，环碳酸酯的选择性>99%。

5.4.2.6 催化机理

基于目前的实验结果和已报道的多金属催化剂体系的研究，推测该催化体系的反应机理为路易斯酸催化机理。催化剂(如配合物 12)晶体结构中稀土金属为八配位，其中有两个配位溶剂分子，考虑这些稀土离子为独立的催化中心，提出了一种可能的催化机理(图 5-15)。如图 5-15 所示，金属 Ln 起激活环氧化物的作用。环氧化物与 Ln 的配位是继 Br^- 之后环氧化物开环的第一步。然后，将 CO_2 插入 Ln 氧化物键中，并且通过在 C—Br 键上 CO_2 的内部进攻发生环化，同时重新生成助催化剂。此外，由于路易斯碱位点(酰腙 N 原子)也可能有助于环加成反应，所以将 H_3L^4 作为 TBAB 的催化剂用于模型反应。转化率从仅由 TBAB 催化的 25%提高到了 53%。因此，推测催化剂可以通过将酰腙基团引入增加 CO_2 亲和能力结合多个稀土离子的路易斯酸位点协同催化，从而激发催化剂的高催化活性。

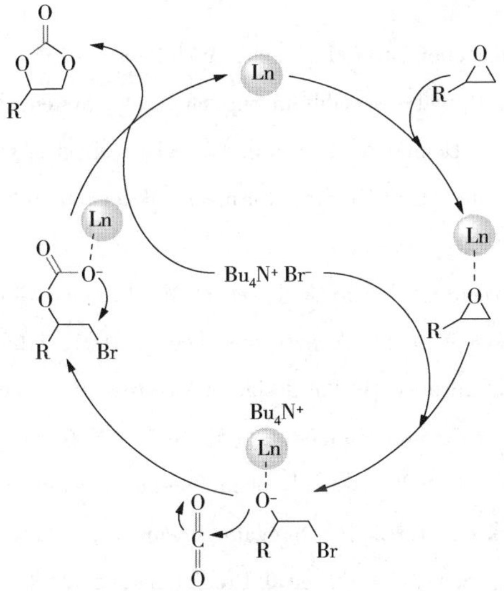

图 5-15　配合物 12 催化 CO_2 与环氧化合物环加成的可能机理

5.5　本章小结

基于对生物体的模拟，设计、合成了两种柔性骨架的酰腙配体 H_3L^4 和 H_3L^5，通过阴离子的调控，我们首次分别得到了配体 H_3L^4 的不同稀土阴离子的环状六核 meso-helicate 及七核 meso-helicate，对于配体 H_3L^5，也得到了首例基于该配体的柱状六重稀土螺旋体，随后，考察了 H_3L^4 系列配合物的近红外发光及催化性能，并对其催化机理进行了讨论。

(1) 该系列配合物实现了在温和条件下催化二氧化碳合成环碳酸酯，并有宽泛的底物范围，配合物在催化过程中表现为均相催化。

（2）该系列配合物在催化过程中，催化活性不受环境中的空气及水分影响。

（3）该配体及配合物合成比较简单，原料廉价，可大量制备，使其在商业应用方面有着很好的应用前景。

（4）对其催化机理研究，推测配体中引入的酰脲基团，能够提高与二氧化碳的结合作用，并与多核稀土金属体系形成协同作用，从而激发了该配合物的高催化活性。以上这些结果均可以为设计新型仿生催化剂的设计合成及环状和多重螺旋体系的构筑提供一些新的思路。

参 考 文 献

[1] Lehn J M. Supramolecular chemistry[M]. Vch，Weinheim，1995.

[2] Lindoy L F，Atkinson I M. Self-Assembly in Supramolecular Systems，RSC，Cambridge，2000.

[3] Saalfrank R W，Uller E，Demleitner B，et al. Synergistic effect of serendipity and rationaldesign in supramolecular chemistry[C]//Berlin：Springer. Molecular Self-Assembly Organic Versus Inorganic Approaches. 2000：149-175.

[4] Ruben M，Rojo J，Romero-Salguero F J，et al. Metallionen-Gitterarchitekturen：funktionell-esupramolekulare Metallkomplexe[J]. Angewandte Chemie，2004，116(28)：3728-3747.

[5] Han L，Hong M. Recent advances in the design and construction of helical coordination polymers [J]. Inorganic Chemistry Communications，2005，8(4)：406-419.

[6] Ghosh S K，Bharadwaj P K. Self-assembly of lanthanide helicate coordination polymers into 3D metal-organic framework structures[J]. Inorganic chemistry，2004，43(7)：2293-2298.

[7] Zeckert K，Hamacek J，Senegas J M，et al. Predictions，Synthetic strategy，and isolation of a linear tetrametallic triple-stranded lanthanide helicate[J]. Angewandte Chemie International Edition，2005，44(48)：7954-7958.

[8] Wang B，Zang Z，Wang H，et al. Multiple lanthanide helicate clusters and the effects of anions on their configuration[J]. Angewandte Chemie International Edition，2013，52(13)：3756-3759.

[9] Elhabiri M，Scopelliti R，Bünzli J C G，et al. Lanthanide helicates self-assembled in water：a new class of highly stable and luminescent dimetallic carboxylates[J]. Journal of the American Chemical Society，1999，121(46)：10747-10762.

[10] Gonçalves e Silva F R，Malta O L，Reinhard C，et al. Visible and near-infrared luminescence of lanthanide-containing dimetallic triple-stranded helicates：energy transfer mechanisms in the SmⅢ and YbIIImolecular edifices[J]. The Journal of Physical Chemistry A，2002，106(9)：1670-1677.

[11] Bünzli J C G, Chauvin A S, Vandevyver C D B, et al. Lanthanide bimetallic helicates forin vitroimaging and sensing[J]. Annals of the New York Academy of Sciences, 2008, 1130(1): 97-105.

[12] Stomeo F, Lincheneau C, Leonard J P, et al. Metal-directed synthesis of enantiomerially pure dimetallic lanthanide luminescent triple-stranded helicates[J]. Journal of the American Chemical Society, 2009, 131(28): 9636-9637.

[13] Song B, Vandevyver C D B, Chauvin A S, et al. Time-resolved luminescence microscopy of bimetallic lanthanide helicates in living cells[J]. Organic & biomolecular chemistry, 2008, 6(22): 4125-4133.

[14] Aroussi B E, Zebret S, Besnard C, et al. Rational design of a ternary supramolecular system: self-assembly of pentanuclear lanthanide helicates[J]. Journal of the American Chemical Society, 2011, 133(28): 10764-10767.

[15] Albrecht M, Osetska O, Fröhlich R, et al. Highly efficient near-IR emitting Yb/Yb and Yb/Al helicates[J]. Journal of the American Chemical Society, 2007, 129(46): 14178-14179.

[16] Floquet S, Ouali N, Bocquet B, et al. The first self-assembled trimetallic lanthanide helicates driven by positive cooperativity[J]. Chemistry-A European Journal, 2003, 9(8): 1860-1875.

[17] Floquet S, Borkovec M, Bernardinelli G, et al. Programming heteropolymetallic lanthanide helicates: thermodynamic recognition of different metal ions along the strands[J]. Chemistry-A European Journal, 2004, 10(5): 1091-1105.

[18] Piguet C, Bünzli J C G. Self-assembled lanthanide helicates: from basic thermodynamics to applications[J]. Handbook on the Physics and Chemistry of Rare Earths, 2010, 40: 301-553.

[19] Leonard J P, Jensen P, McCabe T, et al. Self-assembly of chiral luminescent lanthanide coordination bundles[J]. Journal of the American Chemical Society, 2007, 129(36): 10986-10987.

[20] Jensen T B, Scopelliti R, Bünzli J C G. Lanthanide triple-stranded helicates: controlling the yield of the heterobimetallic species[J]. Inorganic chemistry, 2006, 45(19): 7806-7814.

[21] Piguet C, Borkovec M, Hamacek J, et al. Strict self-assembly of polymetallic helicates: the concepts behind the semantics[J]. Coordination chemistry reviews, 2005, 249(5-6): 705-726.

[22] Senegas J M, Koeller S, Bernardinelli G, et al. Isolation and characterization of the first circular single-stranded polymetallic lanthanide-containing helicate[J]. Chemical Communications, 2005(17): 2235-2237.

[23] Xu J, Raymond K N. Structurally characterized quadruple-stranded bisbidentate helicates[J]. Angewandte Chemie, 2006, 118(39): 6630-6635.

[24] Chen P, Li H, Sun W, et al. Crystallization of triple-and quadruple-stranded dinuclear bis-β-diketonate-Dy(Ⅲ)helicates: singlemolecule magnetic behavior[J]. CrystEngComm, 2015, 17(37): 7227-7232.

[25] Fukuda M, Sekiya R, Kuroda R. A quadruply stranded metallohelicate and its spontaneous dimerization into an interlocked metallohelicate[J]. Angewandte Chemie, 2008, 120(4): 718-722.

[26] Lin S Y, Zhao L, Guo Y N, et al. Two new Dy_3 triangles with trinuclear circular helicates and their single-molecule magnet behavior[J]. Inorganic chemistry, 2012, 51(20): 10522-10528.

[27] Albrecht M. "Let's twist again" double-stranded, triple-stranded, and circular helicates[J]. Chemical Reviews, 2001, 101(11): 3457-3498.

[28] Ayme J F, Beves J E, Leigh D A, et al. Pentameric circular iron(Ⅱ) double helicates and amolecular pentafoil knot[J]. Journal of the American Chemical Society, 2012, 134(22): 9488-9497.

[29] Yamada S, Yasui M, Nogami T, et al. Self-assembled meso-helicates of linear trinuclear nickel(Ⅱ)-radical complexes with triple pyrazolate bridges[J]. Dalton Transactions, 2006(13): 1622-1626.

[30] Allen K E, Faulkner R A, Harding L P, et al. Head-to-tail and heteroleptic pentanuclear circular helicates[J]. Angewandte Chemie International Edition, 2010, 49(37): 6655-6658.

[31] Lehn J M, Rigault A, Siegel J, et al. Spontaneous assembly of double-stranded helicates from oligobipyridine ligands and copper(Ⅰ) cations: structure of an inorganic double helix[J]. Proceedings of the National Academy of Sciences, 1987, 84(9): 2565-2569.

[32] Jones P L, Byrom K J, Jeffery J C, et al. A cyclic supramolecular complex containing eight metal ions, twelvebridging ligands, and an anion encapsulated in the central cavity[J]. Chemical Communications, 1997(15): 1361-1362.

[33] Campos-Fernάndez C S, Schottel B L, Chifotides H T, et al. Anion template effect on the self-assembly and interconversion of metallacyclophanes[J]. Journal of the American Chemical Society, 2005, 127(37): 12909-12923.

[34] Hamblin J, Tuna F, Bunce S, et al. Supramolecular circular helicates formed by destabilisation of supramolecular dimers[J]. Chemistry-A European Journal, 2007, 13(33): 9286-9296.

[35] Al-Rasbi N K, Tidmarsh I S, Argent S P, et al. Mixed-ligandmolecular paneling:

dodecanuclear cuboctahedral coordination cages based on a combination of edge-bridging and face-capping ligands [J]. Journal of the American Chemical Society, 2008, 130 (35): 11641-11649.

[36] Jeazet H B T, Gloe K, Doert T, et al. Self-assembly of neutral hexanuclear circular copper (Ⅱ) meso-helicates: topological control by sulfate ions[J]. Chemical Communications, 2010, 46(14): 2373-2375.

[37] Wang B, Zang Z, Wang H, et al. Multiple lanthanide helicate clusters and the effects of anions on their configuration [J]. Angewandte Chemie International Edition, 2013, 52 (13): 3756-3759.

[38] Chen W, Tang X, Dou W, et al. The construction of homochiral lanthanide quadruple-stranded helicates with multiresponsive sensing properties toward fluoride anions [J]. Chemistry - A European Journal, 2017, 23(41): 9804-9811.

附　录

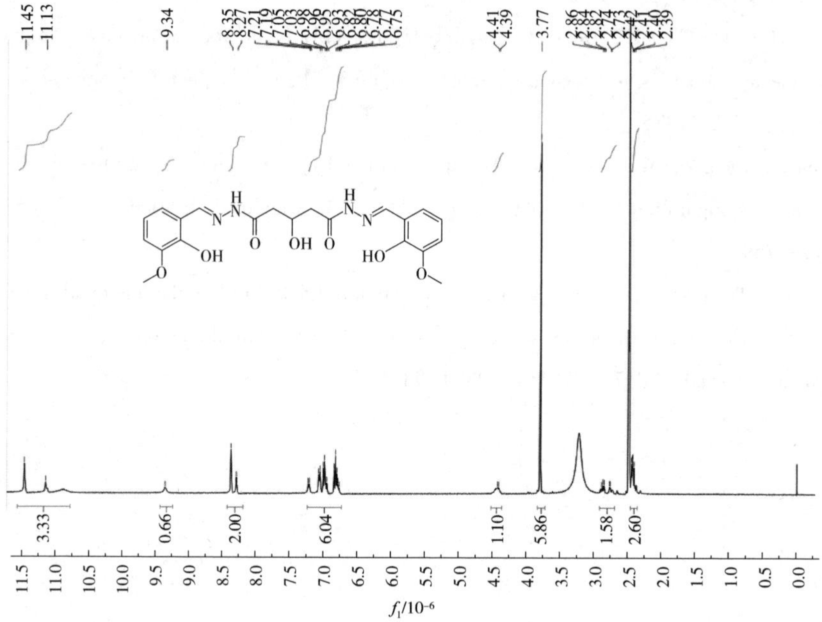

图 S5-1　配体 H_3L^4 的核磁氢谱

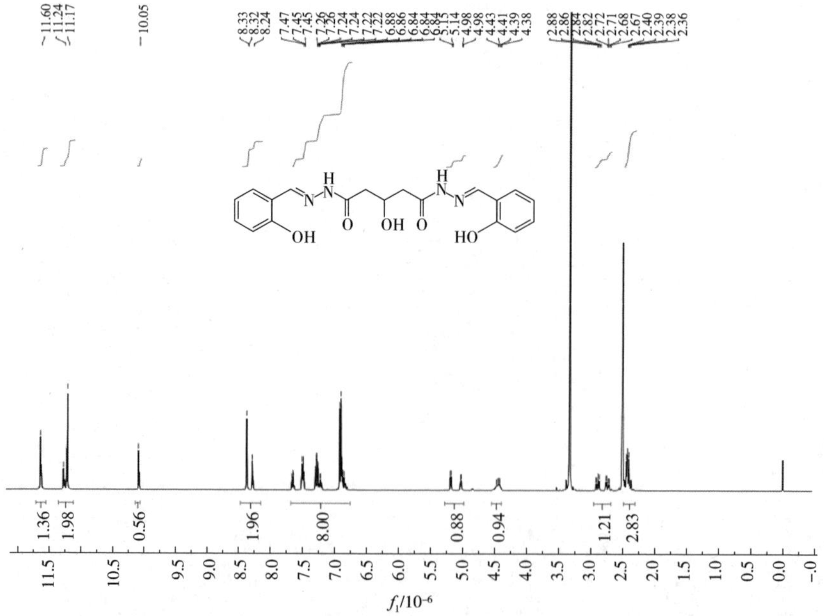

图 S5-2　配体 H_3L^5 的核磁氢谱

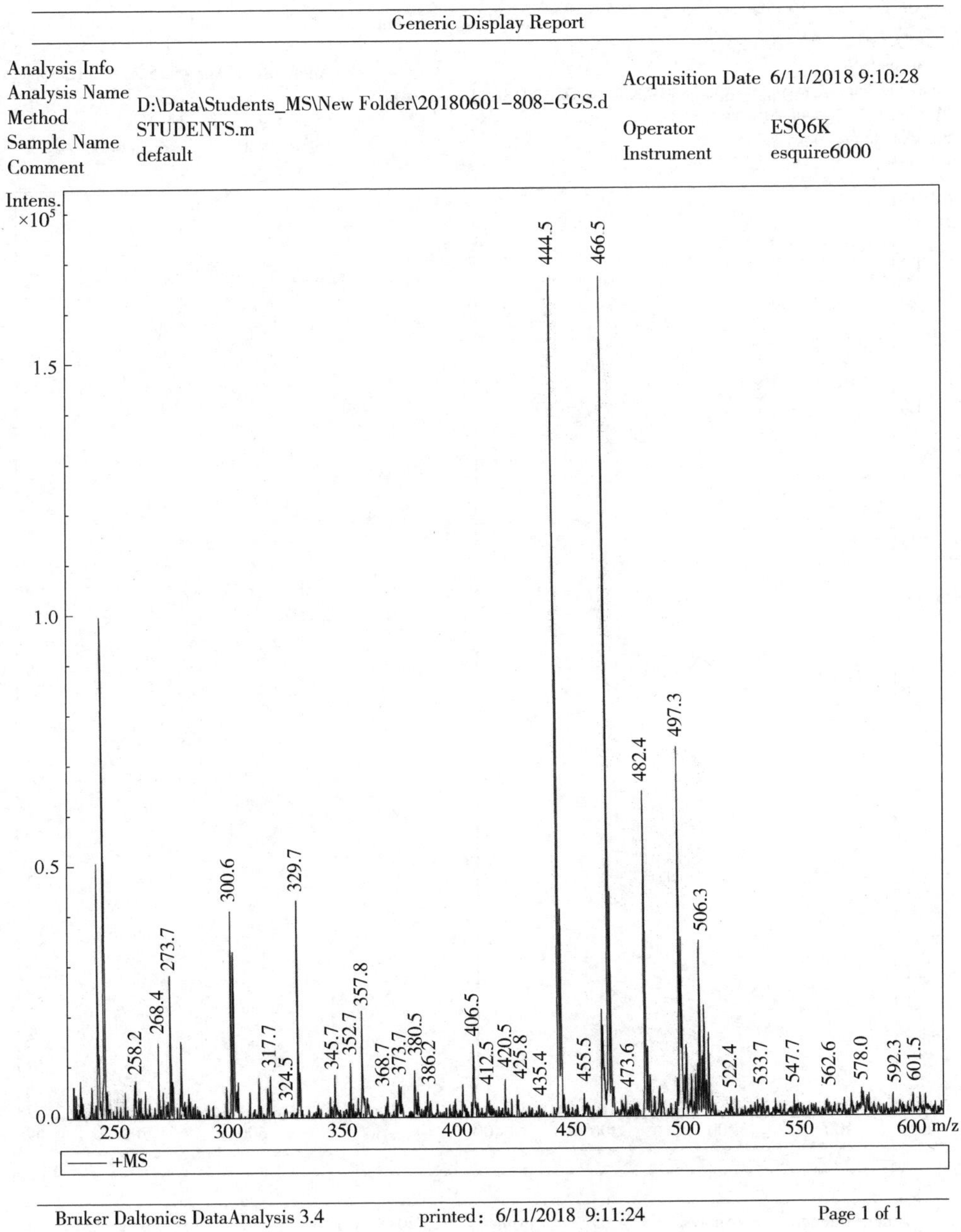

图 S5-3 配体 H_3L^4 的质谱

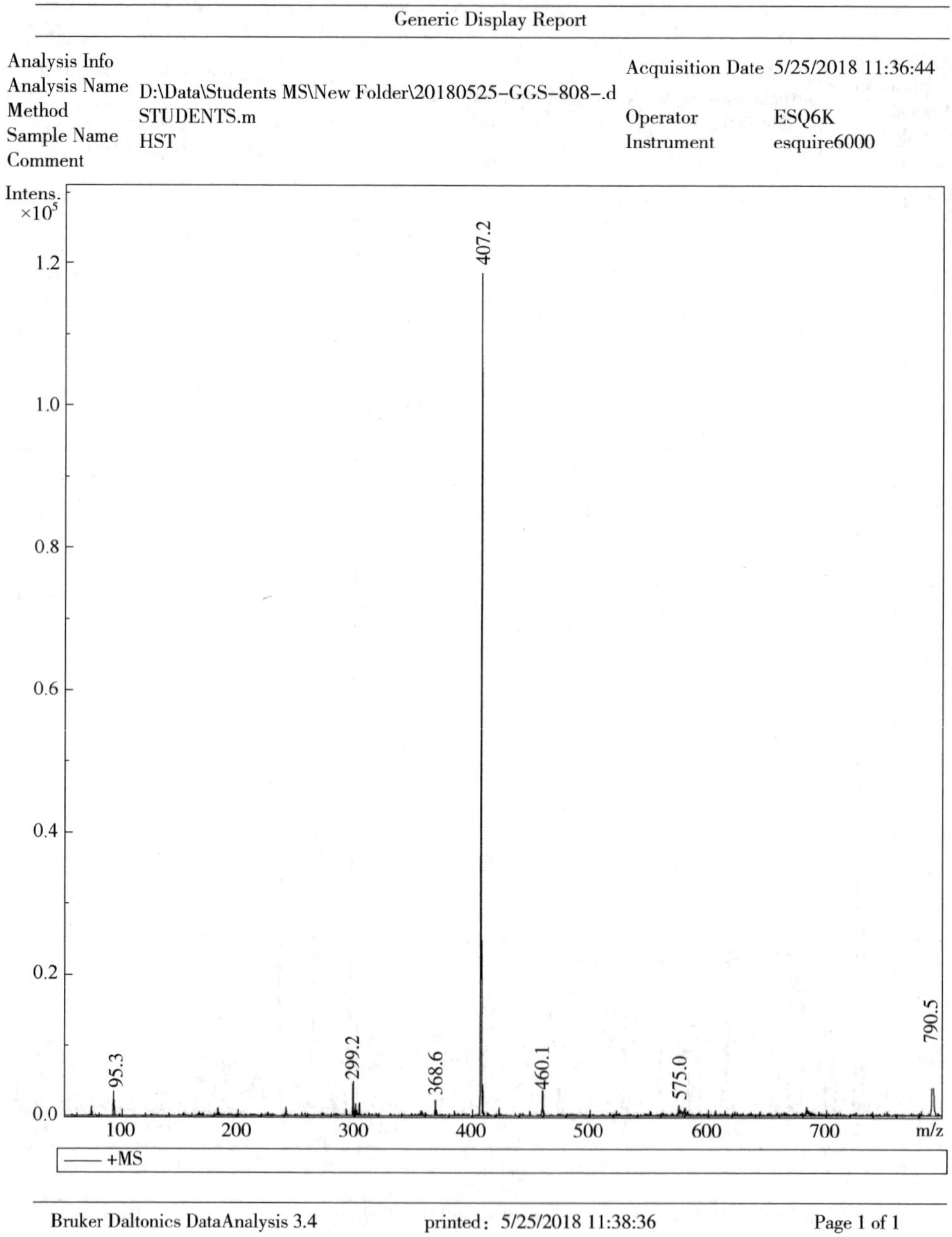

图 S5-4　配体 H_3L^5 的质谱

表 S5-1 配合物 12 的部分键长 (Å)

类型	键长	类型	键长	类型	键长
Er2-O1	2.243(13)	Er2-O11	2.322(15)	O6-Er2②	2.203(13)
Er2-O2	2.398(13)	Er2-O66①	2.363(13)	O66-Er2②	2.363(13)
Er2-O4	2.402(15)	Er2-N62①	2.531(16)	N62-Er2②	2.532(16)
Er2-O6①	2.203(13)	Er2-N73	2.526(15)		

注：①+Y，-X+Y，-Z；②-Y+X，+X，-Z。

表 S5-2 配合物 12 的部分键角 (°)

类型	键角	类型	键角
O1-Er2-O2	137.2(4)	O6①-Er2-O11	150.5(5)
O1-Er2-O4	149.8(5)	O6①-Er2-O66①	134.3(5)
O1-Er2-O11	91.6(5)	O6①-Er2-N62①	71.8(5)
O1-Er2-O66①	75.1(5)	O6①-Er2-N73	81.3(5)
O1-Er2-N62①	91.4(5)	O11-Er2-O2	74.0(5)
O1-Er2-N73	72.1(5)	O11-Er2-O4	84.6(5)
O2-Er2-O4	70.2(5)	O11-Er2-O66①	75.2(5)
O2-Er2-N62①	126.9(5)	O11-Er2-N62①	136.5(5)
O2-Er2-N73	65.3(5)	O11-Er2-N73	74.2(5)
O4-Er2-N62①	71.8(6)	O66①-Er2-O2	135.0(5)
O4-Er2-N73	134.3(5)	O66①-Er2-O4	75.0(5)
O6①-Er2-O1	96.4(5)	O66①-Er2-N62①	63.8(5)
O6①-Er2-O2	80.9(5)	O66①-Er2-N73	133.8(5)
O6①-Er2-O4	101.5(5)	N73-Er2-N62①	146.7(6)

注：①+Y，-X+Y，-Z；②-Y+X，+X，-Z。

表 S5-3 配合物 13 的部分键长 (Å)

类型	键长	类型	键长	类型	键长
Er2-O11	2.250(9)	Er2-O10	2.370(9)	Er1-N3	2.523(10)
Er2-O15	2.217(9)	Er2-O17	2.372(11)	Er1-O4	2.365(9)
Er2-O18	2.319(9)	Er1-O1	2.235(9)	Er1-O8	2.330(10)
Er2-N8	2.480(10)	Er1-O3	2.172(9)	Er1-N1	2.506(12)
Er2-N6	2.544(10)	Er1-O9	2.427(11)	Er1-O2	2.357(10)
Er2-O16	2.387(9)				

表 S5-4 配合物 13 的部分键角 (°)

类型	键角	类型	键角
O11-Er2-O18	91.6(4)	O1-Er1-N1	92.7(4)
O11-Er2-N8	93.8(4)	O1-Er1-O2	136.4(3)
O11-Er2-N6	72.8(3)	O1-Er1-O9	150.4(4)
O11-Er2-O16	74.6(3)	O3-Er1-O1	97.1(4)
O11-Er2-O10	136.8(3)	O3-Er1-N3	80.8(3)
O11-Er2-O17	149.6(4)	O3-Er1-O4	135.5(3)
O15-Er2-O11	96.0(3)	O3-Er1-O8	148.4(4)
O15-Er2-O18	150.8(3)	O3-Er1-N1	72.5(4)
O15-Er2-N8	71.1(3)	O3-Er1-O2	78.8(4)
O15-Er2-N6	82.0(3)	O3-Er1-O9	102.1(4)
O15-Er2-O16	134.5(3)	O4-Er1-N3	133.3(3)
O15-Er2-O10	80.8(3)	O4-Er1-N1	64.5(4)
O15-Er2-O17	103.1(4)	O4-Er1-O9	75.6(4)
O18-Er2-N8	136.5(3)	O8-Er1-N3	73.4(3)
O18-Er2-N6	73.5(3)	O8-Er1-O4	76.0(4)
O18-Er2-O16	74.7(3)	O8-Er1-N1	137.5(4)
O18-Er2-O10	74.5(4)	O8-Er1-O2	74.0(4)
O18-Er2-O17	83.2(4)	O8-Er1-O9	83.6(4)
N8-Er2-N6	148.5(3)	N1-Er1-N3	147.1(4)
O16-Er2-N8	65.5(3)	O2-Er1-N3	64.8(4)
O16-Er2-N6	133.0(3)	O2-Er1-O4	136.3(4)
O10-Er2-N8	124.5(4)	O2-Er1-N1	125.7(4)
O10-Er2-N6	64.1(4)	O2-Er1-O9	70.2(4)
O10-Er2-O16	135.8(3)	O9-Er1-N3	133.4(4)
O10-Er2-O17	70.4(4)	O9-Er1-N1	72.2(4)
O17-Er2-N8	70.9(4)	O1-Er1-N3	71.7(4)
O17-Er2-N6	132.8(4)	O1-Er1-O4	75.0(3)
O17-Er2-O16	75.2(4)	O1-Er1-O8	91.8(4)

表 S5-5 配合物 14 的部分键长 (Å)

类型	键长	类型	键长	类型	键长
Er1-O14	2. 370(10)	Er3-O9	2. 212(10)	Er5-O3	2. 371(12)
Er1-O33	2. 169(10)	Er3-O15	2. 364(11)	Er5-O11	2. 327(10)
Er1-O37	2. 398(12)	Er3-O17	2. 227(9)	Er5-O2AA	2. 381(11)
Er1-O39	2. 231(10)	Er3-O26	2. 326(10)	Er5-O30	2. 365(12)
Er1-N53	2. 513(13)	Er3-O46	2. 298(11)	Er5-O41	2. 197(10)
Er1-O56	2. 413(11)	Er3-N69	2. 501(13)	Er5-O43	2. 188(11)
Er1-N72	2. 522(15)	Er3-N73	2. 546(13)	Er5-N32	2. 490(12)
Er1-O48	2. 323(11)	Er3-O132	2. 384(12)	Er5-N6AA	2. 523(14)

表 S5-6 配合物 14 的部分键角 (°)

类型	键角	类型	键角
O14-Er1-O37	73. 5(4)	O26-Er3-O132	75. 9(4)
O14-Er1-N53	65. 0(4)	O46-Er3-O15	72. 8(4)
O14-Er1-O56	134. 9(4)	O46-Er3-O26	75. 9(4)
O14-Er1-N72	135. 0(4)	O46-Er3-N69	73. 0(4)
O33-Er1-O14	135. 7(4)	O46-Er3-N73	139. 2(4)
O33-Er1-O37	98. 5(4)	O46-Er3-O132	90. 3(4)
O33-Er1-O39	100. 7(4)	N69-Er3-N73	145. 4(4)
O33-Er1-N53	71. 0(4)	O132-Er3-N69	133. 9(4)
O33-Er1-O56	77. 9(4)	O132-Er3-N73	70. 4(4)
O33-Er1-N72	81. 3(4)	O3-Er5-O2AA	135. 6(4)
O33-Er1-O48	148. 2(4)	O3-Er5-N32	65. 5(4)
O37-Er1-N53	72. 9(4)	O3-Er5-N6AA	129. 3(4)
O37-Er1-O56	71. 9(4)	O11-Er5-O3	74. 5(4)
O37-Er1-N72	135. 2(4)	O11-Er5-O2AA	72. 7(4)
O39-Er1-O14	76. 7(4)	O11-Er5-O30	83. 4(4)
O39-Er1-O37	150. 1(4)	O11-Er5-N32	137. 4(4)
O39-Er1-N53	91. 9(4)	O11-Er5-N6AA	71. 5(4)
O39-Er1-O56	134. 7(4)	O2AA-Er5-N32	128. 9(5)

续表

类型	键角	类型	键角
O39-Er1-N72	70.8(4)	O2AA-Er5-N6AA	64.8(4)
O39-Er1-O48	92.6(4)	O30-Er5-O3	74.5(4)
N53-Er1-N72	144.1(4)	O30-Er5-O2AA	72.7(4)
O56-Er1-N53	128.2(4)	O30-Er5-N32	72.8(4)
O56-Er1-N72	64.2(4)	O30-Er5-N6AA	135.2(4)
O48-Er1-O14	75.3(4)	O41-Er5-O3	136.5(4)
O48-Er1-O37	82.7(5)	O41-Er5-O11	149.0(4)
O48-Er1-N53	137.7(4)	O41-Er5-O2AA	79.2(4)
O48-Er1-O56	72.4(4)	O41-Er5-O30	100.9(4)
O48-Er1-N72	76.0(4)	O41-Er5-N32	71.8(5)
O9-Er3-O15	80.8(4)	O41-Er5-N6AA	84.9(4)
O9-Er3-O17	96.1(4)	O43-Er5-O3	75.3(4)
O9-Er3-O26	135.4(4)	O43-Er5-O11	94.8(4)
O15-Er3-N73	127.6(4)	N32-Er5-N6AA	147.6(4)
O15-Er3-O132	69.7(4)	O17-Er3-N73	91.0(4)
O9-Er3-N69	80.7(4)	O43-Er5-O30	149.1(4)
O9-Er3-O46	148.7(4)	O43-Er5-O2AA	136.2(4)
O9-Er3-N73	71.1(4)	O43-Er5-O41	96.4(4)
O9-Er3-O132	96.1(4)	O43-Er5-N32	88.8(5)
O15-Er3-N69	64.3(4)	O43-Er5-N6AA	71.4(4)
O17-Er3-O15	136.2(4)	O17-Er3-O132	153.0(4)
O17-Er3-O26	78.4(4)	O26-Er3-O15	132.7(3)
O17-Er3-O46	91.7(4)	O26-Er3-N69	135.8(4)
O17-Er3-N69	72.0(4)	O26-Er3-N73	64.8(4)

表 S5-7　配合物 15 的部分键长　(Å)

类型	键长	类型	键长	类型	键长
Er1-O8	2.541(10)	Er3-O19	2.216(9)	Er6-O32	2.566(9)
Er1-O114	2.666(11)	Er3-O30	2.217(9)	Er6-O35	2.552(11)
Er1-O14	2.638(10)	Er3-O32	2.552(10)	Er6-O48	2.422(10)

续表

类型	键长	类型	键长	类型	键长
Er1-O15	2.597(10)	Er3-O40	2.492(10)	Er6-O51	2.389(10)
Er1-O25	2.117(8)	Er3-N42	2.520(11)	Er6-O10	2.634(10)
Er1-O26	2.401(10)	Er4-O15	2.624(10)	Er6-O12	2.518(10)
Er1-O33	2.385(8)	Er4-O18	2.578(9)	Er7-O66	2.353(10)
Er1-O37	2.111(9)	Er4-O20	2.383(10)	Er7-N0AA	2.777(14)
Er1-O41	2.435(9)	Er4-O22	2.103(8)	Er7-O23	2.414(10)
Er2-O8	2.176(8)	Er4-O28	2.701(10)	Er7-O36	2.556(11)
Er2-O63	2.153(9)	Er4-O29	2.487(10)	Er7-O43	2.313(10)
Er2-N100	2.748(14)	Er4-O31	2.261(9)	Er7-O44	2.010(10)
Er2-O24	2.333(10)	Er4-O47	2.178(9)	Er7-O45	2.373(9)
Er2-O25	2.723(10)	Er5-O18	2.331(9)	Er7-N63	2.543(13)
Er3-O46	2.085(10)	Er5-O22	2.711(10)	Er7-O10	2.582(12)
Er3-N49	2.774(13)	Er5-O27	2.614(10)	Er5-N59	2.751(14)
Er4-O14	2.576(9)	Er5-O29	2.294(9)	Er6-O66	2.594(10)
Er2-O33	2.327(10)	Er5-O34	2.282(9)	Er6-O16	2.228(10)

表 S5-8　配合物 15 的部分键角　(°)

类型	键角	类型	键角
O8-Er1-O114	52.9(3)	O43-Er7-O66	133.9(4)
O8-Er1-O14	147.4(3)	O43-Er7-N0AA	132.7(4)
O8-Er1-O15	128.7(3)	O43-Er7-O23	71.0(3)
O14-Er1-O114	153.4(3)	O43-Er7-O36	81.3(4)
O15-Er1-O114	121.1(3)	O43-Er7-O45	80.3(3)
O15-Er1-O14	64.5(3)	O43-Er7-N63	58.6(3)
O25-Er1-O8	75.2(3)	O43-Er7-O10	79.8(4)
O25-Er1-O114	126.0(3)	O44-Er7-O66	84.2(4)
O25-Er1-O14	80.1(3)	O44-Er7-N0AA	76.5(4)
O25-Er1-O15	78.4(3)	O44-Er7-O23	140.5(4)
O25-Er1-O26	124.1(3)	O44-Er7-O36	91.3(4)
O25-Er1-O33	75.8(3)	O44-Er7-O43	131.4(4)

续表

类型	键角	类型	键角
O25-Er1-O41	80.7(3)	O44-Er7-O45	141.5(4)
O26-Er1-O8	91.3(3)	O44-Er7-N63	72.9(4)
O26-Er1-O114	75.5(3)	O44-Er7-O10	87.3(4)
O26-Er1-O14	85.3(3)	O45-Er7-N0AA	65.0(4)
O26-Er1-O15	139.6(3)	O45-Er7-O23	61.5(4)
O26-Er1-O41	147.3(4)	O45-Er7-O36	70.2(4)
O33-Er1-O8	73.5(3)	O45-Er7-N63	131.9(4)
O33-Er1-O114	99.7(3)	O45-Er7-O10	124.2(3)
O33-Er1-O14	80.2(3)	N63-Er7-N0AA	125.7(4)
O33-Er1-O15	139.2(3)	N63-Er7-O36	79.2(4)
O33-Er1-O26	48.5(3)	N63-Er7-O10	75.0(4)
O33-Er1-O41	143.4(3)	C119-Er7-N0AA	90.9(4)
O37-Er1-O8	134.9(4)	O10-Er7-N0AA	146.4(3)
O37-Er1-O114	82.1(4)	O37-Er1-O15	70.4(3)
O37-Er1-O14	75.7(4)	O37-Er1-O25	146.4(4)
O37-Er1-O26	76.7(4)	O37-Er1-O41	93.4(4)
O37-Er1-O33	121.4(4)	O41-Er1-O8	73.6(3)
O41-Er1-O114	72.3(3)	O63-Er2-O33	147.6(4)
O41-Er1-O14	122.9(3)	O63-Er2-O38	78.5(4)
O41-Er1-O15	59.2(3)	O63-Er2-O56	87.2(4)
O8-Er2-N100	67.5(4)	O63-Er2-N57	74.9(4)
O8-Er2-O24	79.9(3)	O24-Er2-N100	69.0(4)
O8-Er2-O25	70.5(3)	O24-Er2-O25	145.7(3)
O8-Er2-O33	81.8(3)	O24-Er2-O38	143.1(4)
O8-Er2-O38	82.7(3)	O24-Er2-O56	136.3(3)
O8-Er2-O56	132.9(3)	O24-Er2-N57	71.6(4)
O8-Er2-N57	141.6(3)	O25-Er2-N100	112.6(3)
O63-Er2-O8	130.2(4)	O33-Er2-N100	146.5(3)
O63-Er2-N100	63.2(4)	O33-Er2-O24	93.5(3)

续表

类型	键角	类型	键角
O63-Er2-O24	88.3(4)	O33-Er2-O25	66.1(3)
O63-Er2-O25	123.9(3)	O33-Er2-O38	115.9(3)
O16-Er3-N49	116.1(3)	O33-Er2-O56	69.3(3)
O17-Er3-O16	58.3(4)	O33-Er2-N57	75.0(3)
O17-Er3-O32	120.9(3)	O38-Er2-N100	74.2(4)
O17-Er3-O40	76.3(3)	O38-Er2-O25	50.1(3)
O17-Er3-N42	136.1(3)	O38-Er2-O56	78.0(4)
O17-Er3-N49	67.3(3)	O38-Er2-N57	135.0(3)
O19-Er3-O16	64.2(3)	O56-Er2-N100	142.5(3)
O19-Er3-O17	80.9(3)	O56-Er2-O25	64.1(3)
O19-Er3-O30	130.5(4)	N57-Er2-N100	121.9(4)
O19-Er3-O32	74.0(3)	N57-Er2-O25	124.0(4)
O19-Er3-O40	132.7(3)	N57-Er2-O56	65.3(4)
O19-Er3-N42	141.2(3)	O16-Er3-O32	62.6(3)
O19-Er3-N49	77.2(3)	O30-Er3-N49	132.5(4)
O30-Er3-O16	66.7(3)	O32-Er3-N49	147.9(3)
O30-Er3-O17	79.1(3)	O40-Er3-O16	129.4(3)
O30-Er3-O32	78.4(4)	O40-Er3-O32	152.5(3)
O30-Er3-O40	84.9(4)	O40-Er3-N42	77.7(4)
O30-Er3-N42	63.7(3)	O40-Er3-N49	55.8(3)
N42-Er3-N49	122.4(4)	N42-Er3-O16	119.5(4)
O46-Er3-O16	144.9(4)	N42-Er3-O32	75.3(4)
O46-Er3-O17	142.1(4)	O46-Er3-O30	132.3(4)
O46-Er3-O19	88.3(4)	O46-Er3-O32	90.1(4)
O46-Er3-O40	85.1(4)	O46-Er3-N49	74.9(4)
O46-Er3-N42	68.5(4)	O14-Er4-O15	65.0(3)
O14-Er4-O18	131.0(3)	O14-Er4-O28	117.8(3)
O15-Er4-O28	156.2(3)	O18-Er4-O15	144.9(3)
O18-Er4-O28	53.4(3)	O29-Er4-O18	70.8(3)

续表

类型	键角	类型	键角
O20-Er4-O14	59.4(3)	O29-Er4-O28	103.6(3)
O20-Er4-O15	123.7(3)	O31-Er4-O14	141.0(4)
O20-Er4-O18	76.2(3)	O31--Er4-O15	87.1(4)
O20-Er4-O28	67.7(3)	O31-Er4-O18	87.5(4)
O20-Er4-O29	143.0(3)	O31-Er4-O20	144.8(4)
O22-Er4-O14	83.9(3)	O31-Er4-O28	77.5(4)
O22-Er4-O15	78.2(3)	O31-Er4-O29	50.2(3)
O22-Er4-O18	73.9(3)	O47-Er4-O14	66.8(3)
O22-Er4-O20	87.5(3)	O47-Er4-O15	78.1(4)
O22-Er4-O28	125.1(3)	O47-Er4-O18	135.2(4)
O22-Er4-O29	67.9(3)	O47-Er4-O20	88.1(3)
O22-Er4-O31	118.0(3)	O47-Er4-O28	81.8(4)
O22-Er4-O47	148.0(4)	O47-Er4-O29	127.4(3)
O29-Er4-O14	138.4(3)	O47-Er4-O31	81.7(4)
O29-Er4-O15	79.3(3)	O18-Er5-O22	68.0(3)
O22-Er5-N59	112.6(3)	O18-Er5-O27	132.6(3)
O27-Er5-O22	66.2(3)	O18-Er5-N55	144.0(3)
O27-Er5-N59	144.5(3)	O18-Er5-N59	66.9(3)
O29-Er5-O18	78.7(3)	O29-Er5-O22	61.5(3)
O29-Er5-O27	69.5(3)	O50-Er5-O18	132.5(4)
O29-Er5-N55	79.1(4)	O50-Er5-O22	127.9(3)
O29-Er5-N59	143.6(3)	O50-Er5-O27	86.7(4)
O34-Er5-O18	81.9(3)	O50-Er5-O29	148.4(4)
O34-Er5-O22	51.0(3)	O50-Er5-O34	81.7(4)
O34-Er5-O27	79.0(3)	O50-Er5-O54	85.9(4)
O34-Er5-O29	112.2(3)	O50-Er5-N55	71.4(4)
O34-Er5-N55	133.1(3)	O50-Er5-N59	65.8(4)
O34-Er5-N59	75.3(4)	O50-Er5-C96	106.2(4)
O54-Er5-O22	144.1(3)	O54-Er5-O18	80.2(3)

续表

类型	键角	类型	键角
O54-Er5-O27	136.5(3)	N55-Er5-O22	123.1(4)
O54-Er5-O29	97.1(4)	N55-Er5-O27	62.2(3)
O54-Er5-O34	141.7(4)	N55-Er5-N59	123.1(4)
O54-Er5-N55	74.8(4)	O66-Er6-O19	150.6(3)
O54-Er5-N59	66.5(4)	O66-Er6-O10	68.6(3)
O16-Er6-O66	146.0(3)	O16-Er6-O32	66.6(3)
O16-Er6-O19	62.2(3)	O16-Er6-O35	90.7(4)
O16-Er6-O23	90.4(3)	O16-Er6-O48	130.2(4)
O16-Er6-O12	69.8(3)	O16-Er6-O51	117.1(4)
O23-Er6-O66	60.8(3)	O16-Er6-O10	116.1(3)
O23-Er6-O19	147.3(3)	O48-Er6-O32	64.4(3)
O23-Er6-O32	120.3(3)	O48-Er6-O35	69.0(4)
O23-Er6-O35	70.9(3)	O48-Er6-O10	112.6(4)
O23-Er6-O48	121.5(4)	O48-Er6-O12	140.4(4)
O23-Er6-O51	130.6(4)	O51-Er6-O66	96.3(3)
O23-Er6-O10	62.7(3)	O51-Er6-O19	59.6(3)
O23-Er6-O12	86.9(4)	O51-Er6-O32	108.6(3)
O32-Er6-O66	110.6(3)	O51-Er6-O35	141.2(4)
O32-Er6-O19	67.2(3)	O51-Er6-O48	72.3(4)
O32-Er6-O10	176.4(3)	O51-Er6-O10	68.3(4)
O35-Er6-O66	64.2(3)	O51-Er6-O12	68.2(4)
O35-Er6-O19	123.1(3)	O10-Er6-O19	111.6(3)
O35-Er6-O32	56.1(3)	O12-Er6-O66	121.7(3)
O35-Er6-O10	125.3(4)	O12-Er6-O19	67.7(3)
O48-Er6-O66	64.0(3)	O12-Er6-O32	127.6(3)
O48-Er6-O19	90.9(3)	O12-Er6-O35	150.6(3)
O23-Er7-O36	127.2(3)	O12-Er6-O10	53.2(4)
O23-Er7-N63	118.4(4)	O66-Er7-N0AA	76.0(4)
O23-Er7-O10	62.7(3)	O66-Er7-O23	63.6(3)

续表

类型	键角	类型	键角
O36-Er7-N0AA	57.7(4)	O66-Er7-O36	133.1(4)
O36-Er7-O10	153.5(3)	O66-Er7-O45	84.9(4)
O66-Er7-O10	73.2(3)	O66-Er7-N63	141.4(4)
O23-Er7-N0AA	113.9(4)		

表 S5-9　配合物 16 的部分键长　(Å)

类型	键长	类型	键长	类型	键长
Tb3-O1	2.392(8)	Tb2-O7	2.373(9)	Tb2-N126	2.553(11)
Tb3-O3	2.413(9)	Tb2-O8	2.212(8)	Tb2-N205	2.536(10)
Tb3-O4	2.365(8)	Tb2-O16	2.410(10)	N128-Tb3②	2.557(9)
Tb3-O9	2.218(8)	Tb2-O22	2.265(9)	Tb3-N128①	2.557(9)
Tb3-O13①	2.277(8)	Tb2-O83	2.385(8)	Tb3-N228	2.543(10)
Tb3-O32①	2.402(9)	Tb2-O86	2.402(9)	O13-Tb3②	2.277(8)
O32-Tb3②	2.402(9)				

注：①-Y+X，+X，-Z；②+Y，-X+Y，-Z。

表 S5-10　配合物 16 的部分键角　(°)

类型	键角	类型	键角
O1-Tb3-O3	74.7(3)	O7-Tb2-O86	75.2(3)
O1-Tb3-O32①	138.0(3)	O7-Tb2-N126	74.3(3)
O1-Tb3-N128①	133.4(3)	O7-Tb2-N205	136.8(3)
O1-Tb3-N228	64.1(3)	O8-Tb2-O7	150.8(3)
O3-Tb3-N128①	132.2(3)	O8-Tb2-O16	101.0(3)
O3-Tb3-N228	70.8(3)	O8-Tb2-O22	97.0(3)
O4-Tb3-O1	75.3(3)	O8-Tb2-O83	134.1(3)
O4-Tb3-O3	80.1(3)	O8-Tb2-O86	79.5(3)
O4-Tb3-O32①	75.8(3)	O8-Tb2-N126	81.8(3)
O4-Tb3-N128①	74.4(3)	O8-Tb2-N205	70.8(3)
O4-Tb3-N228	134.6(3)	O16-Tb2-N126	134.3(4)

续表

类型	键角	类型	键角
O9-Tb3-O1	132.1(3)	O16-Tb2-N205	70.9(4)
O9-Tb3-O3	104.3(3)	O22-Tb2-O7	91.0(3)
O9-Tb3-O4	152.6(3)	O22-Tb2-O16	150.7(3)
O9-Tb3-O13①	97.1(3)	O22-Tb2-O83	75.4(3)
O9-Tb3-O32①	80.2(3)	O22-Tb2-O86	135.4(3)
O9-Tb3-N128①	83.4(3)	O22-Tb2-N126	71.0(3)
O9-Tb3-N228	70.5(3)	O22-Tb2-N205	93.8(3)
O13①-Tb3-O1	74.7(3)	O83-Tb2-O16	75.4(3)
O13①-Tb3-O3	149.4(3)	O83-Tb2-O86	136.8(3)
O13①-Tb3-O4	90.9(3)	O83-Tb2-N126	133.5(3)
O13①-Tb3-O32①	135.4(3)	O83-Tb2-N205	64.8(3)
O13①-Tb3-N128①	71.3(3)	O86-Tb2-O16	71.2(3)
O13①-Tb3-N228	96.7(3)	O86-Tb2-N126	64.5(3)
O32①-Tb3-O3	70.8(3)	O86-Tb2-N205	125.3(3)
O32①-Tb3-N128①	64.1(3)	N205-Tb2-N126	146.9(4)
O32①-Tb3-N228	123.0(3)	O7-Tb2-O16	84.5(3)
N228-Tb3-N128①	149.9(3)	O7-Tb2-O83	75.1(3)

注：①-Y+X，+X，-Z。

表 S5-11　配合物 17 的部分键长　(Å)

类型	键长	类型	键长	类型	键长
Nd1-O4	2.501(9)	Nd2-O4	2.505(10)	Nd3-O4	2.486(10)
Nd1-N10	2.645(14)	Nd2-O14	2.407(9)	Nd3-O15	2.431(10)
Nd1-O14	2.394(11)	Nd2-O16	2.390(11)	Nd3-O16	2.405(11)
Nd1-O15	2.401(11)	Nd2-N17	2.654(12)	Nd3-O24	2.529(11)
Nd1-O29	2.248(10)	Nd2-O18	2.236(11)	Nd3-O25	2.462(11)
Nd1-O44	2.515(12)	Nd2-N20	2.655(16)	Nd3-N28	2.637(12)
Nd1-O57	2.469(12)	Nd2-O22	2.513(10)	Nd3-O38	2.252(11)
Nd1-N61	2.662(15)	Nd2-O9AA	2.458(16)	Nd3-N80	2.642(17)

表 S5-12 配合物 17 的部分键角 (°)

类型	键角	类型	键角
O4-Nd1-N10	135.0(4)	O16-Nd2-O9AA	144.3(5)
O4-Nd1-O44	78.2(3)	N17-Nd2-N20	116.8(5)
O4-Nd1-N61	104.8(4)	O18-Nd2-O4	144.7(3)
O14-Nd1-O4	71.5(3)	O18-Nd2-O14	78.4(4)
O14-Nd1-N10	80.7(4)	O18-Nd2-O16	91.0(4)
O14-Nd1-O15	90.2(4)	O18-Nd2-N17	67.3(4)
O14-Nd1-O44	77.9(4)	O18-Nd2-N20	76.4(5)
O14-Nd1-O57	142.4(4)	O18-Nd2-O22	129.4(4)
O14-Nd1-N61	155.1(4)	O18-Nd2-O9AA	110.9(6)
O15-Nd1-O4	71.4(3)	O22-Nd2-N17	62.1(4)
O15-Nd1-N10	144.5(3)	O22-Nd2-N20	126.8(4)
O15-Nd1-O44	149.6(3)	O9AA-Nd2-O4	100.6(6)
O15-Nd1-O57	121.2(4)	O9AA-Nd2-N17	84.6(6)
O15-Nd1-N61	65.8(4)	O9AA-Nd2-N20	62.3(5)
O29-Nd1-O4	146.2(4)	O9AA-Nd2-O22	64.8(5)
O29-Nd1-N10	67.3(4)	O4-Nd3-O24	78.2(4)
O29-Nd1-O14	92.9(4)	O4-Nd3-N28	106.4(4)
O29-Nd1-O15	79.1(4)	O4-Nd3-N80	137.1(4)
O29-Nd1-O44	128.8(4)	O15-Nd3-O4	71.2(3)
O29-Nd1-O57	111.8(5)	O15-Nd3-O24	77.5(3)
O29-Nd1-N61	76.8(5)	O15-Nd3-O25	143.9(4)
O44-Nd1-N10	61.5(4)	O15-Nd3-N28	153.5(4)
O44-Nd1-N61	126.2(4)	O15-Nd3-N80	83.6(4)
O57-Nd1-O4	97.6(4)	O16-Nd3-O4	70.9(3)
O57-Nd1-N10	83.3(4)	O16-Nd3-O15	88.2(4)
O57-Nd1-O44	64.5(4)	O16-Nd3-O24	148.8(4)
O57-Nd1-N61	61.8(5)	O16-Nd3-O25	120.8(4)
O4-Nd2-N17	133.2(4)	O16-Nd3-N28	66.8(4)
O4-Nd2-N20	106.3(4)	O16-Nd3-N80	143.9(4)

续表

类型	键角	类型	键角
O4-Nd2-O22	78.1(3)	O24-Nd3-N28	128.5(4)
O14-Nd2-O4	71.2(3)	O24-Nd3-N80	62.4(4)
O14-Nd2-N17	142.4(3)	O25-Nd3-O4	96.9(4)
O14-Nd2-N20	66.6(4)	O25-Nd3-O24	66.6(4)
O14-Nd2-O22	149.1(4)	O25-Nd3-N28	61.9(4)
O14-Nd2-O9AA	123.1(5)	O25-Nd3-N80	83.4(5)
O16-Nd2-O4	70.9(3)	N28-Nd3-N80	111.2(5)
O16-Nd2-O14	87.8(4)	O38-Nd3-O4	145.5(4)
O16-Nd2-N17	78.2(4)	O38-Nd3-O15	92.2(4)
O16-Nd2-N20	153.1(4)	O38-Nd3-O16	78.7(4)
O16-Nd2-O22	79.5(4)	O38-Nd3-O24	128.7(4)
O38-Nd3-O25	112.9(4)	O38-Nd3-N80	66.5(4)
O38-Nd3-N28	75.1(4)		

表 S5-13 配合物 18 的部分键长 (Å)

类型	键长	类型	键长	类型	键长
Tb1-O7	2.441(10)	Tb2-O7	2.424(10)	Tb3-O7	2.419(10)
Tb1-O18	2.319(11)	Tb2-O18	2.341(10)	Tb3-O19	2.350(11)
Tb1-O19	2.326(11)	Tb2-O24	2.309(11)	Tb3-O24	2.348(11)
Tb1-N88	2.560(15)	Tb2-N95	2.569(14)	Tb3-O26	2.479(11)
Tb1-O41	2.471(12)	Tb2-O38	2.464(10)	Tb3-O31	2.203(12)
Tb1-O46	2.203(11)	Tb2-O40	2.191(12)	Tb3-O33	2.415(11)
Tb1-O47	2.417(12)	Tb2-N93	2.609(16)	Tb3-N97	2.557(15)
Tb1-N87	2.573(15)	Tb2-O92	2.427(12)	Tb3-N89	2.570(16)

表 S5-14 配合物 18 的部分键角 (°)

类型	键角	类型	键角
O7-Tb1-N88	135.3(4)	O24-Tb2-O92	144.0(4)
O7-Tb1-O41	75.9(3)	N95-Tb2-N93	114.5(5)
O7-Tb1-N87	106.2(4)	O38-Tb2-N95	63.7(4)

续表

类型	键角	类型	键角
O18-Tb1-O7	71. 6(3)	O38-Tb2-N93	127. 0(4)
O18-Tb1-O19	87. 7(4)	O40-Tb2-O7	146. 1(4)
O18-Tb1-N88	82. 0(4)	O40-Tb2-O18	78. 6(4)
O18-Tb1-O41	77. 7(4)	O40-Tb2-O24	91. 0(4)
O18-Tb1-O47	142. 3(4)	O40-Tb2-N95	67. 7(4)
O18-Tb1-N87	155. 0(4)	O40-Tb2-O38	131. 3(4)
O19-Tb1-O7	71. 5(4)	O40-Tb2-N93	75. 5(4)
O19-Tb1-N88	143. 9(4)	O40-Tb2-O92	110. 4(5)
O19-Tb1-O41	147. 0(4)	O92-Tb2-N95	82. 4(5)
O19-Tb1-O47	123. 7(4)	O92-Tb2-O38	65. 2(4)
O19-Tb1-N87	68. 5(4)	O92-Tb2-N93	62. 2(4)
N88-Tb1-N87	112. 4(5)	O7-Tb3-O26	76. 2(4)
O41-Tb1-N88	63. 4(4)	O7-Tb3-N97	107. 9(4)
O41-Tb1-N87	126. 7(4)	O7-Tb3-N89	137. 0(4)
O46-Tb1-O7	146. 4(4)	O19-Tb3-O7	71. 5(4)
O46-Tb1-O18	93. 4(4)	O19-Tb3-O26	77. 1(4)
O46-Tb1-O19	78. 2(4)	O19-Tb3-O33	143. 3(4)
O46-Tb1-N88	68. 1(5)	O19-Tb3-N97	154. 7(4)
O46-Tb1-O41	131. 4(4)	O19-Tb3-N89	85. 9(4)
O46-Tb1-O47	111. 8(5)	O24-Tb3-O7	71. 6(3)
O46-Tb1-N87	74. 8(5)	O24-Tb3-O19	87. 0(4)
O47-Tb1-O7	97. 1(4)	O24-Tb3-O26	147. 2(4)
O47-Tb1-N88	82. 1(5)	O24-Tb3-O33	122. 8(4)
O47-Tb1-O41	64. 6(4)	O24-Tb3-N97	69. 5(4)
O47-Tb1-N87	62. 3(5)	O24-Tb3-N89	144. 9(4)
O7-Tb2-N95	133. 7(4)	O26-Tb3-N97	127. 9(4)
O7-Tb2-O38	75. 3(4)	O26-Tb3-N89	63. 1(4)
O7-Tb2-N93	106. 8(4)	O31-Tb3-O7	145. 3(4)
O7-Tb2-O92	99. 7(4)	O31-Tb3-O19	91. 5(4)

续表

类型	键角	类型	键角
O18-Tb2-O7	71.5(4)	O31-Tb3-O24	77.7(4)
O18-Tb2-N95	143.4(4)	O31-Tb3-O26	130.5(4)
O18-Tb2-O38	146.6(4)	O31-Tb3-O33	114.0(4)
O18-Tb2-N93	68.1(4)	O31-Tb3-N97	74.8(4)
O18-Tb2-O92	124.2(4)	O31-Tb3-N89	68.2(5)
O24-Tb2-O7	72.2(4)	O33-Tb3-O7	96.3(4)
O24-Tb2-O18	87.4(4)	O33-Tb3-O26	66.3(4)
O24-Tb2-N95	79.5(5)	O33-Tb3-N97	61.6(4)
O24-Tb2-O38	78.8(4)	O33-Tb3-N89	80.3(5)
O24-Tb2-N93	153.7(4)	N97-Tb3-N89	107.7(5)

第6章 离子半径控制的手性稀土配合物的自组装及其单分子磁体性质研究

6.1 引言

通过稀土离子诱导的配位自组装作用已经构建了大量具有各种尺寸和迷人拓扑结构的稀土配合物。多核稀土配合物由于其在许多领域中的重要应用而受到越来越多的关注，如催化剂、单分子磁体、磁制冷和可见/近红外区域发光材料等。然而，由于稀土离子具有配位数可变、动力学不稳定以及立体化学偏向性弱的特性，稀土多核配合物的可控制备仍具有一定的挑战性。配体、金属离子和反应条件的微小差异都有可能导致不同的晶体结构。然而，稀土离子半径的不同导致完全不同的稀土配合物结构的例子并不多。因此，探讨影响稀土多核配合物自组装过程的各种因素仍然至关重要。

单分子磁体(SMMs)由于在高密度信息存储和量子计算等领域具有广阔的应用前景而得到了深入的研究。与过渡金属配合物相比，稀土配合物已被证明是更有前景的单分子磁体之一，因为稀土离子的固有磁性来源于大的自旋轨道磁各向异性和磁矩，特别是 Dy(Ⅲ)具有显著的磁各向异性和 Kramers 双重基态，是用于构建高性能单分子磁体最常用的金属离子。到目前为止，已经报道了许多基于 Dy(Ⅲ)的多核单分子磁体，并为说明复杂的磁性机理提供了见解。

手性是生命系统的基本特征。超分子水平的手性自组装过程可以模拟生物体中的自组装过程，有利于更好地理解生物体中的相互作用。手性和磁性的共存可以相互作用产生交叉效应，如磁手性圆二色效应(MchD)、铁电性质和磁诱导二次谐波。在过去的几十年中，手性单分子磁体由于在多功能分子材料中的潜在应用而引起了人们极大的兴趣。迄今为止，在分子水平上将磁性与晶体中的手性相结合仍然存在极大的挑战性，仅有少数手性单分子磁体的报道。因此，手性稀土配合物的合成及其单分子磁体性能的研究具有重要的理论及实际意义。

在本章中，通过用手性配体(*S*)-H_2L^1和(*R*)-H_2L^1分别与La^{3+}、Dy^{3+}的自组装实现了金属离子半径对自组装结构的控制：配体与La^{3+}自组装形成了一对互为对映体的手性三核稀土配合物[La_3{(*S*)-HL}$_6$]·$3NO_3$(3a)和[La_3{(*R*)-HL}$_6$]·$3NO_3$(3b)，而和较小的Dy^{3+}在相同的实验条件下自组装形成了一对互为对映体的手性五核配合物[Dy_5{(*S*)-HL}$_2${(*S*)-L}$_4$·$(NO_3)_2$]·$3NO_3$(4a)和[Dy_5{(*S*)-HL}$_2${(*S*)-L}$_4$·$(NO_3)_2$]·$3NO_3$(4b)(图6-1)。晶体结构分析和液体圆二色谱(CD)证实自组装过程中配体的手性发生了传递并导致最终的自组装结构也具有手性。最后，以配合物4a为例研究了手性五核配合物的磁性，实验结果表明该配合物表现出典型的单分子磁体行为。

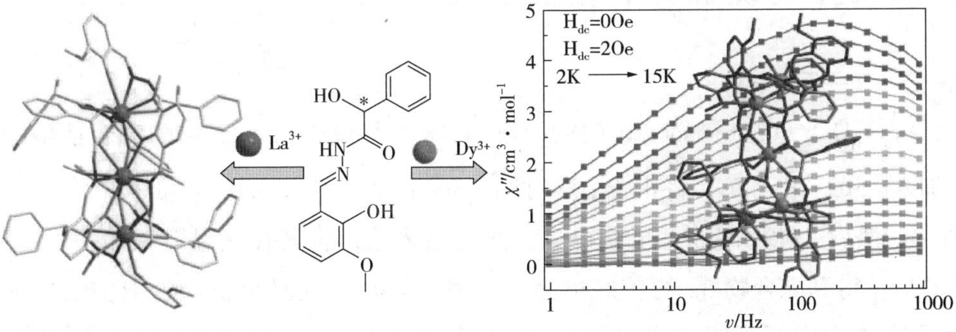

图6-1 稀土离子半径的不同导致完全不同的稀土配合物结构

6.2 实验部分

6.2.1 试剂

邻香草醛、水杨醛、扁桃酸、水合肼、$La(NO_3)_3\cdot 6H_2O$、$Dy(NO_3)_3\cdot 6H_2O$及其他试剂均通过商业途径购得，使用前未经过进一步纯化。

6.2.2 仪器

红外光谱：Nicolet 170SX-FT型红外光谱仪，KBr压片，测定400~4000cm^{-1}

范围。

元素分析：C、H、N 含量用 Perkin-Elmer 2400 元素分析仪测定。

X-射线粉末衍射：X'Pert PRO MPD 粉末衍射仪。

液体圆二色谱(CD)：Olis DSM 1000 光谱仪。

热重：TGA/NETZSCH STA449C 差热-热重分析仪(氮气保护下，25~800℃测得)。

磁性测试：利用 MPMS-VSM 超导量子干涉仪(SQUID)，采用单晶粉末收集数据。

单晶结构分析：用 Buker SMART-1000 CCD 单晶衍射仪分析(3b 和 4a：Mo 靶，λ=0.71073Å；4a 和 3b：Cu 靶，λ=1.5418Å)。以 Multi-scan 扫描方式收集衍射数据，所得数据进行了 Lp 因子和经验吸收校正，单晶结构用 OLEX2 程序解出。

6.2.3 配合物 3a 和 3b 的合成及表征

6.2.3.1 配合物 3a

将 S-H_2L^1(0.06mmol，0.0180g)加入 1mL 甲醇和 2mL 乙腈的混合溶液中，再加入 15μL 三乙胺，将混合溶液搅拌 3min 后，加入 0.03mmol $La(NO_3)_3 \cdot 6H_2O$。然后，搅拌溶液直至获得澄清的黄色溶液，将其在室温下自然挥发一周左右后，得到配合物 3a 的较好单晶，产率约 43%。元素分析：$C_{96}H_{90}La_3N_{12}O_{24}$(非配位溶剂分子通过干燥除去)；实验值,%：C，51.65；H，4.01；N，7.20；理论值,%：C，52.11；H，4.10；N，7.60。IR(KBr，ν，cm^{-1})：3326(m)，3051(w)，2922(w)，2833(w)，1600(s)，1440(s)，1373(m)，1284(m)，1209(s)，1067(m)，948(m)，854(m)，734(s)，694(m)，614(w)。

6.2.3.2 配合物 3b

配合物 3b 的合成同 3a，只是将 S-H_2L^1换为 R-H_2L^1。元素分析：$C_{96}H_{90}La_3N_{12}O_{24}$(非配位溶剂分子通过干燥除去)；实验值,%：C，51.01；H，3.88；N，7.31；理论值,%：C，52.11；H，4.10；N，7.60。IR(KBr，ν，cm^{-1})：3326(m)，3051(w)，2931(w)，2833(w)，1600(s)，1440(s)，1369(m)，1289(m)，1218(s)，1058(m)，948(m)，850(m)，726(s)，699(m)，615(w)。

6.2.4　配合物 4a 和 4b 的合成及表征

6.2.4.1　配合物 4a

将 S-H_2L^1(0.06mmol，0.0180g)加入 1mL 甲醇和 2mL 乙腈的混合溶液中，再加入 15μL 三乙胺，将混合溶液搅拌 3min 后，加入 0.03mmol $Dy(NO_3)_3 \cdot 6H_2O$。然后，搅拌溶液直至获得澄清的黄色溶液，将其在室温下自然挥发一周左右后，得到配合物 4a 的较好单晶，产率约 44%。元素分析：$C_{108}H_{118}Dy_5N_{16}O_{33}$（非配位溶剂分子通过干燥除去）；实验值,%：C，42.91；H，3.65；N，7.21；理论值,%：C，43.52；H，3.99；N，7.52。IR（KBr，ν，cm^{-1}）：3615（w），3397(m)，3050(w)，2827(w)，1610(s)，1550(s)，1457(s)，1387(m)，1318(m)，1212(m)，1086(w)，943(w)，837(w)，725(s)，600(w)，499(w)。

6.2.4.2　配合物 4b

配合物 4b 的合成同 4a，只是将 S-H_2L^1 换为 R-H_2L^1。元素分析：$C_{108}H_{118}Dy_5N_{16}O_{33}$（非配位溶剂分子通过干燥除去）；实验值,%：C，41.89；H，3.70；N，7.31；理论值,%：C，43.52；H，3.99；N，7.52。IR（KBr，ν，cm^{-1}）：3314（w），3179(w)，3050(w)，2833(w)，1610(s)，1550(s)，1457(s)，1383(w)，1318(m)，1221(m)，1077(w)，948(w)，846(w)，725(s)，615(w)，485(w)。

6.3　结果与讨论

6.3.1　配合物 3a、3b、4a 和 4b 晶体结构分析

配合物 3a、3b、4a 和 4b 晶体结构分析如表 6-1 所示。

表 6-1　配合物 3a、3b、4a 和 4b 的晶体学数据表

项目	配合物 3a	配合物 3b	配合物 4a	配合物 4b
Formula	$C_{98}H_{93}La_3N_{13}O_{24}$	$C_{101}H_{98}La_3N_{14}O_{25}$	$C_{108}H_{118}Dy_5N_{16}O_{33}$	$C_{112}H_{128}Dy_5N_{18}O_{33}$
Formula Weight	2253.58	2324.66	2980.68	3066.82
Crystal System	orthorhombic	orthorhombic		tetragonal
Space Group	$P2_12_12_1$	$P2_12_12_1$	$P4_22_12$	$P4_22_12$
a/Å	14.66180(10)	14.6403(11)	28.2725(12)	28.2054(4)
b/Å	26.22330(10)	26.197(2)	28.2725(12)	28.2054(4)

续表

项目	配合物 3a	配合物 3b	配合物 4a	配合物 4b
c/Å	26. 22330(10)	29. 383(2)	18. 1870(7)	18. 1449(3)
α/(°)	90	90	90	90
β/(°)	90	90	90	90
γ/(°)	90	90	90	90
Z	4	4	4	4
Flack parameter	−0. 002(2)	0. 003(4)	0. 15(3)	−0. 001(3)
Volume/$Å^3$	11294. 66(10)	11269. 3(14)	14537. 5(14)	14435. 1(5)
ρ_{calc}/(g · cm^{-3})	1. 325	1. 370	1. 362	1. 411
μ/mm^{-1}	9. 184	1. 189	2. 606	14. 182
F(000)	4540. 0	4692. 0	5888. 0	6080. 0
Temperature	150. 00(10)	296. 15	100. 00(10)	120. 01(10)
Reflections collected	143452	62117	38283	49263
Independent ref.	22773	22188	12846	14162
Data/restraints/parameters	22773/6/1260	22188/30/1307	12846/989/733	14162/896/754
R_{int}	0. 0752	0. 0348	0. 0694	0. 0538
Final R indices [I>2. 0σ(I)]	R_1 = 0. 0457, wR_2 = 0. 1174	R_1 = 0. 0293, wR_2 = 0. 0663	R_1 = 0. 0701, wR_2 = 0. 1446	R_1 = 0. 0589, wR_2 = 0. 1479
Final R indexes [all data]	R_1 = 0. 0467, wR_2 = 0. 1180	R_1 = 0. 0328, wR_2 = 0. 0676	R_1 = 0. 0976, wR_2 = 0. 1601	R_1 = 0. 0881, wR_2 = 0. 1664
GOF	1. 025	1. 018	1. 041	0. 973

X-射线单晶衍射数据表明配合物 3a 和 3b 的结构相同并且互为对映体，其空间群为手性空间群 $P2_12_12_1$，其晶体学数据如表 6-1 所示，部分键长和键角数据如附录所示。因此，以 3a 为例来对它们的晶体结构进行描述。如图 6-2(a)所示，配合物 3a 由三个 La^{3+} 和六个去质子化配体组成，没有溶剂分子和阴离子参与配位。空间填充模型说明两个相邻的配体彼此反平行排列，其中四个配体排列在前侧[图 6-2(b)]，而另外两个配体排列在背面[图 6-2(c)]。该结构中三个 La^{3+} 的排列近似一条直线，∠La1-La2-La3 为 145. 96°。每个 La^{3+} 和四个去质子化的配体配位，具有相同的 N_2O_8 配位环境，包括两个三齿配位点(NO_2)和两个双齿配位点(O_2)。配体含有三种不同的配位模式(图 6-3)，并且三个 La^{3+} 被背面的两个配体桥联在一起[图 6-3(c)]。La1、La2 和 La3 的配位数都为十，其配位多面体都是双帽四方反棱柱(图 6-4)。

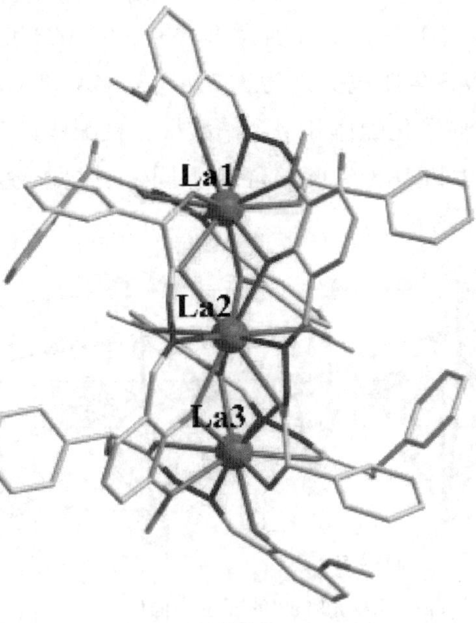

(a)晶体结构

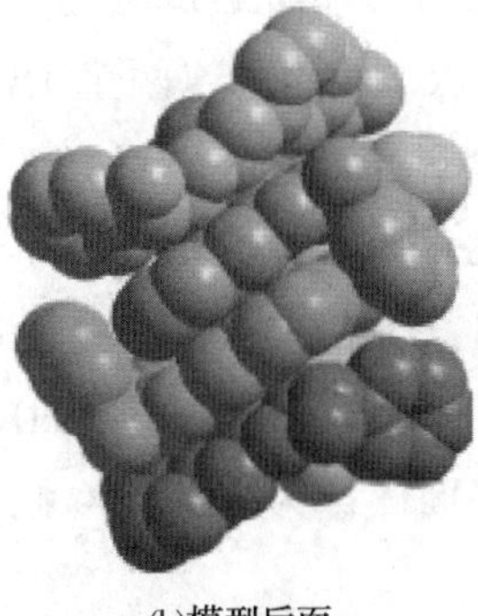

(b)模型后面

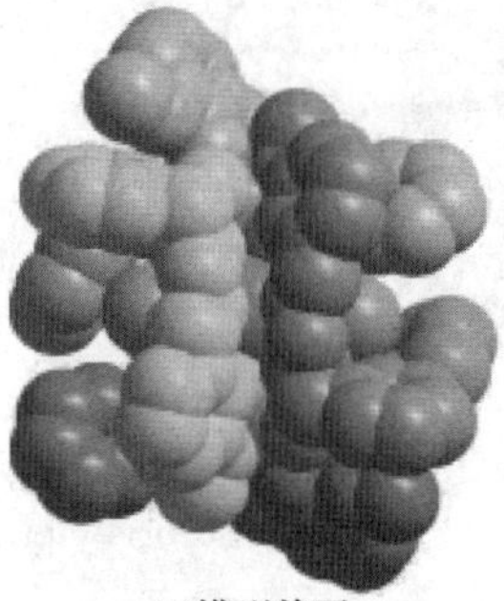

(c)模型前面

图 6-2　配合物 3a 的晶体结构与配合物 3a 的空间填充模型

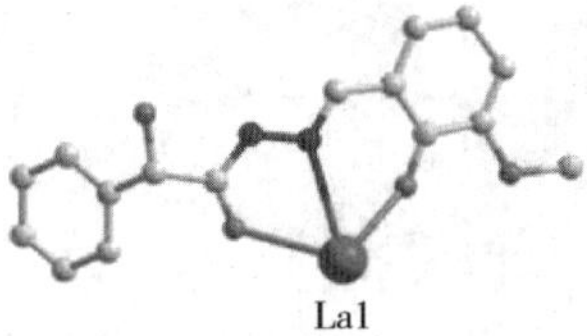

(a)

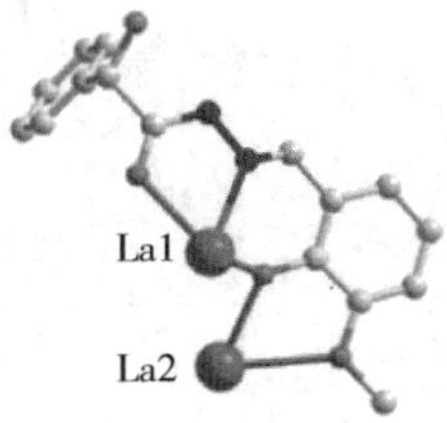

(b)

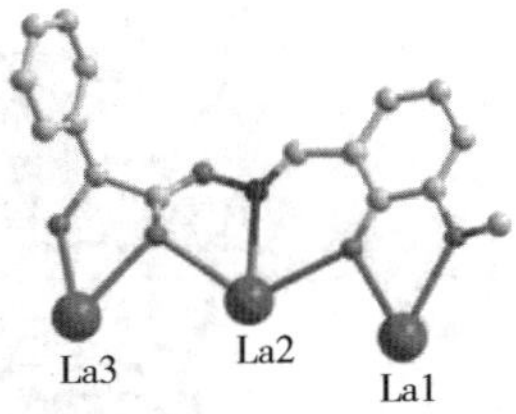

(c)

图 6-3　配合物 3a 中配体的配位模式

在相同的实验条件下，同一配体与 Dy^{3+} 自组装形成与 3a 和 3b 完全不同的手性五核配合物 4a 和 4b，其晶体学数据如表 6-1 所示，部分键长和键角数据如附录所示。这表明稀土离子半径的微小差异可以导致完全不同的结构。配合物 4a 和 4b 的结构相同，且互为对映体。为简单起见，以配合物 4a 为例描述手性五核配合物的结构[图 6-5(a)]。配合物 4a 的空间群为 $P4_22_12$，并含有两个 Dy_3 不对称单元[图 6-5(b)]，共享一个 Dy^{3+}(Dy3)。一个硝酸根桥联 Dy1、Dy2 和 Dy3 使它们在同一平面上，而另一个硝酸根桥接 Dy3、Dy4 和 Dy5 形成另一个平面。如图 6-5(c)所示，这两个 Dy3 三角形在空间上几乎是互相垂直排列的。∠Dy2-Dy1-Dy3、∠Dy1-Dy2-Dy3 和∠Dy1-Dy3-Dy2 分别为 40.53°、99.92°和 39.54°，而 Dy1…Dy2、Dy2…Dy3 和 Dy1…Dy3 的距离分别为 3.76Å、3.84Å 和 5.82Å。每个 Dy3 三角形结构单元中包含三个质子化配体和一个硝酸根，且配体具有三种不同的配位模式(图 6-6)。Dy1、Dy2 和 Dy3 的配位环境不同，但配位数都为八，配位多面体都为扭曲的双帽三棱柱(图 6-7)。

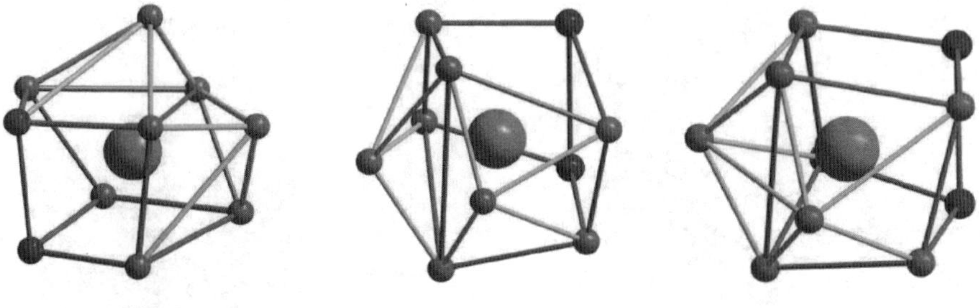

(a)La1　(b)La2　(c)La3

图 6-4　配合物 3a 中 La1、La2 和 La3 的配位多面体

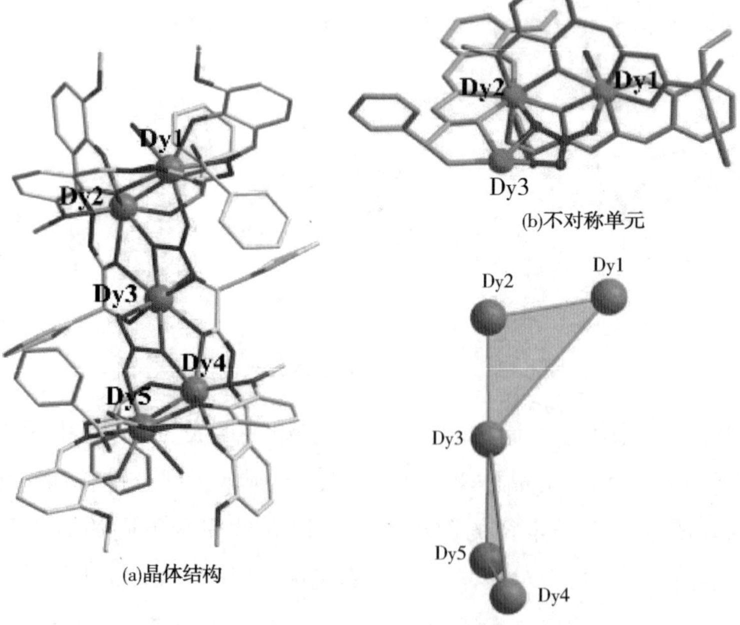

(a)晶体结构　(b)不对称单元　(c)两个Dy3三角形

图 6-5　配合物 4a 的晶体结构、不对称单元及两个 Dy3 三角形

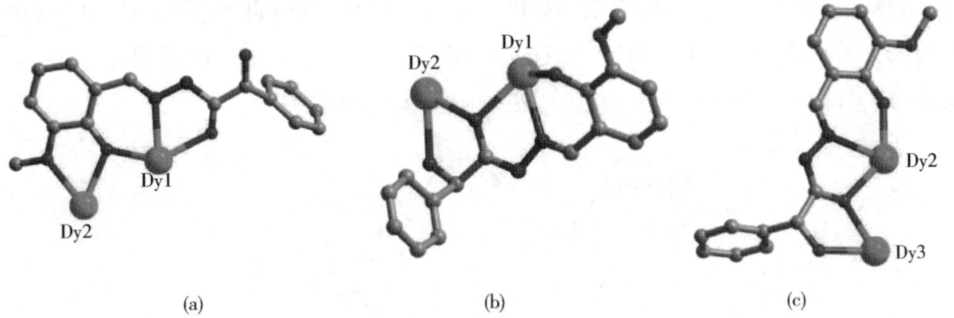

图 6-6 配合物 4a 中配体的配位模式

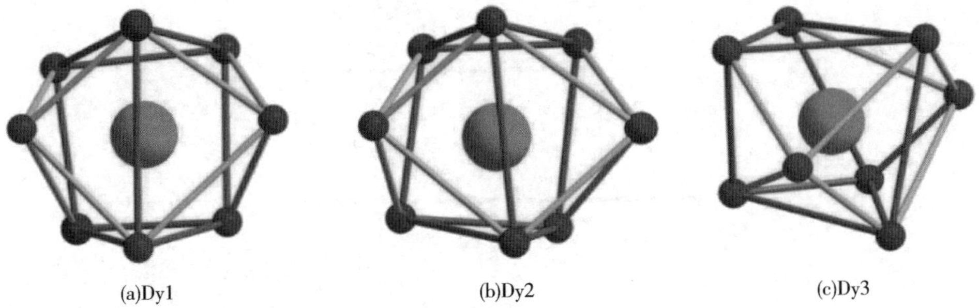

图 6-7 配合物 4a 中的配位多面体

6.3.2 配合物 3a、3b、4a 和 4b 的 IR、XRD 和 TGA 表征

这些配合物分别通过 IR、XRD 和 TGA 进行了表征。在附录图 S6-1 和 S6-2 中，配合物的 IR 谱图与配体的 IR 谱图明显不同，证明了配体与稀土离子之间发生了配位作用。配合物的粉末 X-射线衍射图(PXRD)基本上与晶体数据模拟的谱图一致，表明所制备的配合物的单晶晶相是纯的(附录图 S6-3)。将配合物的单晶样品进行干燥处理后，TGA 分析显示配合物 3a 和 3b 在 165℃开始分解，而配合物 3a 和 3b 直到 300℃才开始分解(附录图 S6-4)。

6.3.3 配合物 3a、3b、4a 和 4b 自组装过程中手性的传递

配体的点手性可以通过自组装作用转递到金属中心、整体结构甚至整个晶体网络中。X-射线单晶衍射数据表明配体的手性通过自组装过程发生了传递从而产生了两对手性的配合物。如图 6-8 所示，S-H_2L 和 R-H_2L 的点手性来源于手性的天然分子扁桃酸，与 La^{3+}发生自组装作用后，S-H_2L 和 R-H_2L 分别产生一

对互为对映体的手性三核配合物 3a 和 3b，这两个结构彼此镜像对称。在相同的实验条件下，S-H_2L 和 R-H_2L 与 Dy^{3+} 自组装形成互为对映体的手性五核配合物 4a 和 4b，晶体结构分析也证明其结构彼此呈镜像对称关系。

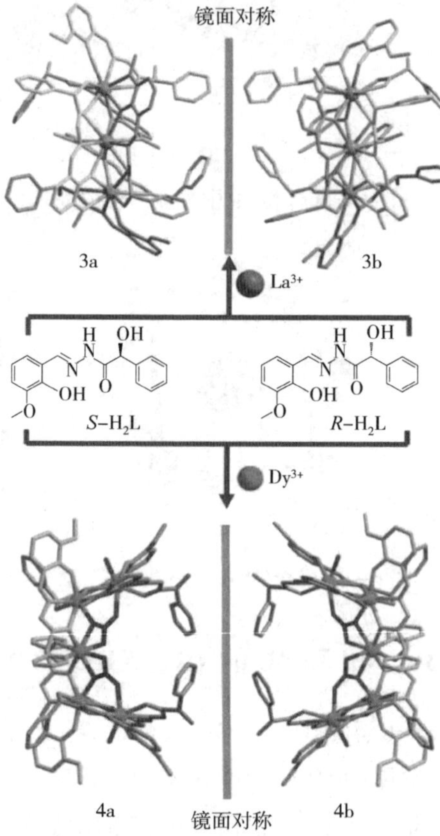

图 6-8　配合物自组装过程中手性的传递

配合物 3a、3b、4a、4b 在甲醇中的圆二色性谱图(CD)进一步证实了配合物 3a 和 3b、4a 和 4b 互为对映体的关系(图 6-9)。配合物 3a 的 CD 光谱在 309nm 和 387nm 处显示出负 Cotton 效应，而配合物 3b 的 CD 谱图在相同的位置显示出与 3a 相反的信号从而形成镜像对称关系，表明配合物 3a 和 3b 具有手性且是一对互为对映体的配合物。配合物 4a 和 4b 的 CD 光谱与 3a 和 3b 完全不同，这可能是自组装结构完全不同导致的。配合物 4a 在 207nm、253nm、273nm 和 387nm 处具有正 Cotton 效应，在 230nm、313nm 和 425nm 处具有负 Cotton 效应；而配合物 4b 在 207nm、253nm、273nm 和 387nm 处具有负 Cotton 效应，在 230nm、313nm

和 425nm 处具有正 Cotton 效应。配合物 4b 与 4a 的 CD 谱图形成很好的镜像对称关系，表明 4a 和 4b 也是一对对映体结构。这些结果也进一步说明配体的点手性可以通过自组装过程有效地传递到整个配合物结构中。

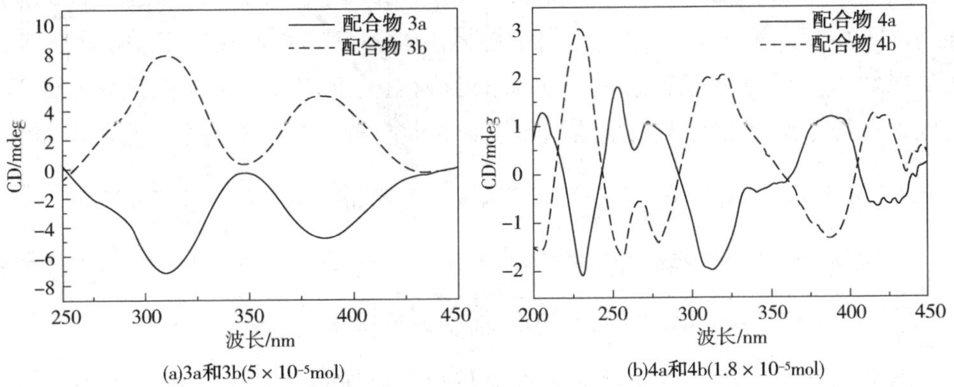

图 6-9　配合物在甲醇溶液中的 CD 谱图

6.3.4　配合物 4a 单分子磁体性质的研究

在外场为 1000Oe、温度范围为 2～300K 的条件下，进行了配合物 4a 的变温磁化率测试，其 $\chi_M T$ vs T 曲线如图 6-10(a)所示。在 300K 时，4a 的 $\chi_M T$ 值为 60.28cm^3·K·mol^{-1}，低于 5 个未耦合的 Dy^{3+} 的理论值(70.85cm^3·K·mol^{-1}，$S=5/2$，$^6H_{15/2}$，g=4/3)。随着温度的降低，4a 的 $\chi_M T$ 值逐渐降低，直至 9K 时达到最小，这可能归因于 Stark 亚能级的解居。在进一步冷却时，$\chi_M T$ 值发生了比较明显的上升，这表明 $Dy^{Ⅲ}$ 离子之间可能存在分子内铁磁相互作用。然后，$\chi_M T$ 值再次突然减少，这种减少主要可能归因于磁各向异性和分子间反铁磁相互作用的存在。通过居里-外斯定律[$\chi_M = C/(T-\theta)$]可以很好地拟合磁化率，得到 $C=$ 60.97cm^3·Kmol^{-1} 和 $\theta=-1.92$K，θ 值表示 $Dy^{Ⅲ}$ 离子之间存在反铁磁性耦合作用。

在不同温度(2～10K)下、0～70kOe 的范围内测量了 4a 的场依赖磁化强度。在等温磁化曲线[6-10(b)]中，70kOe 处的磁化强度未达到饱和并且远低于理论饱和值(一个 $Dy^{Ⅲ}$ 离子为 10Nβ)，这说明 4a 存在显著的磁各向异性和/或低激发态，另外，2K、4K、6K、8K 和 10K 的 M vs H 曲线没有发生重叠，更进一步证明了这一点。

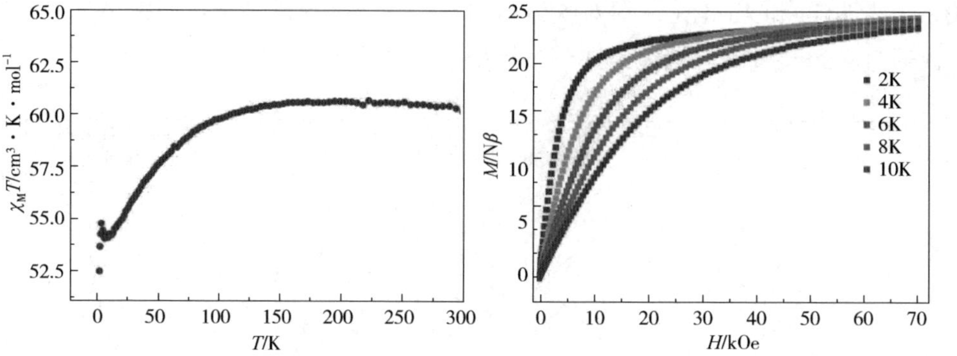

(a)1000 Oe下配合物4a的$\chi_M T$值随温度的变化　(b)2K、4K、6K、8K和10K下配合物4a的M vs H曲线

图 6-10　配合物 4a 的变温磁化率测试曲线

温度为 2.0K 时，通过对不同直流场(0~4000Oe)下场依赖交流磁化率的测试，确定了零场为最佳直流外场(图 6-11)。因此，选择在零场下测量交流磁化率的温度和频率依赖性，以研究 4a 的动态磁学行为。磁性测试数据表明，在无外加直流场的情况下，交流磁化率实部(χ')和虚部(χ'')都具有温度和频率依赖性，说明配合物 4a 具有零场慢磁弛豫行为。但交流磁化率实部(χ')和虚部(χ'')的温度依赖曲线都没有明显的峰值(图 6-12)，这可能是由于配合物中存在较强的量子隧穿效应(QTM)。随着温度的降低，虚部(χ'')的峰值向低频移动(图 6-13)，表明配合物 4a 具有慢磁弛豫行为和典型的单分子磁体行为。

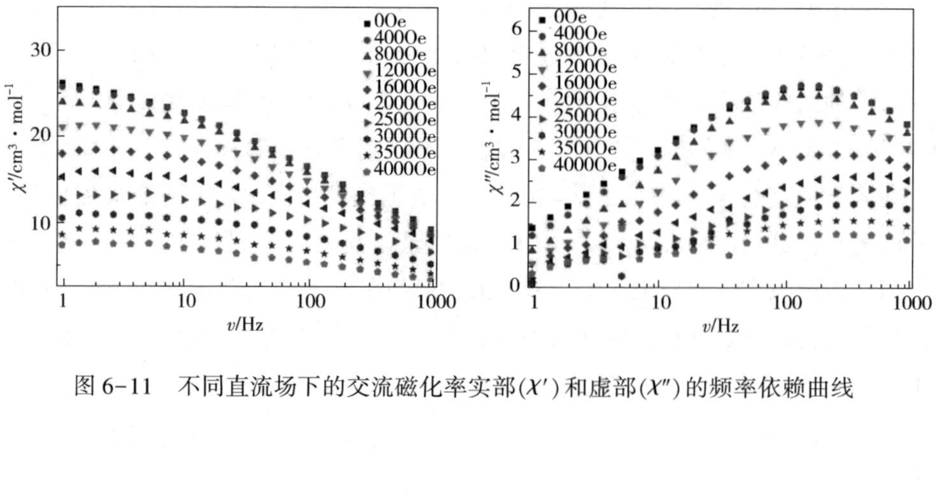

图 6-11　不同直流场下的交流磁化率实部(χ')和虚部(χ'')的频率依赖曲线

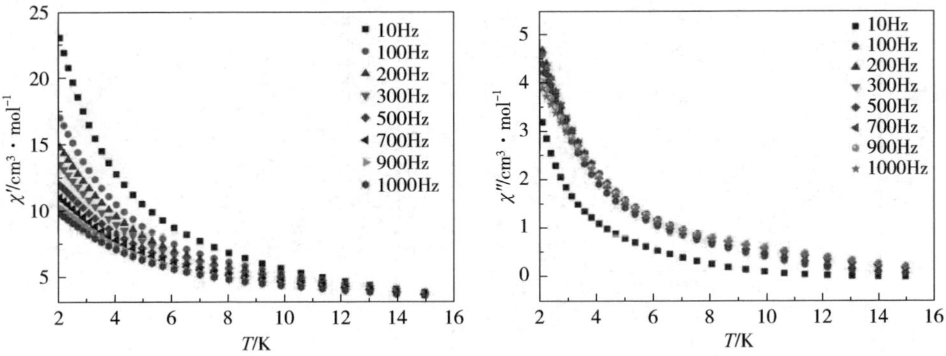

图 6-12　交流磁化率实部(χ′)和虚部(χ″)的温度依赖曲线

($H_{dc}=0$ Oe，$H_{ac}=2$ Oe)

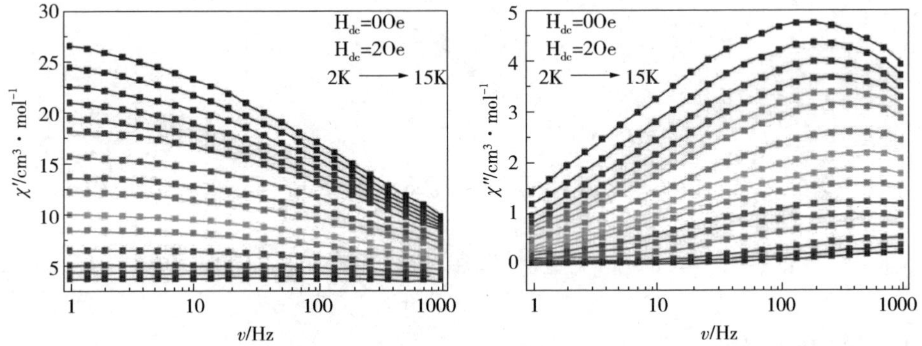

图 6-13　交流磁化率实部(χ′)和虚部(χ″)的频率依赖曲线

可以使用广义 Debye 模型对交流磁化率的频率依赖曲线进行 Cole-Cole 拟合(图 6-14)，可以看到 2~15K 范围内的 Cole-Cole 图几乎呈半圆形，拟合参数χ_T、χ_S、τ 和 α 列于附录(表 S6-9)。α 值在 0.16~0.56 的范围内，表明弛豫时间分布范围较广。有效翻转能垒(U_{eff}/k_B)和指前因子(τ_o)可以通过拟合 Arrhenius 方程 $\tau=\tau_o exp(U_{eff}/k_BT)$ 得到：$U_{eff}/k_B=3.22$K，$\tau_o=1.83\times10^{-4}$s(图 6-15)。相对较小的有效翻转能垒和较大的指前因子表明弛豫过程受到量子磁化隧穿效应的显著影响。

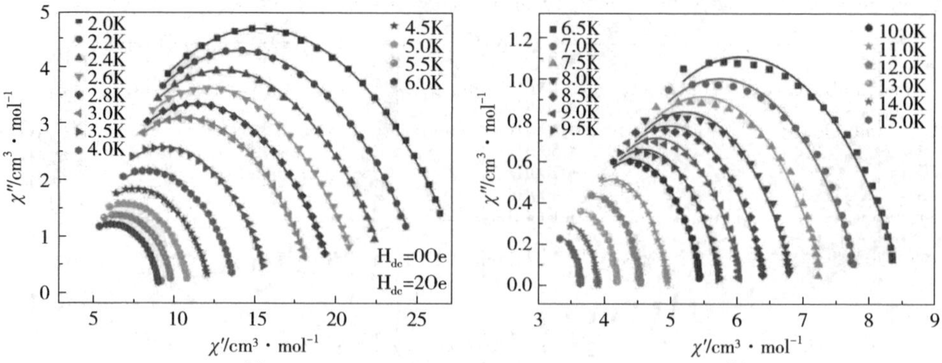

(a) (b)

图 6-14 零场下 4a 的 Cole-Cole 拟合曲线

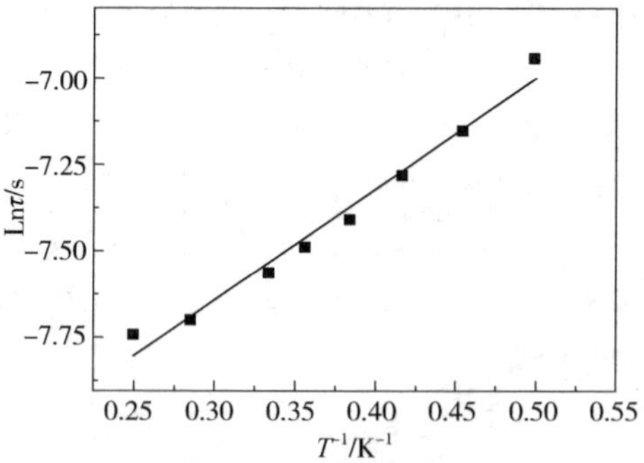

图 6-15 4a 的 Lnτ 对比 T^{-1} 作图(直线表示 Arrhenius 拟合结果)

6.4 本章小结

本章中，用一对基于 3-甲氧基水杨醛的纯手性配体 $S-H_2L^1$ 和 $R-H_2L^2$ 与 La^{3+} 自组装构筑了两个互为对映体的三核配合物 3a 和 3b，而在相同的实验条件下，离子半径较小的 Dy^{3+} 形成了一对互为对映体的五核配合物 4a 和 4b，表明不同离子半径的稀土离子诱导得到了结构完全不同的配合物。X-射线单晶衍射和圆二色谱证实配体的点手性通过自组装过程发生了传递从而使最终的自组装结构也具有手性。最后，以 4a 为例研究了五核配合物的磁性，实验结果表明 4a 具有典型的单分子磁体性质。

参 考 文 献

[1] Barry D E, Caffrey D F, Gunnlaugsson T. Lanthanide-directed synthesis of luminescent self-

assembly supramolecular structures and mechanically bonded systems from acyclic coordinating organic ligands[J]. Chemical Society Reviews, 2016, 45(11): 3244-3274.

[2] Bilbeisi R A, Olsen J C, Charbonnière L J, et al. Self-assembled discrete metal-organic complexes: recent advances[J]. Inorganica Chimica Acta, 2014, 417: 79-108.

[3] Kitchen J A. Lanthanide-based self-assemblies of 2, 6-pyridyldicarboxamide ligands: recent advances and applications as next-generation luminescent and magnetic materials [J]. Coordination Chemistry Reviews, 2017, 340: 232-246.

[4] Muller G. Luminescent chiral lanthanide(Ⅲ) complexes as potentialmolecular probes[J]. Dalton Transactions, 2009(44): 9692-9707.

[5] Ahmad N, Younus H A, Chughtai A H, et al. Metal-organicmolecular cages: applications of biochemical implications[J]. Chemical Society Reviews, 2015, 44(1): 9-25.

[6] Chen W, Tang X, Dou W. et al. The construction of homochiral lanthanide quadruple-stranded helicates with multiresponsive sensing properties toward fluoride anions [J]. Chemistry-A European Journal, 2017, 23(41): 9804-9811.

[7] Huang Y G, Jiang F L, Hong M C. Magnetic lanthanide-transition-metal organic-inorganic hybrid materials: from discrete clusters to extended frameworks [J]. Coordination Chemistry Reviews, 2009, 253(23-24): 2814-2834.

[8] Wagner A T, Roesky P W. Rare-earth metal oxo/hydroxo clusters-synthesis, structures, and applications[J]. European Journal of Inorganic Chemistry, 2016(6): 782-791.

[9] Zheng X Y, Xie J, Kong X J, et al. Recent advances in the assembly of high-nuclearity lanthanide clusters[J]. Coordination Chemistry Reviews, 2019, 378: 222-236.

[10] He C, Wang J, Zhao L, et al. A photoactive basket-like metal-organic tetragon worked as an enzymaticmolecular flask for light driven H_2 production[J]. Chemical Communications, 2013, 49(6): 627-629.

[11] Jiao Y, He C, Duan C Y. M_4L_4 cerium cages assembled from ligands with lower symmetry as amolecular flask[J]. Inorganic Chemistry Communications, 2014, 39: 147-150.

[12] Jiao Y, Wang J, Wu P, et al. Cerium-Based M_4L_4 tetrahedra asmolecular flasks for selective reaction prompting and luminescent reaction tracing[J]. Chemistry-A European Journal, 2014, 20(8): 2224-2231.

[13] Wang L, Zhang R, Han Q, et al. Amide-functionalized heterometallic helicate cages as highly efficient catalysts for CO_2 conversion under mild conditions[J]. Green Chemistry, 2018, 20(23): 5311-5317.

[14] Zheng Z. Ligand-controlled self-assembly of polynuclear lanthanide-oxo/hydroxo complexes: from synthetic serendipity to rational supramolecular design [J]. Chemical Communications,

2001(24): 2521-2529.

[15] Chakraborty A, Goura J, Kalita P, et al. Heterometallic 3d - 4f singlemolecule magnets containing diamagnetic metal ions[J]. Dalton Transactions, 2018, 47(27): 8841-8864.

[16] Meng Y S, Jiang S D, Wang B W, et al. Understanding the magnetic anisotropy toward single-ion magnets[J]. Accounts of Chemical Research, 2016, 49(11): 2381-2389.

[17] Rosado P, Sanudo L, E C. Heterometallic 3d - 4f single - molecule magnets [J]. Dalton Transactions, 2015, 44(19): 8771-8780.

[18] Zheng X Y, Kong X J, Zheng Z, et al. High-nuclearity lanthanide-containing clusters as potentialmolecular magnetic coolers [J]. Accounts of Chemical Research, 2018, 51 (2): 517-525.

[19] Cui C, Ju W, Luo X, et al. A series of lanthanide compounds constructed from Ln_8 Rings exhibiting large magnetocaloric effect and interesting luminescence [J]. Inorganic Chemistry, 2018, 57(14): 8608-8614.

[20] Das C, Upadhyay A, Ansari K U, et al. Lanthanide-based porous coordination polymers: syntheses, slow relaxation of magnetization, and magnetocaloric effect [J]. Inorganic Chemistry, 2018, 57(11): 6584-6598.

[21] Wu J, Li X L, Zhao L, et al. Enhancement of magnetocaloric effect through fixation of carbon dioxide: molecular assembly from Ln_4 to Ln_4 cluster pairs[J]. Inorganic Chemistry, 2017, 56 (7): 4104-4111.

[22] Fan S, Xu S H, Zheng X Y, et al. Four 3d-4f heterometallic $Ln_{45}M_7$ clusters protected by mixed ligands[J]. CrystEngComm, 2018, 20(15): 2120-2125.

[23] Yang X, Jones R A, Huang S. Luminescent 4f and 3d - 4f polynuclear complexes and coordination polymers with flexible salen-type ligands[J]. Coordination Chemistry Reviews, 2014, 273-274.

[24] Thielemann D T, Wagner A T, Rosch E, et al. Luminescent cell-penetrating pentadecanuclear lanthanide clusters [J]. Journal of the American Chemical Society, 2013, 135 (20): 7454-7457.

[25] Hasegawa Y, Kitagawa Y. Thermo-sensitive luminescence of lanthanide complexes, clusters, coordination polymers and metal-organic frameworks with organic photosensitizers[J]. Journal of Materials Chemistry C, 2019, 7(25): 7494-7511.

[26] Tang X L, Wang W H, Dou W, et al. Olive-shaped chiral supramolecules: simultaneous self-assembly of heptameric lanthanum clusters and carbon dioxide fixation[J]. Angewandte Chemie International Edition, 2009, 48(19): 3499-3502.

[27] Hamacek J, Vuillamy A. Controlling the structures of lanthanide complexes in self-assemblies

with tripodal ligands[J]. European Journal of Inorganic Chemistry, 2018(10): 1155-1166.

[28] Johnson A M, Young M C, Zhang X, et al. Cooperative thermodynamic control of selectivity in the self-assembly of rare earth metal-ligand helices[J]. Journal of the American Chemical Society, 2013, 135(47): 17723-17726.

[29] Liu C L, Zhou L P, Tripathy D, et al. Self-assembly of stable luminescent lanthanide supramolecular M_4L_6 cages with sensing properties toward nitroaromatics[J]. Chemical Communications, 2017, 53(16): 2459-2462.

[30] Holloway L R, Bogie P M, Hooley R J. Controlled self-sorting in self-assembled cage complexes[J]. Dalton Transactions, 2017, 46(43): 14719-14723.

[31] Malviya A, Jena H S, Mondal A K, et al. Europium-based dinuclear triple-stranded helicate vs. tetranuclear quadruple-stranded helicate: effect of stoichiometric ratio on the supramolecular self-assembly[J]. European Journal of Inorganic Chemistry, 2015(17): 2901-2907.

[32] Wong H Y, Chan W T K, Law G L. Assembly of lanthanide(Ⅲ) cubanes and dimers with single-molecule magnetism and photoluminescence[J]. Inorganic Chemistry, 2018, 57(12): 6893-6902.

[33] Zhang Y, Ali B, Wu J, et al. Construction of metallosupramolecular coordination complexes: from lanthanide helicates to octahedral cages showing single-solecule magnet behavior[J]. Inorganic Chemistry, 2019, 58(5): 3167-3174.

[34] Li X Z, Zhou L P, Yan L L, et al. Evolution of luminescent supramolecular lanthanide $M_{2n}L_{3n}$ complexes from helicates and tetrahedra to cubes[J]. Journal of the American Chemical Society, 2017, 139(24): 8237-8244.

[35] Mizukami S, Houjou H, Kanesato M, et al. Adjustment of twist angles in pseudo-helical lanthanide complexes by the size of metal ions[J]. Chemistry-A European Journal, 2003, 9: 1521-1528.

[36] Li X, Liu W, Guo Z, et al. Trinuclear to dinuclear: a radii dependence lanthanide(Ⅲ) self-assembly coordination behavior of an amide-type tripodal ligand[J]. Inorganic Chemistry, 2003, 42: 8735-8738.

[37] Yan X, Li Y, Wang Q, et al. Two-to one-dimensional: radii-dependent self-assembly crystal structures and luminescent properties of lanthanide coordination polymers with an amide type semirigid bridging ligand[J]. Crystal Growth & Design, 2011, 11(9): 4205-4212.

[38] Hu X, Dou W, Xu C, et al. Lanthanide radii controlled one-dimensional polymer and dinuclear complexes and their fluorescent properties[J]. Dalton Transactions, 2011, 40(13): 3412-3418.

[39] Wang Y W, Zhang Y L, Dou W, et al. Synthesis, radii dependent self-assembly crystal

structures and luminescent properties of rare earth (Ⅲ) complexes with a tripodal salicylic derivative[J]. Dalton Transactions, 2010, 39(38): 9013-9021.

[40] Woodruff D N, Winpenny R E, Layfield R A. Lanthanide single - molecule magnets [J]. Chemistry Review, 2013, 113(7): 5110-5148.

[41] Ungur L, Lin S Y, Tang J, et al. Single-molecule toroics in Ising-type lanthanidemolecular clusters[J]. Chemical Society Reviews, 2014, 43(20): 6894-6905.

[42] Pointillart F, Cador O, Le Guennic B, et al. Uncommon lanthanide ions in purely 4f singlemolecule magnets[J]. Coordination Chemistry Reviews, 2017, 346: 150-175.

[43] Zhu Z, Guo M, Li X L, et al. Molecular magnetism of lanthanide: advances and perspectives [J]. Coordination Chemistry Reviews, 2019, 378: 350-364.

[44] Zhang P, Guo Y N, Tang J. Recent advances in dysprosium-based singlemolecule magnets: structural overview and synthetic strategies[J]. Coordination Chemistry Reviews, 2013, 257 (11-12): 1728-1763.

[45] Guo Y N, Xu G F, Guo Y, et al. Relaxation dynamics of dysprosium (Ⅲ) singlemolecule magnets[J]. Dalton Transactions, 2011, 40(39): 9953-9963.

[46] Liu M, Zhang L, Wang T. Supramolecular chirality in self-assembled systems[J]. Chemistry Review, 2015, 115(15): 7304-7397.

[47] Chen L J, Yang H B, Shionoya M. Chiral metallosupramolecular architectures[J]. Chemical Society Reviews, 2017, 46(9): 2555-2576.

[48] Crassous J. Chiral transfer in coordination complexes: towardsmolecular materials[J]. Chemical Society Reviews, 2009, 38(3): 830-845.

[49] Liu M J, Yuan J, Wang B L, et al. Spontaneous resolution of chiral Co(Ⅲ)Dy(Ⅲ) single-molecule magnet based on an achiral llexible ligand[J]. Crystal Growth & Design, 2018, 18 (12): 7611-7617.

[50] Stefańczyk O, Majcher A M, Nakabayashi K, et al. Chiral Ln^{III} (tetramethylurea) - [$W^V(CN)_8$] coordination chains showing slow magnetic relaxation[J]. Crystal Growth & Design, 2018, 18(3): 1848-1856.

[51] Ren M, Xu ZL, Wang T T, et al. Homochiral mononuclear Dy-schiff base complexes showing field-induced double magnetic relaxation processes[J]. Dalton Transactions, 2016, 45(2): 690-695.

[52] Diaz-Ortega I F, Herrera J M, Reyes Carmona A, et al. A chiral bipyrimidine-bridged Dy_2 SMM: a comparative experimental and theoretical study of the correlation between the distortion of the DyO_6N_2 coordination sphere and the anisotropy barrier[J]. Frontiers in Chemistry, 2018, 6: 537.

[53] Hu P, Wang X N, Jiang C G, et al. Nanosized chiral (Mn_6Ln_2) clusters modeled by enantiomeric schiff base derivatives: synthesis, crystal structures, and magnetic properties[J]. Inorganic Chemistry, 2018, 57(14): 8639-8645.

[54] Liu C M, Zhang D Q, Zhu D B. Field-induced single-ion magnets based on enantiopure chiral beta-diketonate ligands[J]. Inorganic Chemistry, 2013, 52(15): 8933-8940.

[55] Kitagawa Y, Miyatake T, Ishii K. Magneto - chiral dichroism of artificial light - harvesting antenna[J]. Chemical Communications, 2012, 48(42): 5091-5093.

[56] Wang K, Zeng S, Wang H, et al. Magneto-chiral dichroism in chiral mixed(phthalocyaninato)(porphyrinato) rare earth triple-decker SMMs[J]. Inorganic Chemistry Frontiers, 2014, 1(2): 167.

[57] Sessoli R, Boulon M E, Caneschi A, et al. Strong magneto - chiral dichroism in a paramagneticmolecular helix observed by hard X-ray[J]. Nature Physics, 2015, 11(1): 69-74.

[58] Li D P, Wang T W, Li C H, et al. Single-ion magnets based on mononuclear lanthanide complexes with chiral Schiff base ligands[$Ln(FTA)_3L$](Ln=Sm, Eu, Gd, Tb and Dy)[J]. Chemical Communications, 2010, 46(17): 2929-2931.

[59] Li X L, Hu M, Yin Z, et al. Enhanced single-ion magnetic and ferroelectric properties of mononuclear Dy(Ⅲ) enantiomeric pairs through the coordination role of chiral ligands[J]. Chemical Communications, 2017, 53(28): 3998-4001.

[60] Yang J K, Saleh N, Fernandez Garcia G, et al. Improved slow magnetic relaxation in optically pure helicene-based Dy(Ⅲ) singlemolecule magnets[J]. Chemical Communications, 2016, 52(100): 14474-14477.

[61] Su Z, Fan J, Okamura T, et al. Ligand-directed and pH-controlled assembly of chiral 3d-3d heterometallic metal-organic frameworks[J]. Crystal Growth & Design, 2010, 10(8): 3515-3521.

[62] Liu J, Zhang X P, Wu T, et al. Solvent-induced single-crystal-to-single-crystal transformation in multifunctional chiral dysprosium(Ⅲ) compounds[J]. Inorganic Chemistry, 2012, 51(16): 8649-8651.

附　录

表 S6-1　配合物 3a 的部分键长　(Å)

类型	键长	类型	键长	类型	键长
La2-O21	2.565(5)	La3-O10	2.769(5)	La1-O13	2.621(5)
La2-O20	2.621(6)	La3-O13	2.590(5)	La1-O7	2.667(5)
La2-O1	2.461(5)	La3-O21	2.688(5)	La1-O2	2.577(6)
La2-O16	2.580(5)	La3-O22	2.747(5)	La1-O3	2.645(6)
La2-O14	2.621(5)	La3-O1	2.455(5)	La1-O4	2.433(5)
La2-O18	2.460(5)	La3-O11	2.658(5)	La1-O11	2.570(5)
La2-O24	2.595(5)	La3-O14	2.593(5)	La1-O9	2.587(6)
La2-O19	2.590(6)	La3-N11	2.633(7)	La1-O12	2.467(5)
La2-N7	2.801(7)	La3-N10	2.630(7)	La1-N2	2.863(7)
La2-N6	2.785(6)	La3-O12	2.463(5)	La1-N4	2.795(7)

表 S6-2　配合物 3a 的部分键角　(°)

类型	键角	类型	键角	类型	键角
O13-La1-O7	59.55(16)	O10-La3-La2	79.93(11)	O21-La2-O20	61.34(17)
O13-La1-O3	111.14(17)	O10-La3-La1	83.26(11)	O21-La2-O16	137.87(17)
O13-La1-N2	162.20(18)	O13-La3-La2	145.29(12)	O21-La2-O14	61.10(16)
O13-La1-N4	103.92(17)	O13-La3-O10	124.36(16)	O21-La2-O24	81.22(17)
O7-La1-N2	118.20(18)	O13-La3-O21	115.91(16)	O21-La2O19	77.90(18)
O7-La1-N4	143.40(18)	O13-La3-O22	64.67(16)	O21-La2-N7	136.58(18)
O2-La1-O13	136.71(17)	O13-La3-O11	61.04(17)	O21-La2-N6	129.38(18)
O2-La1-O7	141.48(19)	O13-La3-O14	165.52(16)	O20-La2-O14	110.46(17)
O2-La1-O3	69.42(18)	O13-La3-N11	60.89(18)	O20-La2-N7	87.00(18)
O2-La1-O9	127.81(19)	O13-La3-N10	107.57(18)	O20-La2-N6	144.23(19)
O2-La1-N2	57.47(19)	O21-La3-O10	118.20(15)	O1-La2-O21	67.91(16)
O2-La1-N4	73.89(19)	O21-La3-O22	74.99(16)	O1-La2-O20	116.93(17)
O3-La1-O7	72.06(18)	O22-La3-O10	118.87(16)	O1-La2-O16	100.28(17)

续表

类型	键角	类型	键角	类型	键角
O3-La1-N2	82.86(19)	O1-La3-O10	72.71(17)	O1-La2-O14	70.92(16)
O3-La1-N4	141.24(18)	O1-La3-O13	120.74(16)	O1-La2-O24	70.60(17)
O4-La1-O13	110.06(17)	O1-La3-O21	66.03(16)	O1-La2-O19	129.20(17)
O4-La1-O7	57.99(17)	O1-La3-O22	59.11(15)	O1-La2-N7	107.69(18)
O4-La1-O2	111.69(19)	O1-La3-O11	138.30(17)	O1-La2-N6	61.52(18)
O4-La1-O3	75.8(2)	O1-La3-O14	71.51(16)	O16-La2-O20	142.58(18)
O4-La1-O11	124.25(19)	O1-La3-N11	123.18(19)	O16-La2-O14	76.77(17)
O4-La1-O9	70.9(2)	O1-La3-N10	131.69(18)	O16-La2-O24	134.84(17)
O12-La1-N4	61.60(18)	O1-La3-O12	75.58(16)	O16-La2-O19	80.64(19)
O4-La1-O12	168.53(19)	O11-La3-O10	74.87(16)	O16-La2-N7	85.38(18)
O4-La1-N2	61.45(19)	O11-La3-O21	155.11(16)	O16-La2-N6	58.03(18)
O4-La1-N4	107.48(19)	O11-La3-O22	119.05(16)	O14-La2-N7	161.36(18)
O11-La1-O13	61.79(17)	O14-La3-O10	64.64(16)	O14-La2-N6	102.57(17)
O11-La1-O7	75.60(17)	O14-La3-O21	59.87(16)	O18-La2-O21	125.78(17)
O11-La1-O2	85.26(18)	O14-La3-O22	123.21(16)	O18-La2-O20	73.10(18)
O11-La1-O3	60.89(18)	O14-La3-O11	116.15(17)	O18-La2-O1	166.17(17)
O11-La1-O9	138.67(19)	O14-La3-N11	106.65(18)	O18-La2-O16	71.03(18)
O11-La1-N2	135.99(18)	O14-La3-N10	60.62(18)	O18-La2-O14	115.88(17)
O11-La1-N4	128.26(17)	N11-La3-O10	160.02(19)	O18-La2-O24	107.47(18)
O9-La1-O13	76.96(18)	N11-La3-O21	65.54(18)	O18-La2-O19	61.29(18)
O9-La1-O7	86.30(18)	N11-La3-O22	81.08(18)	O18-La2-N7	61.77(19)
O9-La1-O3	146.38(19)	N11-La3-O11	95.01(19)	O18-La2-N6	104.70(18)
O9-La1-N2	85.32(19)	N10-La3-O10	81.20(19)	O24-La2-O20	67.07(18)
O9-La1-N4	57.32(18)	N10-La3-O21	93.60(19)	O24-La2-O14	133.77(16)
O12-La1-O13	71.42(16)	N10-La3-O22	159.75(18)	O24-La2-N7	58.22(18)
O12-La1-O7	128.13(16)	N10-La3-O11	66.34(19)	O24-La2-N6	80.37(18)
O12-La1-O2	70.02(17)	N10-La3-N11	78.9(2)	O21-La2-O20	61.34(17)
O12-La1-O3	114.70(17)	O12-La3-O10	59.25(16)	O21-La2-O16	137.87(17)

续表

类型	键角	类型	键角	类型	键角
O12-La1-O11	66.84(17)	O12-La3-O13	72.01(16)	O21-La2-O14	61.10(16)
O12-La1-O9	98.88(19)	O12-La3-O21	139.03(17)	O21-La2-O24	81.22(17)
O12-La1-N2	113.66(18)	O12-La3-O22	73.40(17)	O21-La2-O19	77.90(18)

表 S6-3 配合物 3b 的部分键长 (Å)

类型	键长	类型	键长	类型	键长
La1-O21	2.462(3)	La3-O21	2.464(3)	La2-O13	2.430(3)
La1-O10	2.466(3)	La3-O3	2.463(3)	La2-O10	2.467(3)
La1-O7	2.586(3)	La3-O2	2.556(3)	La2-O19	2.573(3)
La1-O18	2.608(3)	La3-O25	2.591(3)	La2-O15	2.586(4)
La1-N11	2.617(4)	La3-O6	2.598(3)	La2-O14	2.593(4)
La1-N13	2.634(4)	La3-O4	2.599(4)	La2-O7	2.617(3)
La1-O19	2.669(3)	La3-O1	2.615(4)	La2-O17	2.636(3)
La1-O2	2.689(3)	La3-O18	2.628(3)	La2-O11	2.668(3)
La1-O8	2.746(3)	La3-N62	2.783(4)	La2-N3	2.810(4)
La1-O20	2.776(3)	La3-N8	2.802(4)	La2-N2	2.849(5)

表 S6-4 配合物 3b 的部分键角 (°)

类型	键角	类型	键角	类型	键角
O12-La1-N2	113.66(18)	N6-La2-N7	62.57(19)	O12-La3-N10	123.53(19)
O21-La2-O20	61.34(17)	O13-La3-O10	124.36(16)	O13-La1-O7	59.55(16)
O21-La2-O16	137.87(17)	O13-La3-O21	115.91(16)	O13-La1-O3	111.14(17)
O21-La2-O14	61.10(16)	O1-La3-O22	64.67(16)	O13-La1-N2	162.20(18)
O21-La2-O24	81.22(17)	O13-La3-O11	61.04(17)	O13-La1-N4	103.92(17)
O21-La2-O19	77.90(18)	O13-La3-O14	165.52(16)	O7-La1-N2	118.20(18)
O21-La2-N7	136.58(18)	O13-La3-N11	60.89(18)	O7-La1-N4	143.40(18)
O21-La2-N6	129.38(18)	O13-La3-N10	107.57(18)	O2-La1-O13	136.71(17)
O20-La2-O14	110.46(17)	O21-La3-O10	118.20(15)	O2-La1-O7	141.48(19)

续表

类型	键角	类型	键角	类型	键角
O20-La2-N7	87.00(18)	O21-La3-O22	74.99(16)	O2-La1-O3	69.42(18)
O20-La2-N6	144.23(19)	O22-La3-O10	118.87(16)	O2-La1-O9	127.81(19)
O1-La2-O21	67.91(16)	O1-La3-O10	72.71(17)	O2-La1-N2	57.47(19)
O1-La2-O20	116.93(17)	O1-La3-O13	120.74(16)	O2-La1-N4	73.89(19)
O1-La2-O16	100.28(17)	O1-La3-O21	66.03(16)	O3-La1-O7	72.06(18)
O1-La2-O14	70.92(16)	O1-La3-O22	59.11(15)	O3-La1-N2	82.86(19)
O1-La2-O24	70.60(17)	O1-La3-O11	138.30(17)	O3-La1-N4	141.24(18)
O1-La2-O19	129.20(17)	O1-La3-O14	71.51(16)	O4-La1-O13	110.06(17)
O1-La2-N7	107.69(18)	O1-La3-N11	123.18(19)	O4-La1-O7	57.99(17)
O1-La2-N6	61.52(18)	O1-La3-N10	131.69(18)	O4-La1-O2	111.69(19)
O16-La2-O20	142.58(18)	O1-La3-O12	75.58(16)	O4-La1-O3	75.8(2)
O16-La2-O14	76.77(17)	O11-La3-O10	74.87(16)	O4-La1-O11	124.25(19)
O16-La2-O24	134.84(17)	O11-La3-O21	155.11(16)	O4-La1-O9	70.9(2)
O16-La2-O19	80.64(19)	O11-La3-O22	119.05(16)	O4-La1-O12	168.53(19)
O16-La2-N7	85.38(18)	O14-La3-O10	64.64(16)	O4-La1-N2	61.45(19)
O16-La2-N6	58.03(18)	O14-La3-O21	59.87(16)	O4-La1-N4	107.48(19)
O14-La2-N7	161.36(18)	O14-La3-O22	123.21(16)	O11-La1-O13	61.79(17)
O14-La2-N6	102.57(17)	O14-La3-O11	116.15(17)	O11-La1-O7	75.60(17)
O18-La2-O21	125.78(17)	O14-La3-N11	106.65(18)	O11-La1-O2	85.26(18)
O18-La2-O20	73.10(18)	O14-La3-N10	60.62(18)	O11-La1-O3	60.89(18)
O18-La2-O1	166.17(17)	N11-La3-O10	160.02(19)	O11-La1-O9	138.67(19)
O18-La2-O16	71.03(18)	N11-La3-O21	65.54(18)	O11-La1-N2	135.99(18)
O18-La2-O14	115.88(17)	N11-La3-O22	81.08(18)	O11-La1-N4	128.26(17)
O18-La2-O24	107.47(18)	N11-La3-O11	95.01(19)	O9-La1-O13	76.96(18)
O18-La2-O19	61.29(18)	N10-La3-O10	81.20(19)	O9-La1-O7	86.30(18)
O18-La2-N7	61.77(19)	N10-La3-O21	93.60(19)	O9-La1-O3	146.38(19)
O18-La2-N6	104.70(18)	N10-La3-O22	159.75(18)	O9-La1-N2	85.32(19)

续表

类型	键角	类型	键角	类型	键角
O24-La2-O20	67.07(18)	N10-La3-O11	66.34(19)	O9-La1-N4	57.32(18)
O24-La2-O14	133.77(16)	N10-La3-N11	78.9(2)	O12-La1-O13	71.42(16)
O24-La2-N7	58.22(18)	O12-La3-O10	59.25(16)	O12-La1-O7	128.13(16)
O24-La2-N6	80.37(18)	O12-La3-O13	72.01(16)	O12-La1-O2	70.02(17)
O19-La2-O20	73.08(18)	O12-La3-O21	139.03(17)	O12-La1-O3	114.70(17)
O19-La2-O14	59.78(16)	O12-La3-O22	73.40(17)	O12-La1-O11	66.84(17)
O19-La2-O24	140.08(18)	O12-La3-O11	65.52(17)	O12-La1-O9	98.88(19)
O19-La2-N7	122.89(19)	O12-La3-O14	120.86(16)		

表 S6-5　配合物 4a 的部分键长 (Å)

类型	键长	类型	键长	类型	键长
Dy3-O11	2.386(13)	Dy2-O11	2.420(14)	Dy1-O17	2.476(14)
Dy3-O1	2.297(13)	Dy2-O3	2.322(12)	Dy1-O17	2.476(14)
Dy3-O12	2.395(14)	Dy2-O1	2.338(14)	Dy1-O3	2.335(14)
Dy3-O9	2.211(14)	Dy2-O4	2.189(14)	Dy1-O3	2.335(14)
Dy3-O16	2.307(13)	Dy2-O14	2.489(16)	Dy1-O2	2.208(14)
Dy3-N5	2.506(18)	Dy2-O15	2.237(14)	Dy1-O2	2.208(14)
Dy3-N4	2.493(19)	Dy2-O10	2.370(14)	Dy1-O15	2.328(13)
Dy3-O6	2.394(12)	Dy2-N2	2.493(17)	Dy1-O15	2.328(13)

表 S6-6　配合物 4a 的部分键角 (°)

类型	键角	类型	键角	类型	键角
O11-Dy3-Dy2	38.7(3)	O11-Dy2-O14	65.2(4)	O17^{1}-Dy1-O17	86.8(7)
O11-Dy3-O12	123.7(5)	O11-Dy2-N2	143.5(5)	O17-Dy1-N7^{1}	86.4(5)
O11-Dy3-N5	72.4(5)	O3-Dy2-O11	119.8(4)	O17^{1}-Dy1-N7^{1}	26.9(5)
O11-Dy3-N4	137.2(5)	O3-Dy2-O1	133.0(5)	O17-Dy1-N7	26.9(5)
O11-Dy3-O6	69.9(5)	O3-Dy2-O14	81.4(5)	O17^{1}-Dy1-N7	86.4(5)
O1-Dy3-O11	74.1(5)	O3-Dy2-O10	78.2(5)	O3-Dy1-O17	118.8(4)

续表

类型	键角	类型	键角	类型	键角
O1-Dy3-O12	142.3(5)	O3-Dy2-N2	64.9(5)	O3^{1}-Dy1-O17	89.2(5)
O1-Dy3-O16	80.0(4)	O1-Dy2-O11	72.8(5)	O3^{1}-Dy1-O17^{1}	118.8(4)
O1-Dy3-N5	146.2(5)	O1-Dy2-O14	136.1(5)	O3-Dy1-O17^{1}	89.2(5)
O1-Dy3-N4	64.3(5)	O1-Dy2-O10	67.9(5)	O3-Dy1-O3^{1}	142.3(6)
O1-Dy3-O6	75.3(4)	O1-Dy2-N2	133.7(5)	O31-Dy1-N7^{1}	91.9(5)
O12-Dy3-N5	65.1(6)	O4-Dy2-O11	86.9(5)	O3-Dy1-N7	91.9(5)
O12-Dy3-N4	87.1(6)	O4-Dy2-O3	138.7(5)	O31-Dy1-N7	113.0(5)
O12-Dy3-O6	139.8(5)	O4-Dy2-O1	82.5(5)	O3-Dy1-N71	113.0(5)
O9-Dy3-O11	141.1(5)	O4-Dy2-O14	83.1(5)	O2-Dy1-O17^{1}	94.5(5)
O9-Dy3-O1	115.5(6)	O4-Dy2-O15	155.4(5)	O2-Dy1-O17	173.2(5)
O9-Dy3-O12	73.2(5)	O4-Dy2-O10	104.3(5)	O2^{1}-Dy1-O17	94.5(5)
O9-Dy3-O16	134.6(5)	O4-Dy2-N2	75.1(5)	O2^{1}-Dy1-O17^{1}	173.2(5)
O9-Dy3-N5	88.2(6)	O14-Dy2-N2	81.0(5)	O2^{1}-Dy1-O3^{1}	67.9(5)
O9-Dy3-N4	71.1(6)	O15-Dy2-O11	73.9(5)	O2-Dy1-O3	67.9(5)
O9-Dy3-O6	76.3(5)	O15-Dy2-O3	65.7(5)	O2-Dy1-O3^{1}	84.3(5)
O16-Dy3-O11	83.1(5)	O15-Dy2-O1	77.3(5)	O2^{1}-Dy1-O3	84.3(5)
O16-Dy3-O12	70.9(5)	O15-Dy2-O14	102.0(5)	O21-Dy1-O2	85.1(8)
O16-Dy3-N5	100.8(5)	O15-Dy2-O10	80.9(5)	O21-Dy1-O15	90.4(5)
O16-Dy3-N4	80.2(6)	O15-Dy2-N2	129.3(5)	O2-Dy1-O15^{1}	90.4(5)
O16-Dy3-O6	147.3(5)	O10-Dy2-O11	137.0(5)	O2^{1}-Dy1-O15^{1}	132.0(5)
N4-Dy3-N5	149.5(6)	O10-Dy2-O14	156.0(4)	O2-Dy1-O15	131.9(5)
O6-Dy3-N5	88.6(5)	O10-Dy2-N2	79.0(5)	O2^{1}-Dy1-N7^{1}	159.7(5)
O6-Dy3-N4	107.2(6)	O151-Dy1-O17	84.9(5)	O2-Dy1-N7	159.7(5)
O2-Dy1-N7^{1}	91.7(5)	O151-Dy1-O3	137.1(5)	O15-Dy1-N71	106.4(5)
O21-Dy1-N7	91.7(5)	O15-Dy1-O3	64.1(5)	O15^{1}-Dy1-N7^{1}	27.9(5)
O15-Dy1-O17^{1}	84.9(5)	O151-Dy1-O3^{1}	64.1(5)	O15-Dy1-N7	27.9(5)
O15-Dy1-O17	54.8(5)	O15-Dy1-O3^{1}	137.1(5)	N7^{1}-Dy1-Dy2	122.0(4)
O151-Dy1-O17^{1}	54.8(5)	O15-Dy1-O15^{1}	125.5(7)	N7-Dy1-N7^{1}	98.0(7)

表 S6-7 配合物 4b 的部分键长 (Å)

类型	键长	类型	键长	类型	键长
Dy1-O2	2.413(8)	Dy2-O1	2.202(7)	Dy3-O3	2.359(8)
Dy1-O5	2.332(7)	Dy2-O2	2.414(8)	Dy3-O3^{1}	2.359(8)
Dy1-O9	2.391(8)	Dy2-O3	2.341(7)	Dy3-O4^{1}	2.302(7)
Dy1-O10	2.406(8)	Dy2-O4	2.294(8)	Dy3-O4	2.302(7)
Dy1-O12	2.255(7)	Dy2-O5	2.337(8)	Dy3-O7^{1}	2.251(8)
Dy1-O15	2.334(7)	Dy2-O13	2.463(9)	Dy3-O7	2.251(8)
Dy1-N4	2.501(11)	Dy2-O14	2.432(9)	Dy3-O11	2.460(9)

表 S6-8 配合物 4b 的部分键角 (°)

类型	键角	类型	键角	类型	键角
O2-Dy1-N4	71.9(3)	O1-Dy2-O2	86.9(3)	O31-Dy3-O3	141.3(4)
O2-Dy1-N7	137.5(3)	O1-Dy2-O3	138.0(3)	O31-Dy3-O11	88.8(3)
O5-Dy1-O2	74.6(3)	O1-Dy2-O4	155.3(3)	O3-Dy3-O11^{1}	88.8(3)
O5-Dy1-O9	75.6(3)	O1-Dy2-O5	83.0(3)	O3-Dy3-O11	120.1(3)
O5-Dy1-O10	142.8(3)	O1-Dy2-O13	82.3(3)	O31-Dy3-O11^{1}	120.1(3)
O5-Dy1-O15	79.0(3)	O1-Dy2-O14	104.7(3)	O31-Dy3-N8^{1}	93.1(3)
O5-Dy1-N4	146.2(3)	O1-Dy2-N1	75.0(3)	O3-Dy3-N8^{1}	112.6(3)
O5-Dy1-N7	64.0(3)	O2-Dy2-O13	65.1(3)	O31-Dy3-N8	112.6(3)
O9-Dy1-O2	70.0(3)	O2-Dy2-O14	137.4(3)	O3-Dy3-N8	93.1(3)
O9-Dy1-O10	139.2(3)	O2-Dy2-N1	143.0(4)	O4-Dy3-O3^{1}	136.0(3)
O9-Dy1-N4	88.7(3)	O3-Dy2-O2	119.7(3)	O4^{1}-Dy3-O3^{1}	66.1(3)
O9-Dy1-N7	106.8(3)	O3-Dy2-O13	81.2(3)	O4-Dy3-O3	66.1(3)
O10-Dy1-O2	122.9(3)	O3-Dy2-O14	78.3(3)	O41-Dy3-O3	136.0(3)
O10-Dy1-N4	64.3(3)	O3-Dy2-N1	64.3(3)	O41-Dy3-O4	123.4(4)
O10-Dy1-N7	88.1(4)	O4-Dy2-O2	74.0(3)	O41-Dy3-O11	84.3(3)
O12-Dy1-O2	141.0(3)	O4-Dy2-O3	66.5(3)	O41-Dy3-O11^{1}	54.0(3)
O12-Dy1-O5	115.8(3)	O4-Dy2-O5	77.0(3)	O4-Dy3-O11^{1}	84.3(3)
O12-Dy1-O9	76.5(3)	O4-Dy2-O13	102.8(3)	O4-Dy3-O11	54.0(3)
O12-Dy1-O10	73.0(3)	O4-Dy2-O14	80.6(3)	O41-Dy3-N8^{1}	27.1(3)

续表

类型	键角	类型	键角	类型	键角
O12-Dy1-O15	134.9(3)	O4-Dy2-N1	129.6(3)	O4-Dy3-N8	27.1(3)
O12-Dy1-N4	88.3(3)	O5-Dy2-O2	74.5(3)	O4-Dy3-N8[1]	105.2(3)
O12-Dy1-N7	71.1(3)	O5-Dy2-O3	132.8(3)	O41-Dy3-N8	105.2(3)
O15-Dy1-O2	82.8(3)	O5-Dy2-O13	137.5(3)	O7-Dy3-O3[1]	83.8(3)
O15-Dy1-O9	146.7(3)	O5-Dy2-O14	66.7(3)	O7-Dy3-O3	67.8(3)
O15-Dy1-O10	72.1(3)	O5-Dy2-N1	132.8(3)	O7[1]-Dy3-O3	83.8(3)
O15-Dy1-N4	101.1(3)	O13-Dy2-Dy3	101.34(19)	O7[1]-Dy3-O3[1]	67.8(3)
O15-Dy1-N7	80.2(3)	O13-Dy2-N1	80.4(4)	O7[1]-Dy3-O4	90.1(3)
N7-Dy1-N4	149.7(4)	O14-Dy2-Dy1	99.7(2)	O7-Dy3-O4	133.9(3)
O14-Dy2-N1	79.2(4)	O14-Dy2-O13	155.8(3)	O7-Dy3-O4[1]	90.1(3)
O11-Dy3-N8[1]	86.1(3)	O71-Dy3-N8[1]	160.9(3)	O5-Dy1-O2	74.6(3)
O71-Dy3-O4[1]	133.9(3)	O7-Dy3-N8	160.9(3)	O5-Dy1-O9	75.6(3)
O7-Dy3-O7[1]	85.7(5)	O71-Dy3-N8	91.5(3)	O5-Dy1-O10	142.8(3)
O7-Dy3-O11[1]	94.2(3)	O7-Dy3-N81	91.5(3)	O5-Dy1-O15	79.0(3)
O71-Dy3-O11	94.2(3)	O111-Dy3-O11	87.1(4)	O11[1]-Dy3-N8	86.1(3)

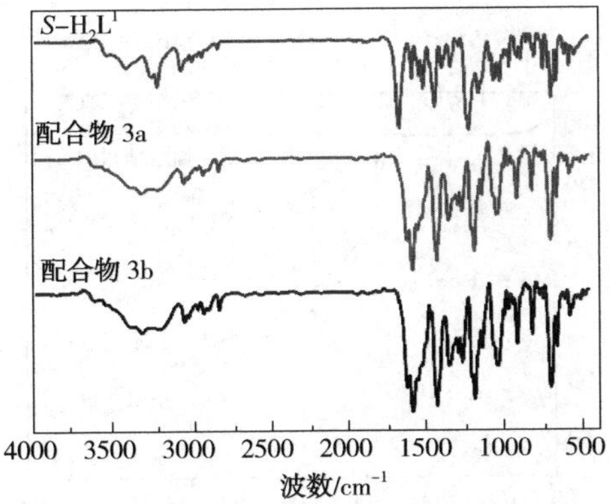

图 S6-1　配合物 3a、3b 的 IR 谱图

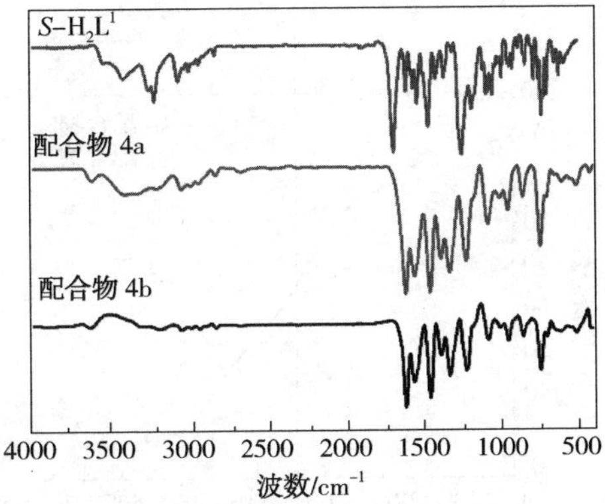

图 S6-2　配合物 4a、4b 的 IR 谱图

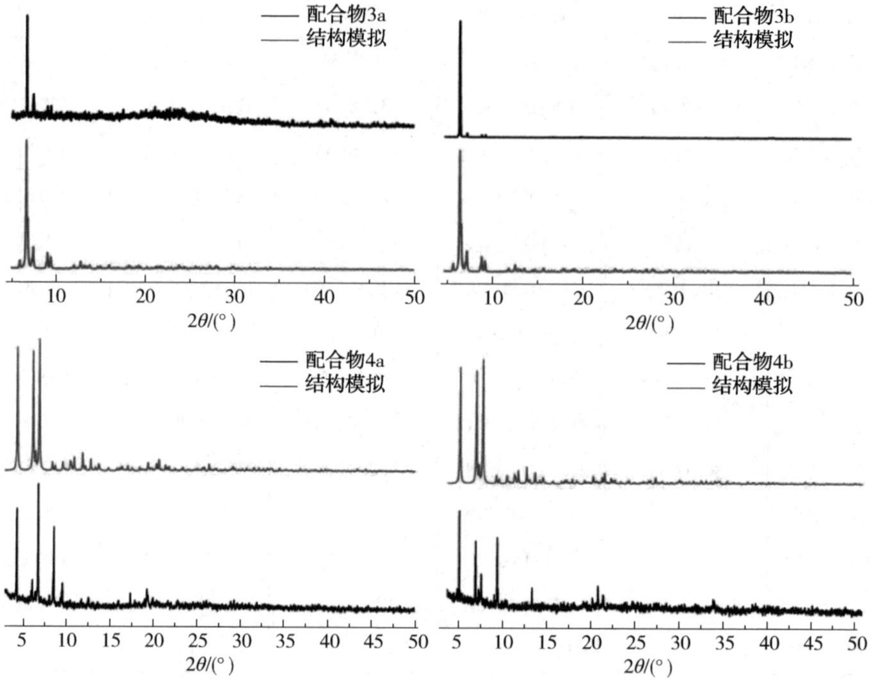

图 S6-3 配合物 3a、3b、4a、4b 的 XRD 谱图和单晶结构模拟的衍射图

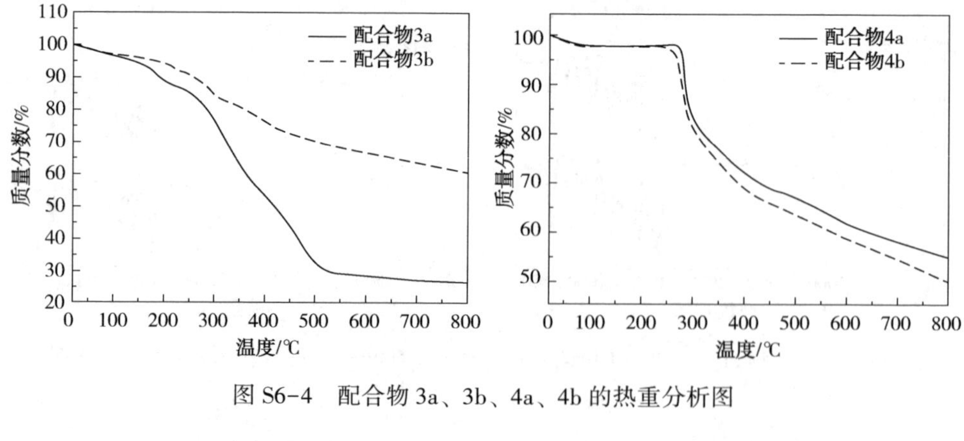

图 S6-4 配合物 3a、3b、4a、4b 的热重分析图

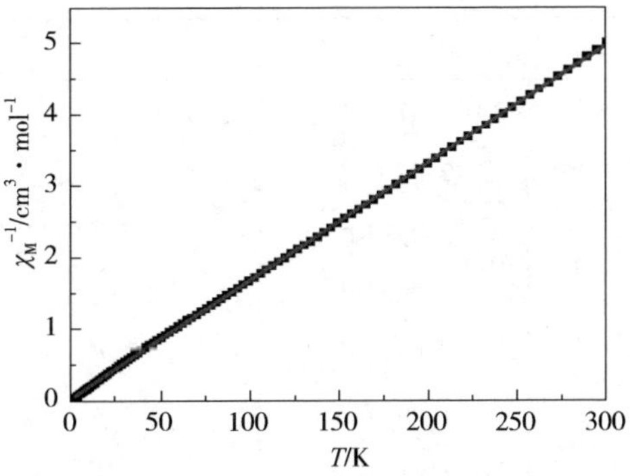

图 S6-5 配合物 4a 的 $\chi_M^{-1}-T$ 曲线（实线为居里-外斯拟合）

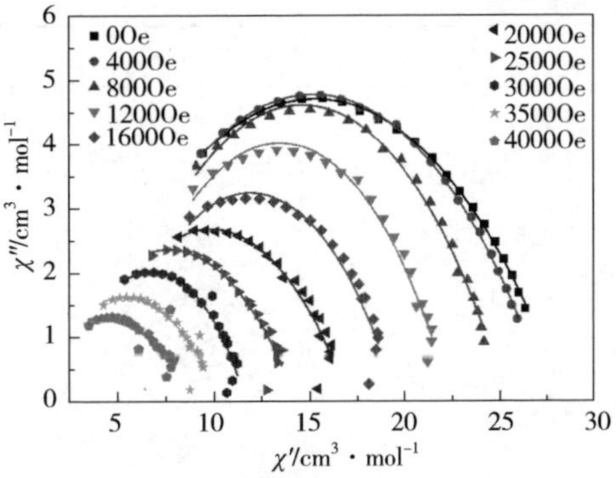

图 S6-6 不同外场下 4a 的 Cole-Cole 拟合曲线

表 S6-9 对 4a 的交流磁化率频率依赖曲线进行 Cole-Cole 拟合得出的参数

T/K	χ_S	χ_T	τ	α
2.0	2.14	28.5	9.68×10^4	0.565
2.2	2.13	26.0	7.92×10^4	0.560
2.4	2.29	23.8	6.87×10^4	0.552
2.6	2.29	22.0	6.09×10^4	0.551
2.8	2.41	20.4	5.60×10^4	0.547
3.0	2.47	19.1	5.20×10^4	0.545
3.5	2.63	16.3	4.58×10^4	0.542
4.0	2.85	14.2	4.35×10^4	0.539
4.5	3.02	12.6	4.25×10^4	0.537
5.0	3.27	11.3	4.40×10^4	0.525
5.5	3.40	10.2	4.48×10^4	0.515
6.0	3.50	9.36	4.56×10^4	0.502
6.5	3.54	8.61	4.51×10^4	0.485
7.0	3.56	7.97	4.40×10^4	0.467
7.5	3.58	7.40	4.26×10^4	0.443
8.0	3.52	6.93	3.90×10^4	0.429
8.5	3.49	6.51	3.56×10^4	0.410
9.0	3.45	6.13	3.23×10^4	0.388

续表

T/K	χ_S	χ_T	τ	α
9.5	3.41	5.81	2.87×10^4	0.373
10	3.36	5.51	2.54×10^4	0.356
11	3.29	5.00	2.05×10^4	0.320
12	3.25	4.59	1.73×10^4	0.282
13	3.21	4.24	1.54×10^4	0.246
14	3.18	3.94	1.50×10^4	0.206
15	3.12	3.68	1.51×10^4	0.164

第7章 3d-4f杂金属环状配合物在温和条件下催化CO_2转化的研究

7.1 引言

CO_2 是主要的温室气体之一，引发了诸多环境问题，如全球变暖、海洋酸化等。CO_2 也是一种无毒、可再生、取之不尽、可持续的 C1 资源，可以作为化石燃料的替代品。将 CO_2 转化为燃料和具有附加值的化学品，既可以减少温室气体，又能获得经济价值，受到了工业界和学术界的广泛关注。其中，CO_2 和环氧化合物通过环加成反应制备环碳酸酯是一种非常重要的合成方法，该反应不仅能100%利用原子，而且经济环保，符合当前社会可持续发展的要求。产物环碳酸酯可以广泛应用于各种领域，如作为合成和催化反应的溶剂、锂电池电解质组分、合成聚碳酸酯和氨基甲酸的单体、精细化学品生产的中间体等。尽管 CO_2 的转化利用具有广阔的发展前景，但是 CO_2 的动力学惰性和热力学稳定性限制了其高效利用。与 CO_2 相关的化学反应通常需要高纯度的 CO_2 参与，反应需在高温高压下进行，这些因素使 CO_2 低成本、可持续循环使用的研究富有挑战性。为了实现 CO_2 的可持续循环利用，研究人员必须开发能在温和条件下实现 CO_2 高效转化的催化剂体系。

截至目前，科研工作者已经研究了大量用于催化 CO_2 与环氧化合物生成环碳酸酯的催化体系，如金属催化剂、有机催化剂、离子液体等。然而，大多数催化剂需要在较为严苛的条件下实现较高的催化效率。在温和条件甚至是环境条件下

实现 CO_2 的催化转化，可以降低生产成本和能源消耗。金属酶是生物催化剂，通过多组分之间的协同作用和空间效应，在温和条件下有效结合并转化底物。超分子配合物具有明确的结构和活性位点，可以用于模拟酶的复杂结构，通过合理的结构调控，提高催化效率。

超分子配合物具有多种不同的结构和空间排列，如螺旋体、笼状化合物、金属环状配合物、多面体等。其中，杂核多金属环状配合物由于其结构特殊、组成成分多样，可以被应用于多个领域，尤其是催化领域。杂核金属环状配合物中包含多个金属中心，金属中心位点既作为构成各种不同空间结构的位点，又充当具有不同催化能力的活性中心。3d-4f 杂核金属环状配合物同时包含过渡金属离子(3d)和镧系元素离子(4f)，不同的金属中心具有不同的电子构型，显示出独特的结合能力和催化能力。合理设计配体有助于增强金属中心之间的协同效应，提高催化活性，将 3d-4f 杂核金属环状配合物用于 CO_2 化学固定和催化方面的研究很少。

研究表明，路易斯碱性基团功能化的配体与异金属路易斯酸位点的协同作用可以有效地提高催化剂的催化活性。酰腙功能化的杂核金属多核配合物，不仅可以实现多金属协同作用，而且金属中心能够完全暴露，有助于提升催化性能。在本章中，设计合成了两个结构新颖的 3d-4f 杂核配合物 $Ln_8Zn_4L_6^5$[Ln = Eu(15)，Tb(16)](图 7-1)，并将其应用在催化环氧化物和 CO_2 制备环状碳酸酯的反应中。催化剂 $Ln_8Zn_4L_6^5$ 不仅表现出优异的催化性能，对空气及水具有良好的耐受性，而且能在环境条件下进行催化。同时，对其机理提出了合理假设。

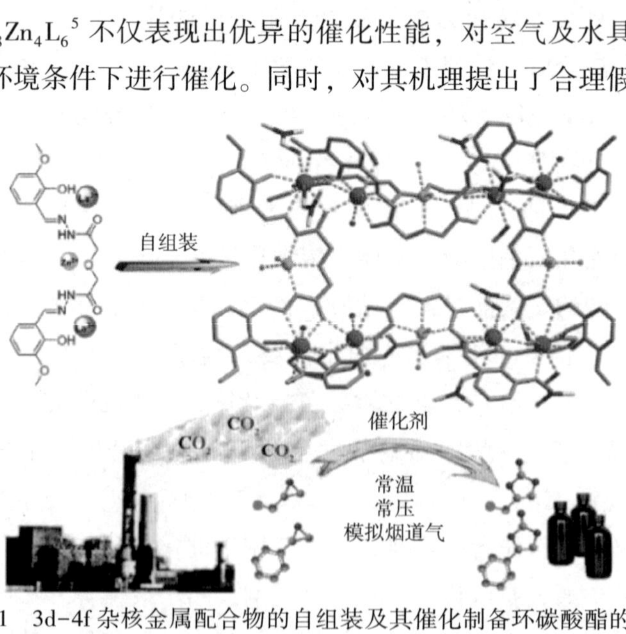

图 7-1　3d-4f 杂核金属配合物的自组装及其催化制备环碳酸酯的应用

7.2 试剂与仪器

7.2.1 试剂

二甘醇酸、邻香草醛、三乙胺、甲醇、乙腈、异丙醇、乙酸乙酯、碳酸氢钠、氯化钠、氯化锌等均为分析纯试剂，浓盐酸(质量分数37%)，80%水合肼，氧化铕、氧化铽的纯度均高于99.95%；环氧氯丙烷、环氧溴丙烷、环氧苯乙烯、1,2-环氧十二烷、异丙基缩水甘油醚、叔丁基缩水甘油醚、烯丙基缩水甘油醚、甲基丙烯酸缩水甘油酯、正丁基缩水甘油醚、辛基缩水甘油醚、苯基缩水甘油醚、氧化环己烯、1,2-环氧环戊烷，以上所有试剂使用前均未经进一步纯化。

$LnCl_3 \cdot 6H_2O$(Ln = Tb，Eu)合成：称取适量稀土氧化物加入稀释后的盐酸中，回流五小时，保证氧化物稍有过量，使得HCl完全反应，过滤除去未反应的氧化物，通过减压蒸馏将滤液浓缩至有大量结晶出现，冷却后在真空干燥箱中干燥，得到目标产物。

7.2.2 仪器

单晶衍射仪：Bruker SMART CCD；核磁共振波谱仪：JNM-ECS 400M；离子阱质谱仪：Bruker esquire 6000；元素分析仪：elementar，vario EL cube；红外光谱仪：Bruker VERTEX 70 FT-IR；热重分析仪：TGA/NETZSCH STA449C；粉末X射线衍射仪：x'pert pro；高分辨率等离子体发射光谱仪：ICP-OES。

7.3 配合物15和16的合成与表征

7.3.1 配合物15和16的合成

将H_4L^5(0.15mmol)加入0.5mL DMF中，超声分散形成悬浊液；向其中加入0.0235g$ZnCl_2 \cdot 6H_2O$(0.1mmol)和25μL(0.2mmol)三乙胺，搅拌20min；将$LnCl_3 \cdot 6H_2O$(0.2mmol)、2mL甲醇和0.5mL异丙醇依次加入；将所得混合物搅拌1h，过滤后，将滤液置于65℃烘箱。约4d后获得适合于X射线衍射分析的浅黄色晶体，产率约为50%。

配合物$Eu_8Zn_4L^5_6$(15)元素分析(%)：实验值($C_{146}H_{188}N_{32}O_{58}Cl_{16}Eu_8Zn_6$计算

值)：C，33.71(34.18)；H，3.37(3.69)；N，1.52(1.64)；Zn，7.54(7.65)。红外光谱(KBr，ν，cm^{-1})：3086(w)，3052(w)，2853(m)，1654(s)，1610(s)，1560(s)，1460(s)，1440(m)，1384(s)，1298(m)，1241(s)，1220(s)，1141(m)，1107(m)，1084(m)，952(m)，855(m)，783(w)，743(s)，748(w)，727(w)，623(w)。

配合物 $Tb_8Zn_4L_6^5$(16)元素分析(%)：实验值($C_{148}H_{192}N_{32}O_{58}Cl_{16}Tb_8Zn_6$ 计算值)：C，33.58(34.09)，H，3.45(3.71)，N，1.53(1.61)，Zn，7.39(7.52)。红外光谱(KBr，ν，cm^{-1})：3210(m)，3067(m)，2932(m)，1659(s)，1617(s)，1563(s)，1460(s)，1390(s)，1300(s)，1228(s)，1141(m)，1099(s)，955(m)，859(m)，792(w)，746(s)。

7.3.2 配合物晶体结构测定及分析

选取大小适宜、表面干净、没有裂纹且外形规则的晶体，安放在 Bruker SMART CCD 单晶衍射仪上，数据测量在稳定的温度条件下完成。数据测量过程采用经过石墨单色器的 Cu $K\alpha$(λ=1.5418nm)或者 Mo $K\alpha$(λ=0.7107nm)射线为衍射光源，以 φ 和 ω 扫描方式收集衍射数据，全部强度数据进行 Lp 因子校正和经验吸收校正。晶体结构解析采用直接法(SHELXS-97 Sheldrick，1990)，采用最小二乘法进行结构精修。首先确定金属原子，然后用差值傅里叶变换确定出全部非氢原子，采用全矩阵最小二乘法对所有非氢原子的各向异性热力学参数 F^2 精修，氢原子通过理论加氢法确定。配合物 $Eu_8Zn_4L_6^5$(15)和 $Tb_8Zn_4L_6^5$(16)的晶体学数据如表 7-1 所示，键长、键角和配合物内形成的氢键数据如附录表 S7-1~附录表 S7-6 所示。

表 7-1 配合物 15 和 16 的晶体学参数表

配合物	15	16
Empirical formula	$C_{146}H_{188}N_{32}O_{58}Cl_{16}Eu_8Zn_6$	$C_{148}H_{192}N_{32}O_{58}Cl_{16}Tb_8Zn_6$
Formula weight	5190.6	5260.4
T/K	100.01(10)	100.00(10)
Crystal system	Monoclinic	Monoclinic
Space group	P 1 21/n 1	P 1 21/n 1
a/Å	20.0250(5)	20.2667(5)

续表

配合物	15	16
b/Å	33.5109(7)Å	33.4772(9)
c/Å	36.3703(10)	35.9620(8)
α/(°)	90	90
β/(°)	92.929(2)	93.439(2)
γ/(°)	90	90
V/Å^3	24374.6(10)Å	24355.3(10)Å
Z	4	4
Density(calculated)/mg · m^{-3}	1.489	1.521
F(000)	10768	10960
θ range for data collection/(°)	3.589~66.595	3.454~66.594
Data/restraints/parameters	42295/2629/2448	42976/4264/2458
Goodness-of-fit on$F$②	1.005	1.022
Final$R$ indices	R_1=0.0787	R_1=0.0922
[I > 2sigma(I)]^a	wR_2=0.2086	wR_2=0.2422
R indices(all data)^b	R_1=0.1221 wR_2=0.2427	R_1=0.1184 wR_2=0.2683
Largest diff. peak/hole/e. Å^{-3}	2.686/-1.583	3.701/-3.951

注：a. $R_1=\Sigma||F_o|-|F_c||/\Sigma|F_o|$；b. $wR_2=\Sigma[w(F_o^2-F_c^2)^2]/\Sigma[w(F_o^2)^2]^{1/2}$。

我们在基本相同的条件下，分别合成了杂核多金属环状配合物 $Eu_8Zn_4L_6^5$(15)和 $Tb_8Zn_4L_6^5$(16)。晶体结构分析表明，配体 H_4L^5、$LnCl_3$ 以及 $ZnCl_2$ 共同形成了结构新颖的十二核 Ln-Zn 的杂核多金属大环结构。由于配合物 15 和 16 主体结构相同，因此以配合物 15 为例进行晶体结构分析讨论。

单晶结构分析表明，配合物 $Eu_8Zn_4L_6^5$(15)空间群为 $P12_1/n1$，属于单斜晶系。配合物 $Eu_8Zn_4L_6^5$ 由 6 个去质子配体、4 个 Zn^{2+}、8 个 Eu^{3+}、8 个 Cl^-、配位溶剂分子和 2 个 $ZnCl_4^{2-}$共同组成[图 7-2(a)]。其中两个 $ZnCl_4^{2-}$为游离阴离子，用于平衡配合物主体结构的电荷。由图 7-2 可知，配合物 15 结构类似于一个矩形，矩形的短边由三个金属离子及其配位原子共同构成，矩形的长边由五个金属离子及其配位原子共同构成，每条边的中间位置都由 Zn^{2+} 占据。配合物的短边上的配体[图 7-2(b)]，通过酰腙基团和末端基的酚羟基共同组成了 O—N—O 的三配位结构。配合物长边上有两个配体共同参与配位[图 7-2(c)、(d)]，两个配体参与配位的原子一样，配位原子都是羰基氧原子、酰腙氮原子、酚羟基氧原子、甲氧基氧原子，形成了 O—N—O—O 的配位结构。所有与 Zn^{2+} 配位的配体均折叠为 U 形结构，并且这部分配体是完全去质子化的。另外两条仅与 Ln^{3+} 配位的配体，为直线型结构，这部分配体是仅有末端基的酚羟基去质子化的。4 个 Zn^{2+} 分别占据了矩形结构每条边上的一个配体链的中口袋位置，四个 Zn^{2+} 均是五配位，分别与配体的中间柔性链的 N—O—N 配位，同时与两个 Cl^- 配位，构成五配位的结构，Zn^{2+} 的配位多面体为四棱锥。Zn—Cl 键键长在 2.27~2.35Å 之间，配合物中位于长边上的 Cl—Zn—Cl 夹角分别为 110.5°和 110.0°，位于短边上的 Cl—Zn—Cl 夹角分别为 117.8°和 118.9°。8 个 Eu^{3+} 分为四组，分别与配体末端的 O 原子和 N 原子配位，相邻两个 Eu^{3+} 有三个配体参与配位，所有 Eu^{3+} 都是九配位形式，其中七个配位原子来自配体，另外两个配位原子来自溶剂分子，Eu^{3+} 的配位多面体是畸变的三帽三棱柱图(图 7-3)。两个相邻的 Eu^{3+} 通过两个位于长边的配体上的去质子的酚羟基和位于短边上的配体的羰基氧桥联，两个相邻 Eu^{3+} 之间的距离在 3.66~3.70Å 之间。通过配合物 15 的堆积图，可以看出配合物中存在类层状结构(图 7-4)。

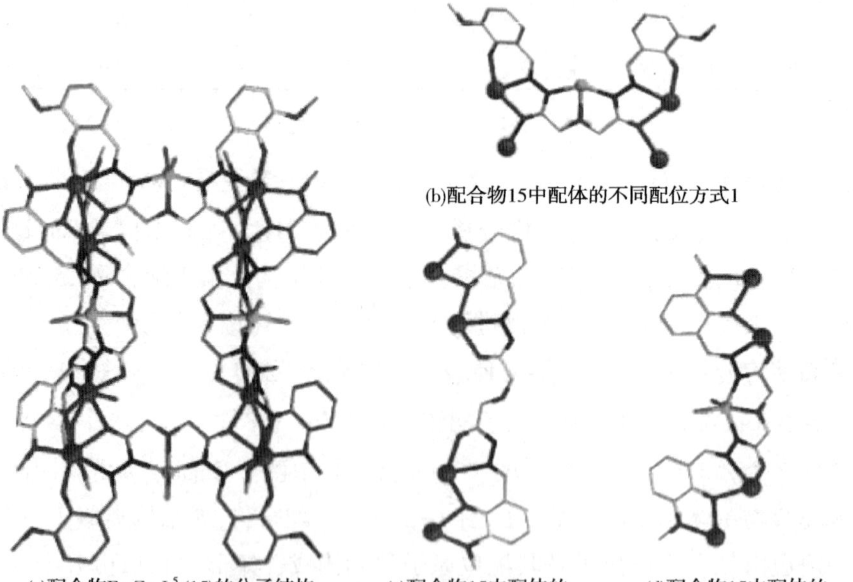

(b)配合物15中配体的不同配位方式1

(a)配合物 $Eu_8Zn_4L_6^5$ (15)的分子结构

(c)配合物15中配体的不同配位方式2

(d)配合物15中配体的不同配位方式3

图 7-2 配合物 15 结构

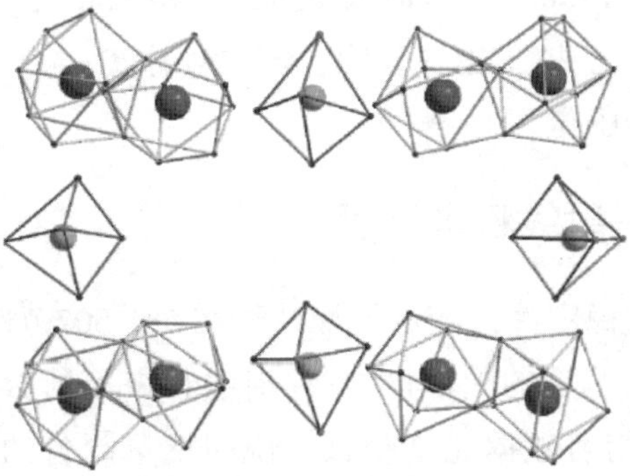

图 7-3 配合物 $Eu_8Zn_4L^5_6$(15)所有金属离子的配位多面体

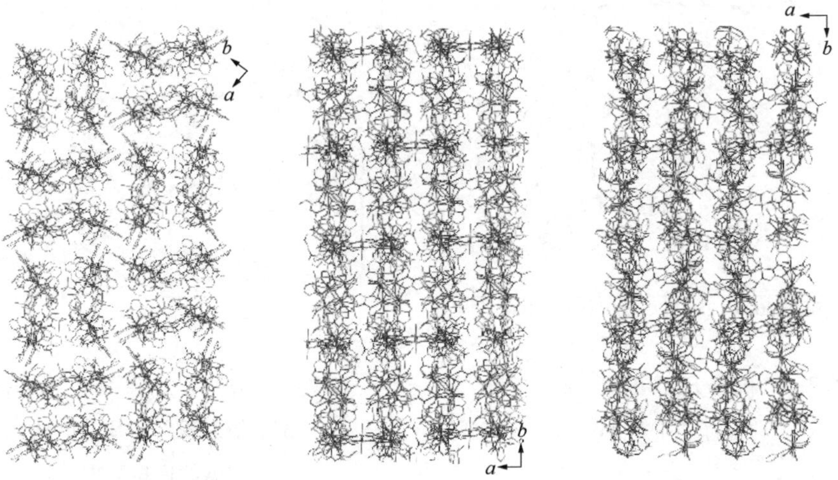

图 7-4 配合物 $Eu_8Zn_4L^5_6$(15)在 *a*、*b*、*c* 三个方向的堆积图

7.3.3 配体和配合物的红外光谱图

测定了配体 H_4L^5 及配合物 15 和 16 的红外光谱图(图 7-5)，配合物 15 与 16 的红外光谱图基本一致，说明配体在两个配合物中的配位方式一致，与所得单晶结构数据相吻合。配合物与配体 H_4L^5 的红外谱图相比，配体上强的 C ═O 伸缩振动吸收峰为 $1676cm^{-1}$，配合物 15 中相应的特征峰向低波数移动至 $1654cm^{-1}$，配体中 Ar—OH 伸缩振动吸收峰为 $1250cm^{-1}$，在配合物 15 中相应的特征峰向低波数移动至 $1220cm^{-1}$，分别向低波数移动了 $22cm^{-1}$ 和 $30cm^{-1}$；在配合物 16 中，配体上强的 C ═O 伸缩振动吸收峰从 $1676cm^{-1}$ 向低波数移动至 $1656cm^{-1}$，Ar—

OH 伸缩振动吸收峰从 1250cm^{-1} 向低波数移至 1227cm^{-1}，分别向低波数移动了 20cm^{-1} 和 23cm^{-1}；以上这些变化均表明，配合物中 C ═O 上的氧原子，Ar—OH 上的氧原子与金属离子配位。

7.3.4 配合物的 X-射线粉末衍射

为了确定配合物的稳定性，测定了配合物在 5°~50°范围内的 X-射线粉末衍射图。如图 7-6 所示，测定的配合物的 X-射线粉末衍射数据与相应的通过单晶结构模拟 X-射线粉末衍射数据完全吻合，说明批量制备的样品与单晶样品为同一结构，并且表明晶体在空气中比较稳定。

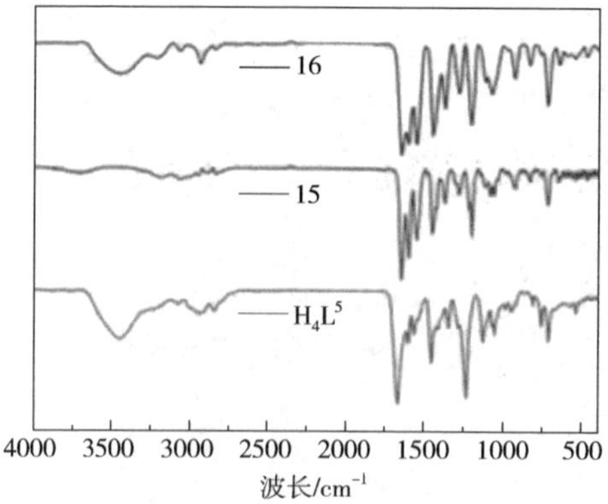

图 7-5 配体 H_4L^5 及配合物 15 和 16 的红外光谱图

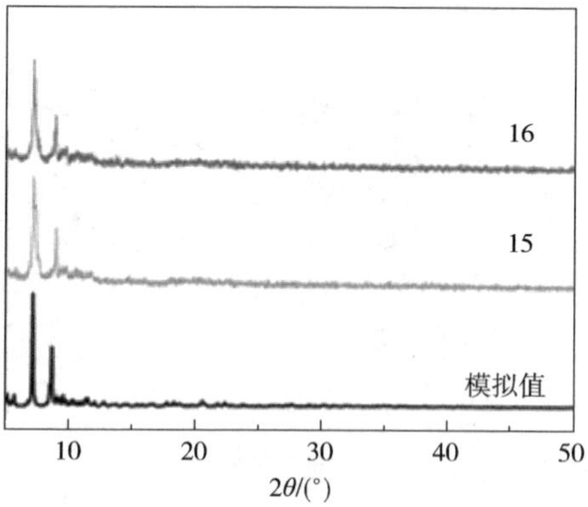

图 7-6 配合物 15 和 16 的 X-射线粉末衍射图以及基于单晶数据的模拟数据

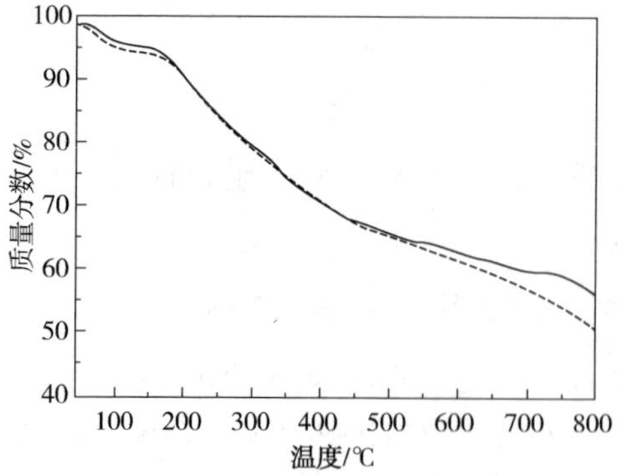

图 7-7 配合物 15 和 16 的热重曲线

7.3.5 配合物的热重曲线

为了确定配合物的热稳定性，我们测定了配合物在 100~800℃范围内的热重曲线。如图 7-7 所示，配合物在温度低于 160℃时，热重曲线没有明显变化，这部分失重归因于配合物中游离溶剂分子受热离去；当温度高于 160℃后，配合物框架开始逐步分解。

通过对配合物结构性能方面的分

析，表明配合物 15 和 16 具有应用于环氧化合物和 CO_2 的环加成反应。首先，配合物 15 和 16 的单晶结构表明，所有的稀土离子都有配位溶剂分子，配位溶剂分子可以通过与环氧化合物交换参与到催化反应中。其次，配合物 15 和 16 的晶体结构中存在 Cl—Zn—Cl 结构片段，有文献报道此类结构可以作为催化中心参与 CO_2 环加成反应。同时配合物 15 和 16 具有很好的稳定性。因此，对配合物 15 和 16 用于催化环氧化合物和 CO_2 的环加成反应进行了进一步研究。

7.4 配合物催化性能研究

7.4.1 催化的一般步骤

在高压条件下，催化反应是在 50mL 的高压反应釜中进行的。将装有环氧化合物、催化剂、助催化剂和棒状磁子的聚四氟乙烯内衬放入高压釜反应釜中。将高压反应釜拧紧，进行三次气体交换，确保 CO_2 在反应釜中保持较高浓度，然后将压力稳定在 0.2~1MPa 之间的所需压力，将反应釜转移到已经设定至指定温度的油浴中，并在 700r/min 转速下搅拌。反应指定时间后将反应釜冷却到室温。取少量反应混合物做 ^{1}H NMR 分析以计算反应的转化率。在常压条件下，催化实验是在 25mL 的双颈圆底烧瓶中进行的，将催化剂、助催化剂、环氧化合物和磁子加入 25mL 圆底烧瓶，将圆底烧瓶转移到已预设温度的油浴中，CO_2 通过气球注入反应体系中，在圆底烧瓶上加冷凝管减少反应体系内的物质挥发，反应体系在 300r/min 的速度下搅拌。反应结束后，取少量反应混合物做 ^{1}H NMR 分析以计算催化反应的转化率。催化反应结束后，在反应体系中加入少量乙醇，超声分散 2min，离心分离催化剂和反应混合物，直接用于后续的催化反应。

7.4.2 不同条件对催化反应的影响

7.4.2.1 稀土离子对催化反应的影响

首先，对不同的稀土离子对催化反应的影响进行研究。以 10mmol 氧化苯乙烯(SO)为底物，使用 0.01mol%配合物 15 和 16 作为催化剂，0.5mol%四丁基溴化铵(Bu_4NBr，TBAB)作为助催化剂，在 CO_2 压力为 1MPa，温度为 120℃

的条件下催化氧化苯乙烯和 CO_2 转化为环碳酸酯。如表 7-2 所示，配合物 15 和 16 在 1h 内都能获得比较可观的转化率，转化率分别为 92%和 93%，其相应的 *TOF* 值分别为 9300h^{-1}和 9200h^{-1}(表 7-2)，不同稀土离子的配合物催化转化率基本相同，说明稀土离子对催化剂的活性影响很小。仅使用配合物 15 作为催化剂，或者仅使用 TBAB 为催化剂参与 CO_2 与环氧化合物的环加成反应时，均未获得令人满意的转化率，说明该催化体系属于二元催化体系。此外，由于配体分子中有大量的 N 原子(路易斯碱性位点)，可能有助于 CO_2 的环加成反应，所以探讨与配合物 15 中等当量的配体用于催化 CO_2 环加成反应，其反应转化率为 35%，只含有助催化剂 TBAB 的转化率为 21%，转化率有明显提高，说明配体分子本身对催化反应具有促进作用。为了进一步优化反应的催化条件，以配合物 15 为例对其催化性能进行了系统研究。

表 7-2　配合物 15 和 16 催化 CO_2 和氧化苯乙烯转化为环碳酸酯

序号	催化剂	催化剂用量/mol%	助催化剂	助催化剂用量/mol%	温度/℃	转化率/%	*TOF*/h^{-1}
1	15	0. 01	Bu_4NBr	0. 5	120	93	9300
2	16	0. 01	Bu_4NBr	0. 5	120	92	9200
3	15	0. 01	—	—	120	3	300
4	H_4L	0. 06	Bu_4NBr	0. 5	120	35	3500
5	—	—	Bu_4NBr	0. 5	120	21	2100

注：反应条件：10mmol 氧化苯乙烯，反应压力 1MPa，反应时间 1h。转化率通过^{1}H NMR 确定。环碳酸酯选择性均大于 99%。

7. 4. 2. 2　不同助催化剂对催化反应的影响

环氧化合物和 CO_2 通过环加成反应制备环碳酸酯的反应过程中，助催化剂对环氧化合物开环起到了重要作用，助催化剂中的阴离子既要有足够的电负性开环，还要在反应结束后易于离去。因此，研究了不同助催化剂对催化环氧化合物和 CO_2 环加成反应的影响(表 7-3)，我们在较为温和的条件下进行探索。实验结果表明，助催化剂的活性依次为 $Bu_4NBr > Bu_4NI > Bu_4NCl > PPN-Cl$，结果表明 TBAB 是最适合该催化体系的助催化剂。

表 7-3 不同助催化剂对催化 CO_2 和氧化苯乙烯转化为环碳酸酯的影响

序号	催化剂	助催化剂	温度/℃	压力/MPa	时间/h	转化率/%	TOF/h^{-1}
1	15	Bu_4NCl	100	1	1.5	55	3666
2	15	Bu_4NBr	100	1	1.5	83	5533
3	15	Bu_4NI	100	1	1.5	69	4600
4	15	PPN-Cl	100	1	1.5	51	3400

注：反应条件：10mmol 氧化苯乙烯，0.01mol%催化剂，0.5mol%助催化剂。转化率通过^1H NMR 确定。环碳酸酯选择性均大于 99%。

7.4.2.3 压强对催化反应的影响

CO_2 是催化反应的重要原料，对不同 CO_2 压强对催化 CO_2 与氧化苯乙烯环加成反应生成环碳酸酯的影响进行了对比研究。如表 7-4 所示，CO_2 气体压强从 1.2MPa 降低至常压，转化率仅降低了 4%，说明压力对该催化体系影响不大。实验结果促使在后续研究过程中，探索常压下催化环加成反应。

表 7-4 不同压力对催化 CO_2 和氧化苯乙烯转化为环碳酸酯的影响

序号	催化剂	助催化剂	温度/℃	压力/MPa	时间/h	转化率/%	TOF/h^{-1}
1	15	Bu_4NBr	120	1.2	1	94	9400
2	15	Bu_4NBr	120	1	1	93	9300
3	15	Bu_4NBr	120	0.8	1	93	9300
4	15	Bu_4NBr	120	0.6	1	93	9300
5	15	Bu_4NBr	120	0.4	1	93	9300
6	15	Bu_4NBr	120	0.2	1	92	9200
7	15	Bu_4NBr	120	0.1	1	90	9000

注：反应条件：10mmol 氧化苯乙烯，0.01mol%催化剂，0.5mol%助催化剂。转化率通过^1H NMR 确定。环碳酸酯选择性均大于 99%。

7.4.2.4 反应时间对催化反应的影响

对由配合物 15 和 TBAB 共同组成的催化体系催化环加成反应中转化率与时间的关系进行了研究。当反应时间达到 1h 后，反应转化率可以达到 93%；当反应时间延长至 1.5h 后，氧化苯乙烯 99%以上转化为环碳酸酯。在反应初期，底物转化速度很快，随着底物消耗，转化效率逐渐降低(表 7-5)。

表 7-5 反应时间对催化 CO_2 和氧化苯乙烯转化为环碳酸酯的影响

序号	催化剂	助催化剂	温度/℃	压力/MPa	时间/min	转化率/%	TOF/h^{-1}
1	15	Bu_4NBr	120	1	10	35	21000
2	15	Bu_4NBr	120	1	20	52	15600
3	15	Bu_4NBr	120	1	30	69	13800
4	15	Bu_4NBr	120	1	40	78	11700
5	15	Bu_4NBr	120	1	50	86	10320
6	15	Bu_4NBr	120	1	60	93	9300
7	15	Bu_4NBr	120	1	70	95	8143
8	15	Bu_4NBr	120	1	80	97	7275
9	15	Bu_4NBr	120	1	90	>99	6600

注：反应条件：10mmol 氧化苯乙烯，0.01mol%催化剂，0.5mol%助催化剂。转化率通过 ^1H NMR 确定。环碳酸酯选择性均大于 99%。

7.4.2.5 温度对催化反应的影响

温度也是影响化学反应的一个重要因素，作者分析了温度对该催化剂体系催化 CO_2 和氧化苯乙烯生成环碳酸酯的影响。如表 7-6 所示，当温度为 60℃时，转化率仅为 7.4%，当温度升高至 120℃时，转化率高达 93%，说明温度对该催化体系的影响非常显著。在温度为 80℃的温和条件下，该催化体系也能实现较为可观的转化率(20%)，并且得到了较高的初始 TOF(2000h^{-1})。压力对该催化体系催化环加成反应的影响较小。在常压下，将反应时间延长至 8h，环加成反应的转化率可以达到 94%，TOF 值高达 1175h^{-1}，该结果促使我们进一步研究配合物 15 和 TBAB 组成的催化体系在温和条件下对 CO_2 转化反应的催化活性。

表 7-6 不同温度对催化 CO_2 和氧化苯乙烯转化为环碳酸酯的影响

序号	催化剂	助催化剂	温度/℃	压力/MPa	时间/h	转化率/%	TOF/h^{-1}
1	15	Bu_4NBr	140	1	1	99	9900
2	15	Bu_4NBr	120	1	1	93	9300
3	15	Bu_4NBr	100	1	1	56	5600
4	15	Bu_4NBr	80	1	1	20	2000

续表

序号	催化剂	助催化剂	温度/℃	压力/MPa	时间/h	转化率/%	TOF/h^{-1}
5	15	Bu_4NBr	60	1	1	7.4	740
6	15	Bu_4NBr	40	1	1	2	200
7	15	Bu_4NBr	80	0.1	8	94	1175

注：反应条件：10mmol 氧化苯乙烯，0.01mol%催化剂，0.5mol%助催化剂。转化率通过^1H NMR 确定。环碳酸酯选择性均大于99%。

7.4.2.6 催化剂用量对催化反应的影响

进一步探讨不同催化剂含量对催化反应转化率的影响。在120℃、1MPa，1h的条件下，只有0.5mol%TBAB催化环加成反应，转化率仅为21%。当有极少量的催化剂15引入催化体系(0.0005mol%)中，反应转化率有显著的提升，可以达到68%。当催化剂的用量为0.004mol%时，配合物15与TBAB组成的催化体系在催化环加成反应时转化率就能达到85%(表7-7)。当催化剂的用量增大时，转化率的提升速率减慢。不能通过一味增加催化剂用量提高转化率。该催化体系中，少量催化剂就能够显著地提高催化效果。

表7-7 催化剂用量对催化CO_2和氧化苯乙烯转化为环碳酸酯的影响

序号	催化剂	催化剂用量/mol%	助催化剂	温度/℃	时间/h	转化率/%	TOF/h^{-1}
1	15	0.01	Bu_4NBr	120	1	93	9300
2	15	0.008	Bu_4NBr	120	1	91	11375
3	15	0.006	Bu_4NBr	120	1	88	14666
4	15	0.004	Bu_4NBr	120	1	85	21250
5	15	0.002	Bu_4NBr	120	1	78	39000
6	15	0.001	Bu_4NBr	120	1	75	75000
7	15	0.0005	Bu_4NBr	120	1	68	136000

注：反应条件：10mmol 氧化苯乙烯，0.5mol%助催化剂，CO_2压强1MPa。转化率通过^1H NMR确定。环碳酸酯选择性均大于99%。

7.4.2.7 助催化剂用量对催化反应的影响

该催化体系是由配合物15和TBAB组成的二元催化体系，研究了助催化剂用量对催化CO_2与环氧化合物的环加成反应的影响。配合物15为催化剂，反应体系中不存在助催化剂的情况下，环加成反应在120℃、1MPa大气压下，反应

1h 只能得到 2%产物。当添加 0.1mol%助催化剂时，环加成反应的转化率就可以提高到 36%。当助催化剂用量增加到 0.5mol%时，在相同反应条件下，该环加成反应的转化率可以提高到 93%。随着助催化剂 TBAB 用量进一步增多，环加成反应的转化率可以进一步提高，助催化用量对转化率的增长速度影响非常小。如表 7-8所示。

表 7-8 助催化剂用量对催化 CO_2 和氧化苯乙烯转化为环碳酸酯的影响

序号	催化剂	助催化剂	助催化剂用量/mol%	温度/℃	时间/h	转化率/%	TOF/h^{-1}
1	15	Bu_4NBr	0	120	1	2	200
2	15	Bu_4NBr	0.1	120	1	36	3600
3	15	Bu_4NBr	0.2	120	1	61	6100
4	15	Bu_4NBr	0.3	120	1	75	7500
5	15	Bu_4NBr	0.4	120	1	86	8600
6	15	Bu_4NBr	0.5	120	1	93	9300
7	15	Bu_4NBr	0.6	120	1	95	9500
8	15	Bu_4NBr	0.7	120	1	97	9700
9	15	Bu_4NBr	0.8	120	1	99	9900

注：反应条件：10mmol 氧化苯乙烯，0.5mol%助催化剂，CO_2 压强 1MPa。转化率通过 ^1H NMR 确定。环碳酸酯选择性均大于 99%。

7.4.2.8 其他因素对催化反应的影响

水和空气也是影响 CO_2 与环氧化合物环加成反应效率的重要因素，因此进一步研究了水和空气对该催化剂体系的影响。首先，在催化体系中人为引入 20μL 二次水后(反应条件：10mmol 氧化苯乙烯，0.5mol%助催化剂，CO_2 压强 1MPa，120℃，1h)环碳酸酯产率可以达到 90%，与没有引入水的体系相比，转化率没有明显降低。其次，在对高压反应釜充气时，不进行气体置换，不排除反应装置中原本存在的空气，该催化体系催化 CO_2 与氧化苯乙烯的环加成反应仍然能够获得 91%转化率。实验数据表明，配合物 15 与 TBAB 组成的二元催化剂体系对空气和水具有良好的耐受性。

通过对催化剂在不同温度、压力、时间、催化剂用量、助催化剂、助催化剂用量等因素的考察结果表明，该催化剂体系在催化 CO_2 与环氧化合物的环加成反应方面具有很好的催化活性，具有在温和条件甚至是环境条件催化环加成反应的潜力。催化剂体系较为稳定，对空气和水具有很好的耐受性。

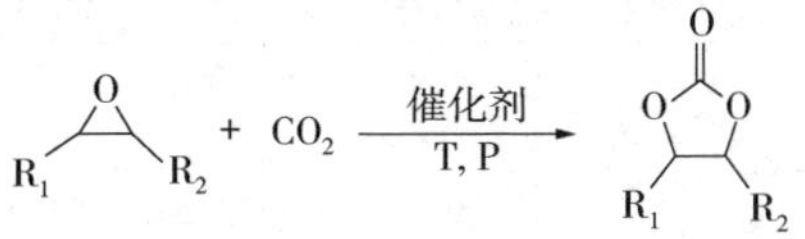

7.4.3 催化剂体系的普适性

为了探究催化剂体系的普适性，将配合物 15 与助催化剂 TBAB 共同组成的二元催化剂体系应用于催化 13 种不同环氧化合物与 CO_2 的环加成反应。通过前期的探索，选定最佳反应条件：环氧化合物 10mmol，配合物 15（催化剂），0.004mol%，助催化剂 TBAB 0.5mol%，CO_2 压力 1MPa，反应温度 120℃，反应时间为 1.5h。如表 7-9 所示，由配合物 15 和助催化剂 TBAB 共同组成的催化剂体系在高温高压条件下对环氧化合物与 CO_2 的环加成反应有良好的催化活性，大部分底物 *TOF* 高达 16000h^{-1}。随着底物的空间位阻增大，催化反应的转化率降低。1,2-环氧十二烷(71%)，辛基缩水甘油醚(86%)由于取代基的烷基链很长，位阻较大，转化率较低。氧化环己烯，1,2-环氧环戊烷的转化率在 1.5h 内能够达到 50%，当时间延长至 6h，转化率能够提高到 80%以上，转化率较低的原因是氧化环己烯和 1,2-环氧环戊烷的空间位阻较大，环加成反应比较困难。环氧氯丙烷、环氧溴丙烷、甲基丙烯酸缩水甘油醚、烯丙基缩水甘油醚的催化转化率高达 99%。由于氯甲基、溴甲基空间位阻较小，有助于提高催化剂和底物的作用概率，并且氯甲基和溴甲基具有很强的吸电子能力，能够提高底物本身的反应活性。缩水甘油醚类环氧化合物由于含具有吸电子效应的基团，有助于降低环氧底物碳原子的电负性，提高底物本身的反应活性。

表 7-9 催化剂催化不同环氧底物与 CO_2 转化为环碳酸酯

序号	底物	产物	转化率[a]/%	*TON*	*TOF*/h^{-1}	转化率[c]/%	*TON*	*TOF*/h^{-1}
1	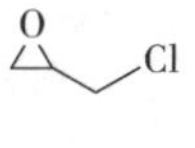	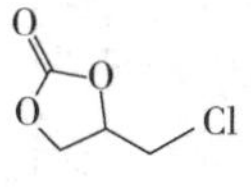	>99	24750	16500	94.3[d] >99	9430 9900	1866 1238
2	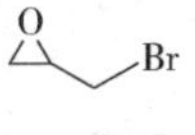	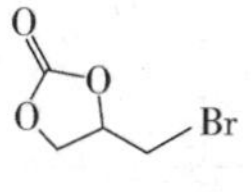	>99	24750	16500	95.2	9520	1190

续表

序号	底物	产物	转化率[a]/%	*TON*	*TOF*/h^{-1}	转化率[c]/%	*TON*	*TOF*/h^{-1}
3	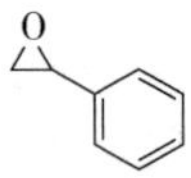	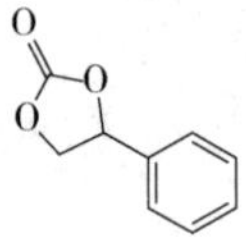	93.5	23375	15583	98.0	9800	1225
4	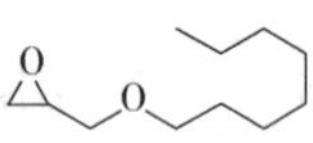	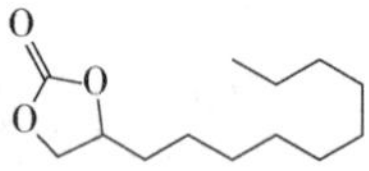	70.9	17725	11816	71.4	7140	893
5	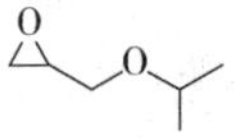	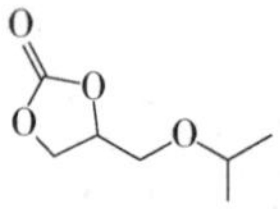	92.6	23150	15433	94.3	9430	1168
6	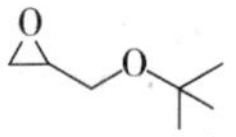	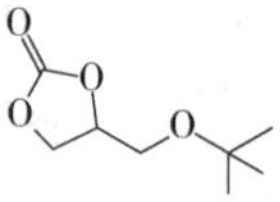	90.1	22525	15017	86.2	8620	1178
7	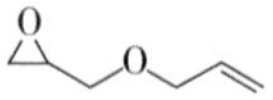	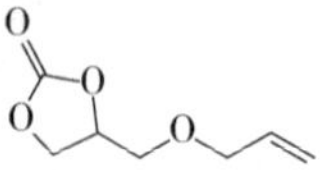	>99	24750	16500	84.7	8470	1059
8	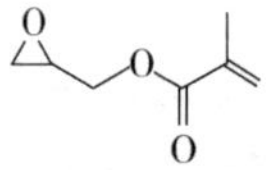	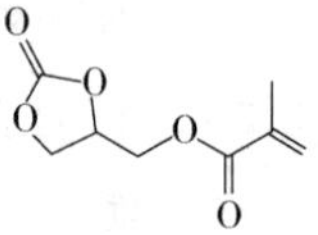	>99	24750	16500	93.5	9350	1169
9	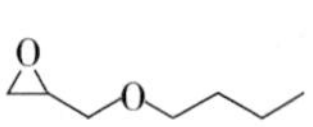	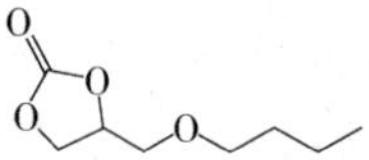	96.2	24050	16033	76.9	7690	961
10	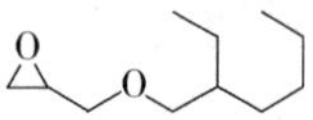	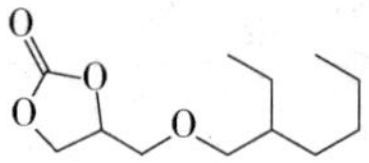	85.5	21375	14250	62.5	6250	781
11	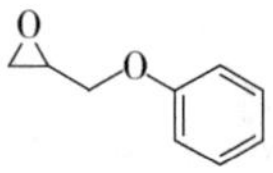	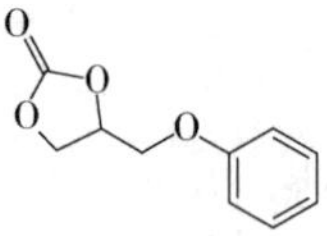	>99	24750	16500	84.0	8400	1050

续表

序号	底物	产物	转化率[a]/%	*TON*	*TOF*/h^{-1}	转化率[c]/%	*TON*	*TOF*/h^{-1}
12		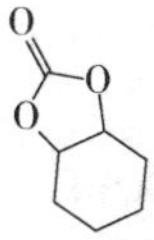	55.6 (81.3[b])	13900 (20325)	9267 (3388)	5.7	570	71
13		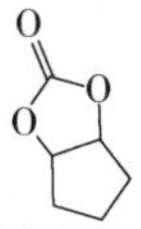	57.5 (82.6[b])	14375 (20260)	9583 (3442)	13.8	1380	173

注：反应条件：a. 10mmol 环氧化合物，0.004mol%配合物 15，0.5mol% TBAB，1.5h，120℃，1MPa。b. 10mmol 环氧化合物，0.004mol%配合物 15，0.5mol% TBAB，6h，120℃，1MPa。c. 10mmol 环氧化合物，0.01mol% c 配合物 15，0.5mol% TBAB，8h，80℃，0.1MPa。d. 10mmol 环氧化合物，0.01mol%配合物 15，0.5mol% TBAB，5h，80℃，0.1MPa。转化率通过^{1}H NMR 确定，环碳酸酯选择性均大于 99%。

配合物 15 和助催化剂 TBAB 共同组成的二元催化剂体系在温和条件下对 CO_2 与环氧化合物环加成反应也具有很好的催化活性。以环氧化合物 10mmol，配合物 15(催化剂)0.01mol%，助催化剂 TBAB 0.5mol%，CO_2 压力 0.1MPa，在 80℃反应 8h，对温和条件下环加成反应进行进一步研究，研究结果表明，该催化体系在温和条件下的催化性能与高温高压条件下的催化性能基本一致，在温和条件下，催化剂体系仍然能获得很高的 *TOF* 值，表明配合物 15 在温和条件下仍然能有效催化 CO_2 和环氧化合物的环加成反应。催化剂体系对环氧氯丙烷具有很高的催化活性，在温和条件下，反应时间缩短至 5h，环氧氯丙烷的转化率仍然能够达到 94.3%，*TOF* 高达 1866h^{-1}，表现出非常优异的催化活性。该催化结果促使我们进一步研究环境条件(大气压和室温)下的催化性能。

7.4.4 环境条件下的催化性能研究

在环氧化合物 10mmol，配合物 15(催化剂)0.1mol%，助催化剂 TBAB 2mol%，CO_2 压力 0.1MPa，反应温度 40℃条件下，研究反应转化率随反应时间的变化关系。如图 7-8 所示，监测 7h 内反应体系核磁氢谱图的变化，随着反应时间延长，原料的核磁峰强度逐渐减小，产物的核磁峰逐渐增强。核磁峰面积的比值表明，随着反应时间逐渐延长，转化率逐渐增加。当反应时间达到 7h 后，原料的转化率大于 99%（*TOF* 为 141.4h^{-1}）。同时，仅用 2mol% TBAB 作为环加成反应的催化剂，7h 后在环境条件下产率仅为 12%。结果表明催化剂 15 在环境条件下显示出优异的催化活性。

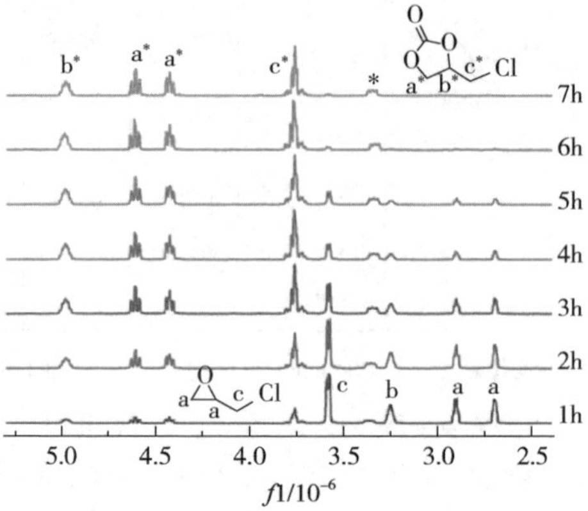

图 7-8 氧化氯丙烷与 CO_2 的环加成随反应时间变化的核磁氢谱图

注：带 * 的峰指四丁基溴化铵氢谱出峰位置。

7.4.5 烟道气条件下的催化性能研究

CO_2 是烟气的主要成分之一。将烟道气中被稀释的 CO_2 直接转化为有用的化学物质受到了广泛的关注。为了研究配合物 $Eu_8Zn_4L_6^5$（15）是否能催化烟气中 CO_2 和环氧化物发生耦合反应，将模拟烟气（15% CO_2，85% N_2，v/v）通入含有环氧氯丙烷 10mmol（充当溶剂和试剂）、配合物 15（催化剂）0.01mol% 的混合物中，经过 7h 反应，环氧氯丙烷有 71%转化为环碳酸酯。当反应时间延长到 10h 时，转化率超过 95%，*TOF* 值能够达到 866h^{-1}（图 7-9）。在相同条件下，由纯 CO_2 气体参与的环加成反应，在 7h 内环氧氯丙烷的环化率为 94%。实验结果表明，通过延长时间可以缩小烟道气与纯 CO_2 气体之间的差距，将配合物 $Ln_8Zn_4L_6^5$ 和助

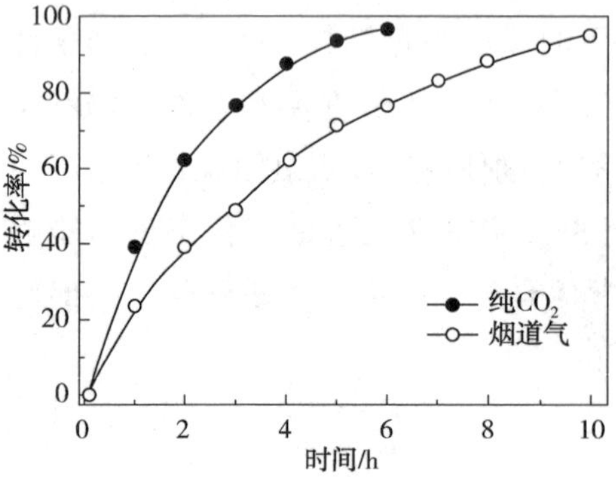

图 7-9 纯 CO_2 和模拟烟道气分别与环氧氯丙烷发生环加成反应的转化率与时间关系

注：反应条件，环氧氯丙烷 10mmol，配合物 15 为 0.01mol%，TBAB 为 0.5mol%，80℃，模拟烟道气组成为 15%CO_2 和 85%N_2 的混合气（v/v）。

催化剂 TBAB 共同组成的催化剂体系应用到催化模拟烟道气中 CO_2 的环加成反应是可行的，具有很好的应用前景。

7.4.6 催化循环

稳定性和可回收性对于催化体系至关重要。在环境条件(常压，室温)下，该催化剂能够有效回收利用。向反应后的混合物中加入少量乙醇，超声 2min，离心分离催化剂，催化剂直接用于后续的催化反应。如图 7-10 所示，催化剂 15 催化环氧氯丙烷和 CO_2 耦合反应，经过五次循环后仍能保持90%转化率。以上数据表明，该配合物具有很好的稳定性。如图 7-11 所示，回收的催化剂红外光谱与催化前没有明显的差异，保留了催化剂 $Ln_8Zn_4L_6^5$ 的所有特征峰，在 1780cm^{-1} 处有一个新峰，该峰为环碳酸酯产物。

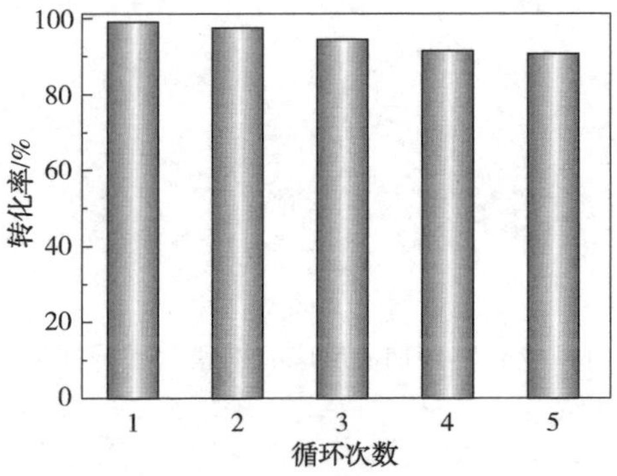

图 7-10 环境条件下环氧氯丙烷和 CO_2 环加成反应的循环实验

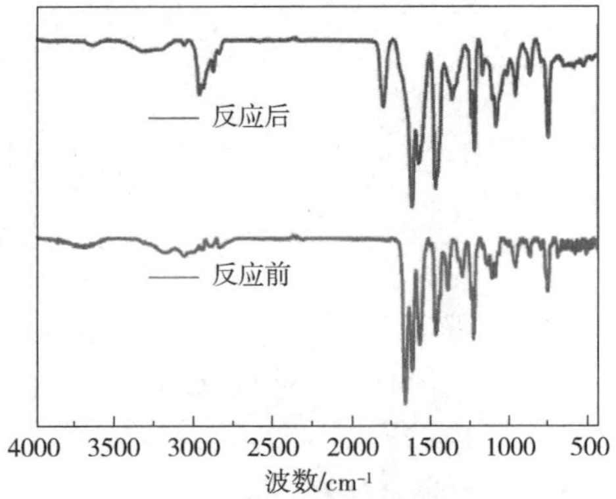

图 7-11 催化剂 15 使用前后的图红外光谱变化

7.4.7 催化机理

根据实验结果和文献报道的研究，对由配合物 $Ln_8Zn_4L_6^5$ 和 TBAB 共同组成的催化剂体系在 CO_2 与环氧化合物耦合反应中的催化过程提出了初步的机理(图 7-12)。推测该反应为路易斯酸催化机理。由环氧化物的活化引发反应，金属中心(Zn/Ln)作为路易斯酸中心，与环氧化物的氧配合，导致电荷从氧转移到金属中心。随后，助催化剂 TBAB 的 Br^- 进攻空间位阻较小的碳，环氧化合物开环。同时，CO_2 被另一个金属极化。随后，CO_2 插入 M—O 键，进攻 C—Br 键，反应生成五元环，同时催化剂和助催化剂再生。配合物 $Ln_8Zn_4L_6^5$ 对环氧化合物与 CO_2 环加成反应具有优异的催化活性，主要是由于催化剂的多功能，高密度的路易斯酸性位点，能够有效地活化环氧化合物和 CO_2；同时，高密度的路易斯碱性位点能够增强催化剂对 CO_2 的亲和能力。

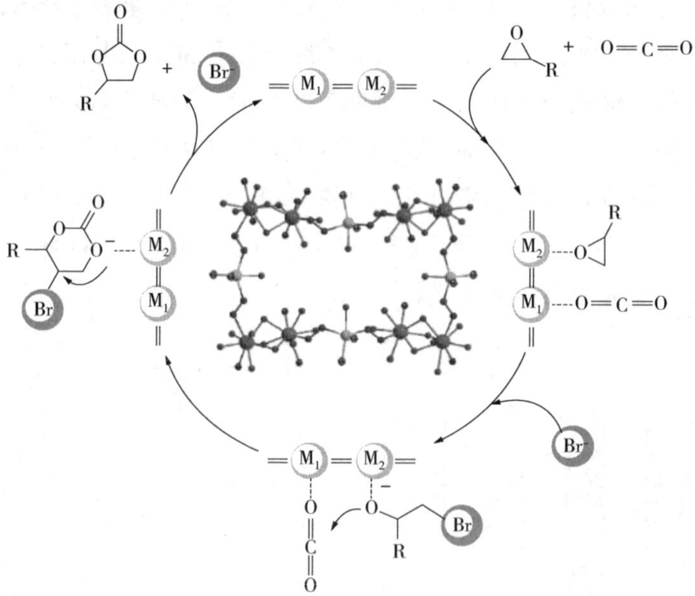

图 7-12　由 $Ln_8Zn_4L_6^5$ 催化的 CO_2 与环氧化合物环加成反应的机理

7.5　本章小结

本章设计合成了具有多配位点的酰腙类配体，利用该配体与 Zn^{2+} 和 Ln^{3+} 通过自组装得到了两个新型的杂金属大环配合物 $Ln_8Zn_4L_6^5$［Ln = Eu（15），Tb（16）］，配合物 15 和 16 在催化 CO_2 与环氧化合物的环加成反应具有良好的催化活性。

（1）配合物 $Ln_8Zn_4L_6^5$ 在温和的条件，甚至在环境条件下，都具有高催化活性，并且有宽广的底物范围和高选择性。

（2）配合物 $Ln_8Zn_4L_6^5$ 在催化过程中，对环境中的空气及水分具有很好的耐受性，催化活性不被影响。

（3）该催化剂在催化烟道气中 CO_2 与环氧氯丙烷环加成反应中具有很高的催化活性，具有潜在的工业应用价值。

（4）催化剂有很好的稳定性，在环境条件下，催化剂可以回收利用，并且在五个循环后底物转化率仍能保持在90%以上。

（5）该研究工作的催化行为为先前假设 CO_2 参与环加成反应的催化机理提供了证据。同时，这将有助于设计未来的杂多核协同催化剂，该类催化剂具有更高的催化反应活性和对 CO_2 转化反应的选择性。

参 考 文 献

[1] Hepburn C, Adlen E, Beddington J, et al. The technological and economic prospects for CO_2 utilization and removal[J]. Nature, 2019, 575(7781): 87-97.

[2] Zachos J C, Dickens G R, Zeebe R E. An early Cenozoic perspective on greenhouse warming and carbon-cycle dynamics[J]. Nature, 2008, 451(7176): 279-283.

[3] Gattuso J P, Magnan A, Billé R, et al. Contrasting futures for ocean and society from different anthropogenic CO_2 emissions scenarios[J]. Science, 2015, 349(6243): aac4722.

[4] Huang J, Worch J C, Dove A P, et al. Update and challenges in carbon dioxide-based polycarbonate synthesis[J]. ChemSusChem, 2020, 13(3): 469-487.

[5] Darensbourg D J. Making plastics from carbon dioxide: salen metal complexes as catalysts for the production of polycarbonates from epoxides and CO_2[J]. Chemical Reviews, 2007, 107(6): 2388-2410.

[6] Omae I. Recent developments in carbon dioxide utilization for the production of organic chemicals [J]. Coordination Chemistry Reviews, 2012, 256(13): 1384-1405.

[7] Kondratenko E V, Mul G, Baltrusaitis J, et al. Status and perspectives of CO_2 conversion into fuels and chemicals by catalytic, photocatalytic and electrocatalytic processes[J]. Energy & Environmental Science, 2013, 6(11): 3112-3135.

[8] Fiorani G, Guo W, Kleij A W. Sustainable conversion of carbon dioxide: the advent of organocatalysis[J]. Green Chemistry, 2015, 17(3): 1375-1389.

[9] Alves M, Grignard B, Mereau R, et al. Organocatalyzed coupling of carbon dioxide with epoxides for the synthesis of cyclic carbonates: catalyst design and mechanistic studies[J]. Catalysis Science & Technology, 2017, 7(13): 2651-2684.

[10] Leonzio G. State of art and perspectives about the production of methanol, dimethyl ether and syngas by carbon dioxide hydrogenation[J]. Energy & Environmental Science, 2018, 27: 326-354.

[11] Ye R-P, Ding J, Gong W, et al. CO_2 hydrogenation to high-value products via heterogeneous catalysis[J]. Nature Communications, 2019, 10(1): 5698.

[12] Sakakura T, Kohno K. The synthesis of organic carbonates from carbon dioxide[J]. Chemical

Communications, 2009, 1312-1330.

[13] Martín C, Fiorani G, Kleij A W. Recent advances in the catalytic preparation of cyclic organic carbonates[J]. ACS Catalysis, 2015, 5(2): 1353-1370.

[14] Song Q-W, Zhou Z-H, He L-N. Efficient, selective and sustainable catalysis of carbon dioxide[J]. Green Chemistry, 2017, 19(16): 3707-3728.

[15] North M, Pasquale R, Young C. Synthesis of cyclic carbonates from epoxides and CO_2[J]. Green Chemistry, 2010, 12(9): 1514-1539.

[16] Ran Y, Byrne F, Ingram I D V, et al. Resin swelling in mixed solvents analysed using hansen solubility parameter space[J]. Chemistry-A European Journal, 2019, 25(19): 4951-4964.

[17] Lawrenson S, North M, Peigneguy F, et al. Greener solvents for solid-phase synthesis[J]. Green Chemistry, 2017, 19(4): 952-962.

[18] Lawrenson S B, Arav R, North M. The greening of peptide synthesis[J]. Green Chemistry, 2017, 19(7): 1685-1691.

[19] Wei X, Xu W, Vijayakumar M, et al. TEMPO-based catholyte for high-energy density nonaqueous redox flow batteries[J]. Advanced Materials, 2014, 26(45): 7649-7653.

[20] Philipp M, Bhandary R, Groche F J, et al. Structure-property relationship and transport properties of structurally related silyl carbonate electrolytes[J]. Electrochimica Acta, 2015, 173, 687-697.

[21] Kumar P, Srivastava V C, Mishra I M. Synthesis and characterization of Ce-La oxides for the formation of dimethyl carbonate by transesterification of propylene carbonate[J]. Catalysis Communications, 2015, 60: 27-31.

[22] Kim Y, Hyun K, Ahn D, et al. Efficient aluminum catalysts for the chemical conversion of CO_2 into cyclic carbonates at room temperature and atmospheric CO_2 pressure[J]. ChemSusChem, 2019, 12(18): 4211-4220.

[23] Ghasemlou M, Daver F, Ivanova E P, et al. Bio-based routes to synthesize cyclic carbonates and polyamines precursors of non-isocyanate polyurethanes: a review[J]. European Polymer Journal, 2019, 118: 668-684.

[24] Khan A, Zhang J, Khan S. Palladium nano-particles as a recyclable catalyst for C-O bond formation under solvent free conditions[J]. Green Chemistry, 2020, 22(13): 4116-4120.

[25] Xiong W, Zhang S, Li H, et al. Pd-catalyzed decarboxylative cycloaddition of vinylethylene carbonates with isothiocyanates[J]. The Journal of Organic Chemistry, 2020, 85(14): 8773-8779.

[26] Xie J, Guo W, Cai A, et al. Pd-catalyzed enantio-and regioselective formation of allylic aryl

ethers[J]. Organic Letters, 2017, 19(23): 6388-6391.

[27] Hua L, Li B, Han C, et al. Synthesis of homo-and heteronuclear rare-earth metal complexes stabilized by ethanolamine-bridged bis(phenolato) ligands and their application in catalyzing reactions of CO_2 and epoxides[J]. Inorganic Chemistry, 2019, 58(13): 8775-8786.

[28] Kim M H, Song T, Seo U R, et al. Hollow and microporous catalysts bearing Cr(Ⅲ)-F porphyrins for room temperature CO_2 fixation to cyclic carbonates[J]. Journal of Materials Chemistry A, 2017, 5(45): 23612-23619.

[29] Kim S-H, Babu R, Kim D-W, et al. Cycloaddition of CO_2 and propylene oxide by using M(HBTC)(4, 4′-bipy) · 3DMF(M=Ni, Co, Zn) metal-organic frameworks[J]. Chinese Journal of Catalysis, 2018, 39(8): 1311-1319.

[30] Ge Y, Cheng G, Xu N, et al. Zinc 2-N-methyl N-confused porphyrin: an efficient catalyst for the conversion of CO_2 into cyclic carbonates[J]. Catalysis Science & Technology, 2019, 9(16): 4255-4261.

[31] Ma R, He L-N, Zhou Y-B. An efficient and recyclable tetraoxo-coordinated zinc catalyst for the cycloaddition of epoxides with carbon dioxide at atmospheric pressure[J]. Green Chemistry, 2016, 18(1): 226-231.

[32] Fanjul-Mosteirín N, Jehanno C, Ruipérez F, et al. Rational study of DBU salts for the CO_2 Insertion into epoxides for the synthesis of cyclic carbonates[J]. ACS Sustainable Chemistry & Engineering, 2019, 7(12): 10633-10640.

[33] Dong T, Zheng Y-J, Yang G-W, et al. Crosslinked resin-supported bifunctional organocatalyst for conversion of CO_2 into cyclic carbonates[J]. ChemSusChem, 2020, 13(16): 4121-4127.

[34] Motokucho S, Morikawa H. Poly(hydroxyurethane): catalytic applicability for the cyclic carbonate synthesis from epoxides and CO_2[J]. Chemical Communications, 2020, 56(73): 10678-10681.

[35] Liu N, Xie Y-F, Wang C, et al. Cooperative multifunctional organocatalysts for ambient conversion of carbon dioxide into cyclic carbonates[J]. ACS Catalysis, 2018, 8(11): 9945-9957.

[36] Takaishi K, Okuyama T, Kadosaki S, et al. Hemisquaramide tweezers as organocatalysts: synthesis of cyclic carbonates from epoxides and CO_2[J]. Organic Letters, 2019, 21(5): 1397-1401.

[37] Shi Z, Su Q, Ying T, et al. Ionic liquids with multiple active sites supported by SBA-15 for catalyzing conversion of CO_2 into cyclic carbonates[J]. Journal of CO_2 Utilization, 2020, 39: 101162.

[38] Ying T, Tan X, Su Q, et al. Polymeric ionic liquids tailored by different chain groups for the efficient conversion of CO_2 into cyclic carbonates [J]. Green Chemistry, 2019, 21(9): 2352-2361.

[39] Chen Y, Luo R, Xu Q, et al. Metalloporphyrin polymers with intercalated ionic liquids for synergistic CO_2 fixation via cyclic carbonate production [J]. ACS Sustainable Chemistry & Engineering, 2018, 6(1): 1074-1082.

[40] Wu Y, Zhao Y, Li R, et al. Tetrabutylphosphonium-based ionic liquid catalyzed CO_2 transformation at ambient conditions: a case of synthesis of α-alkylidene cyclic carbonates [J]. ACS Catalysis, 2017, 7(9): 6251-6255.

[41] Suh J. Model studies of metalloenzymes involving metal ions as Lewis acid catalysts [J]. Accounts of Chemical Research, 1992, 25(7): 273-279.

[42] Brown C J, Toste F D, Bergman R G, et al. Supramolecular catalysis in metal-ligand cluster hosts [J]. Chemical Reviews, 2015, 115(9): 3012-3035.

[43] Rebilly J-N, Colasson B, Bistri O, et al. Biomimetic cavity-based metal complexes [J]. Chemical Society Reviews, 2015, 44(2): 467-489.

[44] Wiester M J, Ulmann P A, Mirkin C A. Enzyme mimics based upon supramolecular coordination chemistry [J]. Angewandte Chemie International Edition, 2011, 50(1): 114-137.

[45] Doonan C, Riccò R, Liang K, et al. Metal-organic frameworks at the biointerface: synthetic strategies and applications [J]. Accounts of Chemical Research, 2017, 50(6): 1423-1432.

[46] Desbouis D, Troitsky I P, Belousoff M J, et al. Copper(Ⅱ), zinc(Ⅱ) and nickel(Ⅱ) complexes as nuclease mimetics [J]. Coordination Chemistry Reviews, 2012, 256(11): 897-937.

[47] Nath I, Chakraborty J, Verpoort F. Metal organic frameworks mimicking natural enzymes: a structural and functional analogy [J]. Chemical Society Reviews, 2016, 45(15): 4127-4170.

[48] Piguet C, Bernardinelli G, Hopfgartner G. Helicates as versatile supramolecular complexes [J]. Chemical Reviews, 1997, 97(6): 2005-2062.

[49] Boiocchi M, Fabbrizzi L. Double-stranded dimetallic helicates: assembling-disassembling driven by the CuⅠ/CuⅡ redox change and the principle of homochiral recognition [J]. Chemical Society Reviews, 2014, 43(6): 1835-1847.

[50] Fang Y, Powell J A, Li E, et al. Catalytic reactions within the cavity of coordination cages [J]. Chemical Society Reviews, 2019, 48(17): 4707-4730.

[51] Pan M, Wu K, Zhang J-H, et al. Chiral metal-organic cages/containers (MOCs): from

structural and stereochemical design to applications [J]. Coordination Chemistry Reviews, 2019, 378: 333-349.

[52] Ward M D, Hunter C A, Williams N H. Coordination cages based on bis(pyrazolylpyridine) ligands: structures, dynamic behavior, guest binding, and catalysis [J]. Accounts of Chemical Research, 2018, 51(9): 2073-2082.

[53] Gao W-X, Zhang H-N, Jin G-X. Supramolecular catalysis based on discrete heterometallic coordination-driven metallacycles and metallacages [J]. Coordination Chemistry Reviews, 2019, 386: 69-84.

[54] Su C-Y, Cai Y-P, Chen C-L, et al. Ligand-directed molecular architectures: self-assembly of two-dimensional rectangular metallacycles and three-dimensional trigonal or tetragonal prisms [J]. Journal of the American Chemical Society, 2003, 125(28): 8595-8613.

[55] Gosselin A J, Rowland C A, Bloch E D. Permanently microporous metal-organic polyhedra[J]. Chemical Reviews, 2020, 120(16): 8987-9014.

[56] Bae J, Baek K, Yuan D, et al. Reversible photoreduction of Cu(Ⅱ)-coumarin metal-organic polyhedra[J]. Chemical Communications, 2017, 53(66): 9250-9253.

[57] Qin Y, Chen L-J, Zhang Y, et al. Photoswitchable Förster resonance energy transfer(FRET) within a heterometallic Ir-Pt macrocycle[J]. Chemical Communications, 2019, 55(74): 11119-11122.

[58] Hardy M, Lützen A. Better together: functional heterobimetallic macrocyclic and cage-like assemblies[J]. Chemistry-A European Journal, 2020, 26(59): 13332-13346.

[59] Li H, Yao Z-J, Liu D, et al. Multi-component coordination-driven self-assembly toward heterometallic macrocycles and cages[J]. Coordination Chemistry Reviews, 2015, 293-294: 139-157.

[60] Fan Q-J, Lin Y-J, Hahn F E, et al. Host-guest capability of a three-dimensional heterometallic macrocycle[J]. Dalton Transactions, 2018, 47(7): 2240-2246.

[61] Schouwey C, Papmeyer M, Scopelliti R, et al. A heterometallic macrocycle as a redox-controlledmolecular hinge[J]. Dalton Transactions, 2015, 44(5): 2252-2258.

[62] Song X-Q, Wang C-Y, Meng H-H, et al. Coordination-driven self-assembled znii6-lniii3 metallocycles based on a salicylamide imine ligand: synthesis, structure, and selective luminescence enhancement induced by OAc^- [J]. Inorganic Chemistry, 2018, 57(17): 10873-10880.

[63] Barthel A, Saih Y, Gimenez M, et al. Highly integrated CO_2 capture and conversion: direct synthesis of cyclic carbonates from industrial flue gas[J]. Green Chemistry, 2016, 18(10): 3116-3123.

[64] Gao W, Liang S, Wang R, et al. Industrial carbon dioxide capture and utilization: state of the art and future challenges[J]. Chemical Society Reviews, 2020, 49: 8584-8686.

[65] Meng X, Ju Z, Zhang S, et al. Efficient transformation of CO_2 to cyclic carbonates using bifunctional protic ionic liquids under mild conditions[J]. Green Chemistry, 2019, 21(12): 3456-3463.

[66] Rehman A, López Fernández A M, Gunam Resul M F M, et al. Highly selective, sustainable synthesis of limonene cyclic carbonate from bio-based limonene oxide and CO_2: a kinetic study [J]. Journal of CO_2 Utilization, 2019, 29: 126-133.

[67] Castro-Gómez F, Salassa G, Kleij A W, et al. A DFT study on the mechanism of the cycloaddition reaction of CO_2 to epoxides catalyzed by Zn(Salphen) complexes[J]. Chemistry - A European Journal, 2013, 19(20): 6289-6298.

[68] Buchwalter P, Rosé J, Braunstein P. Multimetallic catalysis based on heterometallic complexes and clusters[J]. Chemical Reviews, 2015, 115(1): 28-126.

附 录

表 S7-1 配合物 15 的部分键长 (Å)

类型	键长	类型	键长	类型	键长
Eu1—O1	2.511(8)	Eu2—O1	2.391(8)	Eu3—O3	2.430(7)
Eu1—O15	2.425(8)	Eu2—O16	2.424(9)	Eu3—O4	2.392(8)
Eu1—O16	2.368(9)	Eu2—O17	2.567(8)	Eu3—O5	2.554(11)
Eu1—O22	2.369(8)	Eu2—O23	2.472(11)	Eu3—O38	2.573(10)
Eu1—O23	2.330(10)	Eu2—O24	2.500(13)	Eu3—O45	2.455(9)
Eu1—O52	2.488(8)	Eu2—O48	2.251(10)	Eu3—O46	2.241(8)
Eu1—O53	2.433(12)	Eu2—O50	2.619(15)	Eu3—N26	2.550(10)
Eu1—N9	2.503(11)	Eu2—O51	2.491(12)	Eu3—O57	2.430(8)
Eu1—N13	2.598(13)	Eu2—N28	2.556(13)	Eu3—O55	2.419(8)
Eu4—O3	2.486(8)	Eu5—O8	2.376(7)	Eu6—O9	2.458(6)
Eu4—O4	2.368(8)	Eu5—O9	2.512(7)	Eu6—O30	2.239(8)
Eu4—O7	2.420(8)	Eu5—O32	2.382(7)	Eu6—O32	2.373(8)
Eu4—O37	2.416(8)	Eu5—O34	2.363(7)	Eu6—O33	2.628(8)
Eu4—O43	2.465(12)	Eu5—O36	2.454(7)	Eu6—O34	2.457(8)
Eu4—O44	2.502(9)	Eu5—O41	2.434(8)	Eu6—O35	2.571(8)
Eu4—N2	2.526(10)	Eu5—O42	2.463(9)	Eu6—O39	2.429(8)
Eu4—N25	2.622(10)	Eu5—N20	2.575(9)	Eu6—O40	2.454(9)
Eu4—O57	2.348(8)	Eu5—N22	2.619(9)	Eu6—N19	2.526(9)
Eu7—O11	2.397(8)	Eu8—O58	2.523(8)	Zn1—Cl1	2.301(4)
Eu7—O12	2.565(9)	Eu8—N6	2.545(9)	Zn1—Cl2	2.269(4)
Eu7—O18	2.459(8)	Eu8—N10	2.590(11)	Zn1—O2	2.120(8)
Eu7—O19	2.604(8)	Eu8—O11	2.351(7)	Zn1—N1	2.145(11)
Eu7—O27	2.478(10)	Eu8—O14	2.411(8)	Zn1—N27	2.133(10)
Eu7—O28	2.240(9)	Eu8—O18	2.364(8)	Zn2—Cl3	2.346(4)
Eu7—O58	2.447(7)	Eu8—O20	2.452(9)	Zn2—Cl4	2.290(4)
Eu7—N17	2.504(10)	Eu8—O25	2.458(8)	Zn2—O6	2.317(8)
Eu7—O56	2.400(9)	Eu8—O26	2.465(8)	Zn2—N3	2.064(9)

续表

类型	键长	类型	键长	类型	键长
Zn3—Cl5	2. 309(3)	Zn4—Cl7	2. 341(3)	Zn2—N21	2. 054(9)
Zn3—Cl6	2. 274(3)	Zn4—Cl8	2. 310(4)	Zn4—N7	2. 073(9)
Zn3—O10	2. 139(7)	Zn4—O13	2. 334(9)	Zn4—N8	2. 043(10)
Zn3—N4	2. 119(10)	Zn3—N18	2. 130(9)		

表 S7-2 配合物 15 的部分键角 (°)

类型	键长	类型	键长	类型	键长
O1—Eu1—N13	126. 0(4)	O16—Eu1—O1	68. 5(3)	O16—Eu1—O52	142. 5(3)
O15—Eu1—O1	77. 6(3)	O16—Eu1—O15	106. 5(4)	O16—Eu1—O53	74. 6(4)
O15—Eu1—O52	74. 2(3)	O16—Eu1—O22	141. 1(3)	O15—Eu1—N9	61. 3(3)
O15—Eu1—N13	126. 4(3)	O16—Eu1—N9	69. 1(3)	O3—Eu3—O45	138. 5(3)
O23—Eu1—O1	67. 9(3)	O16—Eu1—N13	126. 5(4)	O3—Eu3—N26	63. 7(3)
O23—Eu1—O15	143. 7(3)	O52—Eu1—O1	75. 3(3)	O5—Eu3—O38	140. 5(3)
O23—Eu1—O16	71. 4(4)	O52—Eu1—N9	133. 2(3)	O46—Eu3—O3	136. 2(3)
O23—Eu1—O22	133. 9(4)	O52—Eu1—N13	69. 0(3)	O46—Eu3—O4	146. 1(4)
O23—Eu1—O52	86. 2(4)	N9—Eu1—N13	127. 5(4)	O46—Eu3—O5	84. 1(4)
O23—Eu1—O53	86. 1(4)	O23—Eu1—N9	138. 9(4)	O57—Eu3—N26	113. 6(3)
O22—Eu1—O1	141. 7(3)	O23—Eu1—N13	70. 6(4)	O4—Eu4—O3	67. 5(3)
O22—Eu1—O15	70. 8(3)	O53—Eu1—O1	139. 9(4)	O4—Eu4—O7	113. 1(3)
O22—Eu1—O52	75. 6(3)	O53—Eu1—O52	134. 9(4)	O4—Eu4—O37	140. 5(3)
O22—Eu1—O53	78. 3(4)	O53—Eu1—N9	73. 3(4)	O4—Eu4—O43	140. 1(3)
O22—Eu1—N9	76. 8(3)	O53—Eu1—N13	66. 6(4)	O4—Eu4—O3	67. 5(3)
O22—Eu1—N13	63. 3(4)	N9—Eu1—O1	106. 4(3)	O4—Eu4—O7	113. 1(3)
O1—Eu2—O16	69. 6(3)	O16—Eu2—O17	63. 2(3)	O4—Eu4—O37	140. 5(3)
O1—Eu2—O17	129. 7(3)	O16—Eu2—O23	68. 1(4)	O4—Eu4—O43	140. 1(3)
O1—Eu2—O23	67. 6(3)	O16—Eu2—O24	132. 7(4)	O4—Eu4—O44	73. 8(3)
O1—Eu2—O24	86. 2(4)	O16—Eu2—O50	73. 6(4)	O4—Eu4—N2	69. 9(3)
O1—Eu2—O50	80. 0(4)	O16—Eu2—O51	100. 7(5)	O4—Eu4—N25	121. 7(3)
O1—Eu2—O51	135. 3(4)	O17—Eu2—O50	71. 0(3)	O44—Eu4—N2	70. 0(3)
O1—Eu2—N28	63. 6(3)	O48—Eu2—O1	135. 9(4)	O44—Eu4—N25	67. 9(3)

续表

类型	键长	类型	键长	类型	键长
O48—Eu2—O16	140.3(4)	O48—Eu2—O17	79.7(3)	O7—Eu4—O3	80.5(2)
O48—Eu2—O23	142.2(4)	O51—Eu2—O17	72.2(4)	O57—Eu4—O7	143.7(3)
O48—Eu2—O24	84.9(4)	O51—Eu2—O24	68.4(5)	O57—Eu4—O37	132.5(3)
O48—Eu2—O50	81.6(5)	O51—Eu2—O50	141.0(4)	O57—Eu4—O43	81.4(4)
O48—Eu2—O51	79.7(5)	O51—Eu2—N28	133.8(5)	O57—Eu4—O44	93.5(3)
O23—Eu2—O17	107.8(3)	O24—Eu2—O17	139.6(4)	O8—Eu5—O9	78.7(2)
O23—Eu2—O24	65.1(4)	O24—Eu2—O50	142.9(5)	O8—Eu5—O32	119.1(2)
O23—Eu2—O50	136.2(4)	O24—Eu2—N28	73.0(5)	O8—Eu5—O36	72.6(2)
O23—Eu2—O51	68.4(4)	N28—Eu2—O17	134.7(3)	O8—Eu5—O41	130.0(3)
O23—Eu2—N28	116.2(4)	N28—Eu2—O50	70.1(4)	O8—Eu5—O42	71.4(3)
O4—Eu3—O3	68.1(3)	O4—Eu3—O57	68.6(3)	O8—Eu5—N20	62.6(3)
O4—Eu3—O5	63.2(3)	O4—Eu3—O55	74.7(3)	O8—Eu5—N22	119.5(3)
O4—Eu3—O38	131.7(3)	O45—Eu3—O5	70.5(4)	O34—Eu5—O8	137.3(3)
O4—Eu3—O45	100.0(3)	O45—Eu3—O38	70.7(3)	O34—Eu5—O9	67.8(2)
O4—Eu3—N26	124.1(3)	O45—Eu3—N26	134.9(3)	O34—Eu5—O32	71.6(2)
O46—Eu3—O45	75.4(3)	O46—Eu3—O57	136.4(3)	O34—Eu5—O36	131.7(3)
O46—Eu3—N26	72.6(3)	O46—Eu3—O55	86.1(3)	O34—Eu5—O41	92.7(3)
N26—Eu3—O5	134.8(3)	O55—Eu3—O3	79.8(3)	O34—Eu5—O42	75.2(3)
N26—Eu3—O38	72.8(3)	O55—Eu3—O5	69.6(3)	O34—Eu5—N20	141.5(3)
O3—Eu3—O5	127.3(3)	O55—Eu3—O38	143.3(3)	O34—Eu5—N22	69.5(3)
O3—Eu3—O38	87.8(3)	O55—Eu3—O45	137.3(3)	O30—Eu6—O9	136.4(3)
O30—Eu6—O32	143.0(3)	O32—Eu6—O33	61.4(2)	O55—Eu3—N26	70.7(3)
O30—Eu6—O33	83.8(3)	O32—Eu6—O34	70.1(2)	O55—Eu3—O57	137.4(3)
O30—Eu6—O34	138.4(3)	O32—Eu6—O35	132.7(3)	O46—Eu3—O38	79.3(3)
O30—Eu6—O35	81.3(3)	O32—Eu6—O39	74.5(3)	O57—Eu3—O5	110.0(3)
O30—Eu6—O39	83.1(3)	O32—Eu6—O40	97.8(3)	O57—Eu3—O38	63.6(3)
O30—Eu6—O40	78.3(4)	O32—Eu6—N19	123.3(3)	O57—Eu3—O45	71.6(3)
O30—Eu6—N19	74.1(3)	O35—Eu6—O33	137.6(3)	O37—Eu4—O3	145.0(3)
O40—Eu6—O9	138.2(3)	O40—Eu6—N19	137.7(3)	O37—Eu4—O7	69.2(3)

续表

类型	键长	类型	键长	类型	键长
O40—Eu6—O33	67.4(3)	N19—Eu6—O33	138.3(3)	O37—Eu4—O43	79.4(3)
O40—Eu6—O34	71.0(3)	N19—Eu6—O35	73.8(3)	O37—Eu4—O44	73.0(3)
O40—Eu6—O35	70.8(3)	O34—Eu6—N19	111.6(3)	O37—Eu4—N2	78.9(3)
O9—Eu6—O33	126.7(2)	O39—Eu6—O9	79.7(3)	O37—Eu4—N25	62.7(3)
O9—Eu6—O35	89.9(2)	O39—Eu6—O33	71.5(3)	N2—Eu4—N25	129.2(3)
O9—Eu6—N19	62.5(3)	O39—Eu6—O34	138.3(2)	O57—Eu4—O3	67.4(3)
O34—Eu6—O9	67.3(2)	O39—Eu6—O35	144.4(3)	O57—Eu4—O4	70.3(3)
O34—Eu6—O33	108.4(3)	O39—Eu6—O40	136.2(3)	O7—Eu4—O43	74.6(4)
O34—Eu6—O35	62.7(3)	O39—Eu6—N19	71.1(3)	O7—Eu4—O44	122.5(3)
O11—Eu7—O27	97.3(3)	O27—Eu7—O12	66.7(3)	O7—Eu4—N2	61.5(3)
O11—Eu7—O58	68.8(2)	O27—Eu7—O19	70.3(3)	O7—Eu4—N25	124.3(3)
O11—Eu7—N17	126.3(3)	O27—Eu7—N17	135.3(3)	O43—Eu4—O3	76.0(3)
O11—Eu7—O56	71.7(3)	O28—Eu7—O56	86.1(3)	O43—Eu4—O44	137.2(3)
O12—Eu7—O19	136.1(3)	O58—Eu7—O12	128.7(3)	O43—Eu4—N2	135.6(4)
O18—Eu7—O12	110.5(4)	O58—Eu7—O18	65.3(3)	O43—Eu4—N25	70.5(4)
O18—Eu7—O19	63.5(3)	O58—Eu7—O19	90.1(3)	O57—Eu4—N2	139.8(3)
O18—Eu7—O27	73.3(3)	O58—Eu7—O27	138.5(3)	O57—Eu4—N25	70.0(3)
O18—Eu7—N17	110.7(3)	O58—Eu7—N17	64.1(3)	O9—Eu5—N20	92.9(3)
O56—Eu7—O12	71.4(4)	O11—Eu7—O19	132.2(3)	O9—Eu5—N22	129.8(3)
O56—Eu7—O18	133.0(3)	O11—Eu7—O12	63.2(3)	O32—Eu5—O9	67.1(2)
O56—Eu7—O19	146.8(3)	O11—Eu7—O18	68.8(3)	O32—Eu5—O36	135.1(3)
O56—Eu7—O27	136.9(3)	O28—Eu7—O11	142.8(3)	O32—Eu5—O41	69.5(3)
O56—Eu7—O58	77.5(3)	O28—Eu7—O12	81.7(3)	O32—Eu5—O42	137.2(3)
O56—Eu7—N17	74.3(3)	O28—Eu7—O18	140.8(3)	O32—Eu5—N20	70.2(3)
O28—Eu7—O58	135.9(3)	O28—Eu7—O19	81.7(3)	O32—Eu5—N22	121.2(3)
O28—Eu7—N17	72.1(3)	O28—Eu7—O27	78.7(4)	O36—Eu5—O9	150.2(2)
N17—Eu7—O12	137.8(4)	N17—Eu7—O19	72.6(3)	O36—Eu5—O42	87.4(3)
O11—Eu8—O14	116.7(3)	O14—Eu8—O20	72.7(3)	O36—Eu5—N20	81.1(3)
O11—Eu8—O18	71.2(3)	O14—Eu8—O25	71.6(3)	O36—Eu5—N22	62.2(3)
O11—Eu8—O20	137.7(3)	O14—Eu8—O26	126.6(3)	O42—Eu5—O9	75.9(3)
O11—Eu8—O25	143.2(3)	O14—Eu8—O58	79.1(3)	O42—Eu5—N20	134.0(3)

续表

类型	键长	类型	键长	类型	键长
O11—Eu8—O26	71.7(3)	O14—Eu8—N6	61.8(3)	O42—Eu5—N22	68.6(3)
O11—Eu8—O58	68.2(3)	O14—Eu8—N10	125.2(3)	O32—Eu6—O9	68.1(2)
O11—Eu8—N6	70.4(3)	O25—Eu8—O26	134.8(3)	O26—Eu8—N10	67.1(3)
O11—Eu8—N10	117.7(3)	O25—Eu8—O58	79.4(3)	N6—Eu8—N10	134.4(3)
O20—Eu8—O25	78.8(3)	O25—Eu8—N6	132.9(3)	O18—Eu8—O58	65.5(3)
O20—Eu8—O26	71.0(3)	O25—Eu8—N10	69.5(3)	O18—Eu8—N6	141.4(3)
O20—Eu8—O58	148.6(3)	O26—Eu8—O58	139.3(3)	O18—Eu8—N10	68.6(3)
O20—Eu8—N6	81.4(3)	O26—Eu8—N6	75.1(3)	O58—Eu8—N6	97.4(3)
O20—Eu8—N10	63.2(3)	O18—Eu8—O25	80.0(3)	O18—Eu8—O14	138.0(3)
O58—Eu8—N10	127.8(3)	O18—Eu8—O26	95.4(3)	O18—Eu8—O20	131.5(3)
Cl2—Zn1—Cl1	117.80(14)	Cl4—Zn2—Cl3	110.49(17)	O10—Zn3—Cl5	112.7(3)
O2—Zn1—Cl1	118.8(3)	Cl4—Zn2—O6	106.7(2)	O10—Zn3—Cl6	128.4(3)
O2—Zn1—Cl2	123.4(3)	O6—Zn2—Cl3	142.8(2)	N4—Zn3—Cl5	102.0(3)
O2—Zn1—N1	72.9(3)	N3—Zn2—Cl3	96.8(3)	N4—Zn3—Cl6	96.8(3)
O2—Zn1—N27	73.2(3)	N3—Zn2—Cl4	106.7(3)	N4—Zn3—O10	73.4(3)
N1—Zn1—Cl1	97.3(3)	N3—Zn2—O6	71.8(3)	N4—Zn3—N18	145.6(3)
N1—Zn1—Cl2	100.1(3)	N21—Zn2—Cl3	98.9(3)	N18—Zn3—Cl5	97.3(3)
N27—Zn1—Cl1	97.1(3)	N21—Zn2—Cl4	103.5(3)	N18—Zn3—Cl6	98.3(3)
N27—Zn1—Cl2	99.9(3)	N21—Zn2—O6	72.4(3)	N18—Zn3—O10	73.0(3)
N27—Zn1—N1	146.1(3)	N21—Zn2—N3	138.3(4)	Cl5—Zn3—Cl6	118.90(13)
N8—Zn4—Cl7	98.4(3)	Cl8—Zn4—Cl7	109.98(16)	N7—Zn4—Cl8	104.2(3)
N8—Zn4—Cl8	105.8(3)	Cl8—Zn4—O13	104.6(3)	N7—Zn4—O13	72.5(3)
N8—Zn4—O13	71.8(3)	O13—Zn4—Cl7	145.4(3)	N8—Zn4—N7	137.9(4)
N7—Zn4—Cl7	98.4(3)				

表 S7-3 配合物 15 的氢键键长和键角

D—H···A	键长/Å (D—H)	键长/Å (H···A)	键长/Å (D···A)	键角/(°) (D—H···A)
N11—H11···Cl11	0.88	2.49	3.3593(1)	169
N12—H12···O21	0.88	2.39	2.7053(1)	101
N23—H23···Cl13	0.88	2.31	3.1845(1)	170

续表

D—H···A	键长/Å (D—H)	键长/Å (H···A)	键长/Å (D···A)	键角/(°) (D—H···A)
N24—H24···O54	0.88	2.33	2.6541(1)	102
N24—H24···Cl10	0.88	2.35	3.2103(1)	166
O44—H44···Cl3	0.86	2.29	3.0949(1)	157
O52—H52B···Cl14	0.82	2.38	3.1575(1)	158

表 S7-4　配合物 16 的部分键长　(Å)

类型	键长	类型	键长	类型	键长
Tb1—O5	2.486(8)	Tb2—O7	2.440(9)	Tb3—O3	2.378(8)
Tb1—O14	2.400(8)	Tb2—O9	2.367(8)	Tb3—O6	2.352(7)
Tb1—O15	2.407(7)	Tb2—O10	2.321(7)	Tb3—O11	2.462(8)
Tb1—O27	2.415(10)	Tb2—O30	2.396(8)	Tb3—O19	2.430(8)
Tb1—O32	2.337(8)	Tb2—O31	2.476(7)	Tb3—O28	2.413(8)
Tb1—O37	2.446(9)	Tb2—O34	2.418(8)	Tb3—O33	2.368(8)
Tb1—O48	2.315(8)	Tb2—O52	2.336(8)	Tb3—O35	2.505(8)
Tb1—N8	2.489(10)	Tb2—N18	2.569(10)	Tb3—N3	2.587(10)
Tb1—N17	2.577(10)	Tb2—N24	2.549(8)	Tb3—N19	2.529(9)
Tb4—O8	2.416(8)	Tb5—O6	2.348(8)	Tb6—O4	2.508(10)
Tb4—O24	2.392(10)	Tb5—O21	2.466(9)	Tb6—O25	2.425(11)
Tb4—O29	2.479(9)	Tb5—O22	2.405(8)	Tb6—O26	2.519(12)
Tb4—O42	2.467(8)	Tb5—O35	2.441(7)	Tb6—O42	2.365(8)
Tb4—O44	2.361(8)	Tb5—O39	2.228(7)	Tb6—O49	2.402(9)
Tb4—O49	2.346(8)	Tb5—O45	2.567(8)	Tb6—O50	2.425(10)
Tb4—O50	2.352(10)	Tb5—O51	2.557(9)	Tb6—O54	2.576(8)
Tb4—N21	2.472(10)	Tb5—N20	2.500(10)	Tb6—O57	2.233(7)
Tb4—N29	2.599(11)	Tb5—N20	2.500(10)	Tb6—N22	2.491(12)
Tb4—N29	2.599(11)	Tb5—O3	2.413(8)	Zn1—Cl5	2.295(3)
Tb7—O1	2.243(9)	Tb8—O18	2.399(9)	Zn1—Cl6	2.287(3)
Tb7—O5	2.402(7)	Tb8—O20	2.547(8)	Zn1—O56	2.145(7)
Tb7—O13	2.415(9)	Tb8—O31	2.433(8)	Zn1—N23	2.122(10)

续表

类型	键长	类型	键长	类型	键长
Tb7—O16	2.408(8)	Tb8—O2	2.424(10)	Zn1—N31	2.117(10)
Tb7—O17	2.570(10)	Tb8—O9	2.326(7)	Zn3—Cl2	2.341(4)
Tb7—O32	2.370(9)	Tb8—O10	2.395(8)	Zn3—Cl7	2.300(4)
Tb7—O40	2.503(9)	Tb8—O38	2.626(9)	Zn3—O43	2.322(9)
Tb7—O48	2.411(7)	Tb8—O41	2.189(8)	Zn3—N27	2.037(10)
Tb7—N28	2.521(10)	Tb8—N26	2.514(10)	Zn3—N32	2.081(9)
Zn2—Cl4	2.346(4)	Zn4—O55	2.131(8)	Zn2—N15	2.069(9)
Zn2—Cl8	2.298(4)	Zn4—N25	2.110(11)	Zn4—Cl3	2.300(3)
Zn2—O53	2.297(9)	Zn4—Cl1	2.321(4)	Zn4—N30	2.110(10)
Zn2—N5	2.059(9)				
O5—Tb1—N8	101.7(3)	O27—Tb1—O5	77.3(3)	O32—Tb1—O37	72.0(3)
O5—Tb1—N17	128.9(3)	O27—Tb1—O37	138.0(3)	O32—Tb1—N8	71.3(3)
O14—Tb1—O5	80.6(2)	O27—Tb1—N8	132.3(4)	O32—Tb1—N17	120.2(3)
O14—Tb1—O15	70.7(3)	O27—Tb1—N17	71.9(4)	O48—Tb1—O14	141.2(3)
O14—Tb1—O27	70.9(4)	O32—Tb1—O5	67.3(3)	O48—Tb1—O15	132.7(3)
O14—Tb1—O37	125.2(3)	O32—Tb1—O14	115.3(3)	O15—Tb1—O27	80.9(3)
O14—Tb1—N8	62.1(3)	O32—Tb1—O15	137.4(3)	O15—Tb1—O37	71.7(3)
O14—Tb1—N17	123.8(3)	O32—Tb1—O27	141.6(3)	O15—Tb1—N8	76.7(3)
O15—Tb1—O5	148.3(3)	O15—Tb1—N17	63.0(3)	O29—Tb4—N29	68.1(3)
N8—Tb1—N17	129.3(3)	O48—Tb1—O27	82.1(4)	O42—Tb4—O29	73.9(3)
O37—Tb1—O5	138.5(3)	O48—Tb1—O32	70.9(3)	O42—Tb4—N21	107.9(3)
O37—Tb1—N8	71.6(3)	O48—Tb1—O37	93.5(3)	O8—Tb4—O29	74.9(3)
O37—Tb1—N17	67.5(4)	O48—Tb1—N8	142.0(3)	O8—Tb4—O42	77.1(3)
O48—Tb1—O5	66.3(3)	O48—Tb1—N17	69.8(3)	O44—Tb4—O8	68.8(3)
O9—Tb2—O7	136.1(3)	O10—Tb2—O7	74.9(3)	O44—Tb4—O24	82.7(4)
O9—Tb2—O30	134.7(3)	O10—Tb2—O9	71.5(3)	O44—Tb4—O29	75.4(3)
O9—Tb2—O31	66.0(3)	O10—Tb2—O30	133.4(3)	O44—Tb4—O42	138.8(3)
O9—Tb2—O7	136.1(3)	O10—Tb2—O31	67.5(3)	O44—Tb4—N21	75.7(3)
O9—Tb2—O30	134.7(3)	O10—Tb2—O34	92.5(3)	O44—Tb4—N29	64.1(3)

续表

类型	键长	类型	键长	类型	键长
O9—Tb2—O31	66.0(3)	O10—Tb2—O52	136.6(3)	O49—Tb4—O8	104.4(3)
O9—Tb2—O34	70.2(3)	O10—Tb2—N18	70.1(3)	O49—Tb4—O24	75.5(4)
O9—Tb2—N18	121.5(3)	O10—Tb2—N24	142.0(3)	O49—Tb4—O29	140.0(3)
O9—Tb2—N24	70.7(3)	N24—Tb2—N18	136.2(3)	O24—Tb4—O42	138.4(4)
O34—Tb2—O7	139.2(3)	O7—Tb2—N18	69.9(3)	O24—Tb4—N21	74.0(4)
O34—Tb2—O31	135.7(3)	O7—Tb2—N24	133.7(3)	O24—Tb4—N29	67.4(4)
O34—Tb2—N18	69.3(3)	O30—Tb2—O7	89.1(3)	O50—Tb4—O42	70.4(3)
O34—Tb2—N24	78.6(3)	O30—Tb2—O31	150.1(3)	O50—Tb4—O44	135.7(3)
O52—Tb2—O7	70.3(3)	O30—Tb2—O34	71.5(4)	O3—Tb5—O21	71.2(3)
O52—Tb2—O9	119.4(3)	O30—Tb2—N18	63.3(3)	O21—Tb5—O45	69.8(3)
O52—Tb2—O30	71.6(3)	O30—Tb2—N24	78.9(3)	O21—Tb5—O51	66.8(3)
O52—Tb2—O31	79.0(3)	O31—Tb2—N18	130.6(3)	O21—Tb5—N20	135.2(3)
O52—Tb2—O34	130.9(3)	O31—Tb2—N24	93.3(3)	O22—Tb5—O3	133.5(3)
O52—Tb2—N18	118.9(3)	O7—Tb2—O31	75.5(3)	O22—Tb5—O21	138.5(3)
O52—Tb2—N24	63.4(3)	O6—Tb3—O3	69.2(3)	O22—Tb5—O35	76.9(3)
O3—Tb3—O11	95.3(3)	O6—Tb3—O11	71.7(3)	O22—Tb5—O45	146.4(3)
O3—Tb3—O19	132.7(3)	O6—Tb3—O19	138.9(3)	O3—Tb5—O35	65.5(3)
O3—Tb3—O28	80.3(3)	O6—Tb3—O28	142.2(3)	O3—Tb5—O45	62.8(3)
O3—Tb3—O35	65.0(3)	O6—Tb3—O33	117.8(3)	O3—Tb5—O51	111.1(3)
O3—Tb3—N3	69.7(3)	O6—Tb3—O35	68.1(3)	O3—Tb5—N20	110.3(3)
O3—Tb3—N19	140.6(3)	O6—Tb3—N3	117.1(3)	O6—Tb5—N20	128.3(3)
O11—Tb3—O35	139.3(3)	O6—Tb3—N19	71.5(3)	O35—Tb5—O21	136.7(3)
O11—Tb3—N3	67.1(3)	O33—Tb3—O3	138.2(3)	O35—Tb5—O45	90.6(3)
O33—Tb3—N3	124.7(3)	O33—Tb3—O11	126.5(3)	O35—Tb5—O51	129.0(3)
O33—Tb3—N19	62.6(3)	O33—Tb3—O19	71.6(3)	O35—Tb5—N20	65.0(3)
O11—Tb3—N19	74.0(3)	O33—Tb3—O28	71.9(3)	O39—Tb5—O3	140.7(3)
O19—Tb3—O11	71.9(3)	O33—Tb3—O35	79.3(3)	O26—Tb6—O54	71.2(3)
O19—Tb3—O35	147.7(3)	O28—Tb3—O11	134.8(3)	O42—Tb6—O4	132.4(3)
O19—Tb3—N3	63.4(3)	O28—Tb3—O19	78.6(3)	O42—Tb6—O25	82.0(3)

续表

类型	键长	类型	键长	类型	键长
O19—Tb3—N19	80.7(3)	O28—Tb3—O35	79.2(3)	N19—Tb3—N3	133.2(3)
O35—Tb3—N19	98.4(3)	O28—Tb3—N3	69.3(3)	O28—Tb3—N19	133.9(3)
O42—Tb6—O26	85.8(3)	O25—Tb6—O54	141.6(3)	O35—Tb3—N3	128.1(3)
O42—Tb6—O49	68.0(3)	O25—Tb6—N22	69.9(4)	O8—Tb4—N21	61.7(3)
O42—Tb6—O50	70.9(3)	O57—Tb6—O4	78.8(3)	O8—Tb4—N29	125.4(3)
O42—Tb6—O54	130.5(3)	O57—Tb6—O25	86.8(4)	O24—Tb4—O8	131.5(4)
O42—Tb6—N22	64.7(3)	O57—Tb6—O26	76.9(4)	O24—Tb4—O29	135.4(3)
O49—Tb6—O4	108.6(3)	O57—Tb6—O42	137.1(3)	O42—Tb4—N29	125.7(3)
O1—Tb7—O5	136.2(3)	O57—Tb6—O49	137.8(3)	O49—Tb4—O42	67.2(3)
O49—Tb6—O25	135.1(3)	O57—Tb6—O50	142.6(3)	O49—Tb4—O44	142.8(3)
O49—Tb6—O26	71.7(4)	O57—Tb6—O54	80.3(3)	O49—Tb4—O50	69.6(3)
O49—Tb6—O50	67.5(3)	O57—Tb6—N22	72.5(3)	O49—Tb4—N21	69.5(3)
O49—Tb6—O54	63.4(3)	N22—Tb6—O4	129.8(4)	O49—Tb4—N29	129.8(3)
O49—Tb6—N22	120.4(3)	N22—Tb6—O26	70.7(4)	N21—Tb4—O29	134.1(3)
O50—Tb6—O4	65.1(3)	N22—Tb6—O54	137.0(3)	N21—Tb4—N29	126.4(3)
O50—Tb6—O25	71.6(4)	O50—Tb6—O54	97.9(3)	O50—Tb4—N21	135.8(3)
O50—Tb6—O26	138.2(4)	O50—Tb6—N22	123.9(3)	O50—Tb4—N29	71.6(3)
O16—Tb7—O13	137.2(3)	O5—Tb7—O13	137.6(3)	O50—Tb4—O29	89.1(3)
O16—Tb7—O17	143.6(3)	O5—Tb7—O16	80.1(3)	O50—Tb4—O8	146.7(3)
O1—Tb7—O13	76.3(3)	O5—Tb7—O17	87.7(3)	O50—Tb4—O24	80.1(4)
O1—Tb7—O16	86.6(3)	O5—Tb7—O40	128.0(3)	O6—Tb5—O3	68.7(3)
O1—Tb7—O17	78.8(3)	O5—Tb7—O48	66.3(3)	O6—Tb5—O21	94.8(3)
O1—Tb7—O32	146.1(3)	O5—Tb7—N28	64.4(3)	O6—Tb5—O22	73.2(3)
O1—Tb7—O40	83.8(3)	O13—Tb7—O17	71.1(3)	O6—Tb5—O35	69.2(3)
O1—Tb7—O48	136.7(3)	O13—Tb7—O40	70.0(4)	O6—Tb5—O45	131.5(3)
O1—Tb7—N28	71.8(3)	O13—Tb7—N28	135.4(3)	O6—Tb5—O51	63.5(3)
O13—Tb7—O17	71.1(3)	O13—Tb7—N28	135.4(3)	O51—Tb5—O45	135.3(3)
O13—Tb7—O40	70.0(4)	O32—Tb7—O5	68.2(3)	N20—Tb5—O45	72.1(3)
O16—Tb7—O40	69.4(3)	O32—Tb7—O13	99.3(3)	N20—Tb5—O51	138.0(3)

续表

类型	键长	类型	键长	类型	键长
O16—Tb7—O48	136.6(3)	O32—Tb7—O16	74.0(3)	O39—Tb5—O21	80.2(3)
O16—Tb7—N28	71.0(3)	O32—Tb7—O17	132.3(3)	O39—Tb5—O22	85.6(3)
O48—Tb7—O13	71.5(3)	O32—Tb7—O40	63.6(3)	O39—Tb5—O35	136.8(3)
O48—Tb7—O17	64.0(3)	O32—Tb7—O48	68.7(3)	O39—Tb5—O45	82.5(3)
O48—Tb7—O40	110.5(3)	O32—Tb7—N28	124.5(3)	O39—Tb5—O51	80.2(3)
O48—Tb7—N28	113.8(3)	O40—Tb7—O17	140.1(3)	O39—Tb5—N20	72.4(3)
N28—Tb7—O17	72.7(3)	O40—Tb7—N28	134.3(3)	O39—Tb5—O6	141.8(3)
O9—Tb8—O10	70.9(3)	O9—Tb8—O2	98.9(3)	O22—Tb5—O51	72.4(3)
O9—Tb8—O18	74.5(3)	O9—Tb8—O31	67.4(3)	O22—Tb5—N20	74.4(3)
O9—Tb8—O20	134.5(3)	O2—Tb8—O20	71.3(3)	O4—Tb6—O26	140.2(4)
O2—Tb8—O31	139.0(3)	O9—Tb8—O38	62.2(3)	O4—Tb6—O54	73.9(3)
O2—Tb8—O38	66.9(3)	O9—Tb8—N26	122.9(3)	O25—Tb6—O4	68.1(4)
O2—Tb8—N26	137.7(3)	O20—Tb8—O38	137.4(3)	O25—Tb6—O26	140.2(4)
O18—Tb8—O2	135.3(3)	O31—Tb8—O20	90.8(3)	N26—Tb8—O38	136.4(3)
O18—Tb8—O20	143.0(3)	O31—Tb8—O38	126.8(3)	O41—Tb8—O20	79.4(3)
O18—Tb8—O31	80.1(3)	O31—Tb8—N26	63.8(3)	O41—Tb8—O31	137.4(3)
O18—Tb8—O38	71.3(3)	O41—Tb8—O10	137.3(3)	O10—Tb8—N26	112.8(3)
O18—Tb8—N26	69.8(3)	O41—Tb8—O18	83.4(4)	O10—Tb8—O20	63.7(3)
O41—Tb8—O2	76.6(4)	O41—Tb8—O38	83.1(3)	O10—Tb8—O31	67.1(3)
O41—Tb8—O9	143.2(3)	O41—Tb8—N26	73.7(3)	O10—Tb8—O38	109.3(3)
O10—Tb8—O2	71.9(3)	N26—Tb8—O20	74.1(3)	Cl7—Zn3—Cl2	110.50(16)
O10—Tb8—O18	139.2(3)	Cl8—Zn2—Cl4	110.17(18)	Cl7—Zn3—O43	105.0(3)
Cl6—Zn1—Cl5	118.31(15)	O53—Zn2—Cl4	144.1(3)	O43—Zn3—Cl2	144.5(3)
O56—Zn1—Cl5	113.6(3)	O53—Zn2—Cl8	105.8(3)	N27—Zn3—Cl2	98.6(3)
O56—Zn1—Cl6	128.1(3)	N5—Zn2—Cl4	96.2(3)	N27—Zn3—Cl7	105.4(3)
N23—Zn1—Cl5	103.4(3)	N5—Zn2—Cl8	106.0(3)	N27—Zn3—O43	72.2(4)
N23—Zn1—Cl6	94.5(3)	N5—Zn2—O53	73.0(4)	N27—Zn3—N32	137.5(4)
N23—Zn1—O56	74.1(3)	N5—Zn2—N15	140.2(4)	N32—Zn3—Cl2	98.4(3)
N31—Zn1—Cl5	98.1(3)	N15—Zn2—Cl4	99.2(3)	N32—Zn3—Cl7	104.6(3)

续表

类型	键长	类型	键长	类型	键长
N31—Zn1—Cl6	98.4(3)	N15—Zn2—Cl8	102.6(3)	N32—Zn3—O43	71.4(3)
N31—Zn1—O56	72.9(3)	N15—Zn2—O53	73.1(3)	N25—Zn4—Cl1	98.5(3)
N31—Zn1—N23	145.7(4)	N25—Zn4—Cl3	98.4(3)	N30—Zn4—Cl3	99.3(3)
O55—Zn4—Cl1	118.8(3)	N25—Zn4—O55	73.0(3)	N30—Zn4—O55	72.6(3)
O55—Zn4—Cl3	123.6(3)	N30—Zn4—Cl1	99.0(3)	N30—Zn4—N25	145.6(4)
Cl3—Zn4—Cl1	117.67(13)				

表 S7-5　配合物 16 的氢键键长和键角

D—H···A	键长/Å (D—H)	键长/Å (H···A)	键长/Å (D···A)	键角/(°) (D—H···A)
N1—H1···O47	0.88	2.41	2.7374(1)	102
N2—H2···Cl10	0.88	2.34	3.2139(1)	172
N11—H11···Cl13	0.88	2.41	3.2785(1)	169
N12—H12···O12	0.88	2.38	2.6957(1)	101
N12—H12···Cl15	0.88	2.37	3.2430(1)	171
O29—H29···Cl11	0.85	2.33	3.1536(1)	164
O37—H37···Cl4	0.85	2.34	3.1714(1)	165